Denken zwischen Utopie und Realität
Weltanschauliche Positionen der Alternativ- und Ökologiebewegung in der BRD

Stefan Bollinger
Bernhard Maleck

DENKEN zwischen UTOPIE und REALITÄT

Weltanschauliche Positionen der Alternativ- und Ökologiebewegung in der BRD

Dietz Verlag Berlin
1987

Bollinger, Stefan: Denken zwischen Utopie und Realität : weltanschauliche Positionen d. Alternativ- u. Ökologiebewegung in d. BRD / Stefan Bollinger ; Bernhard Maleck. – Berlin : Dietz Verl., 1987. – 391 S.

ISBN 3-320-00794-7

Lizenznummer 1 · LSV 0135
Lektor: Ilse Scholz
Mitarbeit: Marina Kiesler
Typographie: Maxi Groche
Umschlag: Joachim Hermann
Printed in the German Democratic Republic
Gesamtherstellung:
INTERDRUCK Graphischer Großbetrieb Leipzig,
Betrieb der ausgezeichneten Qualitätsarbeit, III/18/97
Redaktionsschluß: September 1986
Best.-Nr. 738 220 2

00980

1. Neue Erscheinungen – neue Herausforderungen. Statt einer Einleitung

Meldungen von Ereignissen, Meinungen, Stimmen und Stimmungen aus unseren Tagen, aber aus einer anderen Welt:

Da wird auf dem Gelände einer Neubausiedlung in Herne der krebserregende Stoff Benzpyren in sehr hoher Konzentration gefunden.[1] In Frankfurt am Main wird ein Prozeß gegen einen ehemaligen Werkleiter und einen Gewässerschutzbeauftragten der Hoechst AG wegen wiederholter Gewässerverschmutzung eröffnet.[2] Der »Deutsche Zentralverband der Gebirgs- und Wandervereine« beklagt die Unterordnung der Natur unter die Forderungen der BRD-Wirtschaft.[3] Experten des in Westberlin ansässigen »Deutschen Instituts für Wirtschaftsforschung« (DIW) beklagen, daß sich der BRD-Staat nicht den neuen Aufgaben der Umweltsicherung stellt, sondern der nächsten Generation die dafür erforderlichen Kosten auflädt.[4]
Vier Meldungen aus BRD-Zeitungen an einem Tag im April 1986.

»Seeschlacht im Atlantik: Mit Hochdruck-Wasserstrahlen versuchen im Sommer 1981 Matrosen des britischen Atommüll-Frachters ›Gem‹, sich die Greenpeace-Flotte vom Leib zu halten. Immer wieder schießen die Schlauchboote unter die Rampen, von denen die tonnenschweren Fässer über Bord gerollt werden. Erfolg: 1983 wurde kein Faß mehr versenkt.« »Protest im Schiffsbauch: Mit Luftmatratzen und Taucheranzügen besetzten im Sommer zwei Umweltschützer den französischen Gifttanker ›La Nive‹. Dennoch ließ dessen Kapitän die Klappen im Schiffsboden öffnen, so daß beide Greenpeace-Mitglieder um ein Haar samt dem Dünnsäure-Schlamm im Ärmelkanal ›verklappt‹ worden wären. Erfolg: Verklappung in der Nordsee wird spätestens 1989 eingestellt.«[5]

Aus einem Bericht einer Bundestags-Enquête-Kommission: »Es gibt für die heute zu beobachtenden Einstellungen und Verhaltensweisen keine einfachen und einheitlichen Ursachen.«[6] Dieser Bericht zitiert aber auch Jugendliche: »›Ich hab' manchmal die brutale Angst, daß es da oben selber halt nicht mehr tickt. Ich hab' manchmal das Gefühl, daß sie sich in ihren eigenen Zwängen genauso ohnmächtig fühlen. Ich habe die konkrete Befürchtung, daß mal alles umkippt. D. h. daß alles Hand in Hand geht, daß die Umweltverschmutzung so groß ist, daß du nicht mehr existieren kannst. Daß du, egal was du machst, dich selber vollkommen verseuchst. Oder daß sie aus Versehen einen Atomkrieg starten, einfach, weil sie es selber nicht mehr überblicken, was da alles für Fehler zusammenlaufen.‹«

Ein Sachverständiger berichtet über das Werk eines »Spraydosenphilosophen« in der Londoner Untergrundbahn: »›Life is Xerox, you are just a copy!‹ Diese Formulierung stimmt sehr traurig. Sie ermutigt aber auch, weil sie eine sehr starke Transparenz hat: Hier ist etwas erkannt, hier kann auch etwas zum Handeln führen.«[7]

Ereignisse, Zeitungsnotizen und Eindrücke, die typische Prozesse in hochentwickelten imperialistischen Ländern seit Mitte der siebziger Jahre widerspiegeln. Es ist vieles nicht mehr so wie früher ... Die Gesellschaft gerät in Bewegung, und es entstehen neue Bewegungen. Es gibt eine breite und unübersehbare Friedensbewegung. Sie hat im Ringen um den Frieden und gegen den Hochrüstungs- und Konfrontationskurs der aggressivsten Kreise des Imperialismus eine ungekannte Breite und Stärke gewonnen. Die imperialistischen Regierungen kommen an ihr nicht mehr vorbei. Bürgerinitiativen werden gegründet. Zeitungen und andere Medien sind voll von Umweltskandalen – ob in der BRD, den Niederlanden oder in Großbritannien, ob Formaldehyd, Dioxin, »saurer Regen« oder anderes. Es wird über bleifreies Benzin und Abgaskatalysatoren diskutiert. Aktivisten der Umweltschutzorganisation »Robin Wood« besetzen nach ihrem mittelalterlichen Vorbild Schornsteine. Immer mehr Jugendliche brechen aus dem Griff der Herrschenden aus. Sie wehren sich gegen Manipulation, »steigen aus«, suchen eigene Wege. Die politische Landschaft ändert sich. Seit 1977/78 nehmen in der BRD »Umweltlisten«, »Bunte Listen«, »Grün-alternative Listen«, »Alternative Listen« an Kommunal- und Landtagswahlen teil. 1980 tritt die Partei Die Grünen mit heute etwa 40000 Mitgliedern auf die parlamentarische Bühne.

Im März 1979 entstand als Vorläufer der heutigen Partei Die Grünen in der BRD die »Sonstige Politische Vereinigung. Die Grünen«. Ihren Namen wählte sie nach der in den Wahlergebnismeldungen der BRD üblichen Zusammenfassung für die nichtetablierten Parteien, die unter

»ferner liefen« abgehakt werden. Bereits die Teilnahme an den Wahlen zum »Europäischen Parlament« im Juni 1979 brachte aus dem Stand 900 000 Wählerstimmen. Hier zeichnete sich eine Entwicklung ab, die in den weiteren Jahren die politischen Konturen in der BRD nicht unwesentlich mitbestimmen sollte. Im Januar 1980 kam es auf einer Versammlung in Karlsruhe zur offiziellen Gründung der Partei Die Grünen, die auf einem Programmkongreß im März des gleichen Jahres fortgesetzt wurde. Dominierten zunächst relativ starke Positionen rechter, sogenannter wertkonservativer Kräfte, durch Herbert Gruhl als ihren bekanntesten Vertreter repräsentiert, so gelang es nach dem Kongreß in Saarbrücken 1980/81 diese rechten Einflüsse zurückzudrängen. Es verstärkten sich in der Folgezeit radikaldemokratische und links beeinflußte Positionen. Die Kommunisten der BRD achten diese Partei bei aller inneren Differenziertheit und bei aller Problematik ihres Verhältnisses zur Arbeiterbewegung als einen wichtigen Bestandteil des demokratischen Spektrums der Bundesrepublik. »Bei aller Widersprüchlichkeit hat ihr Wirken keinen geringen Anteil an der Entwicklung der außerparlamentarischen demokratischen Bewegungen, an der Entfaltung von Umwelt- und Friedensbewußtsein in beachtlichen Teilen unseres Volkes, an positiven Veränderungen, die sich in jüngster Zeit in sozialdemokratisch beeinflußten Teilen der Arbeiterbewegung vollzogen haben.«[8]

Die Grünen haben sich in den meisten Bundesländern relativ stabil zwischen 5 und 9 Prozent der Wählerstimmen eingependelt und sitzen mittlerweile in den Länderparlamenten von Bremen, Niedersachsen, Hamburg, Baden-Württemberg, Hessen und Bayern. In Westberlin stellt die »Alternative Liste – Für Demokratie und Umweltschutz« mit 7,2 Prozent der Wählerstimmen 9 Abgeordnete. In Hessen kam es im Oktober 1985 nach langen Verhandlungen zu einer Koalitionsvereinbarung zwischen der SPD und den Grünen, in deren Ergebnis die Partei Die Grünen erstmals einen Minister und eine Staatssekretärin stellte.

Diese Entwicklungen brachten ernstliche Herausforderungen für den bürgerlichen Parlamentarismus. Das bewiesen spätestens die Bundestagswahlen 1983, als die Partei Die Grünen 5,6 Prozent der Stimmen auf sich vereinen konnte und mit 27 Abgeordneten ins Bonner Parlament einzog. Sie machen nicht nur mit Forderungen nach bioaktivem Kantinenessen und mit Blumen auf den Abgeordnetenbänken auf sich aufmerksam. Vielmehr sind ihre Positionen gegen die Stationierung der NATO-Mittelstreckenraketen in Westeuropa, gegen die Berufsverbote, für Umweltschutz, für Veränderungen in der Entwicklungshilfe klare Bekenntnisse gegen eine Politik der Hochrüstung, des Demokratieabbaus, gegen eine Politik der Stärke. Sie begrüßen sowjetische Abrüstungsvorschläge und fordern ein unmißverständliches Nein der BRD zu Reagans »Sternenkriegs«-Plänen. Ihr damaliger Abgeordneter Torsten Lange unterstrich vor dem Bundestag, daß die entscheidende Frage sei, »ob durch die Weltraumrüstung Kriege wahrscheinlicher sowie Bedrohung und Instabilitäten größer würden oder nicht«[9].

Zunehmend werden realistische Positionen vertreten und politische Entscheidungen gefordert, die das Verhältnis der beiden deutschen Staaten betreffen. So wird verlangt, die Erfassungsstelle in Salzgitter aufzulösen, die DDR-Staatsbürgerschaft zu respektieren, die Ständigen Vertretungen in Botschaften umzuwandeln und die Frage der Elbgrenze zu regeln. Auch in der Frage der Anerkennung der bestehenden Realitäten in Europa, wie sie im Ergebnis des zweiten Weltkrieges entstanden sind, nehmen große Teile der ökologisch-alternativen Bewegung Positionen ein, die den Tatsachen Rechnung tragen. So zum

Beispiel, wenn die Auffassung des Vorsitzenden der CDU/CSU-Fraktion im Bundestag, Alfred Dregger, der 8. Mai 1945 sei ein »Tag der Trauer und der Katastrophe« für das deutsche Volk gewesen, eindeutig zurückgewiesen wird. Im Gegensatz zu dieser Position wird erklärt, die Katastrophe für das deutsche Volk war der 30. Januar 1933, der Tag der Errichtung der faschistischen Diktatur, und nicht der 8. Mai. Nach ihrer Überzeugung ist dieser 8. Mai 1945 ein Tag der Befreiung von der faschistischen Tyrannei gewesen. Und die Sowjetunion hatte daran entscheidenden Anteil.

Ähnliche Entwicklungen in der politischen Landschaft wie in der BRD haben sich in einer Reihe weiterer imperialistischer Länder vollzogen. Mit unterschiedlichem Einfluß und sehr differenzierter politischer Ausrichtung haben sich Umweltparteien in Großbritannien, Belgien, Finnland, den Niederlanden, Luxemburg, Frankreich, Italien, Portugal, Österreich, der Schweiz, den USA und Japan gebildet. Bei den Wahlen 1984 zum sogenannten Europäischen Parlament, einer parlamentarischen Vertretung westeuropäischer Staaten mit begrenzter Befugnis, erhielt die »Grüne Liste« immerhin 11 Mandate, davon 7 aus der BRD und jeweils 2 aus Belgien und den Niederlanden.

Westliche Untersuchungen sprachen schon vor einigen Jahren von etwa 750 000 Bundesbürgern, die der Alternativbewegung zuzurechnen sind, in Westberlin von 30 000. Robert Steigerwald nennt einen aktiven Kern von 80 000 bis 100 000 und ein Sympathisantenpotential von rund 1,5 Millionen Menschen.[10] In einer Untersuchung des Instituts für Marxistische Studien und Forschungen (IMSF) kommt Fred Karl im Ergebnis einer umfassenden Aufarbeitung bürgerlicher und von Bürgerinitiativen (BI) selbst erstellter Studien zu dem Schluß: »Für die erste Hälfte der 70er Jahre werden etwa 1 000–4 000 BI geschätzt, nach 1975 stieg die Zahl weit über 4 000. Allein im Unweltschutzbereich sind inzwischen mehr als 3000 Bürgerinitiativen aktiv.«[11] In ihnen wirken über 200000 Bürger *aktiv* mit. Anfang der siebziger Jahre standen vor allem Erziehungs- und Sozialprobleme, einschließlich Probleme des Wohnens, des Städtebaus und des Verkehrs im Mittelpunkt der Aktivität der Bürger. Nach 1974 wird die Bürgerinitiativbewegung durch Umweltfragen und besonders durch den Energiekonflikt geprägt. Etwa 40 Prozent der Bürgerinitiativen sind in diesen Themen engagiert.[12] In den achtziger Jahren bildete sich das Friedensengagement als neuer Schwerpunkt heraus.

Diese Einschätzungen werden durch den Umfang verschiedener anderer Aktivitäten bestätigt. So erschienen bereits 1978 zwölf überregionale Tageszeitungen, so zum Beispiel »die tageszeitung« (»taz«) in Westberlin, mit einer Auflage von 200000 Exemplaren. Weitere 1,4 Millionen Auflage monatlich hatten andere größere Blätter. Viele von ihnen kämpfen aber immer wieder um ihr Überleben. Es soll Ende der siebziger Jahre etwa 11000 bis 12000 alternative Projekte mit 80000 direkt Engagierten sowie 30000 Wohngemeinschaften mit 100000 bis 150000 Beteiligten gegeben haben.[13] Und schließlich zeigt sich die Dimension dieser neuen gesellschaftlichen Erscheinung auch darin, daß sich in Befragungen 5 bis 15 Prozent der bundesdeutschen Studenten zur »Alternativkultur« rechnen (1980), besonders in den älteren Semestern und in den geistes- bzw. sozialwissenschaftlichen Fachrichtungen. Drei Viertel dieser Studenten fühlen sich durch die verschiedenen alternativen bzw. grünen Wählerlisten vertreten und an den Hochschulen zu zwei Dritteln von spontaneistischen Basisgruppen (»Spontis«).[14]

Die angeführten Zahlen und Beispiele verdeutlichen die Tragweite dieser neuen Erscheinungen. Und es ist deshalb nicht verwunderlich, daß zahlreiche wissenschaftliche Arbeiten dazu erscheinen. Mittlerweile liegen eine ganze Reihe von Untersuchungen vom IMSF,[15] von Alternativen selbst, aber auch eine ganze Flut von Publikationen bürgerlicher Autoren mit sehr unterschiedlichen Zielsetzungen sowie eine Anzahl regierungsamtlicher Verlautbarungen vor.[16]

Die aufgezeigte Vielzahl neuer politischer Erscheinungen mit ihren weitgefächerten Wirkungsfeldern in einer qualitativ neuen internationalen Situation fordert unsererseits zur Stellungnahme heraus. Bei der heutigen Weltlage, wo es darauf ankommt, einen alles vernichtenden Nuklearkrieg zu verhindern, ist es geboten, genau zu wissen, was die Menschen denken und wollen, was sie bewegt und motiviert. Das gilt natürlich auch im Hinblick auf die ökologisch-alternative Bewegung der BRD. In der vorliegenden Arbeit wird insbesondere den Veränderungen in der Ideologie der bürgerlichen Gesellschaft nachgegangen, den neuen Erscheinungen im Suchen nach Auswegen und Alternativen, wie sie sich unter anderem in den Konzepten der Alternativ- und Ökologiebewegung widerspiegeln.

Die Situation der bürgerlichen Gesellschaft, der menschlichen Zivilisation insgesamt hat sich erheblich verändert. Diese Lage ist prägnant in den Worten Erich Honeckers ausgedrückt: »Zu keiner früheren Zeit boten sich dem Fortschritt der Menschheit durch die stürmische Entwicklung der Produktivkräfte so gewaltige Möglichkeiten. Aber niemals zuvor wurden Waffen von solcher Zerstörungskraft hervorgebracht und angehäuft wie heute. Der Sozialismus stellt den Frieden an erste Stelle und löst auch die kompliziertesten Probleme der wissenschaftlich-technischen Revolution im Interesse und zum Wohle der Menschen. Zugleich tritt immer deutlicher zutage, daß der Imperialismus, dessen aggressivste Kreise mit dem Risiko eines Atomkrieges spielen, zu einem Hemmnis der gesellschaftlichen Entwicklung geworden ist.«[17] Der Widerspruch zwischen Sozialismus und Imperialismus ist Ausdruck des Charakters unserer Epoche, in der sich beide Systeme gegenüberstehen und der Sozialismus erfolgreich voranschreitet.

Die Verschärfung der internationalen Lage, wie sie mit der Stationierung der NATO-Raketen in Westeuropa, den Vorbereitungen für den »Krieg der Sterne« und die systematische Torpedierung aller Fortschritte durch die aggressivsten imperialistischen Kreise verursacht wurde, erfordert jetzt erst recht und noch stärker als bisher, den Kampf um die Verteidigung des Friedens zu führen. Das ist für die Bürger der sozialistischen Staaten zuallererst eine Frage der allseitigen Stärkung des realen Sozialismus, seiner friedengebietenden Kraft und zugleich des weiteren Fortschritts bei der Realisierung der Politik zum Wohle des Volkes, des Kurses der Hauptaufgabe zur Gestaltung der entwickelten sozialistischen Gesellschaft.

In Übereinstimmung mit den sozialistischen Bruderparteien charakterisierte Michail Gorbatschow die neue Situation für die Gegenwart und die Zukunft der Menschheit. Sie ist durch die abenteuerliche Politik der USA-Administration seit Ausgang der siebziger Jahre für die menschliche Zivilisation äußerst bedrohlich geworden. »Die Welt ist in stürmischen Veränderungen begriffen, und niemandem ist es gegeben, in dieser Welt den ewigen Status quo zu bewahren. Sie setzt sich aus zahlreichen Staaten zusammen, und jeder von ihnen hat seine durch und durch legitimen Interessen. Ausnahmslos alle sehen sie sich vor einer fundamentalen Aufgabe: ohne die Augen vor sozialen, politischen und ideologischen Gegensätzen zu verschließen, sich die Wissenschaft und die Kunst anzueignen, die darin besteht, auf der internationalen Szene ein zurückhaltendes und umsichtiges Verhalten an den Tag zu legen und zivilisiert ... zu leben. ...

Kurzum, für Kriege und die Politik der Stärke ist die

Welt von heute viel zu klein und zerbrechlich. Sie kann nicht gerettet und erhalten werden, wenn man nicht entschieden und ein für allemal mit der Denk- und Handlungsweise bricht, die jahrhundertelang auf der Vertretbarkeit, Zulässigkeit von Kriegen und bewaffneten Konflikten basierte.«[18]

Angesichts der menschheitsbedrohenden Dimension der Rüstung und ihres möglichen Einsatzes ist die beim Genfer Gipfel der führenden Repräsentanten der Sowjetunion und der USA, Michail Gorbatschow und Ronald Reagan, auch seitens der USA anerkannte Prämisse heutiger Politik, daß es in einem Nuklearkrieg weder Sieger noch Besiegte geben würde und er deshalb niemals geführt werden darf, ein wichtiger Fortschritt im Kampf um die Bewahrung des Friedens.

Um diese Ansätze dauerhaft zu machen, bedarf es der gemeinsamen Anstrengungen aller Menschen guten Willens. Erich Honecker betonte: »Heute ist jeder Staat, ob groß oder klein, sind alle politischen Kräfte gefordert, Überlegungen anzustellen und eigene Anstrengungen zu unternehmen, um die für alle gefährliche Situation zu überwinden. Manche Idee, die früher verworfen wurde, sollte erneut überprüft, auch Neues sollte versucht werden, um die Probleme im Interesse aller Völker zu lösen. Statt in einem Atomkrieg miteinander unterzugehen, sollten wir lernen, miteinander zu leben. Aber nicht nur das. Wir sollten auch lernen, gut miteinander auszukommen.«[19]

Die Verteidigung des Friedens bedarf deshalb des Beitrages breitester gesellschaftlicher Kräfte. Erfolge hängen in diesem Ringen um die Zukunft nicht zuletzt davon ab, wie stark und wirksam die seit 1979 in vielen imperialistischen Staaten entstandene Friedensbewegung ist. Sie trotzt allen imperialistischen Spaltungsversuchen und ist eine wichtige Kraft in der großen Koalition der Vernunft und des Realismus. »Gegen die Absicht der USA, den Weltraum mit tödlichen Waffen vollzustopfen, erheben alle in der Welt ihre Stimme, die Verantwortung für ihre Völker, für die Menschheit empfinden.«[20] Diese Verantwortung findet auch in dem unermüdlichen Ringen der Friedensbewegung in den imperialistischen Ländern ihren Ausdruck.

Die hier gezeigten Entwicklungen in den internationalen Beziehungen und die veränderte Sichtweise auf sie sind zugleich mit folgenreichen Prozessen innerhalb des imperialistischen Systems verbunden. Die Auswirkungen der sich vertiefenden und verschärfenden allgemeinen Krise des Kapitalismus, wie sie sich seit der ersten Hälfte der siebziger Jahre darstellt, ihre immer engere Verschmelzung mit zyklischen und nunmehr auch strukturellen Krisenerscheinungen stellt an die Strategie und Taktik der internationalen kommunistischen und Arbeiterbewegung, stellt an jede einzelne kommunistische Partei neue Anforderungen. Das betrifft insbesondere die hochentwickelten imperialistischen Länder, in denen die objektiv gegen das imperialistische System gerichtete soziale Aktivität der Arbeiterklasse und von Vertretern anderer Klassen und Schichten zugenommen hat.

Kriegsgefahr, Sozialabbau, Verschlechterung der Lebensbedingungen werden weniger denn je hingenommen. »Gegen die vom Imperialismus ausgehenden Bedrohungen wirken im kapitalistischen Teil der Welt in unterschiedlicher Weise, mit unterschiedlicher politischer Klarheit und Konsequenz große soziale Bewegungen, vor allem die Arbeiter- und Friedensbewegung, aber auch ökologische Bewegungen, Bürgerrechtsbewegungen und andere.« Kurt Hager macht deutlich, daß das eine Herausforderung an den Kampf, an »die Verantwortung aller Strömungen der Arbeiterbewegung – der kommunistischen, sozialdemokratischen, der Gewerkschaften und anderer« ist.[21]

Der gegen die aggressivsten, reaktionärsten und demokratiefeindlichsten Kreise des Imperialismus gerichtete Kampf dieser Kräfte macht sie im Friedenskampf und bei der Verteidigung der Demokratie, im Kampf gegen Sozialabbau und für eine gesunde Umwelt objektiv zu Partnern der Arbeiterklasse. Die Erhaltung des Friedens erfordert das Zusammengehen mit all denjenigen, die bereit sind, praktische Schritte auf dem Wege der Verteidigung dieser elementarsten Lebensbedingung der Menschheit zu gehen, die bereit sind, die gemeinsamen Interessen über alles Trennende zu stellen. In diesem Kampf um den Frieden, so betonte Erich Honecker auf der internationalen Karl-Marx-Konferenz, an der Kräfte verschiedener Orientierung teilnahmen, ist es erforderlich, »ungeachtet unterschiedlicher politischer Programme, weltanschaulicher Positionen und religiöser Bekenntnisse, über Klassenschranken, über Trennendes hinweg zusammen(zu)wirken, um die Völker vor der Katastrophe eines Nuklearkrieges zu bewahren. Damit werden die Divergenzen nicht aufgehoben. Die Verteidigung des Friedens als höchstes Gut der Menschheit ist das vorrangige, gemeinsame, einigende Interesse.«[22]

Diesen gemeinsamen Kampf erfolgreich zu führen verlangt präzise und differenzierte Kenntnis der Partner, verlangt die Herausarbeitung der gemeinsamen Positionen. Diese müssen die Anknüpfungspunkte in den programmatischen Zielen, in den politischen Orientierungen und Aktionen gemeinsamen Handelns sein. Dazu bedarf es auch der Abwehr aller reaktionären Versuche, gemeinsames Handeln zu verhindern. Dieser Zusammenarbeit ist die Auseinandersetzung um weltanschauliche und politische Zielsetzungen untergeordnet.

Die Kommunisten der BRD orientieren deshalb nachdrücklich auf die Verbreiterung der Friedensbewegung in der Vielfalt der in ihr wirkenden Kräfte. »Diese Vielfalt wird zu Stärke, wenn die unterschiedlichen Kräfte ihr Profil, ihre Stärke und ihre spezifischen Mobilisierungsmöglichkeiten in die Friedensbewegung einbringen und mit der Bereitschaft verbinden, das erreichte Maß der Übereinstimmung in der Friedensbewegung zu erhalten und zu erweitern.«[23] Es geht um die Sicherung des Konsens dieser verschiedenen Kräfte im Kampf gegen den gemeinsamen Feind, die Bedrohung des Friedens und die Herstellung breitestmöglicher Übereinstimmungen in der Stoßrichtung gegen die jeweilige Hauptgefahr. Anfang der achtziger Jahre mußte sich dieser Kampf gegen die beabsichtigte Stationierung neuer amerikanischer Mittelstreckenraketen in Westeuropa richten, in der Gegenwart wird die Verteidigung des Friedens auf der Erde und im All, der Kampf gegen die US-amerikanischen »Sternenkriegs«-Pläne immer mehr zum Hauptkettenglied des politischen Handelns. Für die Kommunisten kommt es darauf an, im kameradschaftlichen Zusammengehen mit den verschiedensten Kräften, die Gemeinsamkeit und die Entschiedenheit der Friedensbewegung sowie die Klarheit ihrer gemeinsam erkannten Ziele sichern zu helfen.[24]

In der breiten demokratischen Friedensbewegung kämpfen heute in einer Reihe Gläubige und Atheisten, Kommunisten, Sozialdemokraten, Liberale, Grüne, Vertreter unterschiedlicher politischer Überzeugungen. Angehörige der Arbeiterklasse, der Mittelschichten, aber auch der Bourgeoisie und sogar einzelne Vertreter der Monopolbourgeoisie ringen um die Erhaltung und Festigung des Friedens. Die Mittel und Methoden, die inhaltlichen Vorstellungen und die Wege sind naturgemäß sehr differenziert, ja sie können auch diametral entgegengesetzt sein; aber das *gemeinsame* Ziel, das Überleben der Menschheit zu sichern, verbindet alle. Alle ihre gemeinsamen Anstrengungen sind darauf gerichtet, eine Wende in der Politik der imperialistischen Staaten weg von der Konfrontationspolitik der aggressivsten Kreise des Imperialismus hin zu einer realistischen Politik der friedlichen Koexistenz zu erzwingen.

Die Alternative Krieg oder Frieden erweist sich als das grundlegende Problem der Gegenwart. Seine Lösung im Interesse aller Völker würde die entscheidenden Bedingungen für die Lösung aller anderen die Menschheit bewegenden Fragen schaffen. In den letzten Jahrzehnten hat sich ein ganzes Spektrum solcher globaler Probleme herausgebildet: Umweltzerstörung, Bevölkerungsexplosion, Nahrungsmittelmangel, Energie- und Rohstoffverknappung. Die Brisanz dieser Probleme ist unübersehbar. Sie alle haben ihre klar bestimmbaren Ursachen in der kapitalistischen Gesellschaft, üben jedoch auf die eine oder andere Weise auf alle Länder und Gesellschaften Einfluß aus. Und sie haben soziale Konsequenzen. Rodney Arismendi charakterisierte diesen Zusammenhang so: »Die historische Krise des Kapitalismus, die verflochten ist mit der ökonomischen, finanziellen, ökologischen, moralischen Krise usw., manifestiert sich auch – in den entwikkelten kapitalistischen Gesellschaften – als eine vielfältige Protestexplosion der breitesten Massen der Bevölkerung. Die Jugend tritt auf den Plan, Frauenbewegungen fordern ihre Rechte, die Umweltschützer profilieren sich als Tendenz. In Literatur und Kunst widerspiegeln sich die komplexesten Negationen. In seiner Gesamtheit ist das ein Aufbegehren, das zuweilen in entfremdeten Formen auftritt, aber es ist im ganzen eine Ablehnung der Entfremdung durch den imperialistischen Kapitalismus.«[25]

Viele dieser Kämpfe bewegen sich scheinbar an der Oberfläche, weit weg vom grundlegenden Widerspruch zwischen Kapital und Arbeit. Tatsächlich sind sie aber jeweils seine spezifische Ausdrucksform, da sich in ihnen die Krisenprozesse des Kapitalismus brennglasartig bündeln. Umweltschutzprobleme haben etwas zu tun mit der rücksichtslosen Forcierung des Wettrüstens und der nur dem Profit verpflichteten Ausbeutung und Vernichtung der Natur. Deshalb haben solche Probleme wie der Umweltschutz keinen »neutralen« Wert an sich. Vielmehr ist ihre Lösung »organisch verwebt mit den damit verbundenen sozialen, ökonomischen, wissenschaftlich-technischen, psychologischen, moralischen, innen- und außenpolitischen Fragen«[26].

Typisch für die heutigen Kämpfe, für die neu entstandenen Bewegungen ist das Eintreten weiter Teile der Mittelschichten und der Intelligenz in einen Kampf um die Klärung und Behauptung ihrer gesellschaftlichen Stellung. Sie versuchen, ihrer Proletarisierung zu entgehen, sich gegenüber der allmächtigen Monopolbourgeoisie zu behaupten. Solche Bewegungen sind politisch wie ideologisch heterogen. Diese Zwischenstellung kennzeichnet ihren sozialen Charakter und die daraus resultierende Suche nach einer gesellschaftlichen Alternative jenseits von Kapitalismus, aber auch Sozialismus, durch einen wie auch immer gearteten »dritten Weg«. Diese sozialen Schichten und ihre Bewegungen sind unverzichtbare Bündnispartner für die Arbeiterklasse, denn sie artikulieren Lebensinteressen aller ausgebeuteten und unterdrückten Klassen und Schichten. Sie sprechen Teile der Werktätigen, vor allem auch solche Teile der Arbeiterklasse, die sich durch die Strukturveränderungen im kapitalistischen Wirtschaftssystem infolge der wissenschaftlich-technischen Revolution neu herausbilden, für den Kampf gegen konkrete Erscheinungen des Kapitalismus an, ungeachtet aller nicht nur definitorischen Schwierigkeiten des Wohin.

Mit der vorliegenden Arbeit wird nicht das Ziel verfolgt, diese neuen Bewegungen insgesamt in ihrer Entwicklung,

Vielfalt und inneren Problematik zu untersuchen,[27] denn sie sind außerordentlich differenziert und heterogen. Gegenstand der Untersuchung ist die ökologisch-alternative Bewegung, die selbst wiederum in sich sehr differenziert ist. Im Mittelpunkt der Analyse steht die ökologisch-reformerische Richtung und ihr Umfeld, da sie gegenwärtig im Spektrum der neuen Bewegungen von erheblicher Bedeutung ist.

Wenn in der vorliegenden Arbeit häufig von *ökologisch-alternativer Bewegung* gesprochen wird, dann wird damit nicht nur auf wichtige Überschneidungen zwischen Alternativ- und Ökologiebewegung aufmerksam gemacht, sondern vor allem auf einen Umstand Bezug genommen, der für den gegenwärtigen Entwicklungsstand der Bewegung kennzeichnend ist. Es zeigt sich nämlich, daß mittlerweile in ihr nicht mehr eine Begrenzung auf konkrete Umweltschutzaktionen typisch ist, sondern gesellschaftspolitische Verallgemeinerungen diskutiert und übergreifende Forderungen bis hin zu komplexen Alternativkonzeptionen entwickelt werden.

Es ist deshalb geboten, den ideologischen Anspruch der ökologisch-alternativen Bewegung, seine Quellen und Erscheinungsformen in der kapitalistischen Gesellschaft der Gegenwart zu untersuchen, um damit den Blick für wesentliche Zusammenhänge, die Lebendigkeit und Wirksamkeit der neuen sozialen Bewegungen zu schärfen.

Es muß beachtet werden, daß der ökologische Reformismus, der durch Reformen einen Umbau der kapitalistischen Gesellschaft mit ökologischer Ausrichtung erreichen will, bei allen Differenzierungen und Differenzen, in seinen Spielarten ein wichtiger ideologischer Hintergrund derjenigen politischen Kraft ist, mit der bisweilen vorschnell die Gesamtheit der neuen sozialen Bewegungen in der BRD identifiziert wird. Diese politische Kraft, die Partei Die Grünen, ist dagegen *eine* besondere organisatorische und politische Form dieser Bewegung, die bis in die Parlamente hinein wirken kann. Einige ihrer politischen Aussagen verdienen Aufmerksamkeit, da sie die oftmals sehr allgemeinen theoretischen Ausführungen alternativer Ideologen in ihrer gesellschaftspolitischen Bedeutung sichtbar machen. Anliegen der Arbeit kann es aber keinesfalls sein, eine politische Analyse dieser Partei zu geben. Eine solche umfassende Analyse ist angesichts des innerparteilichen Diskussionsstandes, der nur bedingten Transparenz einerseits und der kaum verifizierbaren Flut von Publikationen andererseits eine hier nicht zu lösende Aufgabe.

Es geht also hier nicht darum, eine Partei oder besondere Gruppierung zu untersuchen, sondern vielmehr darum, jene Positionen herauszuarbeiten bzw. in das Blickfeld zu rücken, die den politischen Anschauungen der ökologisch-alternativen Bewegung insgesamt zugrunde liegen oder diese in der einen oder anderen Weise tangieren. Es geht primär um die weltanschaulich-ideologischen Positionen der Bewegung selbst. Es werden dabei auch jene Auffassungen nicht ausgespart, in deren Umfeld sich die weltanschaulichen Debatten der Ökologisch-Alternativen bewegen. Dabei werden selbstverständlich immer wieder bestimmte politische Fragen berührt, ohne daß sie jedoch in das Zentrum der Darstellung gerückt werden. Es geht um Wirkungsbedingungen, Traditionslinien, Denkmodelle, um den theoretischen und politischen Gehalt von Schlagworten. Es wird immer wieder auf die Konsequenzen zu verweisen sein, die sich daraus für den gemeinsamen Kampf um den Frieden ergeben.

Wenn in der vorliegenden Untersuchung die ökologische Bewegung im Zentrum steht, dann wird von dem Grundsatz ausgegangen, daß für die Bewahrung der Umwelt vor der Zerstörung durch Mißbrauch der Entwicklung von Wissenschaft und Technik heute zuallererst die humanistische Lösung der Friedensfrage die ausschlaggebende Bedingung ist. Nur untrennbar mit ihr verbunden, können alle Aufgaben der Gegenwart und Zukunft gemeistert werden. Wir wissen, daß sich vor den Völkern der ganzen Welt heute eine Menge solcher Fragen aufgetürmt hat, die nur gemeinsam und in Frieden gelöst werden können. »... unsere Generation ist Zeuge eines Massensterbens der Wälder, des Aussterbens von Tieren, der Vergiftung der Flüsse und Gewässer und der Ausdehnung der Wüsten. ...

Die Menschheit von heute ist durchaus in der Lage, alle diese Probleme in den Griff zu bekommen, wenn sie ihre Kraft und ihren Verstand vereint. Dann wird es möglich sein, neue Höhen in der Entwicklung der Zivilisation zu erreichen.«[28]

In diesem Ringen geht es um die Gemeinsamkeit aller derjenigen, die eine friedliche Zukunft wollen und bereit sind, dafür etwas zu tun. Die alternativ-ökologischen Kräfte gehören zu ihnen, können mit ihren Möglichkeiten, Kräften und Lebensansprüchen in den imperialistischen Ländern einen Beitrag leisten für die Verteidigung demokratischer Errungenschaften und für die Sicherung des Friedens.

In einer anregenden Untersuchung marxistischer Gesellschaftswissenschaftler zu den neuen demokratischen Bewegungen wird deutlich gemacht, daß die Forderungen und Ziele dieser Bewegungen sehr vielfältig sind. »Sie zielen nicht auf die Lösung des Grundwiderspruchs des Kapitalismus und somit auf die Überwindung dieses Gesellschaftssystems überhaupt, sondern richten sich gegen dessen besonders krasse Auswüchse, auf die Lösung einer Vielzahl abgeleiteter Widersprüche.«[29]

In bezug auf die Umweltschutzbewegung im Sinne einer politischen Bewegung wird mit Recht darauf verwiesen, daß sich diese Bewegung heute als bewußt unterschieden von Aktionen, Initiativen und Verbänden versteht, die sich auch noch in der Gegenwart vorwiegend auf wissenschaftliche und technische Aspekte des Umweltschutzes beschränken.

»Angesichts lebensbedrohlicher Umweltkrisen als eine wesentliche Seite der kapitalistischen Krise insgesamt besteht das Neue im Übergang von Aktionen gegen einzelne und isolierte Bedrohungen der Umwelt zur politischen Ökologiebewegung, die auch gesellschaftliche Zusammenhänge und Ursachen der Umweltzerstörung erfaßt. Das schließt auch Probleme des Wechselverhältnisses von Mensch und Natur mit ein. Die Bezeichnung der in den kapitalistischen Ländern wirkenden Umweltschutzbewegungen als ökologische Bewegungen oder auch Ökologiebewegung bringt – ausgehend vom Gegenstand der Ökologie als der Wissenschaft von den Wechselbeziehungen zwischen den Lebewesen und ihrer Umwelt, vom Gleichgewicht zwischen Natur und Gesellschaft – in gewissem Grade diese neuen Dimensionen der Umweltproblematik im gegenwärtigen Kapitalismus zum Ausdruck.«[30]

Dabei liegt auf der Hand, daß für die ökologische Bewegung die Sicherung des Friedens als die alles durchdringende Aufgabe im Mittelpunkt ihrer Bemühungen stehen muß. Deshalb wird auch öfter auf den Zusammenhang von Friedensengagement und Sorge um die Umwelt zurückzukommen sein.

2. Die imperialistische Krise und die Alternativen

2.1. Diagnose: Krise

»Das Gefühl der Ohnmacht, der Hoffnungslosigkeit, aber auch der Wut, die Verweigerung der Mitarbeit in Parteien oder der Ausstieg aus unserer Gesellschaft prägen weite Teile der Protestbewegung. Viele Jugendliche glauben, daß Politiker mit Höchstgeschwindigkeit eine Sackgasse befahren, deren Ende längst in Sicht ist.«[31] Das folgert der bereits erwähnte Bericht der Bundestags-Enquête-Kommission von 1983.

Die Tatsache, daß in der BRD 50000 Jugendliche opiatabhängig, überwiegend heroinsüchtig, sind, 800000 Cannabis konsumieren, von denen 20000 süchtig wurden, und 150000 junge Menschen alkoholkrank und weitere 80000 von Tabletten und ähnlichem abhängig sind, spricht Bände.[32] Hellseher, Geisterbeschwörer und Hexenbanner feiern ein halbes Jahrtausend nach dem Mittelalter fröhliche Urständ. Allein in der BRD sind bis zu 200000 Jugendliche in die Hände von obskuren Sekten gefallen.[33]

Angst, Verzweiflung, aber auch Ablehnung prägen die Stimmung. Angesichts fehlender Chancen sahen 1982 fast 60 Prozent der Jugendlichen zwischen 15 und 25 Jahren die Zukunft pessimistisch.[34] In dieser Misere klingen die Worte des CDU-Oberbürgermeisters von Stuttgart, Manfred Rommel, nur zynisch: »Es ist nicht wahr, daß die gegenwärtige junge Generation von einem besonderen Verhängnis bedroht wäre. ... Die Mehrheit wird keine Karriere machen und auch nicht die ganze Lebenserfüllung im Beruf finden. Die Gesellschaft und der Staat sollten sich vielmehr bemühen, berufsunabhängige Möglichkeiten der Selbstverwirklichung offenzuhalten und den Menschen Wege zu solcher Selbstverwirklichung besser zugänglich zu machen.«[35] Das ist die Logik des Kapitals – Arbeitslosigkeit quasi als potentieller Weg in eine Zukunft der Selbstverwirklichung.

Die Betroffenen beruhigen solche Feststellungen verständlicherweise nicht. Unter der Überschrift »Neue Technologien stoßen bei vielen Bürgern auf Ablehnung« berichtete die »Frankfurter Rundschau« 1984 über eine im Auftrage der Siemes AG von Infratest vorgenommene Meinungsumfrage im November 1980 und im August 1983. Ihre Aussagen sind keineswegs nur hinsichtlich der Technikeinstellung aufschlußreich. 1980 hatten noch 56 Prozent der Befragten eine »eher positive« Einstellung zur Technik und 20 Prozent waren »eher skeptisch«. 1983 war das Verhältnis 48 Prozent zu 24 Prozent. Beunruhigte 1980 die Luft- und Wasserverschmutzung 55 Prozent der Befragten, so waren es 1983 bereits 76 Prozent. Die Technik, insbesondere Computer und Mikroelektronik, werden für den Verlust von Arbeitsplätzen verantwortlich gemacht. Davon gingen 1980 immerhin 53 Prozent der Befragten aus, 1983 schon 60 Prozent. Vor allem wird deutlich, daß die Hauptsorge die Unsicherheit des Arbeitsplatzes ist. 1983 empfanden 46 Prozent die Arbeitslosigkeit als »sehr beunruhigend«, 1983 waren es bereits 72 Prozent.[36] Dieser Stimmungswandel ist nicht verwunderlich. Denn seit der Krise 1974/75 steigt die Arbeitslosenzahl rasant: Waren es 1974 rund 582000 registrierte Arbeitslose und eine »stille Reserve« von 206000, so betrug 1985 allein die Anzahl der registrierten Arbeitslosen bereits über 2,3 Millionen.[37] Trotz zeitweiliger konjunktureller Erholungserscheinungen ist eine Verbesserung dieser Situation nicht abzusehen. Sie ist verständlicherweise für jeden Betroffenen, aber auch für alle davon Bedrohten, niederschmetternd. Die Schere zwischen den Ansprüchen an das Leben, wie Berufschancen, gesicherter Arbeitsplatz und gesunde Umwelt, und ihren tatsächlichen Realisierungsmöglichkeiten klafft immer weiter auseinander.

Mit dem Wechsel von der SPD/FDP-Regierung zu einer CDU/CSU/FDP-Koalition im Herbst 1982 vollzog sich in der BRD eine Wende nach rechts. Es erfolgte bereits »*im Vorfeld der Wirtschaftskrise von 1974/75 eine Umorientierung* des SMK (staatsmonopolistischer Kapitalismus – *d. Verf.*) ..., die in der Ersetzung des Reformkanzlers Brandt durch den ›Krisenmanager‹ H. Schmidt sinnfällig wurde. Mit der anwachsenden Inflation, der ›Ölkrise‹, dem Zusammenbruch des Währungssystems von Bretton Woods usw. waren für den westdeutschen Imperialismus neue Rahmenbedingungen wirksam geworden. Hinzu kam der neue Wirkungsgrad der Internationalisierung (Internationale Konzerne, Finanzgruppen und Finanzmärkte) und die beschleunigten wissenschaftlich-technischen Änderungen mit ihren Folgen für die Wirtschaftsstruktur. Somit erfolgte die Orientierung auf eine Stabilitäts- und Austeritätspolitik – mit sozialreaktionärem Inhalt.

Diese Orientierung kam in der Krise 1974/75 voll zum Durchbruch und wurde auch danach bis heute durchgehalten. Ihre Spezifik besteht in der stärkeren Orientierung auf indirekte und marktwirtschaftliche Methoden staatsmonopolistischer Wirtschafts- und Sozialpolitik, deren Nutznießer die privaten Monopole sind. Noch unverhüllter als vorher wird die internationale Konkurrenzfähigkeit der Konzerne Maßstab der staatlichen Aktivitäten. Das System ist bestrebt, staatliche Aktivitäten einzugrenzen – vor allem in der Sozial- und Bildungspolitik, den ›öffentlichen Korridor‹ einzuengen und sein Repressionspotential zu erhöhen. Man kann diese Entwicklung als *privatmono-*

polistische Entwicklungsvariante des SMK ... charakterisieren.«[38]

Mit der Ablösung der SPD als Regierungspartei gingen die reaktionärsten Teile der Monopolbourgeoisie zur vollen Durchsetzung ihrer Profitinteressen über. Neben dem massierten Angriff auf die von der Arbeiterklasse erkämpften sozialen Errungenschaften wurden zugleich Schritte zur Schwächung der organisierten Arbeiterbewegung eingeleitet. Die gleichzeitig vollzogene Umorientierung auf die von den aggressivsten Kräften der USA initiierte Konfrontationspolitik gegen den Sozialismus fordert ebenfalls ihren Preis, der auf die Werktätigen abgewälzt wird.

Ganz im Sinne Milton Friedmans, eines einflußreichen bürgerlichen Ökonomen, werden konservative Maximen durchgesetzt: »... die Bewahrung der individuellen Freiheit ist das Hauptziel aller sozialen Einrichtungen«, »staatliche Eingriffe in die private Sphäre sind die größte Bedrohung für diese Freiheit«, »freie Märkte für Güter und Ideen bleiben die entscheidende Vorbedingung für die individuelle Freiheit«.[39] Diese marktwirtschaftliche »Freiheit« ist praktisch jedoch nur die der Monopole. Der angestrebte Abbau des staatlichen Einflusses gilt nur für die von der Arbeiterbewegung erkämpften Rechte. Die versprochene individuelle Freiheit schließt rücksichtslose Überwachung der Bürger und aller als progressiv Verdächtigen ein, die, wo immer möglich, auch unterdrückt werden. Nicht erfolglos setzt in dieser Situation das konservative Lager auf die Disziplinierungs- und Spaltungsmöglichkeiten durch sozialen Druck auf die Werktätigen. So verkündet Bundesarbeitsminister Norbert Blüm, »Lohnerhöhungen und Arbeitszeitverkürzungen gehen nicht gleichzeitig. Der arbeitsplatzsparende Effekt bei der Rationalisierung wird größer sein als das arbeitsplatzschaffende Wachstum. Ohne Arbeitszeitverkürzung landen wir über kurz oder lang in einer neuen Klassengesellschaft. Die Jungen, Gesunden, Ausgebildeten erhalten Arbeit, und der Rest wird sozialstaatlich mitgeschleppt. Der Klassenkampf zwischen Arbeitsbesitzern und Arbeitslosen kann so unbarmherzig werden wie der alte zwischen Kapital und Arbeit.«[40]

Allein zwischen Ende 1981 und Ende 1983 wurden in der BRD über 250 steuer- und sozialpolitische Rechtsveränderungen vorgenommen. Bis 1985 waren für breite Bevölkerungskreise weitere Belastungen in Höhe von 177 Milliarden DM vorprogrammiert. Im genannten Zeitraum sank die Kaufkraft um 24,6 Prozent und stieg die Steuermehrbelastung um 14 Prozent. Von 1974 bis 1983 waren nicht weniger als 12,5 Millionen Bundesbürger einen oder mehrere Monate arbeitslos. Allein in der BRD sind heute mehr als 3 Millionen Menschen von einer »neuen Armut« betroffen. Und die Zahl steigt weiter![41]

Treffend charakterisiert die Bundestagsabgeordnete der Grünen Marieluise Beck-Oberdorf die Politik der geistig-moralischen, politischen und ökonomischen Wende durch die Rechtsregierung in der BRD: »Angesagt in der Praxis ist jedoch eine Politik der Betonierung unserer Landschaft, des Ausbaues unsinniger umweltzerstörender Kanäle, der rücksichtslosen Beschleunigung des Atomprogramms, des Abbaues sozialer Leistungen und der Stationierung todbringender Raketen. Dies ist keine Politik der Bewahrung, sondern der Zerstörung.«[42]

All diese Entwicklungen sind Ausdruck des neuen Abschnitts der allgemeinen Krise des Kapitalismus, der durch die besondere Art der Verflechtung von allgemeiner und zyklischer Krise gekennzeichnet ist. Die Krise 1974/75 stellte dabei das entscheidende Umbruchsdatum in der Geschichte der BRD dar. Hier wurden sowohl ökonomische wie auch politische Veränderungen neuer Qualität sichtbar und breit wirksam. Sie wirkte zugleich als ein wichtiger Trennpunkt auch für die Entwicklung der demokratischen Kräfte. Die Krise 1966/67 markierte »den Beginn eines ersten Zyklus außerparlamentarischer Bewegungen ..., die auf die neue Phase der Krisenentwicklung im SMK der BRD (zunächst infolge des Abbaus spezifischer Nachkriegsfaktoren) reagieren. Mit der Krise 1974/75 beginnt dann ein zweiter Zyklus, zu dessen Voraussetzungen Ergebnisse, Erfahrungs- und Lernprozesse des ersten zählen.«[43]

Diese Krise von 1974/75 und die folgende in den Jahren 1980 bis 1983 war jedoch nur der Ausdruck für den Übergang zu einem neuen Abschnitt der allgemeinen Krise des Kapitalismus.

Erstens. Auf *ökonomischem Gebiet* kam es zu einer permanenten Verflechtung von allgemeiner und zyklischer Krise in zunehmend neuer Qualität. Mit den sechziger Jahren ging die scheinbar langfristig krisenfreie Entwicklung des Kapitalismus der Nachkriegskonjunktur und des Wiederaufbaus in Westeuropa endgültig zu Ende. Die Zäsur bildete die Krise 1966/67, die alle kapitalistischen Länder erfaßte. Der Vietnamkrieg brachte nicht nur eine politische, militärische und moralische Niederlage der USA und eine breite Anti-Vietnamkriegs-Bewegung. Er führte auch zur ökonomischen Krise 1969 bis 1971, die ihre Auswirkungen auch auf die Verbündeten der USA hatte. Waren diese beiden Krisen der sechziger Jahre insbesondere für die BRD noch nicht tiefgreifend, so erwiesen sich die siebziger Jahre als ein Jahrzehnt ständiger Krisenzyklen, die nur von geringen Aufschwüngen unterbrochen wurden.

Gus Hall, Generalsekretär der Kommunistischen Partei der USA, charakterisierte diese wirtschaftliche Entwicklung als »das Ergebnis dreier separater, aber einander überlappender und miteinander in Wechselwirkung stehender Krisen: der allgemeinen Krise, der Strukturkrise sowie der immer wiederkehrenden zyklischen Krise«[44]. Hinter dieser aktuellen Verschärfung der Unfähigkeit des

Imperialismus, den Widerspruch zwischen der Entwicklung der Produktivkräfte und den für ihre Entfaltung notwendigen Produktionsverhältnissen zu lösen, steht die *Herausforderung der wissenschaftlich-technischen Revolution.* In diesem Jahrzehnt vollzieht der Imperialismus in seinen Metropolen den Übergang zum intensiven Reproduktionstyp mit allen seinen strukturellen Konsequenzen. Das heißt, die traditionellen Schwerpunkte seiner industriellen Entwicklung, wie die Grundstoff-, Stahl- und Maschinenbauindustrie sowie der Schiffbau, verlieren ihre Bedeutung und ihre Profitabilität. Damit erfaßt das »Gebrechen ›neue Armut‹ im Kapitalismus ... heute Teile des Kerns der Arbeiterklasse, von den Folgen der Strukturkrisen betroffene hochqualifizierte Stahlarbeiter, Schiffbauer, Bauarbeiter«[45]. Gleichzeitig erfolgt eine Umorientierung der Monopole auf andere, profitträchtigere und entwicklungsfähigere Industrien und Bereiche: Mikroelektronik, Informatik, Roboterbau, automatisierte Produktionsvorbereitung und -durchführung, Biotechnologien. Diese neuen Technologien führen zwar zur Produktions- und Profitsteigerung, aber nicht unbedingt zu neuen Arbeitsplätzen, da ihr Rationalisierungseffekt hoch ist. Das betrifft nicht mehr allein nur die entsprechenden produzierenden Bereiche, sondern durchdringt zunehmend alle Bereiche der Wirtschaft bis weit in den Dienstleistungsbereich hinein.

Die wissenschaftlich-technische Revolution bringt eine gewaltige Steigerung der Produktivität hervor. Der Kapitalismus erweist sich jedoch immer mehr als unfähig, die rasche Entwicklung der Produktivkräfte zu nutzen, um »das materielle und kulturelle Lebensniveau der Menschen zu heben, mehr freie Zeit für die Entwicklung der Persönlichkeit zu schaffen«. Vor allem die Hauptproduktivkraft, der Mensch, ist das Opfer der kapitalistisch betriebenen Produktivkraftentwicklung. »Unter kapitalistischen Bedingungen bedeutet die wissenschaftlich-technische Revolution für die Masse der abhängig Beschäftigten soziale Unsicherheit, Druck auf die Reallöhne, wachsende Existenzunsicherheit und Lebensangst. Arbeitslosigkeit und neue Armut breiten sich aus.«[46] Dementsprechend nimmt das materielle und psychische Elend derjenigen zu, die aus dem Produktionsprozeß geworfen wurden.

Die revolutionäre Entwicklung der Produktivkräfte ist unmittelbar mit dem Übergang zur Intensivierung verbunden. Durch die Einführung immer produktiverer Technik wird zunehmend lebendige Arbeit durch vergegenständlichte ersetzt und damit Arbeitskräfte freigesetzt. Da gleichzeitig auch neue Investitionen kaum neue Arbeitsplätze schaffen, nimmt die Massenarbeitslosigkeit durch diese Entwicklung weiter zu. Dabei vollziehen sich die Prozesse unter den Bedingungen einer zunehmenden Internationalisierung des Monopolkapitals und des staatsmonopolistischen Kapitalismus.

Mitte der siebziger Jahre nahm der staatsmonopolistische Kapitalismus in der BRD eine Umorientierung auf eine »Modernisierungsstrategie mit Weltmarktorientierung« vor, um den neuen Herausforderungen gerecht zu werden. Damit verbunden war eine Abkehr von traditionellen Formen bisherigen staatsmonopolistischen Eingreifens im Interesse von Monopolen und mittleren Kapitalisten in Gestalt einer »Globalsteuerung« der wirtschaftlichen Entwicklung. Ebenso wurden staatliche Leistungen im Infrastruktur- und Sozialbereich zugunsten privatmonopolistischer Initiative eingeschränkt, bei gleichzeitiger verstärkter staatlicher Förderung für die Schlüsseltechnologien und die Rüstungsindustrie.[47]

Mit der fortschreitenden wissenschaftlich-technischen Revolution stellt sich die Frage der Verantwortung für die Anwendung von Wissenschaft und Technik auf neue Weise. Unübersehbar ist dies in der Frage Krieg oder Frieden. Die imperialistische Hochrüstungs- und Konfrontationspolitik zwingt der Menschheit immer »perfektere« Massenvernichtungsmittel auf. Die destruktive Wirkung der kapitalistisch angewandten Technik auf Mensch und Natur ist eine qualitativ neue Bedrohung. Sie führt zu immer neuen Widersprüchen in immer neuen Bereichen, die alle direkt oder indirekt an den Lebensnerv der Menschheit gehen. »Der Kapitalismus«, stellte Erich Honecker fest, »ist ganz im Gegensatz zum Sozialismus, aufgrund der Besitzverhältnisse privatkapitalistischer Aneignung, der Profitmaximierung nicht in der Lage, den wissenschaftlich-technischen Fortschritt in soziale Werte für den Menschen umzuwandeln. Für die Werktätigen ist schon jetzt das Gegenteil der Fall.«[48]

Eine Besonderheit dieser ökonomischen Entwicklungen sind deren Auswirkungen auch auf die *Mittelschichten und breite Teile der Intelligenz*, die in besonderer Weise von der Krise betroffen werden und auf sie außerordentlich empfindlich reagieren. Für sie haben sich die Krisenfolgen nicht zuletzt als sozialer Niedergang bemerkbar gemacht. Im Unterschied zur Arbeiterklasse, die im besonderen Maße die sozialen Folgen dieser Veränderungen trägt, kommt für diese Schichten zugleich eine Veränderung ihres sozialen Status und ihres Selbstverständnisses hinzu. Gerade dadurch führt ihre persönliche Betroffenheit zu neuen Formen gesellschaftlicher Aktivität zur Verteidigung ihrer gesellschaftlichen Stellung. Zu diesen betroffenen Schichten gehört »die Gesamtheit der gesellschaftlichen Gruppen und Schichten, die ihren objektiven Merkmalen nach weder zur Bourgeoisie noch zur Arbeiterklasse gehören, die eine Zwischenstellung zwischen den beiden Grundklassen der kapitalistischen Gesellschaft einnehmen. Als solche Schichten treten unter den gegenwärtigen Bedingungen in Erscheinung: Händler, Handwerker und andere städtische Kleineigentümer, freiberuflich tätige Personen, ein großer Teil der Bauern oder Farmer, die in einem Lohnverhältnis stehende Intelligenz (mit Ausnahme jener Spitzengruppen, die zur Klasse der Kapitalisten gehören, und derjenigen unteren Gruppen, die direkt an das Proletariat angrenzen), das administrative Verwaltungspersonal sowohl aus dem privatkapitalistischen als auch aus dem staatlichen Sektor (mit Ausnahme der höchsten Gruppe von ihnen, die man zur Bourgeoisie zählt). Oft wird für die Mittelschichten auch der Begriff ›traditionelle‹ bzw. ›alte‹ Mittelschichten gebraucht, wenn es sich um kleine Eigentümer von Produktionsmitteln handelt, während für die übrigen der Begriff ›neue‹ Mittelschichten verwendet wird.«[49] Durch die Krisenprozesse besonders seit den siebziger Jahren verstärken sich die »Proletarisierungstendenzen« dieser Schichten. Damit verbunden ist eine bestimmte Radikalisierung ihrer Unzufriedenheit, ihres Protestes gegen die imperialistischen Realitäten und deren Folgen für ihre soziale Lage.

Für die Mittelschichten, allerdings gilt dies für alle Werktätigen, wird in der Gegenwart eine weitere neue Erscheinung wirksam. Die Sicherung der Reproduktion ihrer Arbeitskraft erhöht die psychischen und physischen Anforderungen an sie. Das ist eine unmittelbare Folge des wissenschaftlich-technischen Fortschritts und der damit verbundenen verstärkten Ausbeutung, der intensiveren Verausgabung von geistiger und körperlicher Kraft im Arbeitsprozeß. Die quantitative und vor allem qualitative Ausweitung des individuellen Konsums ist deshalb ein objektives Erfordernis der Reproduktion der Arbeitskraft geworden. Zum anderen gewinnen Erholung, Entspannung und somit wiederum direkt Fragen der Umwelt ein immer größeres Gewicht.

Zweitens. Die aktuellen Entwicklungen bestätigen nachdrücklich Engels' Feststellung, daß die »Organisation der Arbeiter, ihr stets wachsender Widerstand dem *Wachs-*

tum des Elends möglicherweise einen gewissen Damm entgegensetzen wird. Was aber *sicher* wächst, ist die *Unsicherheit der Existenz.*«[50] Die Gegenwart unterstreicht unübersehbar die Marxsche Erkenntnis vom allgemeinen Gesetz der kapitalistischen Akkumulation.[51] Dies betrifft sowohl die Zunahme der Schere zwischen dem Niveau der Bedürfnisse der Bourgeoisie und dem der Werktätigen, vor allem aber die unterschiedlichen Realisierungsbedingungen und -möglichkeiten. Zugleich zeigt sich aber auch, daß sich reale Prozesse der Verschlechterung der Lebenslage der Werktätigen bis hinein in die Mittelschichten vollziehen.

Massenarbeitslosigkeit und »neue Armut« sind die wesentlichen Erscheinungsformen der Verschlechterung der Lebenslage der Werktätigen. In der BRD sind allein ein Drittel der über zwei Millionen registrierten Arbeitslosen »ausgesteuert« und erhalten keine Unterstützung mehr, über zweieinhalb Millionen Menschen sind auf Sozialhilfe angewiesen.[52] Die Nutznießer dieser gesamtgesellschaftlichen Umverteilung sind die Monopole. Während die sozial schwachen Schichten mit über 170 Milliarden DM belastet wurden, bekam die Industrie, sprich die Monopole, 35 Milliarden DM zur Unterstützung zugeschoben.[53]

Drittens. Der Verschleiß der physischen und psychischen Kräfte hat erheblich zugenommen, während gleichzeitig die elementaren Reproduktionsbedingungen der Natur – des Waldes, der Flüsse, der Seen und der Luft – sich in den entwickelten imperialistischen Industriestaaten drastisch verschlechterten. *»Die gegenwärtige Krise ist eine Krise der kapitalistischen Produktionsweise mit globalen Auswirkungen.«*[54] Das betrifft sowohl die räumliche Ausdehnung als auch die neue Qualität des Widerspruchs zwischen Natur und Gesellschaft.

Es kam zur Herausbildung einer *ökologischen Krise* bislang unbekannten Umfangs, einer »Krise neuer Art«. Umweltgefährdung macht an Staatsgrenzen nicht halt. »Im Umweltproblem kommt die geschichtliche Überlebtheit des Kapitalismus besonders kraß zum Ausdruck.«[55] Die schonungslose Ausbeutung der Natur dient der Erzielung wachsender Profite. Damit verschlechtern sich die Reproduktionsbedingungen der Arbeiterklasse und der anderen Werktätigen sowie die Regenerationsbedingungen der Naturreichtümer. Auf die Dauer läßt sich die Natur nicht folgenlos ausbeuten und verschmutzen. Dies führt zu einer in dieser Art besonderen und aktivierenden Betroffenheit bei vielen Menschen in den imperialistischen Ländern, die angesichts der »umkippenden« Flüsse und Seen, der kranken Wälder und der gelb-grauen Smogluft sehr augenscheinlich die Wirkungen und Folgen ungehemmter Profitgier verspüren. Die industrielle Entwicklung der letzten Jahrzehnte führte in aller Welt zu erheblichen Belastungen. Allein seit 1973 gelangen jährlich mindestens 500 Millionen Tonnen Abprodukte aus Industrie, Landwirtschaft und Haushalten in die Umwelt, 220 Millionen Tonnen verschiedenster Schadstoffe entweichen in die Atmosphäre. Allein die Landwirtschaft verbraucht jährlich mehr als 1 Million Tonnen Pestizide, von denen ein Drittel ins Grundwasser gelangt. Mitte der siebziger Jahre setzten die damals mehr als 323 Millionen Kraftfahrzeuge in der Welt täglich etwa 500 000 Tonnen Kohlenmonoxid, 100 000 Tonnen Kohlenwasserstoff und 25 000 Tonnen Stickstoffoxid in die Luft frei. In den USA wurden durch die Industrie jährlich 172 Millionen Tonnen Rauch und Ruß in die Luft geblasen, und 165 Millionen Tonnen Müll fielen an. Durch die Verbrennung von Kohle und Erdöl wurden jährlich etwa 70 Millionen Tonnen Schwefel als Schwefeldioxid emittiert, obwohl in der Weltindustrie vergleichsweise nur 30 Millionen Tonnen Schwefel benötigt werden.[56]

Das Leben selbst liefert also eine reiche Auswahl an

Themen, auf die in der einen oder anderen Weise reagiert wird: Vorrücken der Sahara in fruchtbare Regionen Afrikas, Katastrophen von Supertankern oder schwimmenden Bohrinseln, die Meeresoberfläche bedeckende Ölschichten, durch giftige Industrie- und Autoabgase verschmutzte Luft, den Boden und das Wasser vergiftende Substanzen, Aussterben immer weiterer Tier- und Pflanzenarten sowie das Verschwinden einmaliger Landschaften usw.

Wenn weiter berücksichtigt wird, daß gegenwärtig rund 50 Prozent aller Umweltverschmutzungen von den USA mit weniger als 6 Prozent Anteil an der Weltbevölkerung verursacht werden, dann wird verständlich, daß zunehmend mehr Menschen erkennen, daß das kapitalistische Wirtschaftssystem mit seiner Jagd nach Maximalprofiten die größte Gefahr für die Umwelt und den Menschen bedeutet.[57] Besonders anschauliche Beispiele liefern dafür die beiden Giftgaskatastrophen im italienischen Seveso und im indischen Bhopal. In beiden Fällen waren den Konzernen die Gewinne wichtiger als die Sicherheitsbestimmungen, und das hatte tödliche Folgen.

Wenn auch noch nicht mit unmittelbar so verhängnisvollen Folgen für den Menschen selbst, wohl aber mit vernichtenden Einwirkungen auf seine Umwelt, seine Wälder, vollziehen sich Umweltzerstörungen auch in der BRD. Die Diskussionen um das Waldsterben, die besonders seit 1982 in der BRD intensiv und kontrovers geführt werden, sind ein Beispiel für den Charakter der Umweltpolitik im Imperialismus, für ihre Einbindung in die Profitinteressen der Monopole.

Erste Waldschäden waren seit Anfang der siebziger Jahre bekannt. Aber erst durch einige spektakuläre Zeitschriftenaufsätze in Nachrichtenmagazinen Ende 1981 wurde dieses Problem in das öffentliche Bewußtsein gerückt. Zu diesem Zeitpunkt war zu erkennen, daß die Holz- und Forstwirtschaft, immerhin ein bedeutender

Wirtschaftszweig mit 100 Milliarden DM Umsatz jährlich und rund 1 Million Arbeitsplätzen, in ihrem Bestand gefährdet war. Die bundesdeutschen Wälder, fast ausschließlich in privatkapitalistischer Hand befindlich, repräsentieren einen wirtschaftlichen Wert von ungefähr 150 bis 200 Milliarden DM. Waldschäden sollen sich bis jetzt auf 15 bis 20 Milliarden DM belaufen.

Bemerkenswerterweise wurden auf einer Expertenkonferenz der Wirtschaftskommission der Vereinten Nationen für Europa (ECE) im Februar 1984 die durch Luftverschmutzung entstandenen gesamtwirtschaftlichen Schäden in den Ländern Westeuropas auf einen Umfang von jährlich 3 bis 5 Prozent des Bruttosozialproduktes veranschlagt. Das würde für die BRD allein im Jahre 1983 eine Größenordnung der Schäden in Höhe von 50 bis 83 Milliarden DM bedeuten.[58]

Überstürzt wurde nun in Ermangelung langfristiger und intensiver wissenschaftlicher Forschungen nach den Schuldigen gesucht. Die Art der Suche und ihre öffentliche Auswertung in den Massenmedien lassen immer wieder die Vermutung aufkommen, daß sehr handfeste wirtschaftliche Interessen dahinterstecken. Zunächst wurde allgemein der »saure Regen«, die starke Übersäuerung des Bodens durch diesen Regen, als Verursacher bestimmt. In der BRD werden immerhin jährlich 3,5 Millionen Tonnen Schwefeldioxid, davon 2 Millionen Tonnen aus Kohlekraftwerken und Fernheizwerken ausgestoßen. Es gibt jetzt jedoch erprobte Methoden, durch die Zugabe von Kalk oder Ammoniak dieses Problem weitgehend auch wirtschaftlich vertretbar zu lösen. Bemerkenswerterweise sind die gesetzlichen Bestimmungen, wie etwa die Auseinandersetzungen um das Braunkohlekraftwerk Buschhaus demonstrieren, so gehalten, daß solche Maßnahmen nicht zwingend vorgeschrieben werden bzw. dieser »Zwang« genügend Ausweichmöglichkeiten offenläßt.

Zudem stellte sich heraus, daß das Argument »saurer Regen« für die Lobby der Kernkraftbefürworter eine ausschlaggebende Bedeutung gewann.

Neben dieser Ursache wurde bald erkannt, daß es sich um eine komplexere Krankheit der Bäume handeln mußte. Als eine zweite Ursache wurde Ozon ausgemacht, der an Sonnentagen unter Mitwirkung von Kohlenwasserstoff durch die fotochemische Spaltung von Stickstoffdioxid entsteht. Die Verursacher der 3 Millionen Tonnen Stickstoffdioxid in der BRD sind aber fast zur Hälfte Kraftfahrzeuge, während nur 0,9 Millionen Tonnen aus Kraftwerken stammen, weitere Mengen kommen aus der Einzelfeuerung, aus Raffinerien und Chemieanlagen. Eine wesentliche Entlastung wäre durch Geschwindigkeitsreduzierung und durch die Einführung von Abgaskatalysatoren möglich. Dazu ist bleifreies Benzin erforderlich, das bei der Struktur der bundesdeutschen Kraftfahrzeugbestände recht unproblematisch einzusetzen wäre. Ebenso hat die BRD-Automobilindustrie durch ihren Export in die USA und nach Japan, wo solche Lösungen bereits seit Jahren gesetzlich gefordert sind, auch ausreichende Produktionserfahrungen. Hier erhofft man sich zugleich Konkurrenzvorteile gegenüber Frankreich und Italien, die sich bislang erfolgreich gegen solche Vorstöße sperren. Trotz prinzipieller Zusagen der Automobilindustrie und entsprechender Erklärungen seitens der Bundesregierung wird aber gebremst und nach den vorhandenen Rezepten weitergemacht, Geschwindigkeitsbegrenzungen abgelehnt, Teillösungen, wie die Einführung des Katalysators, halbherzig auf lange Fristen hinausgeschoben.

Hier werden Widersprüche sichtbar, die die Profitinteressen der unterschiedlichen Monopole im Energiesektor und in der Autobranche berühren, die nur danach fragen, was heute gewinnbringend zu verkaufen ist und was morgen vielleicht mit einem neuen Qualitätsmerkmal »umweltfreundlich« noch einmal oder noch günstiger zu vermarkten ist.[59]

In all diesen Bedingungen, in diesen konkreten Erfahrungen ist begründet, daß in der ökologischen Bewegung die Kritik an der kapitalistischen Wirtschaftspolitik überwiegt und in ihrem Kampf um die Durchsetzung konkreter Umweltschutzforderungen zunehmend grundsätzliche gesellschaftspolitische Überlegungen angestellt werden, die objektiv auf eine Änderung der bestehenden Verhältnisse in unterschiedlicher Konsequenz hinauslaufen.

Man muß auch sehen, daß die Verschlechterung der natürlichen Reproduktions-, aber besonders der Produktionsbedingungen zugleich belastend auf die Kapitalverwertung zurückwirkt. Das führt zu gelegentlichen Sanierungsmaßnahmen seitens des imperialistischen Staates und der Monopole. Sie bewirken aber keine grundlegende Umkehr im Verhalten zur Natur. *»Was die ökologische Krise bereits vor der Umweltkatastrophe dennoch zur Schranke der Kapitalverwertung macht, ist nicht die Zerstörung der Naturbasis der Reproduktion, sondern der Widerstand gegen diese Zerstörung.«*[60]

In der Ökologiefrage war in den siebziger Jahren *ein* gemeinsamer Ansatzpunkt des Widerstandes gefunden, in dem die verschiedenen Gruppierungen in ihrer Kritik an bestimmten Seiten des imperialistischen Systems einen Minimalkonsens herstellen konnten. Zugleich war der Kampf gegen die Vernichtung von Tieren und Pflanzen, gegen die Gefahr für den Menschen selbst auch ein Ansatzpunkt für den Kampf gegen die drohende Vernichtung der Menschheit in einem nuklearen Kriegsinferno, ein Ansatzpunkt für das Zusammengehen mit der Friedensbewegung.

Die ökologische Krise ist eine der wesentlichen Seiten der *globalen Probleme*, die die gesamte Menschheit berühren und bedrohen. Sie haben Auswirkungen auf die

Lebens- und Überlebensinteressen aller Völker, unabhängig von ihrer Staats- und Gesellschaftsordnung. Ihre Lösung steht lebensnotwendig auf der Tagesordnung und bedarf des gemeinsamen Vorgehens aller Länder. Das ist nur durch eine internationale Zusammenarbeit auf der Grundlage der Prinzipien der friedlichen Koexistenz möglich, in enger Verbindung mit einer humanen Lösung des Weltproblems Nummer 1 – der Sicherung des Friedens und damit des Fortbestandes der menschlichen Zivilisation.

In diesem Bedrohungsspektrum ist die Zerstörung der natürlichen Umwelt eine Seite des Problems. Daß die globalen Probleme weltweiten Charakter haben, den gesamten Planeten betreffen, bedeutet jedoch nicht, daß sie ihren Ursprung in allen Ländern haben müssen. So geht die Gefahr eines weltweiten verheerenden Kernwaffenkrieges keineswegs von allen Ländern der Erde aus, sondern von den reaktionärsten Kreisen der USA und der NATO. Ebenso gehen die größten Belastungen und Zerstörungen der natürlichen Lebensbedingungen der Menschen wie der Umwelt insgesamt von den hochentwickelten imperialistischen Industrieländern aus. Das bedeutet natürlich nicht, daß die sozialistischen Länder aufgrund ihrer materiellen Bedingungen, unter denen sie den sozialistischen Aufbau in Angriff nehmen mußten, die Natur nicht auch negativ belasten könnten.

Die globalen Probleme bedürfen zu ihrer Lösung der langfristigen und weitsichtigen Regelung im weltweiten Rahmen. Durch ihre allmähliche Zuspitzung bedrohen sie die gesamte Menschheit. Ihre Lösung läßt sich prinzipiell nicht lange hinausschieben. Werden die Handlungsspielräume nicht genutzt, können globale Krisen und letztlich sogar globale Katastrophen eintreten. Wenn die endgültige Lösung der globalen Probleme – sei es das Verhältnis zur Natur, die Beseitigung des Hungers oder die Regelung der Bevölkerungsentwicklung – auch erst in einer von Profitinteressen und Ausbeutung freien Gesellschaft möglich ist, so steht doch heute vor der Menschheit eine reale und vital notwendige Aufgabe. Dem Wesen des Sozialismus entspricht es, das Verhältnis der Gesellschaft zur Natur rationell und auf wissenschaftlicher Grundlage, zunehmend planmäßig und bewußt zu gestalten. Von dieser Position aus strebt der Sozialismus danach, gemeinsam mit den kapitalistischen Ländern nach globalen Lösungen für die Regelung dieses Menschheitsproblems zu suchen. Sozialistische und kapitalistische Staaten können und müssen hier gemeinsam Lösungen finden.

In diesem Sinne erfüllt die ökologische Bewegung eine wichtige Rolle, insofern sie ihrerseits in den kapitalistischen Ländern auf die schnelle und prinzipielle Lösung der Umweltfragen und anderer globaler Probleme drängt. Hier erwachsen Übereinstimmungen und praktische Aussichten sowie Möglichkeiten eines gemeinsamen Ringens der neuen sozialen Bewegungen, der Arbeiterbewegung und des realen Sozialismus.

Viertens. Mit der Verschärfung der allgemeinen Krise des Kapitalismus durch die Veränderung des internationalen Kräfteverhältnisses und die ökonomischen Krisenerscheinungen vollzogen sich auch *Veränderungen in der imperialistischen Machtausübung im Innern.* Das Scheitern von Erhards »formierter Gesellschaft«, die Anti-Vietnamkriegs-Bewegung, die Auseinandersetzung um die Notstandsgesetzgebung, der Kampf um eine demokratische Hochschulreform, die Studentenunruhen und die Außerparlamentarische Opposition (APO), schließlich auch die Fernwirkungen von Watergate hatten Folgen. Der Bruch der »großen Koalition« 1969, das Scheitern des Reformwerkes der SPD/FDP-Regierung 1973/74 und die Ablösung Willy Brandts durch Helmut Schmidt, das Auseinandergehen der »konzertierten Aktion« 1977 waren

Ausdruck der Unmöglichkeit, große Teile der Arbeiterklasse, aber auch der Intelligenz durch traditionelle Formen der Korrumpierung und Manipulation in das imperialistische System zu integrieren. Die verstärkte Suche nach Wegen des Abbaus bürgerlicher Demokratie durch die herrschenden Monopolkreise infolge zunehmender politischer Labilität seit Mitte der siebziger Jahre – massiert ab 1977 unter dem Deckmantel der Terroristenbekämpfung nach dem Schleyer-Mord –, das Durchsetzen konservativer Konzepte sollten und sollen die Herrschaft der Monopolbourgeoisie sichern. Zugleich soll der weitere Vormarsch des Sozialismus aufgehalten und das eigene System gefestigt werden.

Mit dem Regierungsantritt der CDU/CSU/FDP-Regierung 1982 wurde diese Entwicklung durch die konservativen Kräfte zu einem bestimmten Abschluß gebracht. Der Kampf gegen die Gewerkschaften und das Streikrecht, der Ausbau der Möglichkeiten der umfassenden Überwachung der Gesellschaft und des einzelnen Bürgers – wie etwa durch die fälschungssicheren Personalausweise, die eine Computerüberwachung ungeahnten Ausmaßes ermöglichen, sind Auswirkungen. Die konservativen Positionen im intellektuellen und kulturellen Bereich bis hin zu den Universitäten und Hochschulen haben eine geistig-moralische Wende nach rechts eingeleitet, die die demokratischen und kritischen Kräfte in Unruhe versetzt. Diese Unruhe manifestiert sich in einem sich verbreiternden Widerstand gegen diesen Abbau demokratischer Rechte, gegen den Vormarsch reaktionärer, konservativer Positionen.

Fünftens. Dieser Bruch in der politischen und ökonomischen Entwicklung des Imperialismus hatte schließlich auch Auswirkungen auf die ideologische Situation der bürgerlichen Gesellschaft. In der zunehmenden Wirkungslosigkeit der traditionellen Konzepte manifestierte sich eine *neue Etappe der weltanschaulich-ideologischen Krise* der bürgerlichen Gesellschaft. Auf einige ihrer Aspekte wird an geeigneter Stelle ausführlicher einzugehen sein.

Bei der Herausstellung dieser inneren Prozesse muß jedoch die in den siebziger und achtziger Jahren entstandene Situation insgesamt beleuchtet werden. Sie ist zum einen gekennzeichnet durch die dargelegten Konsequenzen der Konzentrations- und Zentralisationsprozesse der kapitalistischen Wirtschaft unter den Bedingungen der wissenschaftlich-technischen Revolution und der Intensivierung mit all ihren sozialen, politischen und ideologischen Nah- und Fernwirkungen. Zum anderen wurde in diesen Jahren unübersehbar, daß die internationale Lage »sich durch den Hochrüstungs- und Konfrontationskurs maßgeblicher Kreise der USA und der NATO zuspitzt«[61], daß der Imperialismus den Frieden und den sozialen Fortschritt gefährdet. *Einerseits* änderte sich das *internationale Kräfteverhältnis* zugunsten der Kräfte des Sozialismus und des Fortschritts. Durch die Zerschlagung des imperialistischen Kolonialsystems (um 1960), den Zusammenbruch der militärischen Versuche des Zurückdrängens des Sozialismus in Kuba (1961, 1962) und in Vietnam (Zäsuren 1968, 1972, 1975), durch die Festigung und internationale Anerkennung der DDR u. a. m. konnte der weitere Fortschritt des Sozialismus und der nationalen Befreiungsbewegungen in der Welt durchgesetzt werden. Mit der vom VIII. Parteitag der SED 1971 beschlossenen Politik der Hauptaufgabe in ihrer Einheit von Wirtschafts- und Sozialpolitik zur immer besseren Befriedigung der materiellen und kulturellen Bedürfnisse der Werktätigen durch ein hohes Entwicklungstempo der sozialistischen Produktion, die Erhöhung der Effektivität, die Beschleunigung des wissenschaftlich-technischen Fortschritts und durch das Wachstum der Arbeitsproduktivität gelang es in der

DDR, den Sinn des Sozialismus umfassender zur Geltung zu bringen.

Zugleich erlitten auch weitere Versuche konterrevolutionärer Attacken Niederlagen, insbesondere in der ČSSR 1968/69. Der Imperialismus wurde in den sechziger und siebziger Jahren sichtbar unfähiger, einen bestimmenden Einfluß auf die gesellschaftliche Entwicklung in der Welt zu nehmen. Die sozialistischen und demokratischen Kräfte erkämpften den Übergang zu einer Politik der Entspannung und der friedlichen Koexistenz. In weiten Gebieten Afrikas, Lateinamerikas und Asiens gelang es den Völkern, aus dem unmittelbaren Einflußbereich des Imperialismus auszubrechen. Nicht zuletzt hatten die Länder der »dritten Welt« Erfolge bei einer eigenständigeren, antikolonialistischen Entwicklung, wie sie die Bewegung der Nichtpaktgebundenen repräsentiert. Diese neue internationale Stellung der selbstbewußt gewordenen ehemaligen Kolonien wurde für die imperialistischen Hauptländer im Zusammenhang mit der Ölkrise fühlbar.

In diesen Jahren siegte in Chile Allendes Unidad Popular (1970) und in Portugal im April 1974 die »Revolution der Nelken«. Aber der Imperialismus war nicht bereit, dies hinzunehmen. In Chile ertränkten die faschistischen Putschisten mit Hilfe der CIA und der Rückendeckung durch die US-Administration am 11. September 1973 die Errungenschaften des Volkes in einem Blutbad; und in Portugal gelang es der einheimischen und internationalen Monopolbourgeoisie, den revolutionären Prozeß abzubrechen. In Westeuropa und in Nordamerika kam es in der zweiten Hälfte der sechziger Jahre zu einer machtvollen Studentenbewegung, die ihren Höhepunkt im »Pariser Mai« des Jahres 1968 fand. Die in diesen Jahren aktivierten Studenten und ihre Ideologen sahen in diesen so verschiedenartigen Prozessen die Vorzeichen ihrer »Revolution«. Sie nährten Illusionen und waren immer wieder zutiefst betrübt und resignierten, wenn ihre Hoffnungen scheiterten.

Andererseits vollzog sich der Übergang zu einer Politik der *»neuen Eindämmung«*, des Kreuzzuges gegen den Sozialismus. Die Wahl Reagans 1980 schloß einen Umorientierungsprozeß der aggressivsten imperialistischen Kreise ab, der bereits Mitte der siebziger Jahre begann. Nunmehr sollten mit allen, auch mit militärischen Mitteln, der Vormarsch des Sozialismus und der soziale Fortschritt überhaupt aufgehalten werden. Das von der USA-Administration offen proklamierte Konzept des nuklearen Erstschlages und eines »begrenzbaren« Atomkrieges gab für viele Westeuropäer, aber auch für US-Amerikaner den Anstoß zum Nachdenken und zur Friedensaktion. Der Brüsseler NATO-Raketenbeschluß vom Dezember 1979 und die tatsächliche Stationierung neuer amerikanischer Mittelstreckenraketen in den folgenden Jahren in Westeuropa führten nicht zuletzt in der BRD zur Politisierung großer Teile der Bevölkerung. Der forcierte Übergang zum Hochrüstungskurs wirkte und wirkt sich unmittelbar auf die Lebenslage der Werktätigen aus. Das gilt voll und ganz für die BRD, die die zweitstärkste Armee der NATO an der Trennlinie zwischen Sozialismus und Imperialismus unterhält. Die Zeche, die die Werktätigen bereits heute zahlen müssen, ist nicht gering. Betrugen die Rüstungsausgaben allein in der BRD 1980 noch 48,5 Milliarden DM, so sind für 1987 im offiziellen Haushalt des Bonner Verteidigungsministeriums Rüstungsausgaben in Höhe von 51,3 Milliarden DM vorgesehen, und nach NATO-Kriterien ergeben sich insgesamt 75 Milliarden DM Ausgaben.[62]

Mit der Verschärfung der Krise des Kapitalismus verstärkte sich zwangsläufig der Druck auf die Werktätigen, zugleich wächst ihre Bereitschaft und Entschlossenheit, sich zu wehren. Dieser Widerstand wendet sich zunächst gegen die Erscheinungen, die am unmittelbarsten betroffen machen, die am ehesten für den einzelnen erfahrbar sind. Es eröffnen sich damit eine Vielzahl von Kampffeldern. In der BRD hat deshalb die DKP ihre Politik, ihr Ringen um eine Verschiebung des politischen Kräfteverhältnisses an konkreten Fragen, die die Werktätigen bewegen, ausgerichtet. »Es sind vor allem drei Punkte, auf die der Druck der außerparlamentarischen Bewegung sich konzentrieren sollte:

– auf die Durchsetzung erster praktischer Schritte der Bundesregierung zu Rüstungsstopp und Abrüstung;
– auf die Durchsetzung wirksamer Schritte zur Bekämpfung der Massenarbeitslosigkeit;
– auf die Verteidigung und Wiederherstellung demokratischer Rechte und Freiheiten.«[63]

In diesem Kampf werden verstärkt auch die Fragen einer Wende von der Umweltzerstörung zu einer Umweltpolitik im Interesse der arbeitenden Menschen einbezogen.[64]

2.2. Standhalten, Flüchten oder Verändern? – Bürgerliche Ideologie in der Krise

2.2.1. Prometheus oder Sisyphos?

Menschliches Dichten, Denken und Handeln kam zu keiner Zeit ohne Symbole und Leitbilder aus. Dafür gibt es sicherlich viele Gründe. Sie gaben die Möglichkeit, die eigene theoretische Position anschaulich zum Ausdruck zu bringen. Nicht selten dienten sie auch der Legitimation eigenen Denkens und Handelns. Solche Leitbilder besaßen große Anziehungskraft für Dichter und Denker über die Jahrhunderte hinweg, die damit ihrerseits ihr Bemühen für Fortschritt, Selbstverwirklichung und Befreiung oder für die Darstellung von Hoffnungslosigkeit, Resignation, Selbstbespiegelung durch künstlerische Bilder von großer Aussagekraft abstützten.

Mit dem Prometheus- bzw. dem Sisyphos-Bild liegt dafür ein herausragendes Beispiel vor. Dabei gilt uns Prometheus als Symbol für aktive schöpferische Tätigkeit, für Selbstverwirklichung und Selbstbehauptung in persönlicher Freiheit, für die Auflehnung gegen jedwede Art physischer und geistiger Knechtschaft, für Hoffnung, Zuversicht und Einsatz für das Wohlergehen der Menschheit. Das Sisyphos-Bild steht dagegen für Hoffnungslosigkeit und Resignation, für das Ausgeliefertsein an fremde, nicht beherrschbare Mächte; es steht als Symbol für die Sinnlosigkeit menschlichen Tuns und Mühens.

Welchem Leitbild man sich verpflichtet fühlt, hängt dabei wesentlich von der eigenen Klassenposition und der durch sie geprägten Haltung der Menschen ab. Kämpft man um die Durchsetzung des gesellschaftlichen Fortschritts, ist man vom Aufstieg der Menschheit von niederen zu höheren Entwicklungsstufen überzeugt, entwickelt man eine Haltung des aktiven Engagements zur Veränderung der Welt, gehört man progressiven Klassenkräften an, so fühlt man sich dem Prometheus-Bild nahe, sieht man den Prometheus als eine Figur, an der man sich orientieren kann. Der junge Marx nannte in diesem Sinne Prometheus den »vornehmste(n) Heilige(n) und Märtyrer im philosophischen Kalender«. In seiner Dissertation zitiert er auch, was Prometheus, an den Felsen des Kaukasus geschmiedet, voller Stolz und Würde dem Hermes, dem unterwürfigen Boten des Zeus, antwortete: »Mit deinem Frondienst möcht' ich dies mein Jammerlos / Vertauschen nimmer, hör es deutlich, nimmermehr! / Ja schöner ist es, da dem Fels fronhaft zu sein, / Denn Vater Zeus zu dienen als ein Bote treu.«[65]

Mit dieser Position, die an progressives bürgerliches

Denken anknüpfte, konnte das prometheische Symbol für die soziale Revolution fruchtbar gemacht werden. Denn ebenso wie es Zeus nicht gelang, Prometheus zu unterwerfen, wird es auch der Bourgeoisie nicht gelingen, das Proletariat davon abzuhalten, alle Verhältnisse umzuwerfen, in denen der Mensch ein geknechtetes und verächtliches Wesen ist.[66]

Goethe vertritt in seinem Prometheus-Gedicht ein Menschenbild, das den Menschen auf seine eigene Kraft hinweist, ihn nicht einem göttlichen Ratschlag oder Schicksal ausliefert und der deshalb, weil sein Schicksal von ihm selbst abhängt, die Fähigkeit hat zu leiden, zu weinen, zu genießen und sich zu freuen. Bei Goethe sind Vernunft und Erkenntnisdrang, Mut und Wagnis, Gefühl und Menschlichkeit in ihre Rechte eingesetzt.

Wie anders nimmt sich da ein Menschenbild aus, das sich am Sisyphos-Symbol orientiert: Sisyphos dazu verurteilt, mit unendlicher Mühe immer wieder einen schweren Felsblock bergauf zu wälzen, der sofort wieder in die Tiefe rollt. Dieses Symbol steht für ein Menschenbild, das von der Sinnlosigkeit des menschlichen Lebens ausgeht. Danach ist das Leben voller Mühsal und Verzweiflung, ohne Hoffnung auf Veränderung. Und menschliche Tätigkeit vermag daran nichts zu ändern.

Dieses Menschenbild durchzieht die ganze spätbürgerliche Philosophie. Wir finden es schon bei Novalis. Es tritt uns bei Schopenhauer entgegen. Albert Camus fühlt sich ihm verpflichtet. Dieser faßt das menschliche Dasein als Geworfenheit in eine absurde und sinnlose Welt auf, gegen die der Mensch sich immer wieder vergeblich auflehnt, weil sein Bemühen um Rationalisierung des Absurden und Sinngebung des Sinnlosen notwendig zum Scheitern verurteilt sei. Es könnte noch so mancher Name genannt werden, mit dem die Verabschiedung des Prometheus-Symbols und die Hinwendung zum Sisyphos-Bild in der bürgerlichen Philosophie und Ideologie verbunden ist.

Die Verwendung des Sisyphos-Bildes zur Beschreibung der menschlichen Existenz durch die bürgerliche Ideologie der Gegenwart ist bildhafter Ausdruck der geistigen Krise der Bourgeoisie, einer Klasse, deren Herrschaft objektiv historisch überlebt ist, die dem gesellschaftlichen Fortschritt entgegensteht und die deshalb außerstande ist, sozialen Fortschritt zu denken und schon gar nicht, sich dafür einzusetzen.

Diese geistige Krise der Bourgeoisie ist in der kapitalistischen Welt allgegenwärtig. Und so findet sie auch deutlichen Ausdruck im dortigen Zeitungsblätterwald. In der großbürgerlichen »Frankfurter Allgemeinen Zeitung« (»FAZ«), die in der BRD erscheint, versuchte man, unter Verwendung des Prometheus- und Sisyphos-Bildes die kapitalistische Gegenwart zu erfassen. Es heißt dort: »Die Symbolgestalt unserer Zeit ist nicht mehr, wie einst zum Beginn der Neuzeit, Prometheus, der nach dem antiken Mythos die Menschen gemacht und das Feuer vom Himmel geholt hat, sondern Sisyphos. Von Sisyphos erzählt der antike Mythos, daß ihn die Götter, weil er gefrevelt hatte, dazu verurteilt hätten, einen Felsblock unablässig den Berg hinaufzuwälzen. Sobald der Stein aber den Gipfel erreicht hat, rollt er von selbst wieder hinunter, und Sisyphos muß ihm nachgehen, um ihn aufs neue hinaufzuwälzen – und das ohne Ende.«[67]

Nach Meinung des Autors dieses Artikels geht es also schon gar nicht mehr um die Alternative Prometheus oder Sisyphos, sondern um eine ganz andere Wahlmöglichkeit: »Standhalten oder flüchten – das ist für Sisyphos die Frage. Und Sisyphos flüchtet nicht, sondern hält stand. Jeden Morgen, den er noch erlebt, schmiegt er sich wieder an seinen Stein und wälzt ihn.

Wo liegt im Leben des Sisyphos der kritische Moment?

Solange er den Stein den Berg hinaufwälzt, scheint alles gut zu sein. Da befindet Sisyphos sich in Aktion, und während er sich in Aktion befindet, gibt es für ihn sogar Augenblicke, in denen er glücklich sein kann. Der kritische Moment im Leben des Sisyphos tritt ein, wenn er auf dem Gipfel des Berges steht, dem hinunterrollenden Stein nachblickt und sich überlegt, ob er ihm nachgehen soll.

Was veranlaßt Sisyphos in diesem Augenblick dazu, den Berg hinabzusteigen, um den Stein wieder anzupakken und ihn aufs neue den Berg hinaufzuwälzen? An dieser Stelle taucht für ihn die Frage nach dem Sinn des Lebens auf, nach der Verläßlichkeit der Welt und nach der Gewißheit seines eigenen Daseins in ihr.«[68]

Es ist schon wahr und angesichts der Lebenssituation vieler Menschen in der kapitalistischen Welt nicht verwunderlich, daß sich immer mehr Menschen die Frage nach dem Sinn ihres Lebens stellen. Deshalb ist es für die Sprachrohre des bundesdeutschen Großkapitals (die »FAZ« gehört an herausragender Stelle dazu) sozusagen grundlegender Auftrag ihrer Auftraggeber, die Werktätigen ideologisch so zu manipulieren, daß sie sich weiter an das kapitalistische System gebunden fühlen. Und entsprechend heißt es in der »FAZ«: »Es ist die Frage, wie Sisyphos, der Mensch der modernen technisch-rationalen Leistungsgesellschaft, dazu gebracht werden kann, daß er nicht resigniert und verzweifelt, sondern hofft und vertraut.«[69]

Das also soll die Alternative sein, vor der die Menschen in der kapitalistischen Gesellschaft stehen: Resignation oder Hoffnung; Verzweiflung oder Vertrauen? Bliebe zu fragen: Hoffnung und Vertrauen worauf?

Um im Bilde zu bleiben. Sollen die Menschen das ihnen – wie Sisyphos – auferlegte Schicksal der Ausbeutung und Unterdrückung tragen und trotzdem »hoffen und vertrauen« oder ihr Schicksal in die eigenen Hände nehmen und – wie Prometheus – aktiv tätig sein, sich nicht den unterdrückenden Machthabern beugen und damit die Fähigkeit erwerben, zu leiden, zu weinen, zu genießen und sich freuen zu können?

Sollen die Menschen die Krise der kapitalistischen Welt einfach aushalten, ihr standhalten? Können sie ihr vielleicht entfliehen, oder bleibt ihnen nur die Wahl zwischen einem in Sinnlosigkeit verbrachten Leben und der Möglichkeit, sich selbst zu ändern und die Gesellschaft, in der sie leben?

Im Gegensatz zur gegenwärtigen bürgerlichen Ideologie war die klassische bürgerliche Philosophie und Ideologie noch geistiger Ausdruck revolutionärer Umgestaltung: Sie widerspiegelte den welthistorischen Prozeß des Übergangs von der feudalen zur bürgerlichen Gesellschaft und wollte ihn befördern. Sie war eins mit dem gesellschaftlich-historischen Prozeß der Herausbildung und Konstituierung der Bourgeoisie als Klasse, stand im Einklang mit deren Bestrebungen, eine neue, höhere Produktionsweise und Gesellschaftsordnung zu errichten. Diese Philosophie und Ideologie stand dergestalt auf der Seite des historischen Fortschritts. Sie wollte dazu beitragen, diesem zum Durchbruch zu verhelfen, und die von ihr heftig bekämpften Gegner waren immer die Verfechter der überlebten feudalen Produktionsweise und Gesellschaftsordnung. Diesem Geist verlieh Goethe in seiner Prometheus-Gestalt Ausdruck. Und Hegel faßte den Anspruch der klassischen bürgerlichen Philosophie auf rationale Naturerkenntnis und Gesellschaftsgestaltung, auf Diesseitigkeit und Fortschritt, auf Erkennbarkeit der Welt und Wahrheit, auf optimistische Geschichtsbetrachtung und Gesetzeserkenntnis, auf fortschreitende Entwicklung der Menschheit in die Worte: »Der Mut der Wahrheit, der Glaube an die Macht des Geistes ist die erste Bedingung der Philosophie. Der Mensch, da er Geist ist, darf und soll sich selbst des Höchsten würdig achten, von der Größe und Macht seines Geistes kann er nicht groß genug denken; und mit diesem Glauben wird nichts so spröde und hart sein, das sich ihm nicht eröffnete. Das zuerst verborgene und verschlossene Wesen des Universums hat keine Kraft, die dem Mute des Erkennens Widerstand leisten könnte; es muß sich vor ihm auftun und seinen Reichtum und seine Tiefen ihm vor Augen legen und zum Genusse geben.«[70]

In dem Maße aber, wie die alte Ausbeuterordnung in eine andere, wenn auch fortgeschrittenere überging, offenbart sich, daß es Schranken gab, die die klassische bürgerliche Philosophie und Ideologie zu überschreiten nicht in der Lage war. Denn im Prozeß der Überwindung der feudalen Ordnung konstituiert sich die Bourgeoisie zur herrschenden Klasse. Als ausbeutende Klasse wird sie auch zu einer die ganze Gesellschaft unterdrückenden Klasse.

Mit dem imperialistischen Stadium des Kapitalismus und insbesondere seit der Großen Sozialistischen Oktoberrevolution in Rußland wurde die Apologetik dieser imperialistischen Verhältnisse zum Hauptinhalt bürgerlicher Ideologie – in direkter oder indirekter Weise.[71] Dabei reagiert bürgerliches Denken nicht einheitlich auf die grundlegenden Herausforderungen der Zeit. Das liegt in der inneren Differenziertheit sowie in der Perspektivlosigkeit der Klasse der Bourgeoisie begründet, die im Unterschied und auch im Gegensatz zu ihrer klassischen Entwicklungsperiode nunmehr zu keiner einheitlichen weltanschaulichen Interpretation ihrer Klassensituation mehr kommen kann.

Aber bei aller Vielfalt der bürgerlichen philosophischen Strömungen, Theorien, Meinungen zielt bürgerliches Denken im Imperialismus letztlich generell auf die Erhaltung der kapitalistischen Ordnung, verteufelt es den Gedanken von der gesetzmäßigen Entwicklung zum Sozialismus, bemäntelt es die Tatsache, daß die Krise der kapitalistischen Welt sich notwendig aus ihrer, der kapitalistischen Produktionsweise ergibt, mit dieser unauflöslich verbunden ist.

Dabei werden auf dieser allgemeinen Grundlage durchaus unterschiedliche, manchmal auch gegensätzliche Positionen entwickelt, wie mit dieser Krise umzugehen ist. »Während die einen in der bloßen Konstatierung der Krise steckenbleiben und ihre Ohnmacht im Hinblick auf die Krisenbewältigung erkennen lassen, versuchen andere im Rahmen ihrer bürgerlichen Möglichkeiten Rezepturen zu entwickeln, die Teilprozesse der allgemeinen Krisenhaftigkeit mit Mitteln der Natur- und Sozialwissenschaft sowie der Technik beherrschbar zu machen glauben; und schließlich finden wir in diesem ›bunten‹ Erscheinungsbild auch solche Repräsentanten, die fernab von jeglichem Vertrauen auf Wissenschaft und Technik meinen, daß die bisherigen szientistisch-technokratischen Versuche von Krisenbewältigung letztlich ohne sichtbaren Erfolg geblieben sind und man sich deshalb von ihnen distanzieren müsse – einzig die Hoffnung auf die Ankunft eines ›ganz anderen‹ ... vermag Krise ›auszuhalten‹.«[72]

Überblickt man die gegenwärtige geistige Situation der kapitalistischen Welt, dann zeigt sich, daß nach einer Phase, in der über das Ende der Philosophie, ihre Wirkungslosigkeit geklagt wurde, nunmehr verstärkte weltanschauliche Aktivitäten entfaltet werden. Das ändert jedoch nichts an der Überlebtheit der kapitalistischen Ordnung. Das ändert auch nichts daran, daß diese Ordnung im Widerspruch zu den Interessen der Werktätigen steht, ihrem Interesse an einem Leben in Frieden und Wohlstand, in sozialer Gerechtigkeit und Sicherheit, in einer gesunden Umwelt.

Trotz großer Fortschritte in der Entwicklung von Wissenschaft und Technik zeigt sie sich nicht in der Lage, diese in sozialen Fortschritt im Interesse der Werktätigen umzusetzen. Im Gegenteil! »Die kapitalistische Wirtschaft hat sich in den vergangenen Jahren wiederum außerstande gezeigt, die modernen Errungenschaften von Wissenschaft und Technik zum Nutzen der Menschen einzusetzen. Vielmehr wurden sie dazu benutzt, die Macht der Multis auszudehnen und die ohnehin tiefe Kluft zwischen arm und reich zu vergrößern.«[73]

Nimmt man Hochrüstung, Massenarbeitslosigkeit, Sozialabbau, allgemeine Existenzunsicherheit, Perspektivlosigkeit der Jugend in den imperialistischen Ländern hinzu, die dort das Leben wesentlich bestimmen, dann wird deutlich, daß die bürgerliche Ideologie vor einer ungeheuren Schwierigkeit steht. Sie muß die Frage beantworten, woher angesichts dieser Situation lebenswerte Perspektiven und humanistische Wertorientierungen zu nehmen sind. Das trifft sich zudem mit einer Veränderung der Wertorientierungen der Jugend und weiter Teile der Werktätigen.

Ronald Inglehart hat in einer für die Diskussion alternativer Ideologie wichtigen soziologischen Studie sehr prägnant nachzuweisen versucht, daß sich auf dem Gebiet der Werte eine »stille Revolution« vollziehe, die zu einer Konzentrierung auf Fragen der Qualität des Lebens führt und zu einer politischen Aktivierung für dieses Ziel. Der Fortschritt der Produktivkräfte, die Verbesserungen in der kapitalistischen Gesellschaft hinsichtlich der Sicherung relativ günstiger materieller Reproduktionsbedingungen besonders in den sechziger und siebziger Jahren brachte für einen nicht unerheblichen Teil der Werktätigen Veränderungen. Inglehart kommt zu dem Schluß, daß es einen allmählichen Wandel in den Bedürfnissen gibt: »Je reicher man wird, desto weniger bedeutet der Reichtum.«[74] Die Menschen wenden sich dem zu, was sie am wenigsten haben, und das seien die »postmaterialistischen Werte«,

»unbefriedigte Bedürfnisse nach Zugehörigkeit oder Anerkennung«[75], soziale Geborgenheit. Um diese Bedürfnisse zu befriedigen, kommt es zu politischen Aktivitäten.

Wenn in dieser Sicht auch die Grenzen der Verbesserung der Lebensbedingungen der Werktätigen im Kapitalismus, die sich ausbreitende »neue Armut« besonders im letzten Jahrzehnt übersehen bzw. völlig unterbewertet werden, so verdeutlicht sie doch etwas anderes. Die Potenzen, die der Imperialismus noch immer zu mobilisieren vermag, werden zu Lasten der sozialen Beziehungen der Menschen realisiert. Kapitalistische Ausbeutungsverhältnisse schließen die Aufhebung der Entfremdung aus. Die kapitalistische Anwendung des wissenschaftlich-technischen Fortschritts verstärkt alle negativen Wirkungen des Kapitalismus für die Menschen, hebt die Ausbeutung in eine neue Dimension. Dabei übersehen wir nicht, daß es im Kapitalismus auch wissenschaftliche Pioniertaten, hocheffektive Produktionsanlagen und leistungsstarke landwirtschaftliche Betriebe gibt, interessante Architektur und technische Meisterleistungen geschaffen werden. Das alles gibt es. Doch das Wesen des Kapitalismus offenbart sich in anderen Erscheinungen: Diese Gesellschaftsordnung löste in unserem Jahrhundert zwei furchtbare Weltkriege aus. Unzählige Male wurde Waffengewalt gegen sich befreiende Völker angewandt. Das reicht vom Versuch, die kubanische Revolution zu zerschlagen, vom Völkermord am vietnamesischen Volk, von der US-amerikanischen Unterstützung der israelischen Kriegspolitik gegen das palästinensische Volk und die arabischen Nachbarländer bis hin zum nichterklärten Krieg der USA gegen Nikaragua. Es reicht von der Stützung reaktionärer Regimes überall in der Welt, einschließlich des Apartheid-Regimes in Südafrika, bis hin zur Organisierung und Absicherung faschistischer Putsche wie in Chile.

Aber auch in den imperialistischen Hochburgen selbst

zeigt sich das menschenfeindliche Wesen des Kapitalismus. Nach wie vor grassiert in den USA der Rassismus, gibt es in erschreckendem Ausmaß Hunger, verfallen Städte, wachsen die Slums. In der BRD bedrückt Millionen von Menschen eine »neue Armut«, wird Ausländerfeindlichkeit geschürt. Nach wie vor und mehr als jemals zuvor profitieren die Multis am Elend in der »dritten Welt«, schlagen sie selbst noch aus dem Hunger Kapital.

Angesichts dessen – und das ist nur ein kleiner Ausschnitt – wird in aller Deutlichkeit das Dilemma offenbar, in dem sich die bürgerliche Ideologie befindet: Sie soll der kapitalistischen Gesellschaftsordnung geistige Anziehungskraft geben, sie soll dem Kapitalismus eine attraktive Wertorientierung ausarbeiten. Sie soll den Menschen glaubhaft die Zukunftsträchtigkeit des Kapitalismus verdeutlichen. Aber die Bemühungen der bürgerlichen Ideologie müssen notwendigerweise an den realen Tatsachen des Lebens in der kapitalistischen Welt scheitern.

Es ist deshalb nicht überraschend, daß immer mehr Menschen in der kapitalistischen Welt nachdenken, Fragen stellen und Alternativen suchen. Daß dies den herrschenden imperialistischen Kräften nicht ins Konzept paßt, liegt auf der Hand. Sie versuchen, diese Entwicklung abzuwürgen oder zumindest in eine ihnen genehme Richtung zu kanalisieren. Als ihr politisch-ideologisches Hauptinstrument erweist sich dabei nach wie vor der Antikommunismus, der sowohl gegen den Sozialismus, die internationale Arbeiterbewegung wie gegen jede antiimperialistische, demokratische Bewegung gerichtet ist. Aber die Menschen lassen sich nicht mehr so einfach manipulieren.

Um diesen Zusammenhang zu verdeutlichen verwies Erich Honecker auf das Ergebnis einer Umfrage: »So hält es eine BRD-Zeitung, die bisher die DDR nur in Gänsefüßchen nennt, für außerordentlich gefährlich, daß eine demoskopische Umfrage unter den Deutschen in der Bundesrepublik ergeben hat, daß sie von Gorbatschow und Reagan eine gleich gute Meinung haben. Dieses Blatt hält es für gefährlich, daß mehr als die Hälfte der Bundesbürger eine enge Zusammenarbeit zwischen den USA und der Sowjetunion wünschenswert findet. Was ist das Gefährliche für diejenigen, die so etwas schreiben? Sie haben die Antwort gleich mitgeliefert. Das Gefährlichste sei, daß das Gefühl nachlasse, ›vom Kommunismus bedroht‹ zu werden. Also ..., man höre und staune, nicht die Abwendung eines atomaren Infernos, nicht die Verhinderung des Untergangs der Menschheit in einem neuen Weltkrieg, nicht der Stopp des Wettrüstens auf der Erde und seine Nichtausdehnung auf den Kosmos sind für diese Leute das Entscheidende, sondern die Angst, daß das von ihnen an die Wand gemalte Gespenst des Kommunismus, der Gefahr aus dem Osten durch die aktive friedliche Zusammenarbeit der Staaten unterschiedlicher sozialer Ordnung an Wirkung verliert.«[76]

Erich Honecker fügt hinzu, daß dies zeige, »in welchem Maß der Gedanke der Friedenssicherung, der friedlichen Zusammenarbeit von Staaten unterschiedlicher Gesellschaftssysteme an Boden gewinnt und diejenigen in zunehmendem Maße in die Isolierung geraten, die im Krieg immer noch eine Badekur sehen«[77]. Die Propagierung von Konfrontations- und Kriegsideologie durch die reaktionärsten Kräfte des Imperialismus und ihre Ideologen zeigt auch, in welch tiefer geistig-moralischer Krise das imperialistische System steckt.

2.2.2. Imperialistische Krisenbewältigungsstrategien

Infolge der sich qualitativ verschärfenden allgemeinen Krise des Kapitalismus in allen gesellschaftlichen Bereichen unternehmen die herrschenden imperialistischen Kräfte den Versuch, erfolgversprechende Lösungen und Auswege zu finden, die eine Anpassung an die veränderten inneren und äußeren Existenzbedingungen ermöglichen. Das soll sich natürlich auf dem Boden und im Rahmen des staatsmonopolistischen Ausbeutungs- und Profitsystems vollziehen.

Die aggressivsten imperialistischen Kräfte, insbesondere in den USA, setzen auf forcierte Hochrüstung, um der inneren Krisenprozesse, die ihr System erschüttern, Herr zu werden. Mittels einer rasanten Entwicklung von Hochtechnologien soll dieser Hochrüstungskurs wissenschaftlich-technisch abgesichert, das imperialistische System stabilisiert und die Expansionskraft gesteigert werden. Das ganze wird begleitet – ganz im Sinne konservativer Leitlinien – von Sozialabbau und drastischer Einschränkung demokratischer Rechte der Werktätigen. Rücksichtslos wird versucht, die kapitalistische Rationalisierung durchzusetzen.[78] Deshalb versuchen die Herrschenden auch, die Kraft der Gewerkschaften entscheidend zu schwächen. Das zeigten die Maßnahmen der USA-Administration gegen die Fluglotsen und ihre Gewerkschaft vor einigen Jahren, als mehrere tausend streikende Fluglotsen einfach entlassen wurden. Das demonstrierte die starre Haltung der britischen Regierung gegenüber den berechtigten Forderungen der streikenden Bergarbeiter, die um den Erhalt ihrer Arbeitsplätze kämpften. Und das zeigt auch der Angriff der Regierung und der Unternehmer der BRD auf das Streikrecht der Werktätigen, das mit der Änderung des Paragraphen 116 des sogenannten Arbeitsförderungsgesetzes drastisch eingeschränkt werden soll.

All das läuft auch auf eine wesentliche Verschiebung in der Verteilung des Nationaleinkommens zugunsten der Finanzoligarchie hinaus. Die Folge ist, daß soziale Unsicherheit und Furcht vor der Zukunft ständige Begleiter der Werktätigen in den kapitalistischen Ländern geworden sind. Doch zunehmend erkennen sie auch die Notwendigkeit, ihren Widerstand gegen Massenarbeitslosigkeit und Sozialabbau mit dem Kampf um Friedenssicherung und Bewahrung der Umwelt zu verbinden.

Mit den tiefgreifenden Krisenprozessen und der Veränderung der Existenzbedingungen der Bourgeoisie ging und geht eine verstärkte Mobilisierung konservativer Politik und Ideologie einher. Der Konservatismus soll die imperialistische Bourgeoisie für die Durchsetzung ihrer Herrschaftsinteressen aktivieren und zugleich die Massen für diese Ziele – und damit gegen ihre eigenen Lebensinteressen – mobilisieren.

Der Konservatismus ist seinem Wesen nach reaktionär. Davon zeugen die offene Verherrlichung des Kapitalismus, die Behauptung, daß die »soziale Marktwirtschaft« die »Urform der Wirtschaft des Menschen, seitdem er Mensch geworden ist«, sei, und die Propagierung der Ansicht von der Ewigkeit kapitalistischer Eigentumsverhältnisse, weil sie »der Natur des Menschen angepaßt« seien.[79]

Da wird ein starker Staat gefordert – bei gleichzeitiger Kritik an den von den Werktätigen erkämpften sozialen Sicherungen. Besonders zeigt sich das reaktionäre Wesen des Konservatismus in seiner engen Verknüpfung mit der imperialistischen Konfrontationspolitik: »›Versailles‹ ist heutzutage nichts anderes als die in Jalta und Potsdam gegründete Weltordnung, die überall in der Welt die Sache der Völker unterdrückt«.[80] So hetzen die militantesten Vertreter des Konservatismus gegen die im Ergebnis des zweiten Weltkrieges entstandene Ordnung.

Diese Kräfte treten äußerst militant gegen den realen Sozialismus, gegen den Marxismus-Leninismus, gegen alle Fortschritts- und Friedensbestrebungen auf. Sie verbinden ihre Unterstützung imperialistischer Konfrontationsstrategie mit einer gefährlichen Kreuzzugsideologie, die der forcierten Hochrüstung ideologischen Flankenschutz geben soll. Die ideologischen Doktrinen des Konservatismus sind daher auch durch besonders aggressive, antikommunistische, gegen Vernunft und friedliche Koexistenz gerichtete Konzeptionen gekennzeichnet. In diesem Sinne wird gefordert: »Wir müssen den Verrücktheiten des Zeitgeistes widersprechen, der mit ›Fortschritts‹-Wahn, Weltuntergangshysterie, leichtfertigem Pazifismus und Egalitarismus sich tief in das öffentliche Bewußtsein hineingebohrt hat.«[81] Der hier zitierte Karl Steinbuch ließ es sich nicht nehmen, auf dem Betriebsjubiläum der Westberliner Firma »Sonnenschein«, die durch die besonders rücksichtslose Verschmutzung der Umwelt berühmt-berüchtigt wurde, zu sprechen. So leistete er dem Mitbesitzer dieser Firma, dem BRD-Postminister Schwarz-Schilling, der in seinem Bereich besonders entschieden die undemokratische Berufsverbotspraxis durchsetzt, politische und ideologische Schützenhilfe. Steinbuch forderte: »Wir sollten die Resignation überwinden, ›so oder so wird die Erde rot‹, wir sollten die Überlegenheit unserer bürgerlichen Ordnung über alle ihre Konkurrenten feststellen ...«[82]

Die Auffassungen extremer Wortführer der konservativen Ideologie sind zu einem wichtigen Bestandteil der heutigen Konfrontationsideologie geworden, wobei es durchaus ernstzunehmende Differenzierungen innerhalb des Konservatismus gibt.[83] Auch eine Reihe führender konservativer Ideologen ist nicht bereit, die Menschheit einem nuklearen Inferno auszuliefern.

Aufschlußreich ist ein Vergleich zwischen den Aussagen der Konservativen zu Beginn der siebziger Jahre und denen einige Jahre später. Es zeigten sich Wandlungen des Konservatismus inhaltlicher Natur. Sie hängen mit der tatsächlichen Einflußnahme auf die Regierungspolitik zusammen. Zu einer Zeit, als liberale, reformistische bzw. sozialreformistische Gruppierungen die Regierung stellten, wurde von den Konservativen die tatsächliche Krise der Gesellschaft in möglichst düsteren Farben geschildert. Da war dann die Rede von einer Art »Arteriosklerose der Gesellschaft«, von Niedergang und Nihilismus, vom Verfall der Sitten und Werte, von Herunterwirtschaftung der ökonomischen Stärke u. a. m.

In dem Maße jedoch, wie die sich an konservativer Politik orientierten Kräfte durchsetzen konnten und direkten Einfluß auf die Regierungspolitik gewannen, änderte sich der Tenor der Aussagen. Nunmehr wurde nicht mehr die Krisenhaftigkeit der Gesellschaft beschworen, sondern der Versuch unternommen, Strategien zur Bewältigung der Krise auszuarbeiten und zu propagieren.[84] Die Konservativen versuchten, sich als jene Kraft darzustellen, die die Gesellschaft aus der Krise herausführen könne. Deshalb wiesen sie auch alle gesellschaftskritischen und pessimistischen Überlegungen, die davon ausgingen, daß die Krise der kapitalistischen Gesellschaft nicht zu meistern sei, zurück. Typisch dafür ist zum Beispiel die konservative Forderung, eine »forcierte optimistische Gegenstrategie ..., die dem gängigen Pessimismus den Kampf ansagt«, zu entwickeln, weil nur so die »von der pessimistischen Grundstimmung der Zeit ausgehende Lähmung und Hoffnungslosigkeit zu überwinden« sei.[85]

Worum es geht, ist offensichtlich. Mittels Verschweigen und Bagatellisieren der Gebrechen des Systems und dem Herausstellen auch der kleinsten konjunkturellen Verbesserung sollen die Werktätigen manipuliert werden. Vom Aufschwung, der »endlich« da sei, wird dann geredet, oder konservative Politiker vergleichen die Situation mit einer Fahrt durch den dunklen Tunnel, dessen Ende schon in Sicht sei, das heißt also, daß es bald wieder hell werden würde. Mit dieser Art Pseudooptimismus sollen die Menschen wieder an die kapitalistische Ordnung gebunden werden, soll ihnen ein neues Ziel innerhalb dieser Ordnung gegeben werden, sollen sie an die Mär von der Überlegenheit des Kapitalismus und seiner Werte glauben.[86]

Die Konservativen üben in diesem Zusammenhang scharfe Kritik an Überlegungen bürgerlicher Theoretiker, die diesen Pseudooptimismus nicht teilen, so auch an den Studien des Club of Rome, der eine besondere Rolle im bürgerlichen Ideologie- und Strategiebildungsprozeß spielt.

Die Ergebnisse der Studien des Club of Rome waren und sind eine, wenn nicht sogar eine entscheidende Grundlage für die Motivierung der ökologisch-alternativen Bewegung. Das Sonderheft von 1973 des »Kursbuches«[87], einer Zeitschrift, die sich als gesellschafts- und kulturkritisches Publikationsorgan der Studentenbewegung besonders verpflichtet fühlte, war dafür ein erstes deutliches Zeichen. Zugleich wiesen die Studien die staatsmonopolistischen Herrschaftskräfte mit Nachdruck darauf hin, eine »Umweltschutzpolitik« in den Aufgabenbereich der staatsmonopolistischen Regulierung aufzunehmen.

Der Club of Rome wurde Ende der sechziger Jahre von dem ehemaligen FIAT-Direktor Aurelio Peccei, dem englischen Wissenschaftler Alexander King und anderen gegründet. Peccei war bis zu seinem Tode 1984 der informelle Präsident. Auf der Konferenz des Club of Rome in

Helsinki 1984 wurde dann King mit dieser Aufgabe betraut. Das erklärte Ziel des Club of Rome bestand und besteht darin, Lösungsansätze für einen ganzen Komplex von Menschheitsproblemen zu finden, dazu Konzepte zu entwickeln und deren Umsetzung in die gesellschaftliche Wirklichkeit einzuleiten. Dies alles sollte sich innerhalb des Rahmens kapitalistischer Verhältnisse vollziehen. In den Berichten an den Club of Rome über die Lage der Menschheit wurde die Bedeutung der Erhaltung einer reproduktionsfähigen Umwelt für die Stabilisierung der Weltverhältnisse hervorgehoben. 1972 erschien der erste Bericht, der im Auftrag des Club of Rome zur Lage der Menschheit von Dennis Meadows und seinen Mitarbeitern erarbeitet wurde.[88] Meadows kommt zu folgenden Schlußfolgerungen: »1. Wenn die gegenwärtige Zunahme der Weltbevölkerung, der Industrialisierung, der Umweltverschmutzung, der Nahrungsmittelproduktion und der Ausbeutung von natürlichen Rohstoffen unvermindert anhält, werden die absoluten Wachstumsgrenzen auf der Erde im Laufe der nächsten hundert Jahre erreicht. Mit großer Wahrscheinlichkeit führt dies zu einem ziemlich raschen und nicht aufhaltbaren Absinken der Bevölkerungszahl und der industriellen Kapazität.

2. Es erscheint möglich, die Wachstumstendenzen zu ändern und einen ökologischen und wirtschaftlichen Gleichgewichtszustand herbeizuführen, der auch in weiterer Zukunft aufrechterhalten werden kann. Er könnte so erreicht werden, daß die materiellen Lebensgrundlagen für jeden Menschen auf der Erde sichergestellt sind und noch immer Spielraum bleibt, individuelle menschliche Fähigkeiten zu nutzen und persönliche Ziele zu erreichen.

3. Je eher die Menschheit sich entschließt, diesen Gleichgewichtszustand herzustellen, und je rascher sie damit beginnt, um so größer sind die Chancen, daß sie ihn auch erreicht.«[89]

Diese Positionen, die die Möglichkeiten der Menschheit zur Lösung der globalen Probleme unterschätzen, sind Ausdruck der sozialen und politischen Differenzierungsprozesse innerhalb der Bourgeoisie. Sie setzen eine traditionelle Linie bürgerlicher Philosophie fort, die bereits in den zwanziger Jahren die Krise der bürgerlichen Gesellschaft zum Gegenstand ihrer Überlegungen machte.

Für konservative Theoretiker und Politiker sind die Zeitdiagnose und die Empfehlungen der Berichte an den Club of Rome in vielerlei Hinsicht nicht akzeptabel. Ein wichtiger Grund dafür sind die Vorschläge, die die bisher gängige imperialistische Praxis der Zusammenarbeit mit den Entwicklungsländern in Frage stellen oder die Überlegungen zum entscheidenden Problem der Gegenwart, zur Frage, wie der Frieden gesichert werden kann.

Erinnern wir: Im zweiten Bericht des Club of Rome, von Mihailo Mesarović und Eduard Pestel erarbeitet, wird die sofortige »Schaffung eines neuen Weltwirtschaftssystems« gefordert, das folgenden Forderungen der internationalen Gemeinschaft genügen müsse:

»1. Globale Inangriffnahme des Problems.

2. Eine wirksame Bevölkerungspolitik, besonders in den vom Hunger bedrohten Regionen.

3. Versorgung der Entwicklungsländer mit Investitions- anstelle von Konsumgütern (ausgenommen Nahrungsmittel).

4. Eine ausgeglichene Wirtschaftsentwicklung für alle Regionen mit Hilfe globaler industrieller Arbeitsteilung.«[90]

Andernfalls wird auf die Konsequenz verwiesen: »Unausweichlich werden wir also zu folgender Schlußfolgerung gezwungen: *Die Möglichkeiten, die der Menschheit noch zur Verfügung stehen, einer gewaltigen Katastrophe zu entgehen, werden ständig geringer. Verzögerungen bei der Wahrnehmung der noch verbleibenden Entschei-*

dungsmöglichkeiten haben im wahrsten Sinne des Wortes tödliche Folgen.«[91]

Um diesen prophezeiten Untergang abzuwenden, bedürfe es einer radikalen Veränderung im Bewußtsein, der Ausrichtung auf Langfristigkeit, internationale Dimensionen, Vorrangigkeit und Kooperation. Dieses neue Weltbewußtsein könnte folgendes erreichen: »Mit der Natur soll der Mensch in Harmonie leben, statt sie rücksichtslos erobern zu wollen.«[92] Er soll auf seinen Vorteil zugunsten künftiger Generationen verzichten. Gerade diese Gedanken finden sich breit in den verschiedensten Arbeiten, die von den ideologischen Positionen der ökologisch-alternativen Bewegung ausgehen.

Auf der Konferenz des Club of Rome 1984 in Helsinki wandten sich die Teilnehmer noch entschiedener Problemen der Friedenssicherung und Abrüstung und der intensiveren Erörterung anderer globaler Probleme, wie der Ernährungsfrage und der Bevölkerungsentwicklung, zu. Alexander King betonte die Notwendigkeit, daß die für Rüstung eingesetzten Mittel zur Lösung dringender Menschheitsprobleme verwendet werden sollten. Bereits die Nutzung der Hälfte der Militärbudgets für Entwicklungsaufgaben würde die Lösung der meisten ökonomischen Probleme und ihrer sozialen Folgewirkungen ermöglichen. Er machte auch auf das Ausmaß der durch Rüstung verschwendeten Mittel aufmerksam und auf die Schwierigkeiten einer Erneuerung dieser Ressourcen. King kam nicht umhin, von der Existenz eines einflußreichen wissenschaftlich-bürokratisch-militärisch-industriellen Komplexes im Kapitalismus zu reden, dessen Interesse darin besteht, das Niveau der Militärbudgets zu erhalten und für die Nutzung mehr komplexer und teurer wissenschaftlicher Fortschritte für militärische Zwecke zu agitieren.

Eduard Pestel und andere Mitglieder des Club of Rome äußerten sich in Helsinki in ähnlicher Richtung. Nach Ansicht Pestels sollte die nukleare Abschreckung langfristig durch gegenseitiges Vertrauen und Kooperation ersetzt werden. Die Suche nach einem Weg zum dauerhaften Frieden kennzeichnete er als ständige Aufgabe der Menschheit und als eines der wesentlichsten Ziele die sofortige Beendigung des Wettrüstens.[93]

Diese und andere Äußerungen von Mitgliedern des Club of Rome bedeuten wohl nicht nur eine stärkere Konzentration auf Fragen der Friedenssicherung und Rüstungskontrolle, sondern sie deuten Veränderungen im Verhalten einflußreicher bürgerlicher Kreise an. Aus diesem Geist heraus wandte sich offenbar die Führung des Club of Rome 1985 in einem Schreiben an Michail Gorbatschow, in dem sie sich für die Beendigung der Konfrontation und die Rückkehr zur Entspannung ausgesprochen hatte. In seinem Antwortschreiben machte Michail Gorbatschow deutlich, daß die Sowjetunion beharrlich nach Wegen sucht, den Rüstungswettlauf zu beenden, und vorschlägt, Vereinbarungen über das gesamte Spektrum der Fragen zu erzielen, die die Verhinderung der Militarisierung des Weltraums und die Beendigung des Wettrüstens auf der Erde betreffen.[94]

Inzwischen hat die Sowjetunion am 15. Januar 1986 jenes großartige Programm zur Befreiung der Welt von allen Atomwaffen bis zum Jahr 2000 vorgelegt, praktikable Vorschläge zur Ächtung chemischer Waffen unterbreitet, eine drastische Reduzierung konventioneller Massenvernichtungsmittel vorgeschlagen und vieles mehr.

Im Brief des Club of Rome wurde auch das Problem des internationalen Handels mit konventionellen Waffen angesprochen. Gorbatschow ging darauf ein, indem er schrieb: »Wir teilen Ihre Meinung, daß der Verkauf und die Lieferung von konventionellen Waffen einen gefährlichen Kanal für die Ausdehnung des Wettrüstens auf verschiedene Gebiete der Erde darstellt und damit dort zur

Entstehung von Konflikt- und Spannungsherden beiträgt.«[95] In diesem Zusammenhang erinnerte er an die sowjetischen Vorschläge zur Wiederaufnahme der Gespräche zwischen der UdSSR und den USA zur Eindämmung des Verkaufs und der Lieferung von konventionellen Waffen. Die USA hätten diese Gespräche 1978 einseitig abgebrochen und seien bisher nicht zur Wiederaufnahme bereit.

Für Herman Kahn, einen tonangebenden amerikanischen Konservativen, waren die pessimistisch-kritischen Überlegungen von Mitgliedern des Club of Rome Anlaß, eine Gegenposition zu entwickeln. So veröffentlichte er ein Buch, in dem er davon ausgeht, daß nur eine starke US-amerikanische Weltmachtposition eine harmonische Entwicklung der Welt garantieren könne. In der BRD erschien es unter dem Titel: »Vor uns die guten Jahre«![96] Schon in diesem Titel wird ein ganzes Gegenprogramm zu den Studien des Club of Rome formuliert.

Kahns Schrift mit seiner pseudooptimistischen Grundtendenz fand übrigens in den Presseorganen der CDU/CSU ungeteilte Zustimmung, die Meadows' wurde dagegen scharf kritisiert.

In Kahns Schrift gelten die USA als Modell für so gut wie alle Fragen der Lebensweise, der Politik und Moral. Daß damit keine ernsthafte und realistische Position zu den Grundproblemen menschlicher Existenz entwickelt werden kann, bedarf keiner langen Erörterungen. Auf Überheblichkeit und Ignoranz fußend, ist es noch niemandem gelungen, eine realistische Position zu den Grundfragen der künftigen weltpolitischen Entwicklung einzunehmen. So ist es nur natürlich und verdient festgehalten zu werden, daß sich alternative Denker zu den Zukunftsvorstellungen eines Herman Kahn ablehnend verhalten, zumal ja für Kahn die Gefahr des aus dem Gleichgewicht zu geratenden Verhältnisses von Gesellschaft und Natur kein globales Problem darstellt. Die Ablehnung der Kahnschen Position ist deshalb verständlich. Denn wer eine menschenwürdige Zukunft erstrebt, kann nicht damit einverstanden sein, sich auf Gedeih und Verderb US-amerikanischer Politik und Lebensweise auszuliefern, wie es dagegen Kahn bis zu seinem Tode im Jahre 1984 empfahl.

Die Diskussion bürgerlicher Theoretiker zur »Zukunft der westlichen Welt« mit ihren oft pessimistisch stimmenden Schlußfolgerungen rief auch Zbigniew Brzezinski, Sicherheitsberater des ehemaligen USA-Präsidenten James Carter, auf den Plan. Dieser konstatierte 1976 nicht mehr nur den Zerfall der traditionellen amerikanischen Werte: »Individualismus, freies Unternehmertum, Arbeitsethik und Tüchtigkeit sowohl im eigenen Lande wie noch stärker im Ausland«[97]. Die Verschärfung der Widersprüche zwischen den imperialistischen Machtzentren, ihre Konkurrenz verstärken für ihn noch die Gefahr, daß Amerika in eine »Mentalität des Belagerungszustands« verfällt. Er forderte, daß die USA wieder ihre Führungsrolle wahrnehmen müßten.

Nun ist es dem US-amerikanischen Imperialismus in den letzten Jahren gelungen, seine Position innerhalb der kapitalistischen Welt und auf Kosten der anderen imperialistischen Hauptzentren zu festigen, was allerdings in bestimmter Hinsicht die Widersprüche zwischen den imperialistischen Machtzentren vertiefte.

Die Carter-Administration hatte offensichtlich auch ein Interesse daran, eine umfangreiche Analyse über die »voraussichtlichen Veränderungen der Bevölkerung, der natürlichen Ressourcen und der Umwelt auf der Erde bis zum Ende dieses Jahrhunderts«[98], wie es in der Botschaft Carters an den Kongreß vom 23. Mai 1977 hieß, durchzuführen. Die Ergebnisse der dadurch initiierten Untersuchung lagen 1980 in der umfangreichen Studie »Global 2000« vor. Die Autoren sind zu beunruhigenden

Ergebnissen gelangt, die allerdings über den bis dahin vorliegenden Erkenntnisstand kaum hinausreichten: Es heißt darin: »Sie (die Verfasser der Studie – *d. Verf.*) deuten für die Zeit bis zum Jahre 2000 auf ein Potential globaler Probleme von alarmierendem Ausmaß. Der Druck auf Umwelt und Ressourcen sowie der Bevölkerungsdruck verstärken sich und werden die Qualität menschlichen Lebens auf diesem Planeten zunehmend beeinflussen. Die Belastungen sind schon heute so stark, daß ihretwegen vielen Millionen Menschen die Befriedigung ihrer Grundbedürfnisse nach Nahrungsmitteln, Wohnraum, Gesundheit und Arbeit und jede Hoffnung auf eine Besserung versagt sind. Gleichzeitig nimmt die Belastbarkeit der Erde – die Fähigkeit biologischer Systeme, Ressourcen für die Bedürfnisse der Menschen zur Verfügung zu stellen – immer mehr ab.«[99] Diese Aussagen sind durch umfangreiches Tatsachenmaterial untermauert. Sie machen damit auf ihre Weise die Bedrohlichkeit der Weltlage deutlich. Deswegen wurden sie auch in der Öffentlichkeit der kapitalistischen Länder breit diskutiert, und Anhänger der ökologisch-alternativen Bewegung erklärten, daß damit einmal mehr die Notwendigkeit grundlegender ökologischer Maßnahmen offenbar geworden sei.[100]

Die Ergebnisse der Studie entziehen dem Pseudooptimismus von der Art eines Herman Kahn den Boden, wie sie auch aus bürgerlicher Sicht eine Politik der Konfrontation zwischen den beiden Gesellschaftssystemen nicht stützen. Dabei wird durchaus eine Entwicklung gewünscht, die einen stärkeren Einfluß der USA auf das Weltgeschehen einschließt. Aber es wird gefordert: »Es muß eine neue Ära der globalen Zusammenarbeit und der gegenseitigen Verpflichtung beginnen, wie sie in der Geschichte ohne Beispiel ist.«[101]

So etwas paßt natürlich nicht in die Reagansche Politik der Hochrüstung und des Sozialabbaus. Ronald Reagan ließ dann auch nach seinem Amtsantritt die regierungsoffizielle Verbreitung von »Global 2000« stoppen. Dabei werden in der Studie die Ursachen der politischen und ökonomischen Krisen des Kapitalismus und der durch sie in Mitleidenschaft gezogenen Regionen der Welt durchaus nicht in den kapitalistischen Produktionsverhältnissen gesehen, womit der bürgerliche Charakter der den Untersuchungen zugrunde liegenden theoretischen Konzeption offenbar wird. Die Ursachen werden in sogenannten natürlichen Grenzen des Wachstums, im irrationalen Verhalten der Menschen, in Egoismus und mangelnder Weitsichtigkeit, in den Wirkungen des wissenschaftlich-technischen Fortschritts gesehen.

Solchen Ansichten folgen viele Anhänger der ökologisch-alternativen Bewegung. So mancher von ihnen sieht einen unüberbrückbaren Gegensatz zwischen den »anthropologischen Möglichkeiten« der Menschen und der in der modernen Industrie akkumulierten Wissenschaft und Technik.

Einer solchen Position hatte – neben anderen – Alvin Toffler vorgedacht, wie sie sich in seiner 1970 erschienenen Arbeit ausdrückt – ihr Titel: »Der Zukunftsschock«[102].

Toffler versteht seine »Kritik« als eine Kritik am Charakter der »industriellen Gesellschaft«, die diesen Schock als physische Krankheit hervorruft. Der »Zukunftsschock« ist für Toffler »die tiefgehende Desorientierung, die eintritt, wenn die Zukunft allzu rasch Gegenwart wird«. Er definiert ihn »als das körperliche und physische Leiden ..., das aus einer Überlastung der physischen Anpassungssysteme des menschlichen Organismus und seiner Entscheidungsprozesse resultiert. Anders ausgedrückt: Der Zukunftsschock ist die Reaktion des Menschen auf Überstimulation.«[103]

Als Ursachen dafür sieht Toffler den Zusammenbruch der zwischenmenschlichen Beziehungen. Das Zusammenspiel von »Vergänglichkeit, Neuheit und Vielfalt« bringe die »historische Anpassungskrise« hervor.[104] Da er nicht zu den gesellschaftlichen Ursachen dieser Krise vorzudringen vermag, überträgt er die US-amerikanische Wirklichkeit, die kapitalistische Krise in ihrer US-amerikanischen Erscheinungsform, kurzerhand auf die ganze Welt: »Wir befinden uns nicht in einer Krise des Kapitalismus, sondern in einer Krise der industriellen Gesellschaft, die von ihrer politischen Form unabhängig ist. Wir erleben eine Revolution der Jugend, eine sexuelle Revolution, eine Rassenrevolution, eine Revolution der ehemaligen Kolonialgebiete, eine Wirtschaftsrevolution und die rascheste und tiefgreifendste technologische Revolution der Geschichte. Wir gehen durch eine allgemeine Krise des Industrialismus. Mit einem Wort: *Wir stehen mitten in der superindustriellen Revolution.*«[105] Da irrt Toffler. Wir gehen nicht durch eine allgemeine Krise der Industrie, sondern die kapitalistische Gesellschaftsordnung befindet sich in einer allgemeinen Krise, in der sich immer enger zyklische und strukturelle Krisenprozesse verknüpfen.

Tofflers Überlebensstrategie setzt sich aus notwendiger »Reizabstimmung«, »persönlichen Stabilitätszonen«, »Krisenberatung« und »Übergangswohnen«, aus »Enklaven der Vergangenheit« zusammen. Mit »Erziehung zur Zukunft«, »Bändigung der Technologie«, »selektivem Fortschritt« und politischer Lenkung der technologischen Entwicklung, ebenso wie mit »Humanisierung der Planung« und Vervollkommnung der (bürgerlichen) Demokratie soll eine positivistische Stückwerktechnologie die schlimmsten Auswirkungen der Krise und der wissenschaftlich-technischen Revolution im Kapitalismus mildern.[106]

Daß all dies wenig an den grundlegenden Problemen und dem Wesen der Krise ändert, darüber ist sich allerdings auch Toffler im klaren: »Ich habe Linderungsmittel für das vom Veränderungstrend gepeinigte Individuum, radikalere Heilmittel für die Gesellschaft als Ganzes vorgeschlagen: neue soziale Dienste, ein zukunftsorientiertes Bildungssystem, neue Methoden zur Regulierung der Technologie und eine Strategie, um Kontrolle über den Wandel zu gewinnen.«[107] Später kritisierte Toffler seinen Standpunkt selber und bezog nun eine pseudooptimistische Position in bezug auf die Zukunftschancen der kapitalistischen Gesellschaft.[108] Vielen Anhängern der ökologischen Bewegung erscheinen seine Vorschläge als nicht ausreichend.

Auf dem Wege der Weiterentwicklung von Wissenschaft und Technik nach den bislang geltenden Maßstäben ist nach ihrer Meinung das ökologische Problem nicht lösbar. Sie sehen eine grundsätzliche Lösung in einem grundlegenden Umbau oder einem mehr oder weniger ausgeprägten »Abschied« von der Wissenschaft und Technik. Zum anderen wird in bestimmten Teilen der Bewegung durchaus auch die Rolle kapitalistischer Verhältnisse für die ökologische Misere der Gegenwart gesehen, oft aber in einer Art und Weise, wonach andere Faktoren doch ausschlaggebender seien. Eine konsequente marxistische Analyse der Situation wird auf diese Weise nicht vorgenommen, obwohl bestimmte Teile der Bewegung auf wichtige Elemente marxistischen Denkens nicht verzichten. Nach wie vor ist der bürgerliche Denkhorizont dominierend. Aber als eine Bewegung, deren grundlegendes Bestreben es ist, eine humanistische Alternative zur Lebensfeindlichkeit und Perspektivlosigkeit des Imperialismus zu geben, stößt sie immer wieder an die Grenzen bürgerlichen Denkens und überschreitet sie sogar partiell. Auf diese Weise löst sie sich auch aus dem Bannkreis der Krise der kapitalistischen Gesellschaft auf dem Gebiet der Ideologie.

2.3. Was sind die neuen sozialen Bewegungen?

Allen Tendenzen und Richtungen der neuen sozialen Bewegungen ist gemeinsam, daß sie Reaktion auf die zugespitzten Folgen der Krisenprozesse im Kapitalismus sind, daß sie einen *gemeinsamen Nenner* haben – den *Protest* gegen die Gefährdung der Existenz der Menschheit.[109] »Nur im Widerstand ist Leben möglich – wer sich nicht wehrt, lebt verkehrt!« – ist dafür die populäre und ausschlaggebende Losung. In diesem Sinne handelt es sich um eine positive, aktivierende Reaktion auf die kapitalistische Krise – im Gegensatz zu der anderen breiten Reaktion des »Aussteigens«, des »no future«. Drogen- und Alkoholmißbrauch, neue Jugendreligionen und Sekten, aber auch die Flucht ins Diskofieber oder in randalierende Fußballfanclubs sind für so manche Jugendliche der vermeintliche Ausweg. Von dort ist zuweilen der Weg auch in die Kriminalität oder zu neofaschistischen Banden nicht weit.

Im Gegensatz zu diesen Pseudoauswegen wird in den neuen Bewegungen die Angst vor den bedrohlichen Entwicklungen zum Versuch, durch eigene Aktivitäten die Zukunft mitzugestalten. Der österreichische Liedermacher André Heller hat in seinem »Angstlied« dieses Gefühl überzeugend ausgedrückt: »Es gibt eine Angst, die macht klein, die macht einen krank und allein, und es gibt eine Angst, die macht klug, mutiger, freier von Selbstbetrug.«

Die sogenannte Subjektivitätsorientierung, die Hinwendung zu den konkreten Problemen konkreter Individuen, in den neuen Bewegungen wirkt dabei eben nicht in erster Linie als Fluchtbewegung, sondern sie führt zu praktischem Engagement in den Massenbewegungen zur Gestaltung von Gegenwart und Zukunft.[110] Dieser Zugang, ebenso wie das breite gesellschaftliche Reservoir, aus dem sich diese neuen Bewegungen formieren, haben

Konsequenzen. Das betrifft die uns hier vor allem interessierenden geistigen Prozesse, die Vielzahl ihrer theoretischen Konzepte ebenso wie die oftmals komplizierte und widersprüchliche organisatorische und politische Entwicklung. Die neuen sozialen Bewegungen sind ja selbst heterogen, organisatorisch vielgestaltig und besitzen kein in sich geschlossenes theoretisches Konzept. Es ist zwar nicht so, daß die Alternativen eine Abneigung gegen alle Theorie haben, wie gelegentlich behauptet wird[111], aber es ist doch so, daß gesellschaftstheoretische Vorstellungen unterschiedlichster Coleur in sie hineingetragen[112] oder von anderen Kräften übernommen werden.

Diese Bewegungen, und besonders die ökologische und alternative, wenden sich bewußt gegen eine Einordnung ins Links-Rechts-Spektrum wie auch gegen eine klassenmäßige Zuordnung. Ein zahlenmäßig beachtlicher Teil der neuen sozialen Bewegungen führt seinen Kampf unter den Losungen der Ökologie, der Erhaltung der Umwelt. Unter ihnen gibt es aber auch Kräfte, für die diese Losungen der Aufhänger sind, um andere Ziele und Interessen zu verwirklichen.

In den neuen Bewegungen kommen aufgrund ihrer weltanschaulich, politisch und sozial heterogenen Zusammensetzung nicht nur antimonopolistische Tendenzen zum Tragen. Vielmehr führt das Festmachen ihrer Unzufriedenheit lediglich an den verschiedensten Erscheinungen des Kapitalismus oft zu einer letztlich oberflächlichen, wenn auch ernst gemeinten Kritik an der Zivilisation im allgemeinen, unabhängig von der betreffenden Gesellschaftsordnung. Kriegsgefahr, Energiekrise, Hunger, Bevölkerungsexplosion, Umweltzerstörung, Entfremdung sind für sie Ausdruck gesellschaftlichen Versagens, und sie suchen deshalb für sich und die Menschheit nach »dritten Wegen«, die aus diesem Dilemma herausführen sollen, ohne daß immer der konkrete Adressat der Vorwürfe und Vorschläge klar wird.[113]

Viele Kräfte in den neuen sozialen Bewegungen sind der festen Überzeugung, daß unter den heutigen Bedingungen ein breiter und tiefer gesellschaftlicher Wandel nur mit neuen Methoden und Formen erreicht werden kann. Dabei könne und müsse man mit punktuellen Einbrüchen in das bestehende kapitalistische System beginnen. Langfristig würden solche Inseln eines neuen Lebens ihre Grenzen überwinden und das System letztlich desintegrieren. Auch die heute noch für Lohnabhängige wenig praktikablen Projekte würden dann real.[114] Die Hauptsache sei der gegengesellschaftliche Entwurf und seine beginnende Realisierung gegen die drückenden gesellschaftlichen Verhältnisse, für »Freiheit, Individualität und Solidarität, Meinungsvielfalt, Kreativität und Selbstorganisation der Bedürfnisse«[115]. Dafür soll ein ganzes Spektrum verschiedenster Alternativprojekte, die alle Bereiche des gesellschaftlichen Lebens wie die Produktion, das Handwerk, die Landwirtschaft, den Handel, das Bildungs- und Gesundheitswesen, Verlage, Medien und das Wohnen erfassen, Vehikel sein. Die Alternativprojekte, »Inseln« im und »gegen« das System, werden definiert als »die Arbeit von Gruppen, die organisiert

– Produktionsverhältnisse anstreben, die nicht der Profiterzielung dienen, sondern die Entfaltung der Fähigkeiten und Bedürfnisse der einzelnen ermöglichen, nicht hierarchisch sind und Festschreibungen von konkreter Tätigkeit und Qualifikation aufheben wollen;
– Produkte herstellen, die natur- und menschenfreundlicher sind;
– im Zusammenleben daran arbeiten, Konkurrenz, Angst, Besitzdenken und geschlechtsspezifische Unterdrükkung abzubauen und
– politisch aufklärend als Gegenöffentlichkeit wirken,

durch Information und Unterhaltungsmittel Zustände der Ausbeutung des Menschen durch den Menschen und der Natur angreifen und Alternativen zu der gängigen gesellschaftlichen Praxis darstellen.«[116]

Bemerkenswert an diesen Konzeptionen der »Gegengesellschaft« oder der »subkulturellen Praxis« als Vermittler »zwischen der Humanisierung des Bestehenden als Ergebnis seiner grundsätzlichen Veränderung (einschließlich punktweiser, aber auch nur punktweiser Vorwegnahme als Einübung) und der Effektivität zur grundsätzlichen Veränderung des Bestehenden«[117] ist die erhoffte und angestrebte Art des Wandels des Kapitalismus, die mittels einer *»Graswurzelrevolution«* vollzogen werden soll: »So wie viele einzelne Graswurzeln einen frischen Rasen ergeben, arbeitet auch das Geflecht der Aktionsgruppen daran, langsam (?), aber sicher die Gesellschaft in Richtung der gewaltfreien Gesellschaft zu verändern und neben der Kritik an den bestehenden Verhältnissen sich heute schon zumindest in Ansätzen so zu organisieren, wie später die Gesellschaft insgesamt sein soll.«[118]

Was von diesen Kräften als Gegenentwurf zur bestehenden Gesellschaft angestrebt wird, sucht nach Veränderungen in der Gesellschaft, in den Produktionsverhältnissen, die eine eigene freie Entwicklung und Entfaltung der Persönlichkeit gestatten. Aufgrund ihrer Klassensituation und ihres Bewußtseinsstandes steht für sie aber ein wirklich grundlegender gesellschaftlicher Wandel außerhalb ihres Vorstellungs- und Handlungshorizonts. Im Vordergrund befindet sich deshalb nur die Suche nach unmittelbar – tatsächlich oder vermeintlich – wirksamen Veränderungen. In vielem blickt dabei die innere Verwandtschaft zu sozialreformistischen Konzeptionen durch, die aber zu keiner Zeit zu einer fundamentalen Gesellschaftsveränderung geführt haben.

Es dominiert der Versuch, den alternativen Wandel nur

für Teilbereiche der Gesellschaft anzustreben bzw. zu vollziehen. »Für die ›Neuen‹ rücken Fragen der Lebensweise, der sozialkulturellen Gestaltung der sexuellen oder der altersspezifischen Identität usw. in den Vordergrund.«[119] Angesichts dieser komplizierten Entwicklung ist es nicht einfach, aber auch nicht verzichtbar, eine nähere Bestimmung der neuen sozialen Bewegungen zu geben.

Als *neue soziale Bewegungen*[120] werden hier vornehmlich nichtproletarische, besonders an die lohnabhängigen Mittelschichten und die Intelligenz (aber nicht ausschließlich) gebundene Bewegungen bestimmt, die sich häufig aus der jüngeren Generation rekrutieren. In sie werden auch Teile der Arbeiterklasse, vor allem außerhalb ihres Kerns, einbezogen. Diese Bewegungen sind spontaner Ausdruck der Reaktion auf die zunehmenden Krisenerscheinungen des Kapitalismus und setzen sich für die Wahrung und mögliche Verbesserung der Reproduktionsbedingungen ihrer sozialen Existenz und (zumindest mittelbar) der anderen Werktätigen ein. Es wird von ihnen letztlich eine Gesellschaft jenseits von Kapitalismus und Sozialismus angestrebt: dezentralisiert, basisdemokratisch und selbstverwaltet, an der kleinen Warenproduktion orientiert.

Terminologisch und inhaltlich ist zu beachten, daß praktisch der *Begriff der neuen sozialen Bewegungen* in einem weiten und in einem engen Sinne verwendet wird. Im *weiteren* Sinne wird er mit dem gesamten Aufschwung der demokratischen Aktivitäten aller werktätigen Klassen und Schichten seit dem Beginn der siebziger Jahre identifiziert. Im *engeren* und hier zugrunde liegenden Sinne wird er als Begriff für die vornehmlich aus den Mittelschichten und der Intelligenz entstandenen Bewegungen verwendet, die aber in sich auch bestimmte aus der Arbeiterklasse stammende Kräfte einbeziehen.

Die neuen Bewegungen besitzen in der Jugendbewegung, der Frauenbewegung, den Bewegungen zur Unterstützung der Entwicklungsländer, der uns hier besonders beschäftigenden Ökologiebewegung sowie besonders in der Friedensbewegung politisch relevante Formen. Die letzten Jahre haben hierbei gezeigt, daß die Friedensbewegung selbst zum entscheidenden und dauerhaften Resultat der Politisierung breitester Volksmassen seit den siebziger Jahren wurde. Ihr Wirken um die wichtigste Frage der Menschheit, um ihr Überleben und damit um die Verteidigung des Überlebens der Menschheit, geben ihr einen nicht zu überschätzenden Stellenwert in den neuen Bewegungen. Gerade insofern ist es nicht unwesentlich herauszustellen, daß diese verschiedenen Bewegungen, aber insbesondere die Friedensbewegung, jeweils nur Teil dieser neuen Bewegungen in ihrer spezifischen Gesamtheit als Protest, als Widerstand sind. Zugleich ist der organisierte Kampf um die Rechte der Frauen, der Jugend, der unterdrückten Völker, um Frieden schon seit Jahrzehnten im Ringen der Arbeiterbewegung fest verwurzelt und hat dort reiche Traditionen. Diese enge Verknüpfung zwischen den neuen Bewegungen und der Arbeiterbewegung ist eine der Voraussetzungen für ein Zusammengehen klassenmäßig so unterschiedlicher Kräfte und Strömungen.

Wenn auch in der vorliegenden Arbeit vorrangig Entwicklungen und Konzeptionen der neuen Bewegungen der BRD Gegenstand sind, so handelt es sich doch um eine *internationale* Erscheinung, die alle entwickelten imperialistischen Länder erfaßt. Zu ihr gehören genauso die Kernkraftgegner in der Bretagne, die Sieger der Antiatomkraftwerkabstimmung in Österreich wie auch die Vertreter der »voluntary simplicity«, der freiwilligen Einfachheit, in den USA.

Das widerspiegelt sich nicht zuletzt in den vielfältigen, auch internationalen ideologischen Einflüssen und Wechselwirkungen in diesen Bewegungen. Neben bundesdeutschen Theorien werden ebenso nordamerikanische anarchistische Gedanken, britische Konzepte von einer »mittleren Technologie« und des Pazifismus wie auch Sentenzen buddhistischer Philosophie und Religion in der einen oder anderen Weise aufgegriffen.

2.3.1. Das Subjekt der neuen Bewegungen

Wenn hier zum besseren Verständnis der Wirkungsbedingungen eine Zuwendung zur Vielfalt in der alternativen Ideologie erfolgt, so ist es doch notwendig, genauer den Rahmen der neuen sozialen Bewegungen zu untersuchen.

Zunächst einmal kann man für die BRD drei Hauptströme der vielfältigen sozialen und demokratischen Bewegungen der Gegenwart unterscheiden, zwischen denen es jeweils Übergangsfelder und -bewegungen gibt.

Zum *ersten* breite soziale und demokratische Bewegungen, die aus subjektiver Betroffenheit die allgemeinen Reproduktionsbedingungen verteidigen. Einen besonderen Platz nimmt dabei die Friedenssicherung, aber auch die Erhaltung der Umwelt ein. Zu dieser Strömung gehören die Friedensbewegung, die Bürgerinitiativbewegung, aber auch die Antiatomkraftbewegung. In diesen Bewegungen arbeiten die Betroffenen verschiedener Schichten zunehmend auch mit Teilen der Arbeiterbewegung zusammen. Die Friedensbewegung vereint mehr als jede andere der neuen Bewegungen in ihren Reihen sowohl sozialdemokratische, liberale, sozialistische, christliche, ökologische und pazifistische Strömungen, ebenso die Kommunisten, verbunden in *einem* übergreifenden Ziel, der Erhaltung des Friedens.[121] *Zweitens.* »Bewegungen, die stark durch Momente des Krisenprotests und der Identitätssuche gekennzeichnet sind, nur vermittelt klare materielle und soziale Interessen aufgreifen und vor allem unter Jugendlichen der ›Krisengeneration‹ sowie Angehörigen der Mittelschichten Anhang finden (Jugendprotest; Frauen- und Minderheitenbewegungen; Alternativ- und Ökologiebewegung)«. Und schließlich *drittens* der Kampf der Werktätigen »um materielle Fragen, Arbeitsbedingungen und Arbeitsplätze, die insgesamt heute die Grenze zur politischen Konfrontation, zur Artikulation von Grundinteressen der Arbeiterklasse gegen Kapital und Regierung nicht überschreiten«[122].

Ein Großteil der Mitstreiter in den neuen Bewegungen und besonders in denen mit ökologischer und alternativer Ausrichtung kommt aus den *Mittelschichten.* Bestimmend sind dabei Teile der lohnabhängigen Mittelschichten, vornehmlich der *Intelligenz.* Zugleich zeigt sich ein zunehmender Anteil aktivierter, vornehmlich junger Angehöriger der Arbeiterklasse. Insbesondere betrifft dies die sich rasch entwickelnden neuen Teile der Arbeiterklasse aus dem Bereich der Dienstleistungen. Diese Kräfte bringen bestimmte gewerkschaftliche, auch antikapitalistische Proteststimmungen ein. Ebenso stoßen Randschichten der Arbeiterklasse und Deklassierte zu den Kräften der neuen sozialen Bewegungen. Aber auch Teile der Kleinbourgeoisie werden einbezogen. All diese unterschiedlichen Gruppen und Kräfte bringen sehr differenzierte, teilweise auch reaktionäre Einflüsse mit sich.[123]

Gerade diese widersprüchliche, in ständiger Bewegung befindliche Zusammensetzung wirft in den neuen Bewegungen die Frage nach ihrer Stellung zur Arbeiterklasse und zur Arbeiterbewegung auf. Zugleich steht auch die Arbeiterbewegung selbst vor der Notwendigkeit, ein klares Bild der neuen Bewegungen zu gewinnen. Oft wird diese Frage dahingehend diskutiert, ob sie nur eine Ergänzung oder gar ein Ersatz, eine wirkliche Alternative zur traditionellen Arbeiterbewegung sein können, wie dies eine Vielzahl der Ideologen der neuen Bewegungen immer wieder glauben machen will und wie dies von diversen bürgerlichen Politikern und Intellektuellen propagiert wird.[124]

Konservative Ideologen und Politiker unternehmen große Anstrengungen, um diese neuen gesellschaftlichen Entwicklungen in ihrem Sinne umzudeuten und umzufunktionieren. So wollen rechte Kräfte eine solche Umfunktionierung der neuen Bewegungen gegen die Arbeiterbewegung durch die Behauptung erreichen, daß an die Stelle der Unversöhnlichkeit von Kapital und Arbeit, von Bourgeoisie und Proletariat eine völlig »neue soziale Frage« getreten sei: der »Konflikt zwischen organisierten und nicht-organisierbaren Interessen der Menschen«[125]. Das heißt, der Stoß wird dabei gegen die Gewerkschaften gerichtet, die, und nicht die Monopole und ihre Verbände, den nichtorganisierten, den bereits »ausgesteuerten« bzw. berenteten Werktätigen die Realisierung der elementaren Interessen erschweren würden. Diese These wird von den Konservativen in den Begriff »neue soziale Bewegungen« hineingelegt.

Trotz dieser mißbräuchlichen Verwendung dieses Begriffs ist er heute so verbreitet, auch in der marxistischen Literatur der BRD, daß auf ihn bei der Charakterisierung der neuen gesellschaftlichen Erscheinungen nicht verzichtet werden soll.

Eine präzisere Bestimmung der neuen sozialen Bewegungen, ihres Subjektes und ihrer Stellung zur Arbeiterbewegung verlangt:

erstens die Untersuchung des Zusammenhanges zwischen der Arbeiterbewegung und den sich gegenwärtig, vornehmlich, aber eben nicht ausschließlich aus nichtproletarischen Klassen und Schichten rekrutierenden neuen sozialen Bewegungen. In ihnen wirken auch bestimmte Teile der Arbeiterklasse;

zweitens die differenzierte Analyse der sozialen Basis

der neuen Bewegungen. Das schließt notwendig auch die Berücksichtigung der Veränderungen in der Aktivität der Arbeiterbewegung, wie etwa bei der Organisierung von Arbeitsloseninitiativen, ein.[126]

Drittens steht das Problem, wie und in welcher Weise sich diese Bewegungen bei allen Grenzen in einem grundlegenden kulturellen Bruch zur etablierten bürgerlichen Gesellschaft und ihren Institutionen, Werten und Zielen befinden.[127]

Durch die massierten Veränderungen der wissenschaftlich-technischen Revolution in der Qualifikations- und Beschäftigungsstruktur, in den Möglichkeiten zur qualitativ hochwertigen Bedürfnisbefriedigung, aber auch in den Erscheinungen der Dequalifikation, der massierten Arbeitsplatzvernichtung zeigt sich die Spannung der neuen Situation und die tendenzielle Verkehrung der Positionen.

Ein genauerer Blick auf die soziale Herkunft und die soziale Zusammensetzung – hier stellvertretend für die neuen Bewegungen in den recht genau untersuchten Bürgerinitiativen – erhärtet noch diese Aussagen. Insbesondere bestätigt sich die auch praktisch breite Rekrutierung dieser Bewegungen aus den Mittelschichten einschließlich der lohnabhängigen Intelligenz. So kommt Fred Karl in einer Studie des IMSF bei der Auswertung bürgerlicher Angaben über die Bürgerinitiativen zu folgenden Erkenntnissen: Es kann davon ausgegangen werden,

»– daß sich (a) Selbständige und freie Berufe, (b) Angestellte und Beamte mit weiterführender Schulbildung überdurchschnittlich in Bürgerinitiativen betätigen; diese BI-Mitarbeiter dürften in erster Linie (a) den selbständigen Mittelschichten (kleine Kaufleute und Handwerker), der Schicht der Intelligenz (Ärzte, Rechtsanwälte) und (b) den lohnabhängigen Mittelschichten und der Intelligenz (Verwaltungsangestellte, Lehrer, Ingenieure, Hochschulangehörige) angehören;

– daß die ermittelte Mitarbeit bei einfachen Angestellten und Beamten etwa der Durchschnittsbeteiligung der Bundesbürger entspricht; diese unteren und z. T. mittleren Angestellten und Beamten sind größtenteils als Arbeiterklassengruppen dieser Berufssparten zu begreifen ...;
– daß Arbeiter in Bürgerinitiativen unterrepräsentiert sind; was jedoch die bürgerliche Soziologie und Meinungsforschung unter ›Arbeiter‹ subsumiert, deckt keineswegs die gesamte Arbeiterklasse ab, sondern erfaßt vor allem den Kern und das Umfeld des Kerns der Arbeiterklasse.«[128]

Der Autor verweist weiter auf die Konsequenz der Deklassifizierungstendenzen der Mittelschichten und der lohnabhängigen Intelligenz für das Aufbäumen in ihrer sozialen Aktivität unter dem Eindruck von Entfremdung, Arbeitsplatzsorgen sowie Stagnation und Verfall des Lebensstandards. All das führt dazu, daß eine Annäherung der sozialen Lage, dadurch der objektiven Interessen dieser Schichten an jene der Arbeiterklasse erfolgt. »D. h., sie sind gezwungen, ihre Arbeitskraft zu verkaufen und haben ein Interesse, möglichst optimale Reproduktionsbedingungen für den Erhalt und die Verbesserung des eigenen Arbeitsvermögens zu bewahren bzw. herzustellen.«[129] Somit wird eine Interessenberührung und -übereinstimmung mit breiten Schichten von Werktätigen wirksam.[130] Besonders die Jugendlichkeit einer Vielzahl von Mitstreitern in diesen Bewegungen wirkt sich hier positiv aus, da Vorurteile und negative Erfahrungen viel weniger ins Gewicht fallen.

Diese veränderten Bedingungen des Kampfes gegen Kriegsgefahr, verschärfte Ausbeutung, Demokratieabbau und Umweltzerstörung haben zu einer neuen Situation in den imperialistischen Ländern geführt. Die gesellschaftlichen Widersprüche spitzen sich mehr und mehr in einem

Gegensatz zwischen den breitesten Kreisen des Volkes und den Monopolen, in den Schicksalsfragen gegen die aggressivsten, reaktionärsten, demokratiefeindlichsten Teile der Monopolbourgeoisie zu. Ihnen gegenüber steht der Kampf demokratischer Massenbewegungen auf breitester sozialer Basis für eine demokratische Wende hin zur Überwindung dieser bedrohlichen Zustände.

Neben dieser Problematik der klassenmäßigen Charakterisierung der neuen sozialen Bewegungen fällt ein weiterer Aspekt ins Auge, die Altersstruktur dieser Bewegungen. Hierbei zeigt sich aber auch, daß die ausschließliche Charakterisierung der neuen sozialen Bewegungen als eine Form bzw. Formenvielfalt des Jugendprotestes so akzentuiert falsch ist. Ihre Jugendlichkeit ist jedoch ein typisches Charakteristikum dieser Bewegungen. Auch in der BRD wie in den anderen imperialistischen Ländern sind die Jugendlichen das empfindlichste Barometer der sozialen Krankheiten der bürgerlichen Gesellschaft, das die zunehmende Unfähigkeit der Monopolbourgeoisie und ihres Staates signalisiert, die Massen in ihre Gesellschaft zu integrieren.[131] Die Krisenlasten werden für sie am spürbarsten: Rund 1,4 Millionen Jugendliche sind in der BRD ohne Arbeitsplatz oder Ausbildung. Schon 1983 fehlten 200 000 Ausbildungsplätze, 1984 waren es 377 000.[132] Immer häufiger werden Jugendliche zu Außenseitern der Gesellschaft, genauer, sie werden ins Abseits gestellt. »Die Jugend erlebt die Krise bedeutend schwerer. Sie sieht den Widerspruch zwischen den Bedürfnissen, Bestrebungen, phantastischen Möglichkeiten unserer Zeit und dem, wie schlecht sie verwirklicht werden.«[133] Für sie wird unmittelbar der Sinn des Lebens in Frage gestellt. Die Antworten, die sie findet, sind sehr unterschiedlich und häufig im wahrsten Sinn des Wortes selbstzerstörerisch.

Erst mit dem Aufkommen des Imperialismus, mit der Zerstörung der jahrhundertealten Familienstrukturen und der frühzeitigen Einordnung in den Produktionsprozeß entstand überhaupt die Möglichkeit einer eigenständigen Interessenartikulation durch die Jugend. Es kam zur Bildung eigener Organisationen. Die Jugend hat gemeinsame, zunächst nicht unmittelbar klassenspezifische Interessen und Probleme, um ihren gleichberechtigten Platz in der Produktion und in der Gesellschaft zu bekommen und zu behaupten. Die Studentenbewegung in den sechziger Jahren, aber auch das Engagement der Studenten und jüngeren Intellektuellen in progressiven Bewegungen beweist das. Die höhere Bildung, die größeren Erwartungen, die frühere individuelle und politische Reife stehen im Widerspruch zu den Möglichkeiten einer eigenständigen Existenzbildung. Und dies betrifft wiederum nicht nur die Intellektuellen.

Sowohl die heute längere Ausbildungszeit, die diesen Zeitpunkt in das dritte Lebensjahrzehnt hineinverschiebt, als auch die Unmöglichkeit, eine Lehre oder oft auch eine Arbeit zu finden, wirken sich auf die gesamte Jugend aus. Die Jugend wird, so schreibt Heinz Jung, »schon heute zu einem sozialen und politischen Unruheherd des SMK«[134]. Das führt auch zu Problemen in der Beziehung zur Arbeiterklasse und ihren Organisationen. Um die Entwicklungsprozesse der Arbeiterklasse und der anderen Klassen und Schichten genauer zu erfassen, sind Untersuchungen der Generationsstruktur erforderlich. Bei einem solchen Herangehen ergeben sich unter dem Gesichtspunkt der gerade in der Jugend gemachten Erfahrungen der einzelnen Generationen bestimmende Wirkungen auf ihre Bewußtseinsentwicklung. So sind in der BRD über ein Drittel der erwachsenen Bevölkerung (1980), die 15- bis 34jährigen, durch die Auswirkungen der Ereignisse der sechziger Jahre, durch die Studentenbewegung, die außerparlamentarische Opposition, die Reformen unter der Regierung Brandt geprägt. Zugleich gehören zu ihren Erfahrungen, aber auch zu ihren gegenwärtigen Einflüssen die Wirkungen der massiven Krisenerscheinungen seit Mitte der siebziger Jahre. Das betrifft besonders die 16 Prozent der Bevölkerung (1983), die zur »Krisengeneration« gehören, »die in der Situation praktisch erfahrbarer Krisenauswirkungen und ihrer Folgen (Konkurrenz- und Solidaritätsverhalten usw.)« heranwächst. »Es ist klar, daß alternative Gesellschaftsvorstellungen in diesen Gruppen Anknüpfungspunkte finden.«[135]

Wichtig für das Verständnis der neuen sozialen Bewegungen ist die Berücksichtigung der Entwicklung des nichtproletarischen Protestes in zwei Hauptetappen der Herausbildung der heutigen Protestbewegungen und ihrer Wechselbeziehungen mit der gesellschaftlichen Bewegung insgesamt. Es handelt sich *erstens* um die Studentenbewegung und die Studentenunruhen, die Entstehung der »Neuen Linken« und des »Neomarxismus« in der zweiten Hälfte der sechziger und Anfang der siebziger Jahre. *Zweitens* betrifft das die Protestbewegung nach der Zäsur durch die ökonomische und politische Krise von 1974/75. Die Auswirkungen dieses Etappenübergangs und der damit verbundenen Potentialausweitung – mit einer starken Schwerpunktsetzung in den Mittelschichten und der lohnabhängigen Intelligenz – führen auch zu einer nicht immer einfachen Stellung gegenüber der organisierten Arbeiterbewegung. Die früheren Illusionen des »nichtproletarischen Protestes«, »d. h. *seine* ›neomarxistische‹ Konzeption, *sein* ›Antitraditionalismus‹, *sein* Gehabe als ›Neue Linke‹ sind in eine Krise geraten«[136]. Das aber hat dazu geführt, daß diese Kräfte das Scheitern ihrer gesellschaftstheoretischen Vorstellungen primär als Krise des Marxismus mißdeuten und nicht die eigene innere Widersprüchlichkeit mit ihren Konsequenzen im politischen wie ideologischen Kampf begreifen.

2.3.2. Neue soziale Bewegungen in der politischen Landschaft der BRD

Umfassendste *politische Form* der neuen sozialen Bewegungen sind bislang die Bürgerinitiativen, die in verschiedenen Fragen – sei es der Bau eines Kernkraftwerkes, die Sorge um ein Autobahnbauprojekt oder auch der Kampf gegen Berufsverbote – Bürger zum gemeinsamen Handeln zusammenführen. Seit Ende der siebziger Jahre sind mit der Partei Die Grünen sowie mit verschiedenen grünen und »bunten« Wählerlisten zudem organisatorische Formen entstanden, die im Rahmen des bürgerlichen Parlamentarismus wirken können, zugleich aber auch eine Massenbewegung repräsentieren.

Die organisationspolitischen Vorstellungen der ökologisch-alternativen Bewegung ergeben sich aus dem Versuch der praktischen Verwirklichung ihres Selbstverständnisses, eine Bewegung zu sein, die der Spontaneität menschlichen Handelns verpflichtet ist. Große zentralisierte Organisationen widersprechen in ihrer Sicht diesem Anliegen. Zugleich hat die Bewegung die Erfahrung gemacht, daß zur Durchsetzung bestimmter Ziele mehr oder weniger feste Organisationsformen (bis hin zur Schaffung einer eigenen Partei) notwendig waren und sind. Im Spannungsverhältnis zwischen völliger Autonomie, völliger organisatorischer Unabhängigkeit der einzelnen Individuen und Gruppen *und* gesellschaftsübergreifenden Organisationsformen bewegen sich demzufolge die organisationspolitischen Überlegungen und Praktiken.

Die historisch gewachsene und verbreitetste Form ist die der Bürgerinitiativen. Bei einer durchschnittlichen Größe von 20 bis 50 Mitgliedern und einer etwa doppelt so großen Anzahl von Sympathisanten haben sich doch bestimmte Strukturen herausgebildet. In der Regel gibt es einen engeren Führungskreis mit 3 bis 5 Aktivisten, die sich auf einen weiteren Verfügungskreis mit kontinuierlich arbeitenden Mitstreitern und einen breiteren Sympathisantenkreis stützen können.[137] Ihr Entstehen ist an konkrete Probleme gebunden, wie sie sich vor allem bei der Bedrohung der Umwelt durch beabsichtigte Baumaßnahmen, Rodungen oder dergleichen tiefe Einschnitte in das ökologische Gleichgewicht ergeben. Aus diesem Grund sind es vor allem regionale Organisationen, die im Widerstand, zum Beispiel gegen die Startbahn West des Flughafens in Frankfurt am Main oder gegen Kernkraftobjekte in Wyhl oder Brokdorf, entstanden. Ihr Entstehen ist unmittelbar Ausdruck der Angst und der Sorge der Menschen um die eigene Zukunft und die ihrer Kinder, die in der einen oder anderen Weise durch solche industriellen Maßnahmen bedroht wird. Hier setzen auch Initiativen für den Frieden und gegen den Demokratieabbau an. Mit all diesen Bedrohungen der Zukunft will man sich nicht abfinden. Zugleich demonstrieren diese Formen demokratischer Willensbekundung nachdrücklich, daß den kommunalen und Landesparlamenten sowie dem Bundestag als den gewählten repräsentativen Vertretungen nicht mehr zugetraut wird, im Interesse der Menschen und ihrer Zukunft zu entscheiden.

Entgegen der ursprünglich eher kurzfristigen Existenz von Bürgerinitiativen hat sich Ausgangs der siebziger Jahre eine Tendenz der Dauerhaftigkeit und Festigung der Strukturen durchgesetzt. Das ist vor allem mit dem Abgehen von nur Ein-Punkt-Aktionen, ad-hoc-Gruppen und der stärkeren Hinwendung zu komplexeren Problemen, etwa allgemein des Umweltschutzes in einem bestimmten Gebiet, zu erklären.[138] Diese Tendenz hat sich mit wachsendem Engagement in der Friedensbewegung noch verstärkt.

Robert Jungk und Norbert R. Müllert haben nach dem Vorbild der Bürgerinitiativen die Vorstellung von einem breiten Netz von »Zukunftswerkstätten« entwickelt, die das Ziel haben, »jeden interessierten Bürger in die Entscheidungsfindung miteinzubeziehen, die sonst nur Politikern, Experten und Planern vorbehalten ist«.[139] Die von ihnen als Beispiel für viele Nachahmer gedachten Überlegungen stellen eine aussagefähige Verallgemeinerung von Erfahrungen der Arbeit von Bürgerinitiativen dar. Sie gehen davon aus, daß deren Arbeit durch verschiedene Arbeitsphasen gekennzeichnet ist. In einer »Vorbereitungsphase« werden die Themen und die Probleme aufgegriffen, die zu einer für die Menschen positiven Lösung geführt werden sollen. In der »Kritikphase« erfolgt die Auseinandersetzung mit den negativen Erfahrungen, die bislang gesammelt wurden. Die »Phantasiephase« soll helfen, eine den eigenen Träumen und Wünschen entsprechende Zukunftsvorstellung zu entwerfen. Sie werden schließlich in einer »Verwirklichungsphase« zu realisieren versucht. Hier treten dann allerdings auch die Probleme und Hindernisse auf. Denn in dieser Phase kehrt man »in die Gegenwart mit ihren Machtverhältnissen, ihren Gesetzen und Verordnungen zurück«.[140]

Wenn der Erfolg auch nicht immer sicher ist, die Widerstände schwer abzuschätzen sind, soll und muß doch gehandelt werden! Das ist ihr Grundsatz. Es »muß versucht werden, und zwar auch auf dem Wege der Zukunftswerkstätten, durch soziale Erfindungen, ihre Propagierung und beispielhafte Verwirklichung eine von vielen getragene Stimmung der Zukunftshoffnung zu entfachen – gegen den lähmenden Geist der Resignation«[141].

Gemeinsam ist der Mehrzahl der Bürgerinitiativen das Bekenntnis zum Prinzip der Überparteilichkeit, der Gewaltlosigkeit und der demokratischen Strukturen. Wobei die praktischen Erfahrungen aber auch zeigen, daß gerade im Prozeß der Entscheidungsfindung und der Beschlußfassung es nicht immer gelingt, alle Mitglieder und

Sympathisanten einzubeziehen. So wird bezüglich der demokratischen Strukturen in Untersuchungen »bedauernd festgestellt«, so berichtet Fred Karl, »daß (vor allem größere) BI ›der Tendenz zur Verfestigung von ursprünglich offen angelegten Organisationsstrukturen erliegen‹. Dahinter steht die Befürchtung, daß mit der Ausweitung der Organisation und Arbeitsteilung der offene Charakter der BI verlorengehen und z. B. mit der Veränderung in den Vereinsstatus sich bürokratische und undemokratische Züge (Funktionärswesen) herausbilden könnten.

Nur 16 % der ... (in einer Untersuchung – *d. Verf.*) befragten 61 BI halten regelmäßig Plenarsitzungen ab, 44 % geben an, ad hoc bzw. unregelmäßig zu tagen. Eine mögliche Erklärung sehen die Autoren darin, daß sich die Leiter solcher BI verselbständigt haben und sich damit ›in bezug auf Oligarchisierungstendenzen nicht von Massenparteien (unterscheiden), in denen sich Führungsgruppen gegenüber den Mitgliedern – wenn überhaupt – nur sporadisch zu verantworten haben‹.«[142] Andererseits werden aber gefaßte Mehrheitsbeschlüsse konsequent zur Grundlage des Handelns genommen und so den Interessen der Mitglieder und Sympathisanten entsprochen.

Diese Organisationsprobleme ergeben sich aus der inneren Widersprüchlichkeit einer Theorie, die die Spontaneität hochhält, und aus den praktischen Anforderungen einer organisierten Arbeit, ohne die auch nur die begrenzte Verwirklichung von Zielvorstellungen nicht möglich ist. Zugleich wirft die Dauerhaftigkeit und die personelle Ausweitung der Bewegungen und die Wirksamkeit von Mechanismen, die im kleinen Rahmen durchaus sinnvoll und effektiv sind, für sie neue Fragen und Probleme auf. Es ist ein Unterschied, ob einige Dutzend Mitglieder einer Bürgerinitiative zur Verteidigung des örtlichen Waldes jeweils in einer Vollversammlung ihr gemeinsames Vorgehen abstimmen oder ob die Angehörigen einer regionalen Bürgerinitiative oder gar einer Partei in Basisversammlungen ihr Vorgehen bis hin zu dem ihrer Abgeordneten in den Landes- oder Bundesparlamenten bis ins Detail festlegen wollen.

In ihrer Arbeit wenden die Bürgerinitiativen ein ganzes Spektrum von Aktionsformen an: Presseerklärungen und -konferenzen, Flugblattaktionen, Informationsveranstaltungen und Demonstrationen, Unterschriftensammlungen, Ausstellungen und Informationsstände, Dokumentationen, gerichtliche Klagen, Teilnahme an Experten-Anhörungen und Genehmigungsverfahren, Ansprechen der Verwaltungen und Abgeordneten, aber auch den bürgerlichen Gesetzen widersprechende Mittel, wie Blockaden und Besetzungen.[143] Diese Aufzählung demonstriert die Stoßrichtung solcher Aktivitäten; durch eine breite Öffentlichkeitsarbeit sollen die öffentliche Meinung mobilisiert und die staatlichen Organe und die Politiker unter Druck gesetzt werden. Es soll eine Atmosphäre geschaffen werden, in der auch die Argumente gehört werden, die nicht in den Amtsstuben staatlicher Verwaltungen und in den Entscheidungszentren der Konzerne ausgedacht wurden. Es sollen diejenigen zu Wort kommen, die normalerweise in der bürgerlichen Demokratie zwar alle vier Jahre »ihre« Abgeordneten wählen dürfen, sonst aber von der Entscheidungsfindung in ihren eigenen Angelegenheiten ausgeschlossen werden.

Ausdruck der Festigung der Strukturen der Bürgerinitiativen war die Gründung von Koordinierungsorganisationen wie 1972 dem Bundesverband Bürgerinitiativen Umweltschutz e. V. (BBU) aus 15 größeren Aktionsgruppen. Er koordiniert die Arbeit von rund 1000 Bürgerinitiativen aus den Bereichen Umwelt, Verkehr, Energie und Chemie mit etwa 300 000 Mitgliedern, davon sind 300 Bürgerinitiativen direkt dem BBU angeschlossen.[144] Seinem Selbstverständnis nach »haben die Bürgerinitiativen eine neue Organisationsform neben die der Parteien gestellt«. Der BBU wahrt »satzungsmäßige parteipolitische Unabhängigkeit« und sieht den Schwerpunkt seiner Arbeit »vornehmlich im außerparlamentarischen, im vorpolitischen Raum«.[145] Dieses Selbstverständnis hindert den BBU jedoch nicht, sich überaus aktiv an den Aktivitäten der Friedensbewegung zu beteiligen und sich für den Abzug der NATO-Mittelstreckenraketen in Westeuropa einzusetzen.

Ebenfalls eine wichtige Rolle als Koordinator und Informator der Bürgerinitiativen spielen die Vereinigung Netzwerk e. V. und ähnliche Strukturen.

Zu den Institutionen der Umweltschutzbewegung gehören auch wissenschaftliche Institute, Forschungsgruppen und Projekte an vielen Universitäten und Hochschulen. Eine besondere Rolle spielt dabei das Öko-Institut in Freiburg/Breisgau mit immerhin 4500 Mitgliedern, von denen 130 selbst unmittelbar aktiv wissenschaftlich arbeiten und eigenständige Untersuchungen zu Umweltfragen vorlegen.

Die Entwicklung der letzten Jahre zeigte jedoch, daß Bürgerinitiativen und ihre regionalen wie nationalen Koordinierungsformen allein nicht dem Drängen bestimmter gesellschaftlicher Kräfte nach politischen Artikulationsmöglichkeiten entsprechen. »Daß die ökologischen Organisationen von breiten Bevölkerungsschichten unterstützt werden, erklärt sich nicht nur aus der Brisanz der Umweltprobleme. Hier wirkt sich auch eine wachsende Enttäuschung über die traditionellen politischen Parteien aus, eine Ermüdung als Folge ihrer zahllosen, aber wenig bewirkenden Deklarationen und Versprechungen.«[146] Die Bildung auch einer eigenen Partei stand auf der Tagesordnung, die die Ideen und Positionen der neuen sozialen Bewegungen, vor allem auch die oftmals an konkreten Fragen festgemachten Alternativen der Umweltschützer in die Parlamente hineintragen konnte. Dies vollzog sich mit sehr deutlich an den Wählerstimmen ablesbaren Folgen für die BRD seit 1979/80 durch die Partei Die Grünen.

Im Ringen um den Erhalt der natürlichen Reproduktionsbedingungen der Werktätigen, für die Verteidigung der demokratischen Rechte und für die Bewahrung des Friedens spielt diese Partei bei aller ihrer inneren Widersprüchlichkeit eine positive Rolle beim Zusammenführen aller demokratischen Kräfte gegen die CDU/CSU-»Wende«-Politiker. Dabei ist für die Überwindung von Vorbehalten und Problemen, die die Partei Die Grünen im Zusammengehen mit anderen Kräften, namentlich aus der Arbeiterbewegung und den Reihen der Kommunisten, hat, das Entscheidende, im Zusammengehen, in gemeinsamen Aktionen, vor allem bei der Sicherung des Friedens, voranzukommen.

2.3.3. Alternative im kapitalistischen Milieu

Eine Frage von ausschlaggebender Bedeutung für die Existenz und Wirksamkeit der neuen sozialen Bewegungen und ihre ökologische Strömung ist ihr Verhältnis zum Alltag der kapitalistischen Gegenwart. Es bestehen Wechselwirkungen mit dem gesellschaftlichen Milieu, mit der bürgerlichen Demokratie, mit der kapitalistischen Wirtschaft. Vor allem vier wesentliche Momente dürfen nicht außer acht gelassen werden, wenn diese neuen Bewegungen, einschließlich der ökologischen, richtig beurteilt werden sollen. Wegen der Stärke der demokratischen Massenbewegung – zum Beispiel wählten 1983 über zwei Millionen Bundesbürger die Partei Die Grünen – versuchen die Monopolbourgeoisie und ihre konservativen Politiker, sie zu schwächen oder umzuorientieren, ihren Einfluß zurückzudrängen. Kraft und Stärke der Bewegungen bestimmen also wesentlich das Verhältnis der etablierten Parteien zu ihnen:

Eine wichtige Stoßrichtung der gegen sie zielenden Propaganda ist *erstens* die *Diffamierung* der demokratischen Massenbewegungen. Typisch sind dafür Unterstellungen, zum Beispiel die von Edmund Stoiber und Franz Josef Strauß von der CSU, daß diese Bewegungen eine »trojanische Sowjetkavallerie« seien. Heiner Geißler, CDU-Generalsekretär, leitete im Herbst 1984 eine Großoffensive gegen die »öko-marxistische Radikalopposition« ein, deren Partei Die Grünen er als »Melonenpartei: außen grün – innen rot« zu verleumden suchte. Ebenfalls nicht selten sind Versuche, die Bewegungen oder die Partei Die Grünen allgemein als Kräfte zu beschimpfen, die totalitär seien.[147]

In seinen Angriffen macht Geißler klar, worum es ihm bei den Vorwürfen gegen die Partei Die Grünen geht. Nicht die politische Vergangenheit einiger Bundestagsabgeordneter dieser Partei oder Probleme ihrer innerparteilichen Demokratie oder die vielbeschworenen Gesetzesverletzungen beim Widerstand gegen staatliche Maßnahmen, zum Beispiel bei der Blockierung von NATO-Raketenbasen, sind seine eigentliche Hauptsorge. Er und seine Partei fürchten die wachsende Kraft einer radikal-demokratischen Bewegung, die sich wichtige antiimperialistische Ziele stellt.

»Mit den Grünen ist eine Partei im Deutschen Bundestag vertreten, die von dem bisherigen Konsens der im Bundestag vertretenen demokratischen Parteien in entscheidenden Fragen abweicht. Die Grünen lehnen wichtige Grundsätze der parlamentarisch-repräsentativen Demokratie und des Rechtsstaates ab, befürworten eine öko-sozialistische Wirtschaftsordnung anstelle der Sozialen Marktwirtschaft und fordern den Austritt der Bundesrepublik Deutschland aus der NATO.«[148] Wenn hier ohne

Frage die Angst die Konturen der Bedrohung für den Imperialismus in der BRD heute überzeichnet, so dürfen derartige Angriffe nicht unterschätzt werden. Sie könnten eines Tages durchaus die Form einer Klage vor dem Bundesverfassungsgericht mit dem Ziel eines Verbotsbeschlusses annehmen, als Mittel zur Durchsetzung der reaktionären Klasseninteressen der Monopolbourgeoisie dienen oder als Signal für andere reaktionäre Maßnahmen gewertet werden. Daß derartige Befürchtungen sehr reale Grundlagen haben, wurde im Dezember 1985 bestätigt, als bekannt wurde, daß Abgeordnete der Partei Die Grünen zielgerichtet durch Nachrichtendienste ausgeforscht werden.

In einer ähnlichen Richtung wirken *zweitens* massive Versuche zur *Behinderung* der Tätigkeit der neuen Bewegungen und ihrer politischen Vertreter in den Parlamenten. Das betrifft sowohl die negative, ja ignorierende Einstellung der Massenmedien, für die zumeist nur spektakuläre und oft für diese Partei negative Ereignisse eine Meldung wert sind, als auch die konkreten Behinderungen der Tätigkeit der Abgeordneten etwa in den Landtagen. Die Geschäftsordnung der Parlamente erweist sich vielfach als ein probates Mittel, um diese unliebsamen »Kollegen« von der grünen oder alternativen Abgeordnetengruppe bzw. Fraktion in ihren parlamentarischen Rechten zu beschränken. Das betrifft auch die Auseinandersetzung darüber, ob der Fraktionsstatus zuerkannt wird, oder ob – wie alle anderen Parteien – auch die Partei Die Grünen im Bundestag einen Vizepräsidenten stellen darf oder nicht. Mit diesen nicht erfolglosen Nadelstichen und gelegentlich auch massierten Einschränkungen sollen die parlamentarischen Vertreter in ihren Arbeitsmöglichkeiten beschränkt werden. Der ehemalige grüne Landtagsabgeordnete in Baden-Württemberg Wolf-Dieter Hasenclever skizzierte wie folgt die Situation, vor der die Abgeordneten seiner Partei nach ihrem Wahlerfolg standen: Ihnen wurde der Fraktionsstatus verweigert. Die Anerkennung dieses Status hat aber Konsequenzen für die Ausstattung der Büroräume, die Möglichkeit Personal einzustellen, bestimmte Materialien zu erhalten und im Parlament wirksam zu werden. »Die CDU sah uns als unseriösen und chaotischen Haufen an, der möglichst schnell wieder aus dem Parlament zu verschwinden habe. (Als wir das Landtagsgebäude am Abend des Wahlerfolgs erstmalig betraten, hatten uns einige altgediente Parlamentarier mit dem Schreckensruf begrüßt: ›Da kommen die grünen Horden!‹)«[149]

Über ähnliche Erfahrungen könnten auch die Bundestagsabgeordneten der Partei Die Grünen berichten, denen angesichts ihrer erklärten Bereitschaft, die Politik vor dem Volk offenzulegen, die Mitarbeit in den sicherheitspolitischen Ausschüssen verwehrt wird. Im Ergebnis der Auseinandersetzungen darüber wurde ihnen dann auch die Mitarbeit in dem für die »Kontrolle« der imperialistischen Geheimdienste zuständigen Bundestagsausschuß verweigert.

Drittens wird versucht, die alternativen und die ökologischen Bewegungen und ihre politischen Vorstellungen in den Bestand normaler bürgerlicher Politik zu *integrieren*. Hierbei gibt es zwischen den Rechtsparteien CDU/CSU und der SPD erhebliche Unterschiede. Während die SPD versucht ist, die Forderungen aufzugreifen und sich an die Spitze der Bewegungen zu stellen, versuchen die CDU/CSU dagegen stärker, eine Kanalisierung und teilweise Umprofilierung dieser Forderungen im Rahmen ihrer konservativen politischen Ausrichtung zu erreichen.[150]

Seitens der Rechtsparteien werden Anstrengungen unternommen, um die Forderungen nach Ausbau von Alternativprojekten, nach Stärkung des »informellen« Sektors dort zu fördern, wo sie in Übereinstimmung mit dem Abbau sozialer Leistungen durch den imperialistischen Staat geraten. »Selbsthilfe und Subsidiarität sollen die Gestaltungsprinzipien konservativ-liberaler Sozialpolitik sein. ... Familie, Nachbarschaft, freie Träger, Initiativ- und Selbsthilfegruppen sollen künftig Träger sozialer Leistungen sein.«[151] Und es wird zur Durchsetzung dieser Politik bei den Alternativen nach Verbündeten gesucht, um sie vor den rechten Karren zu spannen. Der Westberliner CDU/FDP-Senat konnte zustimmend erklären: »Die Alternativen vertreten die Prinzipien der Eigenverantwortung und der Eigenverwaltung, der Dezentralisierung und der Ablehnung einer Verstaatlichung aller Daseinsbereiche und des totalen Wohlfahrtsstaates. Nicht der betreute, sondern der selbständige Mensch ist Ziel staatlicher Ordnungspolitik.«[152] So setzte der Westberliner Senat 1983 zur Unterstützung von Selbsthilfe- und Alternativprojekten 7,5 Millionen DM ein, und zwar ausdrücklich mit dem Ziel, nur diejenigen zu fördern, die ihm politisch genehm waren.[153]

Unter ähnlichen Vorzeichen wird überhaupt seitens der Rechtsparteien versucht, Kritiken der Alternativen an den Bürokratisierungstendenzen des bürgerlichen Staates zu nutzen, um einerseits der SPD gegenüber die eigenen Positionen zu stärken und andererseits dies als Deckmantel für die Durchsetzung der sozialen Demontage zu nutzen.[154]

Ein Blick auf die etablierten Bonner Parteien läßt erkennen, daß sie sich der durch die neuen Bewegungen artikulierten Unzufriedenheit über Umweltzerstörung, Nichtbeherrschung des wissenschaftlich-technischen Fortschritts und seiner sozialen Folgen, über Arbeitslosigkeit und Demokratieabbau durchaus bewußt sind. Sie stellen dem ihre eigene Interpretation gegenüber, die an diese Ängste anknüpft, um für die eigene Partei und das Monopolkapital akzeptable Lösungen anzusteuern. So forderte die CDU in ihren im Mai 1984 beschlossenen »Stuttgarter Leitsätzen zur Wirtschafts- und Sozialpolitik« die stärkere Entfaltung der »sozialen Marktwirtschaft«, um so wirtschaftlichen Aufschwung zu erreichen und das Problem der Arbeitslosigkeit in den Griff zu bekommen. Sie beteuerte, daß es notwendig sei, der Jugend wieder eine Zukunftsperspektive zu geben und deshalb auch die Jugendarbeitslosigkeit zu bekämpfen, wenn der soziale Konsens in der BRD erhalten bleiben soll. Dazu wurde auf die Meisterung des wirtschaftlichen Strukturwandels orientiert. »Die CDU darf die Skepsis gegenüber technischen Entwicklungen und ihren Anwendungen nicht einfach ignorieren. Wir müssen den technischen Fortschritt nicht nur als politische und wirtschaftliche, sondern auch als ethische Herausforderung begreifen. Es gilt, eine Ethik der technisch-wissenschaftlichen Zivilisation zu begründen, die uns glaubwürdige und konsensfähige Maßstäbe für unser Handeln und Entscheiden liefert.«[155]

Schließlich werden *viertens* auch Chancen eines *Zusammengehens* mit der Partei Die Grünen und überhaupt den neuen sozialen Bewegungen, namentlich durch Teile der SPD, gesehen, um eine Bewegung zur Ablösung der Rechtsregierung zu schaffen. Das schließt aber wiederum nicht aus, daß auch CDU/CSU-Politiker unter lautstarken Bekenntnissen für die Umwelt und gegen die »Allmacht des Staates« versuchen, mit den Umweltschützern zusammenzugehen und sie so in bestimmter Weise zu beeinflussen.[156]

Neben solchen, in diesen vier Momenten der Bekämpfung bzw. Integration zusammengefaßten Versuchen des Umgangs mit den neuen demokratischen Bewegungen müssen auch die »normalen« Entwicklungsprozesse der kapitalistischen Gesellschaft berücksichtigt werden, die sich gegen die Entfaltung demokratischer, antiimperialistischer Alternativen richten.

Hauptproblem ist dabei die Tatsache, daß die Monopole aus der Erwägung, daß zum Beispiel Umweltfragen in der Gegenwart eine große Bedeutung gewonnen haben – sowohl für die Profitsicherung wie als Reaktion auf die Aktivitäten der Werktätigen in den neuen sozialen Bewegungen – nach praktikablen und gewinnträchtigen Antworten Ausschau halten.

Das »Umweltauto« mit dem zukunftsträchtigen Katalysator, das Kohlekraftwerk statt dem »gefährlichen« Kernkraftwerk, andererseits das Kernkraftwerk statt dem Verursacher des »sauren Regens« sind Konsequenzen, um die akuten Umweltprobleme und ihre sozialen und politischen Folgen im Interesse der Monopole und zumeist mit den Steuergroschen der Werktätigen beherrschbar zu machen. Man hat entdeckt, ob beim Auto oder der Kosmetik, Umweltfreundlichkeit kann ein wichtiger Werbefaktor sein: »Was tun sie eigentlich, um ihre Haut vor Umweltbelastungen zu schützen, vor trockener Heizungsluft, Luftverschmutzung, Witterungseinflüssen ... Geschützt mit Kamill-Gesichtscreme mache ich sogar den ungewöhnlichen Versuch mit den Brennesseln ... Was hiervor schützt, schützt vor Umweltbelastungen erst recht«, heißt es in einem Werbespot des BRD-Fernsehens.

Nach US-amerikanischen und japanischen Vorbildern soll mit kapitalistischen Methoden den Umweltproblemen zu Leibe gegangen werden. Im Interesse der Monopolverbände fordert deren Institut der Deutschen Wirtschaft, »Luft und Wasser sollten wie ein knappes wirtschaftliches Gut mit entsprechendem Preis behandelt werden ...« Mit einer »ökologisch ausgerichteten Marktwirtschaft« soll »für die Unternehmen ein Anreiz« entstehen, »durch den Einsatz kostengünstiger Umweltschutztechniken ihre Emissionen zu verringern und die dadurch nicht benötigten ›Emissionsrechte‹ zu verkaufen«.[157] Dort, wo dieser Mechanismus nicht ausreicht, muß die Gesellschaft – also nicht die Verursacher, sondern die Betroffenen, die Steuerzahler – »solidarisch« einspringen.

Angesichts dieses massierten Drucks und der allgegenwärtigen direkten und indirekten Einflußnahme des kapitalistischen Alltags bleiben die Perspektiven der neuen sozialen Bewegungen in vielem offen. Noch ist nicht entschieden, welche ihrer Strömungen und Richtungen die Oberhand gewinnt, welche Strömungen vorherrschend werden. Vieles weist in eine Zukunft des erfolgreichen Ringens demokratischer Massenbewegungen. Es sind aber auch die Risiken zu sehen, die durch die stark kleinbürgerlich und individualistisch angelegten Alternativkonzepte entstehen. Solch radikale Zivilisationskritik, das beweist auch die deutsche Geschichte des ersten Drittels dieses Jahrhunderts, kann auch nach rechts führen.[158] Die in vielen Fragen in den Bewegungen praktisch eingenommenen Positionen einer entschlossenen demokratischen, oft antiimperialistischen Haltung weisen jedoch in eine Zukunft der demokratischen Massenbewegungen in der BRD und anderen imperialistischen Staaten, in der den Interessen der Werktätigen durch ihr Mitwirken besser Geltung verschafft wird.

3. Die Vielfalt der grünen Konzepte

Bei aller Problematik, aber auch Bedeutung der politischen Erscheinungsformen des sich in den neuen sozialen Bewegungen manifestierenden Protest- und Widerstandspotentials haben deren ideologische Vorstellungen und Lebensweiseformen wohl die entscheidendste und langfristigste Wirkung. Es handelt sich um einen Protest des Empfindens und des neuen Verhaltens, der sich nicht in Organisationen und Konventionen pressen lassen will. Alles Bestehende wird kritisch betrachtet. Es herrscht ein Gefühl der Verantwortlichkeit nicht nur für das eigene Leben, sondern auch für das seiner Mitmenschen im eigenen Land wie in der Welt. Damit werden sie bereits heute politisch wirksam und für die Machtpolitik der herrschenden Klasse wie für die Bündnispolitik der Arbeiterklasse zu einem zu beachtenden politischen Faktor.

Die neuen Bewegungen stützen sich auf eine besondere Spielart *alternativer Ideologie*. Diese reflektiert die kapitalistischen Krisenprozesse und reagiert auf sie, übt Kritik an Erscheinungen des Imperialismus und seiner Krise, ist vornehmlich antiimperialistisch, wenn auch nicht unbedingt antikapitalistisch ausgerichtet, wendet sich gegen die aggressivsten, reaktionärsten, demokratiefeindlichsten Kräfte der Monopolbourgeoisie. Bei aller Unklarheit hinsichtlich ihrer Gesellschaftskonzeption richtet sie sich aber *heute* gegen sehr konkrete negative, bedrohliche Erscheinungen und Entwicklungen, die im kapitalistischen System wurzeln.

Wenn es auch nicht möglich ist, von *der* alternativen Ideologie zu sprechen – wegen ihrer Differenziertheit, Vielfalt, ja auch Widersprüchlichkeit –, so lassen sich aber in ihr weltanschaulich-theoretische Gemeinsamkeiten lebensphilosophischer, anarchistischer wie auch psychoanalytischer Tendenz wiederfinden. In der einen oder anderen Weise werden sogar bestimmte marxistische Positionen in die gesellschaftstheoretischen Überlegungen einbezogen.

Auf der Grundlage dieser Ideologie und ihrer teilweisen Umsetzung in den verschiedenen politischen und anderen organisatorischen Formen wird versucht, eine *alternative Lebensweise* herauszubilden und vorzuleben. Es wird eine Lebenstätigkeit angestrebt, die vor allem auf das Individuum, auf Natürlichkeit und Einfachheit ausgerichtet ist. Es werden im Rahmen der bestehenden kapitalistischen Verhältnisse Inseln einer letztlich durch die kleine Warenproduktion und eine dementsprechende Arbeitsteilung bestimmten Art und Weise der Lebenstätigkeit, in der die individuelle Selbstverwirklichung erfolgen soll, angestrebt. Mit dieser alternativen Lebensweise soll, gemeinsam mit der angestrebten und einen zentralen Platz einnehmenden Bewußtseinsänderung, langfristig ein Wandel der ganzen bestehenden Gesellschaft, der menschlichen Zivilisation überhaupt, in Gang gesetzt werden.

Im weiteren wendet sich die Untersuchung *einer* Spielart der neuen sozialen Bewegungen, der *ökologisch-alternativen Bewegung,* der grün-alternativen Strömung und ihren ideologischen Positionen zu. Diese Strömung hat sich in den letzten Jahren konstant als neben bzw. nach der Friedensbewegung wichtigste und stärkste Erscheinung in der politischen Landschaft der BRD entwickelt. In ihr werden alle Fragen auf die Wiederherstellung und Sicherung des ökologischen Gleichgewichts zugespitzt. Die Lösung dieser Frage soll Voraussetzung und Bedingung zur Umgestaltung aller gesellschaftlichen Bereiche sein. Der Frage der Bewahrung des Friedens wird hierbei wachsende Bedeutung und zunehmend Priorität eingeräumt.

Ein Blick auf die theoretischen wie propagandistischen Äußerungen der ökologischen Bewegung läßt erkennen, daß es in ihr eine außerordentliche Vielfalt von Einschätzungen der gesellschaftlichen Wurzeln der Übel der Menschheit, der Umweltverschmutzung und anderer Probleme und ebenso der Einschätzung ihrer politischen Bedeutung und Folgewirkungen gibt. Die Autoren eines »Ökologischen Manifestes« zum Beispiel meinen, die »Geschichte aller bisherigen Gesellschaft ist die Geschichte von Verwertung und Vernichtung von Natur und Menschen«. In Anlehnung an Formulierungen des »Kommunistischen Manifestes« heißt es bei ihnen: »Freier und Sklave, Patrizier und Plebejer, Baron und Leibeigener, Zunftbürger und Gesell, Kapitalist und Arbeiter, kurz, Unterdrücker und Unterdrückte führten einen ununterbrochenen, bald versteckten, bald offenen Kampf, in dem Menschen, Tiere, Pflanzen, Wasser, Erde, Mineralien und die Luft kalt und zynisch geopfert und vernichtet wurden.

Unsere Epoche zeichnet sich jedoch dadurch aus, daß dieser Verwertungs- und Vernichtungsprozeß auf sein Ende zutreibt.«[159]

Hier wird also die Auffassung vertreten, daß Unterdrücker und Unterdrückte, Kapitalist und Arbeiter gleichermaßen verantwortlich für die Untergrabung der natürlichen Lebensgrundlagen der Menschen sind. Das wird sogar durch die Behauptung zugespitzt, daß gerade der Kampf zwischen ihnen in den Abgrund führe.

Von einer solchen Position aus ist es folgerichtig, an die Stelle des »Kommunistischen Manifestes« ein »Ökologisches Manifest« zu setzen, an Stelle der Arbeiterklasse als Subjekt grundlegender gesellschaftlicher Veränderungen zum Wohle der Menschen das »Gespenst der Grünen Liste« umgehen zu lassen. Derartige Positionen verstellen den Blick auf die gesellschaftlichen Realitäten und ihre Ursachen. Aber auch in ihnen – was immer die Verfasser für gesellschaftspolitische Zielsetzungen haben – artikuliert sich die berechtigte Besorgnis, die Angst, daß die Zerstörung der Naturgrundlagen menschlicher Existenz einen Grad erreichen werde, daß zukünftiges menschliches Leben überhaupt in Frage gestellt ist. Ja viele alternative Ideologen und Praktiker halten diesen Punkt schon für erreicht oder für unmittelbar bevorstehend, wenn nicht sofort eine radikale Umkehr erfolgt.

Sie sind zu recht der Auffassung, daß die etablierten Parteien der imperialistischen Länder auf diese Gefahren nicht adäquat eingehen. Aber so mancher von ihnen glaubt das auch von der traditionellen Arbeiterbewegung. Angesichts solcher Frontstellungen gegen die imperialistische Politik, aber auch gegen die Arbeiterbewegung, ist es besonders wichtig, das Verbindende, das Gemeinsame zu suchen. Es besteht darin, daß Arbeiter- und Alternativbewegung das gemeinsame Ziel haben, in Frieden und in einer gesunden Umwelt zu leben. Diese objektive Interessenübereinstimmung ist die entscheidende Voraussetzung für die Möglichkeit, der Umweltzerstörung gemeinsam zu begegnen. Um so mehr gilt das natürlich angesichts der Gefahr eines Nuklearkrieges, der Umwelt *und* Mensch, ja alles Leben bedroht.

Deshalb ist auch jede Erscheinungsform bürgerlicher und kleinbürgerlicher Ideologie dahingehend zu prüfen, ob sie zum ideologischen Reservoir der Konfrontationsstrategen gehört, oder ob sie eine Basis bzw. ein Beitrag für Entspannungs- und Friedenspolitik sein kann. Das gilt um so mehr für jene Angehörigen der Intelligenz, der lohnabhängigen Mittelschichten und Teile der Bourgeoisie, die sich mehrheitlich unmißverständlich für Frieden, Menschlichkeit, gegen jedes Kriegsabenteuer, gegen jede Zerstörung von Gesellschaft, Mensch und Natur einsetzen und so zur sozialen Basis von alternativen ideologischen Konzepten und Ideen werden. Auf diese in kleinbürgerlichen Denk- und Verhaltensweisen befangenen Kräfte trifft wohl – trotz aller Einschränkungen angesichts der Tatsache, daß seit 140 Jahren der Marxismus und die revolutionäre Arbeiterbewegung wissenschaftliche Antworten bereithalten – die Charakteristik Lenins zu: »Historische Verdienste werden nicht danach beurteilt, was historische Persönlichkeiten, gemessen an den heutigen Erfordernissen, *nicht geleistet haben*, sondern danach, was sie im Vergleich zu ihren Vorgängern *Neues geleistet haben*.«[160]

Diese Kräfte sind von ihrer sozialen Position aus nicht mehr bereit und willens, die kapitalistische Gesellschaft so zu akzeptieren, wie sie ist. Sie üben teilweise scharfe Kritik, und sie versuchen, diese Gesellschaft nach ihren Vorstellungen, nach ihren selbstgemachten Modellen zu ändern. Auch ihnen ist natürlich das Wissen darum, was zu tun ist, nicht etwa angeboren. Sich vorwärts tastend, sucht man die Antworten auf Wegen und Irrwegen, vorwärtsgetrieben von Einsicht und Willen, daß es anders werden muß, wenn es besser werden soll. Die verschiedenen Alternativen können letzten Endes nur dann Lebensalternativen sein, wenn sie zugleich Gesellschaftsalternativen sind: Ist doch das menschliche Wesen nichts anderes als das »Ensemble der gesellschaftlichen Verhältnisse«[161], die es zu verändern gilt, will man dem eigenen Leben einen humanen, menschlichen Sinn verleihen. Das kann keine Sekte. Dazu bedarf es des Einsatzes vieler Menschen, der werktätigen Massen, die nur gemeinsam die wirkliche Alternative erkämpfen können.

In der Gegenwart ist es deshalb zunächst entscheidend, die imperialistische Bedrohung des Friedens und der Natur, der sozialen wie der natürlichen Lebensbedingungen der Menschheit zu entlarven und ihr Einhalt zu gebieten. In diesem Ringen werden auch die Konturen der Wege und Formen des Kampfes für die entscheidende gesellschaftliche Lebensalternative klarer.

Eine der führenden Vertreterinnen der bundesdeutschen Umweltschutzbewegung und zugleich der Partei Die Grünen, Petra K. Kelly, stellte einer ihrer Schriften ein charakteristisches Motto voran: »Ökopax – das heißt für das Leben einzutreten, einschließlich des Widerstandes gegen jede Bedrohung des Lebens.«[162] Das ist eine Aussage, die die theoretischen und praktischen Bündnispotenzen der ökologischen Bewegung signalisiert. Die Positionen dieser Bewegung und anderer Teile der neuen sozialen Bewegungen können folgendermaßen zusammengefaßt werden: Das sind Bekenntnisse

- zum inneren Frieden des Menschen und der Gesellschaft, gegen Unterdrückung, Gewalt, Zwang, die der bürgerliche Staat und die Monopole im eigenen Land ausüben;
- zum Frieden für die Länder der »dritten Welt«, die Unterprivilegierten und Ausgestoßenen, gegen neokolonialistische Ausbeutung und Diskriminierung;
- zum äußeren Frieden zwischen den Völkern und Staaten dieser Welt als Lebensfrage der Menschheit, gegen Rüstungswettlauf auf der Erde und im All, gegen jede Form der Aggression;
- zum Frieden mit der Natur als der Voraussetzung menschlichen Lebens überhaupt, gegen Ressourcenverschwendung und Raubbau an der Natur, gegen Umweltvernichtung.

Solche Positionen sind mit dem Hochrüstungs- und Konfrontationskurs der aggressivsten Kreise des Imperialismus nicht nur unvereinbar, sondern fordern und bewirken Widerstand dagegen. In der ökologischen Bewegung wird sehr wohl die Gefahr gesehen, die von den aggressivsten imperialistischen Kräften ausgeht, deren Denkweise Aufschluß über ihre Moral und ihre politischen Ziele gibt. So imponiert Reagan der Football: »der Wille zum Sieg und der bis an den Rand der Erschöpfung reichende *Durchhaltewille*, die das Mannschaftsspiel prägen, (als) Ausdruck nationaler Werte«. Sie sollen auf die Politik übertragen werden. »Für die Vereinigten Staaten (ist) heute die Zeit gekommen, der Welt zu zeigen, daß ihre *Traditionen* und *Werte* nicht einfach Fassade (sind) ... sondern eine Quelle der Stärke.« Deshalb müsse »der *Kommunismus* nicht nur zurückgedrängt, sondern *überwunden* werde(n)«.[163] Mit derartigen Zielen wird nicht nur die sozialistische Staatengemeinschaft bedroht, sondern die gesamte Menschheit. Die »Sternenkriegs«-Pläne und die fieberhafte Arbeit an ihrer Verwirklichung zeigen, daß diese Gefahr bislang nicht gebannt werden konnte. Es geht bei den heutigen Gefahren also vor allem um den von den führenden Vertretern der aggressivsten Kreise des Imperialismus der USA unverhüllt ausgesprochenen Willen, militärische Überlegenheit zu erlangen und das Kriegsrisiko nicht zu scheuen. Gegen eine solche Politik gilt es, gemeinsam zu kämpfen und mit all jenen zusammenzugehen, »denen der Frieden teuer ist und die aktiv für ihn eintreten«[164].

Nur im Frieden können auch die vorwiegend ökologisch orientierten Teile der neuen sozialen Bewegungen ihre Ziele verwirklichen. Das stellt sie vor die Aufgabe – allein oder mit Hilfe anderer –, zunächst einmal Veränderungen in den bestehenden imperialistischen Gesellschaften in Gang zu setzen, die in der Konsequenz objektiv auf Veränderung der Grundlagen des Kapitalismus zielen. Eine Veränderung des inneren Kräfteverhältnisses zugunsten einer Politik des friedlichen Miteinanderlebens der Völker, zugunsten der Einschränkung der Macht der Monopole, zugunsten der Verteidigung und des Ausbaus der demokratischen Rechte und zugunsten einer Politik und Wirtschaftsordnung des Bewahrens der natürlichen Umwelt wäre die Grundlage für eine solche weitere Perspektiven einschließende Wende im Interesse der jeweiligen eigenen Gesellschaft und letztlich auch der Menschheit und ihres Fortschritts.

Ausschlaggebend für das Ringen der ökologischen Bewegung wie aller anderen Teile der neuen sozialen Bewegungen ist, daß das Bewußtsein um die Gefährdung von Natur und Umwelt, das erbitterte Aufbegehren und der Widerstand gegen all das, worin die Quellen der Bedrohung gesehen werden – seien es Kernkraftwerke, Chemieanlagen, Müllverbrennungsfabriken oder Raketenrampen und Neutronensprengköpfe –, auch zu differenzierter Beurteilung der Bedrohungen, ihrer Ursachen und der Kampfmaßnahmen für ihre Beseitigung führt. Die ökologische Bewegung in der BRD machte die Erfahrung, daß die Auflehnung allein gegen nukleare Entsorgungsanlagen und Dioxinvergiftungen nicht ausreicht, um ihre Ziele zu verwirklichen. Deshalb reihten sich viele Anhänger dieser Bewegung, aber auch ihre Organisationen, wie der Bundesverband Bürgerinitiativen Umweltschutz, die Partei Die Grünen und andere, in die demokratische Friedensbewegung ein. Im gemeinsamen Kampf verteidigten und verteidigen sie den Frieden als das höchste Gut der Menschheit.

Im Vorfeld der Brüsseler NATO-Beschlüsse zur Stationierung neuer nuklearer Mittelstreckenraketen in Westeuropa tagte im Oktober 1979 in Kassel der Kongreß »Ökologie- und Friedensbewegung«, der vom Bundesverband Bürgerinitiativen Umweltschutz und der Deutschen Friedens-Gesellschaft/Vereinigte Kriegsdienstgegner (DFG/VK) veranstaltet wurde. Er orientierte auf die Zusammenarbeit beider Bewegungen, um »die weltweite Politik der Selbstvernichtung der Menschheit« zu beenden, »die Zerstörung der Natur aufzuhalten, allen Menschen eine lebenswerte Existenz zu ermöglichen und dem Rüstungswahnsinn Einhalt zu gebieten«.[165] Ein Jahr später vereinte der praktische Kampf verschiedenste Kräfte zu einer breiten Front gegen die Raketenstationierung. Der Koordinationsausschuß Ökologie und Frieden der beiden genannten Organisationen veröffentlichte einen Aufruf »Gegen Rüstung und Atom«, der den Zusammenhang beider Kampffelder betonte: »Ökologische Krisen und weltweite Aufrüstung gefährden den Frieden und unsere Lebensgrundlagen. ...

Ökologie- und Friedensbewegung sind sich bewußt: Ein Krieg bedroht das Überleben der Menschheit. Rüstung und militärische Manöver sind zugleich die sinnlosesten Formen der Rohstoffvergeudung, Umweltverschmutzung und Naturzerstörung. ...

Die Sicherung des Friedens und der Lebensgrundlagen ist bei den herrschenden Politikern schlecht aufgehoben. – Wir müssen selbst die Initiative ergreifen!«[166]

Diese Erkenntnis durchzieht immer wieder Positionsbestimmungen und Aktivitäten der Partei Die Grünen. So wandte sich der damalige verteidigungspolitische Sprecher der Fraktion dieser Partei, Torsten Lange, gemeinsam mit seinem Parteifreund Henning Schierholz, Vorsitzender des Bundestagsausschusses für Forschung und Technik, gegen eine bundesdeutsche Beteiligung an den US-amerikanischen »Sternenkriegs«-Plänen. Mit einer solchen Beteiligung würde sich die BRD an einer weiteren gigantischen Rüstungsrunde mitschuldig machen. »Der Frieden würde nicht sicherer, sondern die Gefahr eines verheerenden Krieges würde größer.«[167]

Die ökologische Bewegung als Teil der alternativen Bewegungen ist, was Gruppierungen, Konzepte, Themen, den Grad des Engagements und der Aktivität betrifft, in sich äußerst differenziert. Das zeigt sich auch im unterschiedlich intensiven Einsatz für die Durchsetzung friedenspolitischer Ziele. Man beruft sich auf unterschiedliche Traditionen und theoretische Grundlagen. Um gemeinsame Interessen durchsetzen zu können, versuchen auch alternative Theoretiker die Einheit in der Vielfalt zu suchen und zu erfassen. Der alternative Ökologe Reimer Gronemeyer sieht angesichts dessen nur zwei mögliche Alternativen der Gesellschaftsentwicklung: »... entweder eine weltumspannende Konsumgesellschaft mit unerträglichen Differenzen zwischen arm und reich ... oder eine gleichfalls globale Verteilungsdiktatur. Eine Wahl also zwischen zwei Greueln – der moralischen Destruktion oder der politischen Eiszeit.«[168] Zwischen den Alternativen »Ausnahmezustand« und »Dämmerzustand« könne die Menschheit wählen.

Andere Alternative haben Zukunftskonzepte, die in ihrer Vielfalt das alte Ziel der Menschheit, das Recht und die Möglichkeit eines menschenwürdigen Lebens, beinhalten. Daraus ergeben sich vielfältige Möglichkeiten für ihre Wirksamkeit. Erhard Eppler, Sozialdemokrat, engagierter Friedenskämpfer und solidarischer Beobachter der neuen Bewegungen, kommt bei seiner Einschätzung der alternativen Bewegungen zu dem Schluß, daß sie dann einen konstruktiven, einen gestaltenden Weg gehen, wenn sie erkennen: »Verweigerung schafft letztlich keine stabile Gegenmacht. Die entsteht, wo Menschen auf eine Zukunft zugehen, die sie selbst gemeinsam entworfen haben.«[169] Er verwendet einen Begriff, der den Weg dieses Suchens anschaulich als »Trampelpfad« beschreibt. Das bedeutet nach Eppler für die Zukunft, »daß es die breiten Straßen dahin nicht mehr gibt ..., auf deren Richtungsanzeigern steht, dieser und jener Ort ist in 70 km Entfernung und jener in 180 km Entfernung zu erreichen. ›Trampelpfad‹ bedeutet: In diese Richtung können wir uns vielleicht durchschlagen.«[170] Diese Metapher erfaßt den Charakter des Versuches, einen »dritten« Weg jenseits der breiten weltgeschichtlichen Hauptstraßen zu gehen. Die »Trampelpfade« können sich als Irrwege erweisen. Aber sie können auch auf eine Straße führen, die den Fortschritt zum Ziel hat. Sie eröffnen die Chance, vorwärts zu kommen, durch den Versuch zu ändern. Die Motive und Beweggründe sind sehr unterschiedlich, die zu diesem Suchen und Handeln für Frieden, für eine menschenwürdige Gesellschaft und saubere Umwelt führen.

Bewegungen, die den Anspruch erheben, das Verhältnis von Mensch und Natur zu stabilisieren und auf gesunde Grundlagen zu stellen, Bewegungen, die begreifen, daß die Versöhnung von Mensch und Natur von einer bestimmten Gestaltung der zwischenmenschlichen Beziehungen abhängt, sind gezwungen, auch Aussagen zu den *gesellschaftlichen* Perspektiven zu treffen. Dem stellen sie sich zunehmend.

Die erstrebte Gesellschaft ist bei der großen Mehrheit ihrer Propagandisten und Vorkämpfer mit einer völligen Neubewertung des menschlichen Seins verbunden. Die Betonung des inneren Friedens ist eine klare Absage an die Entfremdung und Menschenfeindlichkeit der bürgerlichen Gesellschaft. Der Zukunftsforscher Robert Jungk fordert von einer solchen Gesellschaft, daß in ihr »auch *Muße* und *Spontaneität* endlich den ihnen gebührenden Platz fänden. An die Stelle der zweifelhaften Freuden, die der Besitz von Geld, Gütern und Macht bescheren, treten dann Erlebnisse, die der menschlichen Existenz einen besonderen Glanz und eine eigenartige Schönheit verleihen: *Träumerei, Spiel, Enthusiasmus, Ekstase,* wie sie sich in *Meditation* und *Festlichkeit* einstellen, führen zu einer Erweiterung des menschlichen Bewußtseins, die befriedigender ist als die Steigerung materiellen Wohlstandes oder der Sieg über Rivalen. Schöpferisches Tun ... werde dann nicht mehr das Privileg einiger weniger, sondern – wenn auch in unterschiedlicher Qualität – allen, die es wünschen, möglich sein.«[171]

Allein, solche positiven, aber eben unscharfen Ziele reichen Jungk selbst nicht aus. Immer wieder wird die Formierung eines neuen Charakters gesellschaftlicher Verhältnisse im Sinne einer neuen Mentalität, einer neuen Verhaltensweise hervorgehoben. »Ich sehe«, schreibt er, »eine Rettungschance nur in dem Entstehen einer neuen Mentalität, die *›Brüderlichkeit‹* nicht mehr nur als ein hehres Ideal ansieht, dessen Verwirklichung man aber aufgrund böser historischer Erfahrungen für unmöglich hält, sondern als eine, vielleicht die einzige praktische Möglichkeit des Überlebens auf einem Planeten, der so viel enger und so viel ärmer geworden ist.«[172]

In diesem Erziehungsziel als Hauptweg vieler alternativer Konzeptionen liegt eine weitere Gemeinsamkeit mit anderen sozialen Bewegungen. Zu Recht wird oft eine Verbindung zum Charakter der Arbeit aufgezeigt. Die Arbeit ist jener Bereich, in dem die Ausbeutung, die Entfremdung der kapitalistischen Gesellschaft am tiefsten wirkt. In der rechten Spielart ökologischer Zukunftsmodelle, so etwa dem eines Ivan Illich, klingt vor dem Hintergrund der Arbeitslosenzahlen und im Gleichklang mit anderen konservativen »Vorschlägen« ein gewisser Zynismus mit, wenn die Losung einer »schöpferischen Arbeitslosigkeit« propagiert wird: »Das bedeutsamste Privileg eines hohen sozialen Status könnte heute ohne weiteres in der *Freiheit zu nützlicher Arbeitslosigkeit* bestehen, wie sie der großen Mehrheit zunehmend verweigert wird. ...

Zukünftig wird die Qualität einer Gesellschaft und ihrer Kultur vom Status ihrer Arbeitslosen abhängig sein ...«[173]

So, wie am Vorabend der Französischen Revolution Königin Marie Antoinette den Hungernden Kuchen statt Brot empfahl, so ist es heute den Besitzenden und ihren Intellektuellen bequem, Nichtstun statt Arbeit als »Selbstverwirklichung« zu empfehlen. Die Konsequenzen derartiger Vorschläge werden aber in der ökologischen Bewegung erkannt und mehrheitlich abgelehnt. Zum Beispiel fixiert Manon Maren-Grisebach ihre Position zur Überprüfung der Einstellung zur Arbeit wie folgt: »›Arbeitsfreiheit‹ statt negativ ›Arbeitslosigkeit‹. ...

Es geht uns nur darum, eine übersteigerte Arbeitsmoral zu durchbrechen. Es geht nur darum, die geistigen Grundlagen dieser bisher einzig gültigen Arbeitsgesellschaft anzuknacksen und freies Glück, Nichtstun, Meditieren, bloßes Fühlen, Empfinden, künstlerisches Tun, all diese vom Standpunkt des Geldes aus als nutzlos betrachteten Tätigkeiten in ihre alten Menschenrechte einzusetzen.«[174] Auch sie geht also von einer unrealen Sicht auf einen für den normalen Werktätigen nicht praktizierbaren Ausstieg aus der »Arbeitsgesellschaft« aus. Zugleich sieht sie wie zunehmend auch andere alternative Ideologen die praktische Unmöglichkeit eines solchen Weges in der Gegenwart. Deshalb schlägt sie vor, durch eine Veränderung der Arbeitsinhalte und eine entsprechende Gestaltung der Freizeit, durch die Herstellung letztlich fließenderer Grenzen zwischen diesen Bereichen günstigere Bedingungen für die Persönlichkeitsentwicklung zu schaffen.

Solche Ziele, bei allem Überschwang, schlagen der Profitorientierung der kapitalistischen Gesellschaft ins Gesicht. Denn sie bezweifeln bewußt einen Zusammenhang zwischen konsumorientiertem materiellem Lebensstandard und dem tatsächlichen Wohlbefinden der Menschen. Zugleich heben sie sich von Illichs Auffassungen ab, und es deuten sich, dies zeigt die praktische Entwicklung, Verbindungen zu den realen Kämpfen der Arbeiterbewegung an. So ist es nicht verwunderlich, wenn auch aus den Reihen der ökologischen Bewegung verstärkt die Forderungen des DGB zur Einführung der 35-Stunden-Arbeitswoche und zur Beseitigung der drückendsten Folgen der kapitalistischen Rationalisierung im Interesse der Befreiung des Menschen von äußeren Zwängen zu vernehmen sind. Nicht zuletzt werden heute mehr als in den ersten Jahren dieser Bewegung Forderungen nach Umweltschutzmaßnahmen des Staates damit verbunden, Möglichkeiten für Arbeitsplätze in diesem Bereich zu schaffen.

Manche Vorstellungen darüber, wie die künftige Gesellschaft zu erreichen sei, richten sich vor allem bzw. ausschließlich auf Bereiche des täglichen Lebens der Menschen. So, wenn nachdrücklich besonders gesunde Formen der Ernährung oder die Ablehnung der modernen Medizin als Nonplusultra des Umdenkens verkündet werden. Oder: »Um das Autofahren einzuschränken, sollten wir uns angewöhnen, Strecken unter drei Kilometern Entfernung grundsätzlich per Fahrrad oder zu Fuß zurückzulegen, was nicht nur Energie spart und die Umwelt schont, sondern auch gesund ist. ... Fahren Sie überhaupt viel mit dem Fahrrad und setzen sie sich bei Ihrer Gemeinde dafür ein, daß gute sichere Radwege geschaffen werden. ... Fahren Sie größere Strecken möglichst mit der Bahn. Benutzen Sie grundsätzlich die Bahn anstelle des innerdeutschen Flugverkehrs ... Bilden Sie mit anderen Fahrgemeinschaften ...«[175] Letztlich sind diese Vorstellungen wie auch die Forderungen nach gesunder Ernährung, nach Sparsamkeit bis hin zur Forderung nach einer Friedenserziehung vernünftige Erziehungs- und Handlungsziele. Der eine oder andere Vorschlag mag dabei etwas naiv wirken. Aber der Veränderungswille ist nicht zu übersehen, jedoch auch nicht, daß sich diese Versuche vornehmlich auf die *Erscheinungen* des Alltags der bürgerlichen Gesellschaft richten. »Es handelt sich vor allem um Widerstand gegen die Folgen, noch nicht um konzentrierten Kampf gegen die Ursachen dieser Übel.«[176] Der Alltag im Westen ist reich an negativen Erscheinungen, und so ist es verständlich, daß sich daran der Unwillen entzündet und daß deren Beseitigung angestrebt wird.[177]

Überblickt man jene Kräfte im Westen insgesamt, die sich der Ökologie besonders zugewandt haben, vor allem in den neuen sozialen Bewegungen, dann lassen sich grob drei Hauptströme aufzeigen. Wobei es zwischen ihnen Berührungspunkte gibt, fließende Übergänge, einzelne Theoretiker und Praktiker unterschiedliche Positionen vertreten, Entwicklungen durchmachen usw. Wir unterscheiden: *erstens konservativen Ökologismus* etwa von Herbert Gruhl, Ivan Illich bis hin zu offen neofaschistischen Varianten; *zweitens* einen *revolutionaristischen Ökologismus,* der auf einem linksradikalen Spektrum sowohl diktatorische als auch rein anarchistische Vorstellungen einschließt, vertreten unter anderem von André Gorz und den »Spontis«; *drittens* den *reformistischen Ökologismus* oder *ökologischen Reformismus,* wie er von Robert Jungk, Klaus Traube, Petra K. Kelly, Alexander Schubart, Oskar Negt und anderen vertreten wird. Bestimmte sozialdemokratische Positionen stimmen in vielen Fragen mit grundlegenden Auffassungen dieser Strömungen überein, so zum Beispiel Positionen von Erhard Eppler, Johano Strasser, Freimut Duve und Jochen Steffen.[178]

Robert Steigerwald weist berechtigt darauf hin, daß die konservative Strömung des Ökologismus eigentlich nicht in die ökologische Bewegung einzuordnen ist; denn sie verkörpert einen »völlig rückwärtsgewandten Protest. Hier fehlt jegliches progressive Element.«[179] In den letzten Jahren wurde in vielen Fällen eine Trennung von diesen konservativen Kräften vollzogen. Sie sind aber teilweise noch vorhanden und müssen bei der Beurteilung der Gesamtbewegung in Betracht gezogen werden. Sie sind ein wichtiges Scharnier für das Einwirken konservativer Rezepte auf die Umweltschützer und überhaupt auf die neuen Bewegungen.

3.1. Konservativer Ökologismus – Schwarz mit grünem Anstrich

Eine wichtige Stellung im Selbstverständnis, in der historischen Entwicklung und zum Teil auch in den inneren Auseinandersetzungen der alternativen und besonders der grünen Bewegung nahmen als Bezugspunkt die Auffassungen des ehemaligen Abgeordneten der CDU im Bundestag, des Mitbegründers der Grünen und heutigen Vorsitzenden der einflußlosen Ökologisch-Demokratischen Partei (ÖDP), Herbert Gruhl, ein. Er war einer der ersten Gründer einer grünen Partei überhaupt, der Grünen Aktion Zukunft (GAZ). Sein Buch »Ein Planet wird geplündert« ist ein Bestseller auf dem Büchermarkt und wurde seit 1975 in der BRD in Hunderttausenden Exemplaren verkauft. Vor allem aber ist er der bekannteste Vertreter einer unverhüllt konservativen Variante des Ökologismus.

Für ihn steht die Menschheit am Wendepunkt, vor einer »planetarischen Wende«, die radikal sein muß, wenn die Menschheit überleben will.[180] Die Ressourcen der Erde sind ebenso begrenzt wie die eines Raumschiffes. Dementsprechend muß gehandelt werden.[181] Die bisherigen »materialistischen« Theorien des Wohlstandsdenkens des Kapitalismus und des Marxismus hätten sich als unhaltbar erwiesen. »Jetzt muß die Zukunft geplant werden. Und es ist weit und breit niemand sichtbar, der das tun könnte, außer dem Staat. Wenn er es aber tut, dann muß er jetzt tatsächlich viele Freiheiten entschlossen aufheben, um das Chaos zu verhüten. Infolgedessen werden weitere Freiheiten nicht deshalb verlorengehen, weil alle immer besser leben wollen, sondern weil sie überleben wollen.«[182]

Die Orientierung auf den entschlossen handelnden Staat, möglichst auf eine »mit allen Machtmitteln ausgestattete Weltregierung«[183], ist für Gruhl Voraussetzung, um das für ihn unumgängliche Konzept durchzusetzen: »Nur lebensnotwendige Produktion zu geringsten ökologischen Kosten.«[184] Freiheit auch in bürgerlich-demokratischer Lesart ist damit nicht zu vereinbaren: »Die Erde ist ein inzwischen vollbesetztes Raumschiff. In einem Raumschiff gibt es so gut wie keine Freiheit; jede Ration, jeder Griff, jede Handlung ist genau vorgeschrieben. Jeder muß sich anpassen. Eine Freiheit hat er allerdings immer: die der Selbstvernichtung.«[185]

Was hier mit Science-fiction-Terminologie schmackhaft gemacht werden soll, öffnet praktisch der unverschleierten Diktatur der Monopolbourgeoisie im Namen der »Rettung der Menschheit« Tür und Tor. Sie und ihr gegenwärtiger Staat werden in Gruhls Vorschlägen keineswegs angegriffen oder auch nur kritisch einbezogen. Es werden von ihm vielmehr bestimmte Methoden der Machtausübung auf die Tagesordnung gestellt; ihre »liberale« Handhabung wird als untauglich verworfen. Die Furcht der Menschen vor einer Umweltkatastrophe soll eine härtere, sprich konservative Handhabung der Macht des großen Geldes rechtfertigen.

Seine Sicht auf die Zukunft verbleibt denn auch im Denkschema eines reaktionären Bourgeois. Dieser denkt sich die Zukunft als eine Zeit des Kampfes ums Überleben, in dem nur der Stärkere eine Chance hat. Auf diesen Kampf solle man sich sorgfältig und entschlossen vorbereiten: »Die Kriege der Zukunft werden um die Teilhabe an der Lebensgrundlage überhaupt geführt werden, das heißt um die Ernährungsgrundlage und um die immer wertvoller werdenden Bodenschätze. Sie werden darum an Furchtbarkeit unter Umständen alles bisher Dagewesene in den Schatten stellen.«[186]

Wenn Gruhl bezüglich der Realisierungsmöglichkeiten seiner »Raumschiff-Wirtschaft« Zweifel hat, so ist das konservative Grundmuster zumindest als politischer Schritt gedacht für eine neue rechte Sozialethik und Sozialpolitik. Sie werden seiner Meinung nach dazu führen, »daß der materielle Besitzstand der Menschen auf niedrigerem Niveau in einer bedeutend geringeren Bandbreite variieren wird, als das heute der Fall ist«[187].

Gruhl ist das augenfälligste Beispiel für den Versuch konservativer Kräfte, die demokratische Ausrichtung der neuen sozialen Bewegungen und deren Sorge um das ökologische Überleben durch rechtes Gedankengut zu beeinflussen.

Die Ausrichtung auf die Bewahrung der Natur, der Heimat in der ökologischen Bewegung ist im Unterschied zu anderen Teilen der neuen sozialen Bewegungen – wie zum Beispiel der Frauenbewegung und der Bewegung zur Unterstützung der Entwicklungsländer – dazu geeignet, Anknüpfungspunkte für andere Kräfte zu bieten. Dies geht bis zu neofaschistischen Kräften, die in der Neuauflage von »Blut und Boden«-Parolen einen geeigneten Ansatzpunkt gefunden zu haben glauben, um in die ökologische Bewegung einzudringen. So tritt zum Beispiel die Jugendorganisation der NPD, die Jungen Nationaldemokraten, mit einem »Ökologischen Manifest« auf, das bewußt und zielgerichtet dieses Thema für Dummenfang und faschistische Propaganda mißbraucht.[188]

Bezeichnendes Einzelbeispiel für derartige Gefahren, aber auch für die Entschlossenheit der Mehrheit in der ökologischen Bewegung sind die Vorgänge um den Westberliner Landesverband der Grünen. Dieser Landesverband wurde von Neonazis unterwandert. Anfang 1985 entzog der Bundesvorstand der Partei dieser 120 Mitglieder starken Organisation die Unterstützung und schließlich auch den Status als Landesverband und bekräftigte bei dieser Gelegenheit seine grundsätzliche antifaschistische Haltung.[189]

3.2. Revolutionaristischer Ökologismus – von »Abschied vom Proletariat« bis TUNIX

Diese Strömung zeichnet sich dadurch aus, daß der Versuch unternommen wird, ökologische Positionen mit pseudomarxistischen, revolutionaristischen Positionen zu verbinden. Eine wichtige Rolle spielte und spielt in dieser Hinsicht der Franzose André Gorz, der seine grundsätzlich anarchosyndikalistische Theorie nun mit ökologischen Fragestellungen zu verbinden sucht. Gorz wendet sich gegen den »Spätkapitalismus« und auch gegen den realen Sozialismus, denn dieser sei nach Gorz »nicht besser als der Kapitalismus, wenn er sich der gleichen Werkzeuge bedient«[190].

Die kapitalistische Krise resultiert für Gorz aus dem Entwicklungsstand der Produktivkräfte, ihrer Größenordnung und Zerstörungskraft. Seine ganze Gesellschaftstheorie gründet sich auf diese Auffassung. Er verselbständigt die Produktivkräfte im Gesellschaftsprozeß. Er meint, daß ihre Einbindung in undemokratische Strukturen zu einem »Technofaschismus« führe, der die Gesellschaften in Ost und West bedroht. Diese Auffassung von der Rolle der Produktivkräfte, abgeleitet aus dem Wie ihres Einsatzes, führt auch zu einer undifferenzierten Wendung gegen »ökonomische Rationalität«. Durch die »Sachzwänge« dieser Rationalität werde der Mensch bedroht. Deshalb müßten neue, abstrakte Maximen für eine allein zulässige Produktion aufgestellt werden: *»Allein das verdient, gesellschaftlich produziert zu werden, was für einen jeden auch dann etwas Gutes bleibt, wenn alle in dessen Genuß kommen – und umgekehrt. …*

Allein das verdient, gesellschaftlich produziert zu werden, was niemanden privilegiert und niemanden herabsetzt.«[191]

Zu Recht bringt er die neuen Bedrohungen der Menschheit in einen Zusammenhang mit den sich in der kapitalistischen Gesellschaft vollziehenden Krisen- und Umstrukturierungsprozessen. Das führt *ihn* aber zu dem Schluß, sich kritisch und abrechnend mit der Arbeiterklasse, mit der Arbeiterbewegung auseinandersetzen zu müssen. Die historische Mission dieser Klasse ist in der Gegenwart nach Gorz' Meinung gegenstandslos geworden. »Für die Arbeiter kommt ... nicht mehr in Betracht, sich *innerhalb* der Arbeit zu befreien, die Arbeit zu beherrschen oder Macht im Rahmen der Arbeit zu gewinnen. Nichts anderes kann mehr in Betracht kommen als die Befreiung *von* der Arbeit, indem man zugleich deren Natur, Inhalt, Notwendigkeit und Modalitäten ablehnt. Aber die Ablehnung der Arbeit schließt die der traditionellen Strategie der Arbeiterbewegung und ihrer Organisationsformen ein.«[192]

Für ihn ist, ähnlich wie schon Jahre zuvor bei Herbert Marcuse, die Arbeiterklasse keine gesellschaftsverändernde Klasse mehr, da sie in das bürgerliche System integriert worden sei, selbst die »Privilegien« einer Klasse genieße, die es »geschafft« habe. Vielmehr will er sich auf eine »Nicht-Klasse der Nicht-Arbeiter« stützen. Diese gesellschaftliche Gruppe ist seiner Meinung nach »nicht vom Kapitalismus erzeugt«, »sie ist vielmehr das Ergebnis der Krise des Kapitalismus und der unter der Wirkung neuer Produktionstechniken erfolgenden Auflösung der kapitalistischen Produktionsverhältnisse«.[193] Er gibt dann eine Definition dieser »Nicht-Klasse«: »die Gesamtheit der aus der Produktion durch den Prozeß der Arbeitsvernichtung Ausgestoßenen oder der in ihren Fähigkeiten durch die Industrialisierung der intellektuellen Tätigkeit (Automation und Informatik) Unterbeschäftigten. Sie umfaßt die Gesamtheit der Überzähligen der gesellschaftlichen Produktion ... Sie ist das Verfallsprodukt der alten, auf Arbeit,

Würde, Wert, sozialem Nutzen, Arbeitsbedürfnis begründeten Gesellschaft.«[194] So entstehe für die »nachindustrielle Linke« die Aufgabe, eine maximale Erweiterung der »autonomen Tätigkeit« im Rahmen und gegen die bestehende kapitalistische Gesellschaft (und nicht nur dort) zu erreichen. Die Freizeit müsse Zeit zur wahren Entfaltung des Individuums werden, so etwa durch die Schaffung eigener, individuell erzeugter Produkte. Mit anderen Worten, all das, was bereits gegenwärtig als Alternativprojekte besteht, soll zur Grundlage der neuen Gesellschaft jenseits der Arbeit werden.

Die Konzeption von Gorz ist in ihren grundlegenden Auffassungen nicht neu. Sie ist eine spezifische Form der Ablehnung der Arbeiterklasse als geschichtsgestaltende Kraft. Diese Auffassung geht an den Tatsachen der historischen Entwicklung seit 1917 vorbei. Die besondere Schwäche dieser Position liegt darin, daß von ihr aus wirklich reale Wege zur Veränderung der kapitalistischen Gesellschaft nicht gezeigt werden können – eine Schwäche, die Gorz selbst erkennt und zugibt, die aber bei ihm nicht zu einer grundlegenden Veränderung seiner Gesellschaftskonzeption führt.

Im Gesamtspektrum dieser zweiten Hauptströmung muß auf eine sich als ideologie- und organisationsfeindlich verstehende Richtung aufmerksam gemacht werden, die »Spontis«. Gelegentlich haben ihre spektakulären Aktionen gerade um den Wechsel der siebziger zu den achtziger Jahren das Gesamtbild der neuen Bewegungen mit beeinflußt. Sie verstehen sich als Marcuses »outcasts«, als Gorz' »Nicht-Klasse der Nicht-Arbeiter«, ohne unbedingt zu deren Theorien in Bezug gesetzt werden zu wollen. Sie sind ein gelegentlich lautstarker und nicht zu übersehender Teil der Gesamtbewegung.

Prononciert bekennen sie sich zu Spontaneität, zum »undogmatisch Links-Sein« in radikaler Form, zum »Spontitum«, zum Spontaneismus oder wie dergleichen Namen für ihre angeblich nicht vorhandene, aber spürbare Ideologie immer lauten mögen. Ihre zentrale Parole ist die der Subjekthaftigkeit einer »Politik in der ersten Person«. Das schließt von vornherein jegliche Organisation und jedes formale Bündnis mit anderen Kräften aus. Mit ihrem radikalen Auftreten gegen alle bisherigen Strukturen, ihrem »alles oder nichts« ist es ihnen aber gelungen, in einer Vielzahl von bundesdeutschen Studentenvertretungen Fuß zu fassen. Hier zeigten sich für sie dann aber die Folgen einer fehlenden eigenen konstruktiven Politik, so im Kampf der Studenten gegen den auch sie unmittelbar bedrohenden Sozialabbau, zum Beispiel gegen die Kürzungen der Bundesausbildungsförderung (BAFöG), und gegen die rechte »Reformierung« des Hochschulrahmengesetzes. In der gegenwärtig zugespitzten Form der Spontaneität der »Spontis«, in der zum Kult erhobenen Verabsolutierung wirkt sie nicht primär als Keimzelle der Bewußtheit und kann es auch nicht. Vielmehr schwankt sie zwischen Aktionismus und Resignation.

Was aus Angst und Enttäuschung, aus dem Streben zur Selbstbesinnung gegen die kapitalistische Allmacht entstanden war, hat sich inzwischen umgekehrt. »Was mit dem Anspruch begann, das Subjektive, den emotionalen Bereich in die Politik mit ›einzubringen‹, hat sich zu einer nahezu vollkommenen Aufgabe politischen Veränderungswillens und zur absoluten Dominanz der Selbstveränderung fortentwickelt.«[195] Die »Sponti«-Bewegung bildet sicherlich den bunt hervorstechendsten Teil der neuen Bewegungen, ohne daß hier jedoch ein Gleichheitszeichen anzubringen wäre. Zudem scheint parallel mit der Formierung der Partei Die Grünen wie auch des Aufschwungs der Friedensbewegung nicht nur eine publizistische Krise der alten, besonders spontanen »Spontis«

eingetreten zu sein. Die »Spontis« erweisen sich zur Zeit als zahlenmäßig kleiner Teil der Bewegung.

Ihren Höhepunkt erlebten sie am Ausgang der siebziger Jahre. Ein Kongreß sollte damals »Heerschau« sein für all diejenigen, die nicht mehr einfach »mitmachen« wollten. Dieser TUNIX-Kongreß 1978 in Westberlin markierte aber zugleich auch einen beginnenden Niedergang der »Sponti«-Bewegung. Charakteristisch für sie ist der Text der Einladung zum Kongreß: »Wir lassen uns nicht mehr einmachen und kleinmachen und gleichmachen. WIR HAUEN ALLE AB! ... zum Strand von Tunix. Da bauen wir unsere eigenen Hütten, wir schnitzen uns Gewehre und Sandalen. Und die kämpferische Genossin von der Bürgerinitiative baut Sonnenkollektoren für die Kinder, damit sie in die Glotze schauen können, wo der Maulwurf Mikesch den Frühschoppen moderiert.«[196]

Es wird Kritik an so ziemlich allem geübt, was zum Kapitalismus gehört, und alle werden als potentielle »Mit-Reisende« einbezogen, die von dieser Gesellschaft ausgestoßen werden oder aus ihr aussteigen wollen. Jeder Art von »Gleichschaltung« in »Uni, Knast, Fabrik« wird das sich frei entscheidende Individuum gegenübergestellt, das ausbrechen will und muß: »Wir wollen das MAXIMALE FÜR JEDEN! Jeder kann seine eigenen Gedanken formulieren, malen, singen und wir können trotzdem – oder gerade deswegen – gemeinsam kämpfen. WIR WOLLEN ALLES UND WOLLEN ES JETZT!!!!!!«.[197]

Am Kongreß nahmen von den erwarteten zehntausenden nur 6000 Personen teil – eine Neuauflage 1981 brachte es nur auf 2500. Die »Spontis« zeigten sich nicht in der Lage, irgendwie geartete praktische Lösungsansätze und -formen zu entwickeln, um die von ihnen tief empfundene Unmenschlichkeit der kapitalistischen Gesellschaft zu überwinden. Auch tausende Individualisten aus Berufung werden keine gesellschaftsbewegende, geschweige denn -verändernde Kraft. In dieser Strömung findet sich besonders deutlich die anarchistische Traditionslinie wieder.

3.3. Ökologischer Reformismus – Zugänge und Probleme

Gegenwärtig *dominiert* diese Strömung – bei aller inneren Differenziertheit – sowohl in der Partei Die Grünen in der BRD als auch in weiten Teilen der neuen sozialen Bewegungen. Sie ist dadurch charakterisiert, daß in ihr Positionen eingenommen und theoretische Überlegungen angestellt werden, die ein breites bündnispolitisches Zusammengehen ermöglichen. Das zeigt sich in der Ablehnung eines militanten Anikommunismus und auch in einer engeren Verbindung zu Teilen der Arbeiterbewegung, vor allem ihrer sozialreformistischen Strömung.

Von vielen ihrer Vertreter wird als ausschlaggebendes Merkmal einer angestrebten neuen Gesellschaft ihr pluralistischer Charakter betont, denn: »Die modernen Systeme mit ihrer Vereinheitlichungstendenz haben sich als zu eng erwiesen. ... Wir bewegen uns auf eine vielschichtige und offene Gesellschaft zu ...«[198] Nach Petra K. Kelly erfordert dies »eine Politik der Nächstenliebe, eine Politik der Liebe«. Das bedeutet für sie »mehr als die Weigerung zu töten oder zu verletzen. Sie bedeutet auch die Erkenntnis, daß Veränderungen durch Furcht und Gewalt im besten Fall zeitweilige Lösungen bringen können ... Liebe, wie sie in konstruktiven gewaltfreien Aktionen zum Ausdruck kommt, ist die alternative Möglichkeit, Mißhandlung und Ungerechtigkeit abzuwehren.«[199]

So ist nicht verwunderlich, daß als *Alternative zu den politischen Grundsätzen der kapitalistischen Gesellschaft* und der sie tragenden politischen Parteien und Organisationen die politische Organisationsform der Alternativen, die Partei Die Grünen, andere diametral entgegengesetzte Grundzüge der Verwirklichung ihrer Anliegen herausstellt: *eine ökologische, soziale, basis-demokratische, gewaltfreie Politik.*

Davon ausgehend lehnen viele Theoretiker und Praktiker «unbegrenztes Wachstum« ab. Sie setzen sich für eine Politik ein, die »uns selbst und unsere Umwelt als Teil der Natur« begreift, die die Ausbeutung von Mensch und Natur überwindet. Dieses Ziel sei »am besten in selbstbestimmten und selbstversorgenden überschaubaren Wirtschafts- und Verwaltungseinheiten« zu realisieren. Es geht ihnen um »eine Gesellschaft, die demokratisch ist, in der die Beziehungen der Menschen untereinander und zur Natur zunehmend bewußter gehandhabt werden«.[200]

Der gesellschaftstheoretischen und politischen Relevanz dieser Vorstellungen wird an anderer Stelle noch weiter nachzugehen sein, doch soll an dieser Stelle vor einer weiteren thematischen Betrachtung zunächst auf einige für die Entwicklung der alternativen Ideologie und Bewegungen relevante Strömungen und Personen eingegangen werden.

Bei einer Analyse des ökologischen Reformismus muß berücksichtigt werden, daß in dieser Strömung auch ursprünglich marxistische Termini und Thesen unmittelbar oder mittelbar eine Rolle spielen, mitunter in einer polemischen Ablehnung oder immanenten Kritik grundlegender marxistischer Thesen. Für die Ausprägung dieses Teils der Ideologie der neuen Bewegungen und ihrer ökologischen Ausrichtung besitzen deshalb solche Ideologen einen besonderen Stellenwert, die in der einen oder anderen Weise »marxistische« Positionen zum Gegenstand theoretischer Reflexionen machen.

Das zeigt sich an den Positionen und den Wirkungen solcher Denker wie Carl Amery, einem christlich-bürgerlichen Theoretiker, an den Sozialdemokraten Erhard Eppler und Johano Strasser, die einen »ökologischen Sozialismus« erstreben. Es gab und gibt auch Kräfte, die in der alternativen Bewegung um Einfluß bemüht sind und primär antisozialistische Positionen durchzusetzen versuchen, von denen sich besonders Roger Garaudy und Rudolf Bahro hervorgetan haben. Bahro, nach Steigerwalds Einschätzung »Mädchen für alles«[201] der bürgerlichen Ideologieproduzenten und an allen Brenn- und Wendepunkten wiederzufinden, hat sich zunächst erfolgreich um politischen Einfluß bei der Partei Die Grünen bemüht und war dort bis zu seinem Austritt 1985 einer der lautstärksten Vertreter des »fundamentalistischen« Flügels, der eine Zusammenarbeit mit Sozialdemokraten und Kommunisten als Verrat an den Zielen einer ökologischen Bewegung ansah.

Die historischen Erfahrungen mit linksradikaler Gesellschaftskritik zeigen, daß ihr Hauptmangel im Unvermögen zu tiefgehender Gesellschaftsanalyse besteht. Lenin hatte in seiner Auseinandersetzung mit dem Anarchismus den Nachweis erbracht, daß dieses Unvermögen unter anderem aus der Überbetonung der Produktivkräfte und der Nichtbeachtung der Bedeutung der Produktionsverhältnisse resultiert.[202] Ein derartiger Reduktionismus ist typisch für eine Reihe bürgerlicher Gesellschaftstheorien, vorzüglich für jene, die industriegesellschaftstheoretisch orientiert sind. Bei den Alternativtheorien handelt es sich oft gewissermaßen um Industriegesellschaftstheorien mit negativem Vorzeichen. So besteht für Carl Amery die »Aufgabe des Fortschritts« in der »Herabsetzung der Gesamtenergiefreisetzung«. Dem stelle sich lediglich die politische Macht entgegen, weil ihre Bewahrung an einen höchstmöglichen Umsatz von Energie und Transport gebunden sei.[203] Das Wesen und das Maß politischer Macht wird also direkt aus dem Entwicklungsstand der Produktivkräfte abgeleitet. Wobei vor allem nach dem quantitativen Aspekt politischer Macht gefragt wird und nicht nach den Klassenkräften, welche sich hinter den Organen der Machtausübung verbergen. Der reduktionistische Ansatz besitzt auch eine geschichtsphilosophische Dimension. So wird die geschichtliche Entwicklung der Menschheit nicht als die Entfaltung menschlicher Wesenskräfte gesehen, sondern als ein Prozeß fortschreitender Zerstörung der Harmonie zwischen Mensch und Natur durch die Zwischenschaltung immer komplexerer Produktionsinstrumente in die Wechselwirkung zwischen Gesellschaft und Natur. Für Amery entstehen daraus vier Stufen der gesellschaftlichen Entwicklung:

– erste Stufe: relativ stetige, aber von Mangel begleitete Harmonie des Menschen mit der Umwelt (Jäger und Sammler);
– zweite Stufe: Harmonie des Menschen mit der Umwelt um den Preis körperlicher und psychischer Opfer (Bauer der Feudalgesellschaft);
– dritte Stufe: trügerische psychosomatische Freiheit des Menschen durch rücksichtslose Plünderung der Ressourcen (Stadtbürger);
– vierte Stufe: Vereinigung der nachteiligen Wirkungen der vorangegangenen Stufen auf das Verhältnis von Mensch und Natur (Proletarier).[204]

Dies sei »ökologische Geschichtsschreibung«, die aus der Ergänzung des historischen Materialismus durch einen »ökologischen Materialismus« hervorgehe. Für den historischen Materialismus wird aber die Geschichte vorangetrieben durch den Widerspruch zwischen Produktivkräften und Produktionsverhältnissen. Der sozialökonomische Typ einer jeweiligen Gesellschaft wird bestimmt durch den Charakter der Produktionsverhältnisse. Die Bedeutung der materiellen gesellschaftlichen Verhältnisse verkennen heißt, den philosophischen Materialismus aus der Theorie über die Gesellschaft herauszulösen oder diesen zu vulgarisieren.

Eine weitere Folge des oben beschriebenen Reduktionismus ist die Ersetzung ökonomischer Verhältnisse durch politische, so daß zum Beispiel die kapitalistische Ausbeutung ihren ökonomischen Inhalt verliert und nur noch als politische Unterdrückung interpretiert wird. Die Analogie zur trotzkistischen Kritik am realen Sozialismus ist nicht zufällig. Es wird nämlich deutlich, daß die Gleichsetzung von imperialistischem Kapitalismus und realem Sozialismus nicht nur ideologisch auf einen doppelten »Enttäuschungseffekt«[205] zurückgeht, sondern auch theoretisch aus eben dieser Ausklammerung der Produktionsverhältnisse abgeleitet wird. Deshalb muß, so wichtig auch das gesellschaftskritische Potential der nichtproletarischen Protestbewegung ist, das ernstzunehmende kritische Material noch analytisch verarbeitet werden. In dem voranalytischen Stadium belassen, ist dessen mißbräuchliche Nutzung auch für antikommunistische Propaganda immer möglich.

Aber trotzdem sind solche Einsichten, solche Theorien ideologischer Sprengstoff gegen den Imperialismus. Denn diese Gesellschaftsordnung – daran lassen diese Konzepte keinen Zweifel – ist unfähig, Mensch und Natur zu bewahren. Die alternative Kritik – wenn auch nicht auf der Basis einer wissenschaftlichen Weltanschauung, aber durchaus unter Nutzung wissenschaftlicher Erkenntnisse – beweist, daß der Wandel, die Alternative zu dieser Gesellschaft, objektiv auf der Tagesordnung steht.

Von großer Bedeutung für die Artikulation ökologisch-reformistischer Positionen sind die Konzepte der sozialdemokratischen Politiker Erhard Eppler und Johano Strasser. Angesichts des Aufkommens der neuen sozialen Bewegungen und der ökologischen Fragen suchen sie sich dieser Problemstellung zu nähern und in die sozialdemokratische Programmatik und Politik einfließen zu lassen. Besonders ihre Positionen sind geeignet, die Dialogfähigkeit der SPD mit den neuen Bewegungen zu erhöhen und auf ein engeres Zusammenwirken von sozialreformistischer Arbeiterbewegung und den Alternativen hinzuarbeiten. Die praktische Entwicklung hat dabei demonstriert, daß es sich um sehr widersprüchliche Prozesse handelt.

Erhard Eppler engagiert sich theoretisch und politisch wohl am stärksten in dieser Richtung. Teilweise ist er deshalb auch in seiner eigenen Partei auf Kritik gestoßen. Er hat jedoch an seinen Positionen festgehalten und gehört zu den Vorkämpfern eines sozialdemokratischen Engagements im Friedenskampf. Schon frühzeitig trat er gegen die US-Mittelstreckenraketen auf und wendet sich heute gemeinsam mit der gesamten SPD leidenschaftlich gegen SDI. Als evangelischer Christ ist er grundsätzlich gegen bestimmte Seiten der kapitalistischen Verhältnisse. Über Bewußtseinsveränderungen in Gestalt einer christlich orientierten »Ethik der Liebe«, »Ethik der Gemeinschaft« soll die Voraussetzung geschaffen werden, diese Verhältnisse zu verändern.[206] Nicht zuletzt auch dieser eigene politische Anspruch ermöglichte ihm die enge Hinwendung zur Friedensbewegung und den neuen Bewegungen sowie zur Wahrnehmung einer gewissen Mittler- und »Dolmetscher«-Funktion.

Neben Eppler hat sich in den siebziger Jahren der frühere stellvertretende Juso-Vorsitzende Strasser die Aufgabe gestellt, einen »ökologischen Reformismus« als theoretische Konzeption auszuarbeiten. Strasser verstand sich ursprünglich als konsequenter Vertreter eines »demokratischen Sozialismus«.[207] Angesichts der sich verändernden Bedingungen des heutigen Kapitalismus suchte er nach neuen Antworten. Vor allem vollzog er eine Wende bei der Bestimmung dessen, *wofür* zu kämpfen sei. Diese Wende will er auf die ganze »marxistische Betrachtungsweise« übertragen: »Was durch die neuen Konflikte um die Kernenergie, die Rohstoffverschwendung, die Zerstörung des natürlichen und sozialen Lebensraums der Menschen neu zur Klärung und eventuell zur Revision ansteht, ist u. a. das Verhältnis von Sozialisten und Marxisten zur Natur, zur Technik und zur sozialen Großorganisation. Hier kündigt sich eine für die Linke zugleich lästige und notwendige Debatte an, die über kurz oder lang zu einer beträchtlichen Modifikation ihrer sozialistischen Zielvorstellungen führen muß.«[208]

Er versucht, entsprechend den neuen Bedingungen eine Modifikation der bekannten sozialreformistischen Vorstellungen von der Überwindung der kapitalistischen Verhältnisse anzusteuern, da die bisher erreichten Veränderungen nicht zu dem erhofften qualitativen Umbruch geführt haben.

Solche Modernisierungsmaßnahmen hält er auch deshalb für erforderlich, um die kritischen Intellektuellen weiter an die sozialdemokratischen Zielsetzungen zu binden und ihrer Enttäuschung über die Zunahme konservativen Einflusses entgegenzuwirken. Seine Überlegungen fanden dann 1981 in der Arbeit »Die Zukunft des Fortschritts« ihren Niederschlag, die er gemeinsam mit Klaus Traube, einem bekannten Atomwissenschaftler, Kernkraftgegner und populären Abhöropfer der »Terroristenjagden« in den siebziger Jahren, geschrieben hat. Sie konstatierten damals eine gesellschaftliche Krise und eine Krise der SPD als Regierungspartei. Die Autoren kamen zu dem Schluß, daß angesichts der neuen Herausforderungen, der neuen Widersprüche, wie sie sich durch die ökologischen Probleme und die wissenschaftlich-technische Entwicklung ergeben, der Widerspruch zwischen Kapital und Arbeit in seiner Bedeutung zurücktrete.[209]

Sie wenden sich in ihren Überlegungen gegen nicht kontrollierbare, »rein wirtschaftlich funktionierende Formen« der Vergesellschaftung und sehen sich von der Herrschaft wissenschaftlich-technischer Eliten bedroht. Eine Veränderung ist nur durch deren Verdrängung von der Macht möglich.[210]

Um »Fortschritt in Einklang mit der Natur« hervorzubringen, bedürfe es einer entsprechenden Orientierung der Gesellschaftsentwicklung, die ein »ökologischer Sozialismus« geben könnte.[211] Er wäre am ehesten in der Lage, »die wesentlichen humanen Intentionen des Sozialismus mit den ökologischen Erfordernissen«[212] zu verbinden. Solch ein Sozialismus müßte sich auf »kleine Einheiten« stützen, die bislang durch die rücksichtslose Vergesellschaftung beseitigt wurden. Die Autoren fordern, das Subsidiaritätsprinzip zu aktivieren. Dieses Prinzip besagt, »daß Leistungen, die die jeweils kleineren Einheiten erbringen können, auch von ihnen erbracht werden sollen und daß die übergeordneten größeren Einheiten nur dann hilfsweise (subsidiär) in Anspruch genommen werden sollen, wenn die kleineren Einheiten der entsprechenden Aufgabe nicht gewachsen sind«.[213]

Strasser und Traube fordern eine Rückkehr zum Gleichgewicht, insbesondere in der Ökonomie und zwischen Natur und Mensch. Deshalb sollen die Produktionsziele entsprechend gestaltet werden. Sie müssen auf die Erhaltung der Umwelt in Natur und Gesellschaft gerichtet sein; die schöpferische Entfaltung der Menschen in der Arbeit sichern; gebrauchswertorientiert sein. Gravierende gesellschaftliche Benachteiligungen und Ungerechtigkeiten sind zu überwinden, ausgehend von den wirklichen Bedürfnissen der Menschen ist mit allen Ressourcen möglichst sparsam umzugehen.[214]

Den hier nur kursorisch dargelegten Konzeptionen aus und für die ökologische Bewegung ist der Widerspruch zwischen dem Anspruch auf die Verwirklichung einer humanen Gesellschaft und den Schwierigkeiten des Weges dorthin gemeinsam. Daraus wird dann meistens die Schlußfolgerung gezogen, die Probleme radikaler anzupacken, denn man erkennt die Gefahr, wenn nicht sofort gehandelt wird, kann es bald zu spät sein.

Erhard Eppler sieht vor dem Hintergrund heute akuter Bedrohungen, vor allem der Atombombe, die Gefahr, mit dem Änderungswillen zu spät zu kommen. »... wenn wir sagen, Wasser ist härter als Stein, dann setzen wir voraus, daß wir viel Zeit haben. Nur wenn wir viel Zeit haben, ist in der Tat das Wasser härter als der Stein. Mich treibt aber die Frage um, wieviel Zeit wir noch haben.«[215]

Entscheidend ist, daß sich diese Bewegungen den neuen Herausforderungen für die Zukunft von Umwelt und Frieden, für die Zukunft der Menschheit mit allem Ernst und aller Entschiedenheit stellen. Sie suchen für diese Zukunft menschliche Alternativen und kämpfen für sie.

4. Alternative Ideologie aus dem Nichts?

4.1. Weltanschaulich-ideologische Quellen und Hintergründe: Lebensphilosophie, Psychoanalyse, Anarchismus

Eine breite und komplexe Bewegung wie die Alternativ- und Ökologiebewegung wird primär durch die sozialen Grunderfahrungen ihrer Anhänger, der sozialen Schichten und Klassenkräfte bestimmt, die diese Bewegung tragen. Diese sind gerade für eine derartige Bewegung von besonderer Bedeutung, soll doch dem Selbstverständnis vieler ihrer Aktivisten und Sympathisanten nach, anstelle unfruchtbarer Diskussionen über mögliche alternative Gesellschaftskonzeptionen das Leben einfach alternativ gelebt werden.

Wenn in dieser Bewegung zum Beispiel eine technikkritische, zum Teil sogar eine technikpessimistische Haltung verbreitet ist, dann ist das in erster Linie durch die spezifischen Widersprüche, die die allgemeine Krise des Kapitalismus in den imperialistischen Ländern charakterisieren, und durch die negativen sozialen Folgen des wissenschaftlich-technischen Fortschritts unter den gegenwärtigen kapitalistischen Produktions- und Herrschaftsverhältnissen verursacht. Zugleich gibt es in dieser Frage Übereinstimmung mit einer in der spätbürgerlichen Philosophie tragenden Denkweise – der Dämonisierung der Technik. Schon die Debatten um dieses Problem haben gezeigt, daß Auffassungen, wonach die Alternativ- und Ökologiebewegung weltanschauungs- und theorieabstinent sei, nicht zutreffend sind.

Wichtiger ist in diesem Zusammenhang aber etwas anderes. Es ist versucht worden, Vorstellungen über alternative Lebensweisen in der einen oder anderen Art zu realisieren. Die Erfahrungen, die dabei gemacht wurden und werden, drängen nach einer geistigen Bewältigung. Die Wirklichkeit drängt zum Gedanken!

Inzwischen liegt eine Fülle von Literatur vor, die sich mit der Bewegung beschäftigt, und zwar sowohl von dieser Bewegung angehörenden oder mit ihr verbundenen Ideologen und Zukunftsforschern als auch von bürgerlichen Autoren aller Couleur. Das wiederum ist mehr als nur ein Indiz dafür, daß theoretisch-weltanschauliche Überlegungen eine zunehmende Rolle in der Bewegung spielen – Überlegungen, die sich auf ein breites Spektrum philosophischer Positionen stützen bzw. auf sie zurückgeführt werden können.

Analysiert man die bestehenden *gesellschaftlichen Alternativmodelle* im Hinblick auf deren Begründung, so lassen sich im Prinzip *zwei grundlegende Strömungen* erkennen:

Die eine versucht mit rationalen und wissenschaftlichen Methoden aus verschiedenen wissenschaftlichen Disziplinen aktuell realisierbare oder auch langfristige Alternativkonzeptionen zu entwickeln.

Diese Strömung bleibt den Vernunftidealen der Aufklärung verpflichtet, nimmt sogar in der einen oder anderen Weise marxistische Überlegungen auf. Sie vermeidet überzogenen Antiscientismus, auch wenn sie der vorherrschenden Wissenschafts- und Technikgläubigkeit der ersten Hälfte des 20. Jahrhunderts mißtraut.

Die andere Strömung ist Teil der spätbürgerlichen irrationalistischen Destruktion aufklärerischer und rationalistischer Tradition: Ersetzung der Ratio durch Mythos, Rückgriffe auf die Lebensphilosophie, Wiederbelebung mittelalterlicher Mystik und Aufnahme asiatischer und orientalischer Religionsformen.

Eine eingehendere Betrachtung der zuerst genannten Strömung macht deutlich, daß eine generalisierende Charakteristik der Ökologie- und Alternativbewegung als eine romantisierende »Zurück-zur-Natur«-Bewegung unzutreffend ist. Die beiden Strömungen treten nicht in reiner, isolierter Form auf, es gibt zwischen ihnen viele Übergänge. Auch das macht eine konkrete Analyse alternativer Ideologieproduktion schwierig, aber deshalb nicht weniger notwendig, zumal Ideologie ja stets Handlungsmotive und Zielvorstellungen beeinflußt.

Es bleibt aber festzuhalten, daß in der Bewegung die Kritik an der kapitalistischen Wirtschaftspolitik überwiegt und bestimmte objektiv antiimperialistische, antimonopolistische Tendenzen charakteristisch sind.

Das überrascht nicht, artikuliert die Bewegung doch vorwiegend Interessen nichtmonopolistischer Schichten, zielt auf die Überwindung konkreter Widersprüche des kapitalistischen Systems, und in bestimmten Teilen strebt sie sogar eine prinzipielle Alternative zur kapitalistischen Produktionsweise an. »Dieser letztgenannte Aspekt ist ... innerhalb der Ökologiebewegung wirksam, auch wenn deren bisher entwickelten gesellschaftlichen Alternativkonzeptionen kaum realistisch zu nennen sind und zum Teil eher rückwärts- statt vorwärtsweisend wirken.«[216]

Die Ökologie- und Alternativbewegung zeichnet sich durch eine große soziale Breite und Differenziertheit aus. Das bedingt eine starke politisch-ideologische und weltanschauliche Heterogenität. Im Verhältnis zu den traditionellen politischen Organisationen verfügt sie deshalb in weit geringerem Maße über geschlossene Programme oder komplexe Alternativkonzeptionen, wobei aber festzustellen ist, daß die Suche danach zunimmt. Ein Nebeneinanderwirken vielfältiger politischer und ideologischer Konzeptionen ist geradezu kennzeichnend.[217]

Angesichts dieser Sachlage ist es uns nicht möglich, die ganze Breite an Positionen, alle philosophisch-weltanschaulichen Quellen und Hintergründe der genannten Bewegung sowie deren geistiges Umfeld einer eingehenden Betrachtung zu unterziehen. Deshalb erfolgt eine Konzentration auf einige zentrale weltanschaulich-philosophische Quellen und theoretische Konzeptionen, die die Debatten um grundlegende weltanschauliche Orientierungen der Bewegung bestimmen bzw. begleiten.

Zugleich wird auf Positionen von Denkern eingegangen, die sich in Vergangenheit und Gegenwart um eine alternativ-kritische Sicht auf die kapitalistische Gesellschaft bemühten, ohne daß ihre Vorstellungen direkt in die Alternativ- und Ökologiebewegung eingeflossen wären. Aber durch verschiedene Vermittlungsglieder beeinflußten sie weitgehend in der einen oder anderen Weise die weltanschaulichen Debatten, die in dieser Bewegung geführt wurden.

4.1.1. »Vorwärts« in die Vergangenheit – Zurück zur Natur?

»Es waren schöne glänzende Zeiten, wo Europa ein christliches Land war, wo *eine* Christenheit diesen menschlich gestalteten Weltteil bewohnte; *ein* großes gemeinschaftliches Interesse verband die entlegensten Provinzen dieses weiten geistlichen Reichs. – Ohne große weltliche Besitztümer lenkte und vereinigte *ein* Oberhaupt die großen politischen Kräfte. ... Jedes Glied dieser Gesellschaft wurde allenthalben geehrt, und wenn die gemeinen Leute Trost oder Hülfe, Schutz oder Rat bei ihm suchten und gerne dafür seine mannigfaltigen Bedürfnisse reichlich versorgten, so fand es auch bei den Mächtigeren Schutz, Ansehn und Gehör, und alle pflegten diese auserwählten, mit wunderbaren Kräften ausgerüsteten Männer wie Kinder des Himmels, deren Gegenwart und Zuneigung mannigfachen Segen verbreitete. ... Wie heiter konnte jedermann sein irdisches Tagewerk vollbringen, da ihm durch diese heilige Menschen eine sichere Zukunft bereitet und jeder Fehltritt durch sie vergeben ... wurde.«[218] So beginnt die Schrift des Novalis (1772 bis 1801) »Die Christenheit oder Europa« von 1799.

Das Streben nach Harmonie in den gesellschaftlichen Beziehungen und die Betonung der Liebe als kosmischer Grundkraft war ein Grundzug der Romantik. Darin widerspiegelte sich schon bei der Frühromantik die Sehnsucht nach einem befreiten Menschen, der mit der Natur in Einklang lebt. Damit setzten die Frühromantiker ein letztes Mal ein ihnen von der Aufklärung und Klassik überkommenes humanistisches Menschenideal und Wunschbild eines erstrebenswerten gesellschaftlichen Zustandes auf die Tagesordnung.[219]

Die Verwirklichung dieses Ideals hatten sie, den Widersprüchen der sich entfaltenden kapitalistischen Gesellschaft ausweichend, in der Restauration einer idyllisierten feudalständischen mittelalterlichen Gesellschaftsform gesucht, wie sie uns zum Beispiel in der rückwärtsgewandten Utopie des Novalis entgegentritt. Diese Vorstellungen waren also mit einer politisch reaktionären Komponente behaftet, die die romantische Weltanschauung später völlig beherrschte.

In dem Versuch der Frühromantiker, die Natur in poetischer Sicht als ein lebendiges schöpferisches Ganzes zu begreifen, sie zu beseelen, wird nicht nur eine bestimmte Naturauffassung entwickelt. Darin findet zugleich ein soziales Programm kritischen Ausdruck. Dieser Versuch ist, sieht man ihn im Kontext der gesamten frühromantischen

Weltanschauung, gegen bourgeoises Denken gerichtet, für das die Natur in einzelne tote Dinge zerfällt, die nur unter dem Aspekt der Realisierung von Warenbeziehungen betrachtet werden. In der Naturphilosophie der Romantiker zeigen sich damit Elemente antikapitalistischer Kritik, eben romantischer Kapitalismuskritik. Die Romantiker beziehen ihre Maßstäbe allerdings aus der Vergangenheit und kritisieren so letztlich mit reaktionärer Konsequenz die sich nach der Französischen Revolution von 1789 beschleunigt entwickelnde kapitalistische Gesellschaftsordnung.

In diese Art Kapitalismuskritik ist eine Kritik der neuzeitlichen Wissenschaft eingeschlossen. So heißt es bei Novalis im Zusammenhang mit seiner Glorifizierung feudalklerikaler Herrschaftszeiten: »Mit Recht widersetzte sich das weise Oberhaupt der Kirche frechen Ausbildungen menschlicher Anlagen auf Kosten des heiligen Sinns und unzeitigen gefährlichen Entdeckungen im Gebiet des Wissens. So wehrte er den kühnen Denkern, öffentlich zu behaupten, daß die Erde ein unbedeutender Wandelstern sei, denn er wußte wohl, daß die Menschen mit der Achtung für ihren Wohnsitz und ihr irdisches Vaterland auch die Achtung vor der himmlischen Heimat und ihrem Geschlecht verlieren und das eingeschränkte Wissen dem unendlichen Glauben vorziehn und sich gewöhnen würden, alles Große und Wunderwürdige zu verachten und als tote Gesetzwirkung zu betrachten.«[220]

Mit solchen Auffassungen wandten sich die Romantiker gegen eine Wissenschaftsentwicklung, die wesentlich mit dem Namen Galileo Galilei verbunden ist. Diese brachte Mechanik und Mathematik zu besonderer Blüte, also jene Wissenschaftszweige, die sich in der Periode des gerade erst herausbildenden Kapitalismus als besonders notwendig und fruchtbar erwiesen und damit ihre Potenzen für den gesellschaftlichen Fortschritt offenbarten. Zugleich ergab sich daraus eine bestimmte Naturauffassung: Es war dies die Vorstellung einer im wesentlichen mechanisch strukturierten und beherrschbaren Natur. Und dies war auch das Vorbild, wonach sich der Rationalitätsbegriff dieser Periode herausbildete. Mit diesem Naturbegriff grenzte sich die aufstrebende Bourgeoisie von der feudalklerikalen Ideologie ab.

In dem Maße jedoch, wie mit dem Siegeszug des Kapitalismus die industrielle Produktion alle Bereiche des Lebens durchdrang und gleichzeitig – in verkehrter Weise – innerhalb des klassischen bürgerlichen Denkens erste Bedenken über diese Entwicklung aufkamen, wurden diese durch eine Hinwendung bzw. Rückwendung zur »Natur« artikuliert: Es wurde ein unüberwindbarer Gegensatz von Natur und Industrie, von Natürlichem und Industrie konstruiert.[221]

Kehren wir noch einmal – den *bürgerlichen* Charakter der Romantik beachtend – zu Novalis' Kritik der Wissenschaftsentwicklung seit Kopernikus und Galilei sowie seiner Kritik der Gesellschaftsentwicklung seit der Reformation zurück. Sein mit glühendem Enthusiasmus heraufbeschworenes Bild des Mittelalters hatte die Funktion einer aus der Vergangenheit entliehenen Utopie, eines positiven Gegenbildes zu den Zeiten, die seit dem Mittelalter über Europa gekommen waren. Symbol dieser Zeit, die für ihn mit der Reformation begann, ist der »Staatsumwälzer«. Aber dieser erscheint ihm als Sisyphos, als Ebenbild jenes antiken Königs, der im Tartarus, während er immer erneut den Stein nach oben wälzend sich vergeblich anstrengt, doch nur seinen Trotz gegen die Götter büßen muß. Die Vergeblichkeit menschlichen Tuns und der Versuche grundlegender Gesellschaftsveränderung soll gezeigt werden: »Ruhig und unbefangen betrachte der echte Beobachter die neuen staatsumwälzenden Zeiten. Kommt ihm der Staatsumwälzer nicht wie Sisyphus vor?

Jetzt hat er die Spitze des Gleichgewichts erreicht, und schon rollt die mächtige Last auf der andern Seite wieder herunter. Sie wird nie oben bleiben, wenn nicht eine Anziehung gegen den Himmel sie auf der Höhe schwebend erhält. Alle eure Stützen sind zu schwach, wenn euer Staat die Tendenz nach der Erde behält, aber knüpft ihn durch eine höhere Sehnsucht an die Höhen des Himmels, gebt ihm eine Beziehung auf das Weltall, dann habt ihr eine nie ermüdende Feder in ihm und werdet eure Bemühungen reichlich gelohnt sehn.«[222]

Novalis' Konzept gibt sich als religiöses zu erkennen. Von hier aus wird die Darstellung des Mittelalters als rückwärtsgewandte Utopie faßbar. Entwickelt wird das Bild eines religiös-hierarchischen Staates als Voraussetzung für eine einheitlich-harmonische Menschheit; in ihm werden Besitzstreben und Egoismus zugunsten einer umfassenden Gemeinschaftlichkeit bei gleichzeitiger strenger hierarchischer Ordnung ausgeschlossen. So artikuliert sich zwar Kritik am zeitgenössischen reinen Nützlichkeitsdenken als Negation der realen Ungleichheit unter den Menschen, wird aber auch zugespitzt bis zur Verneinung irdisch-materieller Bedürfnisse und Genüsse der Menschen überhaupt.

Der Kern von Novalis' Geschichtsbetrachtung ist: »Oh! daß der Geist der Geister euch erfüllte und ihr abließet von diesem törichten Bestreben, die Geschichte und die Menschheit zu modeln und eure Richtung ihr zu geben.«[223] Vielmehr sollte der Mensch sie studieren und ihr nachgehen, von ihr lernen, mit ihr gleichen Schritt halten und gläubig ihren Verheißungen und Winken folgen. Dies ist ein Programm des Verzichts auf geschichtlich verändernde Aktivität und eine Rechtfertigung jener barbarischen Maßnahmen, mit denen die christliche katholische Kirche den historischen Fortschritt aufzuhalten versuchte. Hier sei daran erinnert, was Brecht seinen »Galilei« sagen läßt: »Warum stellt er (der Papst – *d. Verf.*) die Erde in den Mittelpunkt des Universums? Damit der Stuhl Petri im Mittelpunkt der Erde stehen kann! Um das letztere handelt es sich.«[224]

Jene Philosophie, die die romantische Position der Weltflucht und der Sinnlosigkeit menschlichen Handelns verstärkte, lebensphilosophisch den Geschichtsprozeß mystifizierte und gesellschaftlichen Fortschritt leugnete, war die Philosophie Arthur Schopenhauers (1788 bis 1860). Er hatte einen scharfen Blick für die sozialen Widersprüche des sich entfaltenden Kapitalismus. Er beschrieb die gesellschaftliche Misere seiner Zeit mit eindringlichen Worten und großer Sprachgewalt. Wir lesen da zum Beispiel: »... ein großer Teil der Kräfte des Menschengeschlechts wird der Hervorbringung des allen Notwendigen entzogen, um das ganz Überflüssige und Entbehrliche für wenige herbeizuschaffen. Solange daher auf der einen Seite der Luxus besteht, muß notwendig auf der andern übermäßige Arbeit und schlechtes Leben bestehn; ... Der ganze unnatürliche Zustand der Gesellschaft, der allgemeine Kampf, um dem Elend zu entgehn, die so viel Leben kostende Seefahrt, das verwickelte Handelsinteresse und endlich die Kriege, zu welchen das alles Anlaß gibt – alles dieses hat zur alleinigen Wurzel den Luxus, der nicht einmal die, welche ihn genießen, glücklich, vielmehr kränklich und übelgelaunt macht. Demnach würde zur Milderung des menschlichen Elends das Wirksamste die Verminderung, ja die Aufhebung des Luxus sein.«[225] Oder: »Statt Hütten für sich bauen Tausende Prachtwohnungen für wenige: statt grober Stoffe für sich und die Ihrigen weben sie feine oder seidene Stoffe oder gar Spitzen für die Reichen und verfertigen überhaupt tausend Gegenstände des Luxus, die Reichen zu vergnügen. Aus solchen Luxusarbeitern besteht ein großer Teil der Bevölkerung der Städte: für diese also und ihre Besteller muß nun der Bauer mit pflügen, säen und weiden, hat also mehr Arbeit, als die Natur ihm ursprünglich aufgelegt hatte. Überdies muß auch er selbst noch viele Kräfte und Land statt auf Getreide, Kartoffeln und Viehzucht auf Wein, Seide, Tabak, Hopfen, Spargel usw. verwenden. Ferner werden eine Menge Menschen dem Ackerbau entzogen, um dem Schiffbau und der Seefahrt zu dienen, damit Zucker, Kaffee, Tee usw. herbeigeschafft werde. Die Produktion dieser Überflüssigkeiten wird dann wieder die Ursache des Elends jener Millionen Negersklaven, die ihrem Vaterlande gewaltsam entrissen werden, um mit ihrem Schweiß und ihrer Marter jene Gegenstände des Genusses hervorzubringen.«[226]

Schopenhauer übte scharfe Kritik an den bourgeoisen Verhältnissen seiner Zeit. Doch das führte bei ihm nicht zu der Konsequenz, die Notwendigkeit der Veränderung dieser Situation zu begründen. Ganz im Gegenteil! Er lehnt den Gedanken der Höherentwicklung, des Fortschritts überhaupt ab – sowohl für die Gesellschaft als auch für die Natur, deren Symbol ihm der Kreis ist, die ewige Wiederkehr des immer Gleichen. Den Menschen hält er für unveränderlich und im Grunde verderbt, dessen Natur und Wesen sei von Anfang an gegeben, und seine wichtigste Eigenschaft sei Egoismus. Volksherrschaft sei abzulehnen, weil das Volk sich nicht selbst regieren könne, wie er meinte, denn diese würde grenzenlose Gefahren herbeiführen. »... weil nämlich die große Mehrzahl derselben höchst egoistisch, ungerecht, rücksichtlos, lügenhaft, mitunter sogar boshaft und dabei mit sehr dürftiger Intelligenz ausgestattet ist, so erwächst hieraus die Notwendigkeit einer in *einem* Menschen konzentrierten, selbst über dem Gesetz und dem Recht stehenden, völlig unverantwortlichen Gewalt, vor der sich alles beugt und die betrachtet wird als ein Wesen höherer Art, ein Herrscher von Gottes Gnaden. Nur so läßt sich auf die

Länge die Menschheit zügeln und regieren. ... Überhaupt aber ist die monarchische Regierungsform die dem Menschen natürliche ... Hingegen ist das republikanische System dem Menschen so widernatürlich ... Selbst das Planetensystem ist monarchisch.«[227]

Schopenhauer sieht das Wesen der Welt in einem Weltwillen, der selbst irrational, grundlos, sinnlos, ohne Zwecksetzung und Vernunft sei. Dieser Wille erscheine in der Welt in einer Anzahl von Objektivationen, von denen der Mensch die höchste sei. Im Menschen schaffe sich der Wille ein Werkzeug, den Intellekt, zu seiner Selbsterkenntnis. Aber dieser und auch das menschliche Handeln seien ganz der Allmacht dieses Weltwillens unterworfen.

Durch die Annahme des Willens als Urprinzip der Welt ergibt sich, daß auch die Welt, in der die Menschen leben und die ihnen sichtbar ist, sinnlos und unveränderlich ist und daß es in ihr keine Alternative gibt und keine Hoffnung auf Veränderung. Die Welt ist für ihn ein Jammertal und bleibt es immer. In ihr ist vieles schlecht, aber das schlechteste ist nach Schopenhauer der Mensch selbst und die Gesellschaft an sich, nicht die Ausbeutungsverhältnisse. Daraus ergibt sich auch die Auffassung, daß man nicht sagen könne, warum und wozu die Menschen da sind. »Als Zweck unseres Daseins ist in der Tat nichts anderes anzugeben als die Erkenntnis, daß wir besser nicht dawären. Dies aber ist die wichtigste aller Wahrheiten, die daher ausgesprochen werden muß ...«[228]

Aber da der Mensch nun einmal da ist, kann er nur Trost finden, indem er allem Engagement entsagt, alle Interessen fahren läßt. Durch einen Akt des Bewußtseins, durch eine Veränderung desselben kann man sich der Wirklichkeit entziehen. Als Mittel dafür werden die Kunst, die sich eine eigene Welt aufbaut und sich von der wirklichen Welt loslöst, die Ethik, die für Schopenhauer eine Ethik des Mitleidens ist, und schließlich eine asketische

Lebensweise, die allseitige Unterdrückung aller Triebe und Leidenschaften, angegeben.

Die philosophische Systemkonstruktion Schopenhauers hat wenig Spuren hinterlassen, aber über Friedrich Wilhelm Nietzsche (1844 bis 1900), dessen Lehrer er wurde, haben ganz bestimmte Auffassungen ihre Ausstrahlungskraft und Fortsetzung erfahren. Dies betrifft vor allem die elementare pessimistische Grundüberzeugung, die Vorstellung, daß sich mit dem angenommenen Ende des Christentums die Frage nach dem Sinn des menschlichen Daseins stelle, sowie die verhängnisvolle Auffassung vom Primat des Willens über den Intellekt, um nur einige zu nennen. Aber zugleich hat Nietzsche die Schopenhauersche Mitleidsethik entschieden verworfen.

Daß Schopenhauer mit seinen grundlegenden gesellschaftstheoretischen Auffassungen den konservativen Ideologen in vielem sehr entgegenkommt, braucht nicht extra betont zu werden. Aber er hat auch in eine andere Richtung gewirkt. So unternahm Max Horkheimer (1895 bis 1973), der langjährige Direktor und spiritus rector der »Frankfurter Schule«, beispielsweise den Versuch, Schopenhauer und Marx einander anzunähern und vertrat die Auffassung, daß der Pessimismus wichtiger Bestandteil eines jeden echten Materialismus sei.[229]

Jene Auffassung, die die negativen Seiten menschlicher Existenz unter Ausbeutungsverhältnissen betont, ohne reale Wege zur Überwindung angeben zu können, zeigt sich auch in der Alternativbewegung. Manon Maren-Grisebach greift im Zusammenhang mit der Darstellung grundlegender Menschheitsprobleme, unter besonderer Beachtung der ökologischen, ausdrücklich auf die ethischen Vorstellungen Schopenhauers zurück, und zwar auf seine Ethik des Mitleidens. Er ging davon aus, daß die Wesenseinheit alles Existierenden darin besteht, daß alle leiden und viele von Angst erfüllt sind. Gut war für ihn ein

Handeln, welches die Not anderer Wesen (Mensch, Tier, Pflanze) zu lindern versucht. Aber diese Position führt nicht aus der gesellschaftlichen Misere heraus. Ihre Voraussetzung ist gerade eine solche. Diese Position findet sich in der alternativen Ideologie. Das zeigt sich bei der Behandlung des Problems der Angst. Mit dem Begriff der Angst wird in der alternativen Ideologie das dominierende Befinden vieler Menschen in der imperialistischen Gesellschaft erfaßt und zugleich eine pessimistische Sicht auf die Lösung wichtiger Gesellschaftsprobleme artikuliert.

»Viele Menschen in Europa und auch darüber hinaus, haben Angst: vor dem Atomkrieg, vor wirtschaftlichem Zusammenbruch, vor Geldentwertung, vor neuen Diktaturen, rechts oder links gesteuerten, vor radioaktiver Strahlung, Arbeitslosigkeit, vor Krebs und spezifisch: vor dem Begrenzten, dem Nicht-Unendlichen der Erde, Angst in der geahnten Sinnlosigkeit. Aber sie haben keine Kraft, keine freie Zeit oder auch keine Lust, diese verschiedenen Ängste als Warnungs-Signale zu verstehen. Sie tun nichts und wenn sie's wollten, sie wüßten nicht, wie sie's tun sollten. So steigt aus der Angst die Ohnmacht, und sie wieder erzeugt neue Angst.«[230] Manon Maren-Grisebach begründet aber gerade aus dieser Position Handlungsgebote und -aktivitäten: »Unsere friedenspolitischen Aktivitäten sind umgemünzte Kriegsangst, die Aufklärung durch Hunderte von öffentlichen Veranstaltungen über die militärischen Machtkomplexe, über die Massen der Rüstung ..., und ebenso sind die parteigetragenen und außerparteilichen Aktivitäten gegen die Atomkraftgewinnung umgemünzte Angst, und noch die Einzelaktionen in der Sorge um den Abfall haben mit diesem Lebensgefühl etwas zu tun.«[231]

Überblickt man die Motive, die in den letzten Jahren viele Menschen in Westeuropa zu aktivem Engagement in der Friedensbewegung führten, so zeigt sich ohne Zweifel, daß Angst dafür ein ausschlaggebender Faktor war – die Angst, daß es in einem drohenden Nuklearkrieg keine Überlebenden geben würde und damit ihr eigenes Leben, das eines jeden Erdbewohners drastisch gefährdet ist. Erich Hahn macht aber in diesem Zusammenhang auf ein ernstes Problem aufmerksam. Wenn nämlich »Angst, Innerlichkeit, subjektive Befindlichkeit zum allein tragenden Ausgangspunkt einer epochalen Sichtweise, zum Fundament eines Welt- und Geschichtsbildes erhoben werden«, dann *kann* das auch den Gegnern des Friedens die Möglichkeit geben, durch Schürung von Emotionalität, durch Schürung von Angst die Menschheit daran zu gewöhnen, das Risiko des Krieges und damit des Todes, ein Leben mit Untergangsstimmungen, die passive Hinnahme der verbrecherischen Aktivitäten der »Wortemacher des Krieges«, wie sie Franz Werfel kennzeichnete, hinzunehmen. Diese Kräfte »brauchen aber ebenso blinde Angst, die Verzweiflung der Ausweglosigkeit als Einstieg für abenteuerliche Aktivitäten, für einen Fanatismus, der sich beliebig manipulieren und mißbrauchen läßt. Die systematisch erzeugte Synthese von fortgesetztem Ausmalen apokalyptischer Visionen, irrationalistischer Ideologie und Antikommunismus als politischer Grundhaltung erzeugt ein gefährliches antihumanes Potential, dem durch die weltanschauliche Verabsolutierung des Emotionalen nicht ungewollt Vorschub geleistet werden darf.

Angst kann ferner nicht nur Ausgangspunkt weltanschaulicher Verzerrungen sein. Sie kann auch das Resultat fehlerhafter Interpretationen der Wirklichkeit sein. Vertreter der Friedensbewegung machen darauf aufmerksam, daß Auffassungen wie die von den Supermächten, von der Blockkonfrontation oder von technischen Irrationalitäten als der entscheidenden Quelle der Kriegsgefahr nachweisbar Pessimismus und Resignation hervorrufen. Auch deshalb haben in der ideologischen Strategie derer, die eine nukleare Aggression gegen Sozialismus und Fortschritt vorbereiten, Denkweisen eine Vorzugsstellung, in denen Welt und Gesellschaft von unpolitischen, klassenneutralen Subjekten, von anonymen Mechanismen und Kräften bevölkert sind.«[232]

Wie wir von den Studien des Club of Rome, den Ansichten Tofflers und anderer wissen, ja wie es überhaupt für bürgerliches Denken typisch ist, werden als entscheidende Voraussetzung für notwendige Veränderungen im gesellschaftlichen Leben, zur Bewältigung großer Menschheitsprobleme Bewußtseinsveränderungen angenommen. Dabei wird der Zusammenhang zu sozialen Veränderungen übersehen, geleugnet oder teilweise als nicht wesentlich dargestellt. Auch in so manchem der Konzepte der ökologisch-alternativen Bewegungen, in denen die Notwendigkeit von Veränderungen in der kapitalistischen Gesellschaft begründet wird, zeigt sich eine Beschränkung auf Bewußtseinsveränderungen, auf den Appell an das Gewissen der Menschen, auf die Forderung nach solidarischem Verhalten der Menschen und Völker zueinander, auf die Einsetzung der Vernunft in ihre Rechte.

Alle diese Überlegungen haben durchaus ihre Berechtigung. Aber ausschlaggebend und unbestritten bleibt, daß ohne den Zusammenklang von sozialen Veränderungen und Bewußtseinsänderungen entscheidende Erfolge im Kampf um die Durchsetzung einer wirklichen Friedenspolitik in den imperialistischen Ländern ausbleiben müssen. Es geht also um die Rolle von Bewußtseinsveränderungen im Zusammenhang mit sozialen Veränderungen.

Die Erfahrung, die viele Anhänger der westeuropäischen Friedensbewegung im Kampf gegen die imperialistische Hochrüstungspolitik machen mußten, führte sie an die Einsicht in diese Zusammenhänge heran. Marieluise Beck-Oberdorf, Bundestagsabgeordnete der Partei Die Grünen in der BRD, eine prominente und engagierte

Vertreterin der westeuropäischen Friedensbewegung, stellte 1984 im Zusammenhang mit der Stationierung neuer amerikanischer Erstschlagsraketen in Westeuropa fest: »Vielleicht haben wir verdrängt, wie sehr die Stationierung mit der ›Machtfrage‹ verknüpft war. Immerhin, der Versuch, die Stationierung zu verhindern, zielte mitten ins Konzept des westlichen Rüstungsblocks und forderte seine geballte Machtreaktion heraus. ... Eine Bewegung, die gegen ... die NATO antritt, hat sich einiges vorgenommen. Sie muß sich selbst über gesellschaftliche Machtstrukturen, über die Quelle von Macht und Herrschaft aufklären, um zu wissen woran sie ist.«[233] Erich Hahn knüpft daran die Feststellung: »Bewußtseinsveränderungen erfüllen um so eher ihren Zweck, je wirksamer sie auf Einsichten in die wesentlichen klassenmäßigen Zusammenhänge von Krieg und Frieden zielen und den praktischen Kampf der Massen und dessen realen Einfluß auf politische Prozesse unterstützen.«[234]

Solche notwendigen Bewußtseinsveränderungen können sich aber nicht auf philosophische Positionen stützen, wie sie von Schopenhauer oder von Nietzsche artikuliert werden. Darauf muß mit Nachdruck hingewiesen werden, weil seit einigen Jahren eine verstärkte Beschäftigung mit deren weltanschaulich-philosophischen Auffassungen in einigen imperialistischen Ländern festzustellen ist. In bezug auf Nietzsche reichen die Bewertungen von nahezu uneingeschränkter Übernahme und Rechtfertigung seiner Anschauungen bis zur völligen Ablehnung. Auf ihn berufen sich alte und neue Faschisten, Konservative und Liberale, Nachfolger der »Frankfurter Schule« und auch Alternative. An der Frage nach dem Anteil, den Nietzsches Philosophie an der geistigen Vorbereitung des Faschismus hatte, entzündeten sich die Debatten um den Platz, den Hauptinhalt und die objektiven Wirkungen des Gesamtwerks von Nietzsche. In der bürgerlichen Literatur dominierte dabei die Tendenz, seine Wegbereiterrolle für den Faschismus zu ignorieren oder gar zu leugnen. Die Positionen erstrecken sich von der Reinwaschung von aller Schuld bis hin zu seiner Erhebung zu einer Art geistigen Gegenpols gegenüber allen Entwicklungen, die zum Faschismus führten.[235] Insbesondere wurden in diesem Zusammenhang vor allem jene Positionen überbetont, in denen sich ein Gegensatz Nietzsches zur Naziideologie zeigt, so seine Kritik am Nationalismus und am bornierten Antisemitismus sowie sein elitärer Aristokratismus und Ästhetizismus. Zugleich wurde all das bagatellisiert oder sogar uminterpretiert, was in die faschistische Ideologie einmündete. Dafür wurden andere Elemente seiner Gedankenwelt in den Mittelpunkt der Aufmerksamkeit gerückt: vor allem seine Polemik gegen die traditionelle Philosophie, Religion, Moral und Kunst, gegen die Kultur seiner Zeit, seine Interpretation der gegenwärtigen Menschheitssituation, seine Analyse der »Dekadenz«, des Zusammenbruchs der Werte und der Heraufkunft des Nihilismus. Nietzsche wird primär als der »freie Geist«, der »Empörer«, der »Ideologiekritiker« und Befreier von Vorurteilen, als Kritiker und Überwinder der »Metaphysik«, als Vertreter einer neuen »zweiten Aufklärung« verstanden.[236]

Nietzsche kritisierte ja tatsächlich die gesellschaftlichen Verhältnisse seiner Zeit. Das macht ihn auch interessant für Alternative, die nach einem klaren Verständnis für die gesellschaftliche Situation und nach Wegen aus ihrer Miserabilität suchen. Dabei wird manchmal nicht genügend beachtet, von welcher Position aus an der kapitalistischen Gesellschaft Kritik geübt wird, ob es eine progressive oder reaktionäre, eine vorwärtsweisende oder die kapitalistische Gesellschaft indirekt bestätigende Kritik ist. Will man nicht in die Irre gehen, bedarf es in diesem Zusammenhang der Klarheit über den Charakter dieser Kritik.

1882 schrieb Nietzsche: »Wir Kinder der Zukunft, wie *vermöchten* wir in diesem Heute zu Hause zu sein! Wir sind allen Idealen abgünstig, auf welche hin einer sich sogar in dieser zerbrechlichen, zerbrochenen Übergangszeit noch heimisch fühlen könnte; was aber deren ›Realitäten‹ betrifft, so glauben wir nicht daran, daß sie *Dauer* haben. Das Eis, das heute noch trägt, ist schon sehr dünn geworden: der Tauwind weht, wir selbst, wir Heimatlosen, sind etwas, das Eis und andre allzudünne ›Realitäten‹ aufbricht ... Wir ›konservieren‹ nichts, wir wollen auch in keine Vergangenheit zurück; wir sind durchaus nicht ›liberal‹, wir arbeiten nicht für den ›Fortschritt‹, wir brauchen unser Ohr nicht erst gegen die Zukunfts-Sirenen des Marktes zu verstopfen – das, was sie singen, ›gleiche Rechte‹, ›freie Gesellschaft‹, ›keine Herren mehr und keine Knechte‹, das lockt uns nicht! – wir halten es schlechterdings nicht für wünschenswert, daß das Reich der Gerechtigkeit und Eintracht auf Erden gegründet werde ..., wir freuen uns an allen, die gleich uns die Gefahr, den Krieg, das Abenteuer lieben, die sich nicht abfinden, einfangen, versöhnen und verschneiden lassen, wir rechnen uns selbst unter die Eroberer, wir denken über die Notwendigkeit neuer Ordnungen nach, auch einer neuen Sklaverei – denn zu jeder Verstärkung und Erhöhung des Typus ›Mensch‹ gehört auch eine neue Art Verslavung hinzu – nicht wahr? mit alledem müssen wir schlecht in einem Zeitalter zu Hause sein, welches die Ehre in Anspruch zu nehmen liebt, das menschlichste, mildeste, rechtlichste Zeitalter zu heißen, das die Sonne bisher gesehen hat?«[237]

Schon in diesen Äußerungen – später wird der Ton noch schärfer – verdeutlicht Nietzsche seine gesellschaftstheoretischen Grundpositionen, von denen aus er seine Zeit, seine »Gegenwart« kritisiert: es sind dies das Bewußtsein, in einer krisenhaften und ungewissen Übergangszeit zu leben, die Ablehnung der Ideen, die im Geiste der Ideale der großen Revolution der Franzosen von 1789 – Freiheit, Gleichheit, Brüderlichkeit – auf das Geistesleben einen wachsenden Einfluß ausübten; es sind dies die Feindschaft zum Fortschritt, der Kampf gegen alle bürgerlich-humanistischen, liberalistischen und sozialistischen Ideen.[238] Nietzsche artikuliert eine durchaus scharfsinnige Kritik an *Erscheinungsformen* der kapitalistischen Wirklichkeit. Die moderne Maschinentechnik kritisiert er dabei im Hinblick auf das Verhältnis des Menschen zur Natur und hinsichtlich der Folgen für die Gesellschaft und den arbeitenden Menschen. Das »kluge Berechnen und Überlisten der Natur«[239], ihre fortschreitende Beherrschung durch den Menschen infolge des wissenschaftlich-technischen Fortschritts bewertet er negativ als Unterjochung, Überwältigung und Versklavung der Natur: »Hybris ist heute unsre ganze Stellung zur Natur, unsere Natur-Vergewaltigung mit Hilfe der Maschinen und der so unbedenklichen Techniker- und Ingenieur-Erfindsamkeit ...«[240] Er sieht darin die Zerstörung des früheren naiv zutraulichen, persönlich unmittelbaren Verhältnisses zur Natur, da »der Wald und der Fels, der Sturm, der Geier, die einzelne Blume, der Schmetterling, die Wiese, die Bergeshalde in ihren eignen Zungen« zu den Menschen redeten und sie »das metaphysische Einssein aller Dinge« nachempfinden ließen.[241] Die »Entmenschlichung und Entgötterung der Natur«, die »Vertreibung des Menschen aus dem Zentrum der Welt durch die Naturwissenschaft seit Kopernikus« ist für Nietzsche einer der Faktoren für die Entwertung der obersten Werte, für die Heraufkunft des Nihilismus.

Mit seiner scharfen Kritik der sozialen Folgen des »Maschinenzeitalters« legte er geistige Grundlagen für die nachfolgende Dämonisierung der Technik in großen Teilen der bürgerlichen Ideologie. Dämonisierung der Technik und Kritik an ihren sozialen Folgen sind heute auch in der ökologisch-alternativen Bewegung verbreitet wirksam.

Nietzsche betrachtet die Maschine, wie dies seitens der bürgerlichen Ideologie, aber auch in der alternativen Ideologie dominant ist, herausgelöst aus den konkreten Produktionsverhältnissen, in denen sie zur Anwendung kommt: Sie wurde ihm zu einem selbständigen Wesen mit den Menschen unterdrückenden und das ganze gesellschaftliche Leben deformierenden Eigenschaften. Die Maschine erschien ihm als »blinder Despot«, der den Menschen beherrscht und furchtbar kontrolliert,[242] ihn demütigt und vernutzt, zugleich als ein Lehrer und Erzieher zu »Maschinen-Tugenden«[243]. In seiner Schrift »Morgenröte« prangert Nietzsche es als eine Schande an, daß die Fabrikarbeiter einen Preis haben, »für den man nicht mehr Person bleibt, sondern Schraube wird«, daß sie »als Schrauben einer Maschine und gleichsam als Lückenbüßer der menschlichen Erfindungskunst *verbraucht*« werden. Zu Recht wendet er sich dagegen, zu glauben, »daß durch höhere Zahlung das *Wesentliche* ihres Elends, ich meine ihre unpersönliche Verknechtung, gehoben werden könne«. Worauf Nietzsche letztlich zielt, wird deutlich, wenn er schreibt: »Pfui! sich aufreden zu lassen, durch eine Steigerung dieser Unpersönlichkeit innerhalb des maschinenhaften Getriebes einer neuen Gesellschaft könne die Schande der Sklaverei zur Tugend gemacht werden«, wenn er die Arbeiter vor der »Pfeife der sozialistischen Rattenfänger« warnt. »Seid ihr«, so fragt er die Arbeiter, »die Mitverschworenen in der jetzigen Narrheit der Nationen, welche vor allem möglichst viel produzieren und möglichst reich sein wollen? Eure Sache wäre es, ihnen die Gegenrechnung vorzuhalten: wie große Summen *inneren* Wertes für ein solches äußerliches Ziel weggeworfen werden!«[244]

Nietzsche propagiert »Bedürfnislosigkeit«, »freiwillige idyllische Armut, Berufs- und Ehelosigkeit«[245], und den Arbeitern wird empfohlen, sie möchten doch allesamt in »wilde und frische Gegenden der Welt« auswandern. »Dies wäre die rechte Gesinnung: die Arbeiter in Europa sollten sich *als Stand* fürderhin für eine Menschen-Unmöglichkeit, und nicht nur, wie meistens geschieht, als etwas hart und unzweckmäßig Eingerichtetes, erklären; sie sollten ein Zeitalter des großen Ausschwärmens im europäischen Bienenstocke heraufführen, wie dergleichen bisher noch nicht erlebt wurde, und, durch diese Tat der Freizügigkeit im großen Stil, gegen die Maschine, das Kapital und die jetzt ihnen drohende Wahl protestieren, entweder Sklave des Staates oder Sklave einer Umsturz-Partei werden zu *müssen.*«[246] Wenn es dann an Arbeitskräften fehlen sollte, werde man »einige Bedürfnisse wieder verlernen« müssen, vielleicht auch Chinesen hereinholen, die die Denk- und Lebensweise mitbrächten, »welche sich für arbeitsame Ameisen schickt«.[247]

Nietzsche nahm auch zu den Fragen von Besitz und Reichtum, Handel, Geld und Gelderwerb Stellung. Auch in dieser Hinsicht kritisierte er die kapitalistische Praxis scharf. Er wußte um die soziale Rolle des großen Geldes, das »Macht, Ruhm, Würde, Vorrang, Einfluß« verleiht, und »das Brecheisen der Macht« sei. Er kritisierte immer wieder den »Krämergeist«, den Utilitarismus, die allgemeine Käuflichkeit und Taxation aller Dinge unter dem Gesichtspunkt von Angebot und Nachfrage,[248] die atemlose Hast, Hektik und Unruhe des modernen Lebens, die durch die Jagd nach Gewinn hervorgerufen werde und alle Ruhe, Muße, Kontemplation, Besinnung und Selbstbesinnung zerstöre, ohne die es kein Reifen eines Werkes und keine höheren Kulturleistungen geben könne. Man darf allerdings nicht glauben, daß seine scharfe Kritik am großen Geld und dessen Inhabern etwa durch soziales Empfinden oder Gerechtigkeitsgefühl motiviert war. Im Gegenteil! Er polemisierte fortwährend gegen alle ethischen Lehren des Mitleids, der Nächstenliebe, Menschenliebe, der sozialen Gerechtigkeit und des Ausgleichs. Die »soziale Frage« war ihm nur eine Folge der Dekadenz.[249] Nietzsche wollte die soziale Ungerechtigkeit, die Polarisierung von Reichtum und Armut keineswegs durch eine gerechte Gesellschaft überwunden sehen. Vielmehr begegnete er allen sozialistischen Lehren mit haßerfüllter Feindschaft: »Wen hasse ich unter dem Gesindel von Heute am besten? Das Sozialisten-Gesindel, die Tschandala-Apostel, die den Instinkt, die Lust, das Genügsamkeits-Gefühl des Arbeiters mit seinem kleinen Sein untergraben – die ihn neidisch machen, die ihn Rache lehren ... Das Unrecht liegt niemals in ungleichen Rechten, es liegt im Anspruch auf ›*gleiche*‹ Rechte ...«[250]

Nietzsche hielt Ausbeutung und Unterdrückung, Herrschaft und Knechtschaft, Reichtum und Armut sowie Not, Elend, Sklaverei für unaufhebbar. Er stützte diese mit einer Ausbeutungsgesellschaft notwendig verbundenen Erscheinungen mit seinen Auffassungen vom »Leben« und vom »Willen zur Macht« philosophisch ab und begründete sie damit als dem Menschsein auf ewig verbunden.

In seiner Schrift »Jenseits von Gut und Böse« heißt es: »Leben selbst ist *wesentlich* Aneignung, Verletzung, Überwältigung des Fremden und Schwächeren, Unterdrückung, Härte, Aufzwängung eigener Formen, Einverleibung und mindestens, mildestens, Ausbeutung ... Die ›Ausbeutung‹ gehört nicht einer verderbten oder unvollkommnen und primitiven Gesellschaft an: sie gehört ins *Wesen* des Lebendigen, als organische Grundfunktion, sie ist eine Folge des eigentlichen Willens zur Macht, der eben der Wille des Lebens ist. – Gesetzt, dies ist als Theorie eine Neuerung – als Realität ist es das *Ur-Faktum* aller Geschichte ...«[251]

Nietzsche übte heftige Kritik an der mittelmäßigen und feigen Bourgeoisie seiner Zeit, an ihrer Gesellschaft und Kultur. Er stellte aber nicht die kapitalistische Ausbeutergesellschaft in Frage. Frieden, Gerechtigkeit, Menschlichkeit, Demokratie haben in seiner Lehre keine wirkliche Heimstatt. Deshalb kann humanistisches Denken heute sich nicht auf die philosophischen Grundpositionen Nietzsches stützen.[252]

Die lebensphilosophische Technik- und Gesellschaftskritik wurde mit der vollen Entfaltung des Kapitalismus der freien Konkurrenz zum Imperialismus weitergeführt, und gerade einige ihrer im 20. Jahrhundert ausgebildeten Formen wurden über verschiedene Vermittlungsglieder für die alternative Bewegung von Bedeutung. Typisch dafür war die scharfe existenzphilosophische Zivilisationskritik von Karl Jaspers (1883 bis 1969). Nach dem zweiten Weltkrieg erregte dieser öffentliches Interesse in der BRD und stimulierte mit seinen gesellschaftstheoretischen und politischen Auffassungen demokratische Bewegungen in den sechziger Jahren mit. Seine Gedanken blieben, vermittelt über diese Bewegungen, bis in die heutigen demokratischen Massenbewegungen der BRD wirksam.

Peter Glotz vertritt in seinem Aufsatz »Staat und alternative Bewegungen« die Ansicht, daß schon in Jaspers Schrift »Die geistige Situation der Zeit« (1931) »nahezu alle Motive der gegenwärtigen Kulturkritik« zu finden sind: »eine kritische ... Analyse der Großtechnik, die Warnung vor Naturzerstörung und die Frage nach den Energie- und Rohstoff-Vorräten ...

Die Fragen von Eppler, Illich oder Jungk sind bei Jaspers schon gestellt ...«[253]

Am Vorabend der Errichtung der faschistischen Diktatur sieht der Begründer der deutschen Existenzphilosophie den entscheidenden Widerspruch der (kapitalistischen) Gesellschaft darin, daß sich diese »Massenordnung« einen universalen Daseins*apparat* aufbaut, der wiederum die spezifisch menschliche Daseins*welt* zerstört.[254] Diese »Massengesellschaft« gestatte es dem bürgerlichen oder kleinbürgerlichen Individuum nicht mehr, einen eigenen Weg zu gehen. Technik und Apparate in Staat und Gesellschaft schränken es ein. Diese Apparate-Herrschaft, die Herrschaft der Bürokratie, begünstige nur die Mittelmäßigkeit. »Organisation ruiniert, was sie sichern möchte, den Menschen als Menschen, wenn sie nicht durch Gegenkräfte im Zaum gehalten würde.«[255] Eine solche Gegenkraft sieht Jaspers in der Etablierung von »Führerpersönlichkeiten«. Die andere ist für ihn die Flucht in die Verinnerlichung, da nach Meinung des Denkers die Apparate in ihr ihre Wirkung und Macht verlieren. Jaspers will den Menschen in einer Welt wachsender spätbürgerlicher Manipulationsmechanismen gegen zwei Gefahren aufrütteln. Einmal gegen eine Verdrängung der den Menschen des 20. Jahrhunderts drohenden Gefahr der Aufgabe seines Selbstseins in manipulativen äußerlichen Pseudogeborgenheiten. Zum anderen gegen einen Nihilismus, der die Welt sich selbst überläßt und sich zu ihr nur gelangweilt betrachtend verhält.[256]

Jaspers versucht, obwohl er als Existenzphilosoph diese Grenze letztlich nicht zu überschreiten vermag, die Vereinsamung und Vereinzelung des bürgerlichen Individuums bzw. des Individuums in der bürgerlichen Gesellschaft zu durchbrechen, indem er durch eine philosophische Konstruktion den Raum zum anderen Menschen, zum Mitmenschen, öffnet. So bestimmt er die »Existenz« zusätzlich durch die Kommunikation. Damit hat die »Existenz« einen Bezug auf sich selbst, auf die Transzendenz und auf den anderen.

Hierin unterscheidet sich Jaspers, innerhalb der Grenzen existenzphilosophischen Denkens, ganz wesentlich von anderen existentialistischen Denkern. Bei Heidegger und Sartre ist der andere Feind und Gegner. Für Jaspers ist eine solche Position nicht akzeptabel. Der andere ist ihm der sich mit mir im »liebenden Kampf« Befindende.

Damit verfügt Jaspers über ein Instrumentarium, mit dem er an die Grenze der Vereinzelung des bürgerlichen Individuums tendenziell herankommt. Überschreiten kann er diese Grenze nicht. Das würde einen grundlegenden Neuansatz seines Philosophierens verlangen. So bleibt ihm der Weg in die Einsicht gesellschaftlicher Verhältnisse verschlossen, mehr noch, wie die Vereinsamung des Individuums in der bürgerlichen Gesellschaft wirklich durchbrochen werden kann, nämlich durch die Schaffung anderer sozialer Verhältnisse, in denen der Mensch nicht mehr der Feind des anderen ist, ist eine Position, die außerhalb seines Denkhorizonts liegt. Damit ist trotz aller Überschreitung der Grenzen des eigenen Selbst durch die Kommunikation es eigentlich nur eine Kommunikation zwischen einem einsamen Ich und einem genauso einsamen Du.

Für Jaspers wird zu dieser Zeit Philosophie auf die »existentielle Innerlichkeit des Menschen als letztem Fluchtpunkt orientiert, sie stellt so im spätbürgerlichen Denken den Gipfelpunkt einer subjektivistischen Philosophie dar«. Die »Existenz zeigt sich als antinomisch strukturiert, einerseits spürt sie ruhelos die Zerrissenheit der Welt und ihrer selbst, andererseits sucht sie die Ruhe im Absoluten, sie ist aktiv im Ergreifen ihrer existentiellen Möglichkeiten und passiv im Hinblick auf den Schenkungsanspruch einer Transzendenz, sie ist in *letzter Instanz* der philosophische Reflex der inneren Zerrissenheit des spätbürgerlichen Individuums«.[257] Die »Existenz muß im ständigen Ringen gegen alle Formen von Veräußerlichung zu sich selbst finden, zugleich aber ist sie offen für Transzendenz, d. h. für ein Unbedingtes, aus welchem sie lebt. Diesen antinomischen Charakter spürt das Individuum allerdings nur in den von Jaspers kreierten Grenzsituationen (Kampf, Leid, Schuld, Tod etc.) ...«[258]

Nach dem zweiten Weltkrieg gehörte der politisch denkende Philosoph Karl Jaspers zu jenen Ausnahmeerscheinungen bürgerlicher Professoren, die sich eindringlich und öffentlich mit einer tiefgreifenden politisch-moralischen und geschichtsphilosophischen Analyse und Selbstkritik der »Schuldfrage« stellten, um ideelle und ethische Beiträge für einen wirklichen und das hieß radikalen Neubeginn zu leisten.[259] Mit seiner grundsätzlichen Kritik am geistigen, politischen und moralischen Weg und Zustand der BRD, nicht zuletzt an der ideell-moralischen Verfassung ihrer Führungskräfte und Repräsentanten, erregte er 1966/67 internationales Aufsehen und wurde deshalb von allen systemtragenden Kräften des staatsmonopolistischen Herrschaftssystems angegriffen und verleumdet. Jaspers respektierte nicht die unter antikommunistischen Vorwänden ausgegrenzten Tabuzonen im Bonner Selbstverständnis und in dem entsprechenden politischen Weltbild, das heißt die Stellung zu Faschismus, unbewältigter Vergangenheit und antidemokratischen Erscheinungen. Anhand der Debatte im Jahre 1965 um die von reaktionären Kräften geplante Verjährung der Nazi- und Kriegsverbrechen wies er in einer ebenso scharfsinnigen wie schonungslosen Analyse die Demagogie der vorherrschenden politischen und ideologischen Konzeption nach.[260]

Im Jahre 1958 veröffentlichte Jaspers sein Buch »Die Atombombe und die Zukunft des Menschen«[261]. Darin vertritt er die verheerend falsche Auffassung, daß eine Situation eintreten könnte, in der man sogar einen Atomkrieg riskieren müßte, nämlich dann, wenn die Alternative die Unterwerfung der Menschheit unter eine totalitäre

Herrschaft wäre. Während die reaktionären Kräfte diese Auffassung voll akzeptierten, wurde die von Jaspers schon wenige Jahre später vertretene Ansicht, wonach der deutschen Wiedervereinigung keine philosophische und politische Legitimation zukommt, von denselben Kräften schärfstens zurückgewiesen. In Drohbriefen wurde er gar als »Vaterlandsverräter«, »Handlanger des Kommunismus« und »politisches Schwein« beschimpft.

Die Kritik an Jaspers wurde noch schärfer, als er 1965 unmittelbar auf die Bundestagsdebatte einzuwirken suchte, um die Verjährung der faschistischen Verbrechen zu verhindern. In seinem Buch »Wohin treibt die Bundesrepublik?« begründete er seine Position und kritisierte scharf die Politik der BRD. Aber diese Veränderung in seinen politischen Ansichten bzw. die Konsequenz, mit der er diese nunmehr vertrat und damit aggressiven, reaktionären Kräften den Kampf ansagte, bedeutete keine entscheidende Änderung der Grundlagen seines philosophischen und politischen Denkens. Nach wie vor glaubte er, daß der Kapitalismus Synonym für eine »freie Welt« sei. Die BRD war für ihn der Staat, auf den er seine Hoffnungen setzte. Im Vorwort zu seinem Buch von 1966 heißt es: »Ein Freund meinte, dieses Buch sei einer der schärfsten Angriffe auf die Bundesrepublik durch einen Deutschen. Ich halte dies nicht für richtig. Das Dasein der Bundesrepublik ist unser Glück als Chance für einen neuen deutschen Staat.«[262] Das meinte Jaspers zu dieser Zeit in Verkennung der Tatsachen, der Entwicklung der DDR. Jaspers kritisierte von dieser Position ausgehend lediglich bestimmte Entwicklungen in der BRD, die er für verhängnisvoll hielt. So begründete er seine Auffassung, daß die Bundesrepublik auf einem Wege sei, der in einer neuen Diktatur enden könne. Die geplante Notstandsgesetzgebung war ihm dafür anschaulicher Beleg. Er erkannte, daß damit die Möglichkeit geschaffen wurde, das Grundgesetz in einem einzigen Akt abzuschaffen, um einer Diktatur Tür und Tor zu öffnen, die dem verhängnisvollen Militarismus wieder große Entfaltungsmöglichkeiten verschaffen würde, die zu einer gewaltsamen Aktion zur Eroberung der früheren deutschen Ostgebiete führen könnte.

Der bürgerliche Humanist Karl Jaspers formulierte damit eine bemerkenswerte Erkenntnis: den Zusammenhang zwischen der Durchsetzung antidemokratischer Maßnahmen im Innern und der Möglichkeit einer gesteigerten Aggressivität nach außen. In diesem Sinne war für ihn die Frage der Notstandsgesetze die »innenpolitisch bei weitem wichtigste Sache der nächsten Jahre«[263]. In diesen Gesetzen sah er in der Konsequenz ein »Instrument der Versklavung«[264], das letztlich den Frieden gefährde. Jaspers ging es darum, eine neue Diktatur zu verhindern; die leidvollen Erfahrungen mit der faschistischen Diktatur waren ihm Mahnung. Wenn er auch nicht zu jenen bürgerlichen Kräften in der Zeit der faschistischen Diktatur in Deutschland gehörte, die sich zu aktivem antifaschistischem Handeln durchrangen, so gehörte er doch zu jenen, die den Faschismus ablehnten. Im Lichte dieser Erfahrungen sah er mit Besorgnis antidemokratische Entwicklungen in der Bundesrepublik, die Einschränkung von Freiheitsrechten, wie zum Beispiel das KPD-Verbot, die Fünf-Prozent-Wahlklausel, die Minimierung der Grundrechte, die Ausschaltung der Öffentlichkeit von Entscheidungsprozessen, Desinformation und die Verketzerung systemkritischen Denkens.

Jaspers wollte wirkliche Demokratie, was in seiner Sicht primär Meinungsfreiheit und Gleichheit der Chancen aller Menschen bedeutet. »Demokratie heißt Selbsterziehung und Information des Volkes. Es lernt nachdenken. Es weiß, was geschieht. Es urteilt. Die Demokratie befördert ständig den Prozeß der Aufklärung.« Mit dieser Bestimmung von Demokratie steht Jaspers in der Tradition der Aufklärung, deren Anschauungen er damit in das spätbürgerliche Denken hinüberrettet.

Der Demokratie entgegen steht für Jaspers die Parteienoligarchie, deren Grundsätze auf der »Verachtung des Volkes« aufbauen. »Sie neigt dazu, dem Volke Informationen vorzuenthalten. Man will es lieber dumm sein lassen. Das Volk braucht auch die Ziele, die die Oligarchie jeweils sich setzt, wenn sie überhaupt welche hat, nicht zu kennen. Man kann ihm statt dessen erregende Phrasen, allgemeine Redensarten, pompöse Moralforderungen und dergleichen vorsetzen.«[265]

Jaspers begründet ein Recht des Volkes, sich eine Regierung zu geben, die »das Volk mit einbezieht, selber aus dem Volke und für das Volk denkt«[266]. Das schließt für ihn ein Widerstandsrecht ein, das bis zum politischen Generalstreik gehen kann. Diese Auffassung von den Rechten und Pflichten des Volkes, das selbst und ohne Zwang über sein Schicksal entscheiden soll, schließt für ihn ein, daß das ganze deutsche Volk auch für die Naziverbrechen die Schuld auf sich zu nehmen habe. Er zieht daraus die bemerkenswerte Schlußfolgerung, daß die Bundesrepublik die Grenzen, wie sie nach dem vom Hitlerfaschismus entfesselten Weltkrieg entstanden sind, bedingungslos anzuerkennen habe, denn anders sei der Frieden nicht zu erhalten. Und Jaspers ringt darum, einer Politik den Weg zu ebnen, für die der Frieden das Wichtigste und oberstes Ziel ist. »Der Friede war jederzeit die Sehnsucht der Mehrzahl der Menschen, wenn auch unter Bedingungen. Heute ist der Friede, anders als je, bedingungslos zu wollen.«[267] Damit ist es für ihn klar, wenn die Bundesrepublik weiter auf der Wiedervereinigung bestehe, wenn sie weiter die bestehenden Grenzen in Frage stelle, dann gefährde sie den Frieden. Denn »Kriegsgefahr geht von dem aus, der bestehende Grenzen ändern, nicht von dem, der sie bewahren will«[268]. Diese Position sei allen Ewiggestrigen und Revanchisten ins Stammbuch geschrieben!

Jaspers ringt sich zu der Auffassung durch, daß die Volksmassen im Kampf um den Frieden eine wichtige Rolle spielen. Er appelliert an die Völker, sich aktiv für den Frieden einzusetzen, und fordert sogar »die Revolte der Bevölkerung gegen den Krieg«[269]. Er ist durchaus von der Kraft des Volkes überzeugt, wenn er schreibt: »Gegen die Verantwortungslosigkeit von Militär und Regierung kann Kopf und Herz eines vernünftigen Volkes sich auflehnen ...«[270] Dabei orientiert er sich an historischen Ereignissen, die den Erfolg von antimilitaristischen Kämpfen der Volksmassen verkörpern. Er verweist dabei auf den erfolgreichen Kampf gegen den Kapp-Putsch von 1920. Die aus humanistischer Verantwortung bezogene Haltung für einen aktiven Friedenskampf führt den spätbürgerlichen Philosophen sogar so weit, den erfolgreichen Kampf der einheitlich handelnden deutschen Arbeiterklasse als Beispiel für richtiges Handeln heranzuziehen.

Es verwundert angesichts dessen nicht, daß bürgerliche Vertreter in Reaktionen auf seinen 100. Geburtstag im Jahre 1983 die Entwicklung seiner Haltung zu Krieg und Frieden bis zu dieser Konsequenz entweder völlig ignorierten oder aber als wirklichkeitsfremd und desorientierend abzuwerten versuchten.[271] In der »Stuttgarter Zeitung« wurde er sogar als »naiv«, »auf eine heroische Weise vorsintflutlich« und als »denkender Dinosaurier« bezeichnet. Weiter wurde vermutet, daß Jaspers wohl, wenn er heute noch leben würde, »grün wählen« und, »anmaßend, wie er war«, wohl auch »über die Raketen nachdenken würde«. Statt sich um die Lebensfragen der Menschheit zu kümmern, hätte Jaspers – nach Meinung der »Stuttgarter Zeitung« – nur schweigen und ein Philosoph bleiben müssen. Denn: »Wenn Denker, deren Feld immer nur das Innere war, plötzlich in eine Demokratie geraten, ... dann benehmen sie sich in den Augen der Profis wie Neureiche, die nicht richtig mit Messer und Gabel umgehen können.«[272]

Und im Jahre 1978 verstieg man sich im Zuge einer aufwendig geschürten Terroristenhysterie in einem Beitrag eines repräsentativen Sammelbandes über »Extremismus« unter der Überschrift »Freiwillige und unfreiwillige Helfer des orthodoxen Kommunismus« zu einer großangelegten Denunziation. Dort ist zu lesen, dem »Extremismus« sei »auch in der Entwicklung eines linken Irrationalismus in politologischen und soziologischen Theorien an den Hochschulen und Universitäten der Bundesrepublik ein geistiger Verbündeter entstanden. In Lehren und Schriften u. a. von *Karl Jaspers* ... werden wissenschaftliche Theorien vertreten, die zu einer Verwirrung des Freiheits- und Demokratiebegriffs und im Ergebnis zu einer wissenschaftlich verbrämten Ablehnung der parlamentarischen Demokratie führen.«[273]

Jaspers war aber, wie schon gezeigt wurde, ein politischer Denker, der in keiner Weise die bürgerliche Demokratie in Frage stellte. Im Gegenteil. Aber Jaspers wollte die Verteidigung und den Ausbau der bürgerlich-demokratischen Rechte als Grundbestand der bürgerlichen Demokratie sichern. Deswegen verwundert es nicht, daß Kräfte, die unter konservativen Vorzeichen und unter der Flagge eines militanten Antikommunismus eine sozialreaktionäre Politik in der BRD betreiben und durchsetzen wollen, radikal-demokratische Auffassungen bzw. die Ablehnung eines militanten Antikommunismus, selbst wenn auch noch eine Reihe antikommunistischer Vorbehalte bestehen blieben, nicht hinnehmen wollen. Engagierte antifaschistische Positionen erweisen sich offenbar für die herrschenden Kräfte in der BRD als nicht akzeptabel. Schon die Auseinandersetzungen um das Auftreten Jaspers vor Westberliner Studenten am 8. Mai 1965 zeigte dies anschaulich.

Die Auseinandersetzungen um das politische Denken von Karl Jaspers vermitteln noch eine andere Lehre, die auch im Hinblick auf die Positionen vieler Anhänger der ökologisch-alternativen Bewegung und deren Engagement im Rahmen der Friedensbewegung besonders aufschlußreich ist.

Jaspers hat zu keiner Zeit seinen bürgerlichen Denkhorizont durchbrochen, er blieb zeit seines Lebens ein ideologischer Repräsentant des Bürgertums.

Das hinderte ihn aber nicht, nach den Erfahrungen von faschistischer Diktatur und zweitem Weltkrieg entschieden antifaschistische Positionen zu beziehen und konsequent für die Erhaltung des Friedens einzutreten, ja von bürgerlichem Standort aus Auffassungen zu entwickeln, wie sie später Eingang in die Schlußakte von Helsinki gefunden haben und mit Positionen der sozialistischen Länder übereinstimmten. Man denke an die Haltung zur bedingungslosen Anerkennung der bestehenden Realitäten in Europa, besonders der vollen Anerkennung der im Gefolge des Krieges entstandenen Grenzen in Europa – ohne Wenn und Aber. Das Beispiel Jaspers zeigte auf besonders deutliche Weise, daß es durchaus möglich ist – auch bei grundsätzlichen ideologischen Unterschieden –, daß bürgerliche Kräfte einerseits und sozialistische Staaten andererseits in der Frage der Erhaltung des Friedens zu gemeinsamen Auffassungen kommen können. Diese politischen Gemeinsamkeiten haben auch eine Basis in geistigen Gemeinsamkeiten. Dies sind Antifaschismus und Realitätssinn, das heißt die Fähigkeit, das Kräfteverhältnis in der Welt realistisch einschätzen zu können und für Beziehungen der friedlichen Koexistenz zwischen Staaten unterschiedlicher Gesellschaftsordnung einzutreten.

Wenn es in Kreisen der ökologisch-alternativen Bewegung bei aller antifaschistischen, ja sogar antiimperialistischen Haltung nach wie vor bestimmte antikommunistische Vorbehalte gegenüber den sozialistischen Ländern gibt, so lehrt das Beispiel Jaspers auch, daß dies ein aktives Friedensengagement keineswegs ausschließt. In dem Maße jedoch, wie die noch vorhandenen antikommunistischen Klischeevorstellungen überwunden werden, wird auch die Wirksamkeit im Kampf um die Sicherung des Friedens zunehmen.

Jaspers blieb stets den existenzphilosophischen Positionen in seinem Denken verhaftet. Der neben ihm bedeutendste deutsche Existenzphilosoph, Martin Heidegger (1889 bis 1976), führte die lebensphilosophische Grundlinie fort. Er hatte große Wirkung auf das Geistesleben nicht nur im deutschsprachigen Raum. Zu seinen Assistenten an der Wende von den zwanziger zu den dreißiger Jahren des 20. Jahrhunderts gehörte Herbert Marcuse (1898 bis 1979). Dieser versuchte zu jener Zeit eine Synthese zwischen Heideggerscher Existenzphilosophie und marxistischem Denken vorzunehmen. Ein Versuch, der notwendigerweise scheitern mußte, weil beide nicht zu vereinbarende weltanschauliche Positionen verkörpern. Marcuses Denken wurde später zu dem wohl entscheidendsten ideologischen Mobilisierungsfaktor der Studentenbewegung der sechziger Jahre und blieb darüber hinaus bis in die Alternativbewegung wirksam.

Heidegger faßte an seinem Lebensabend in den sechziger Jahren seine Position, die einer »Kapitulation« vor den Realitäten der Entwicklung von Wissenschaft und Technik gleichkommt, in die Worte: »Es funktioniert alles. Das ist gerade das Unheimliche, daß es funktioniert und daß das Funktionieren immer weiter treibt zu einem weiteren Funktionieren und daß die Technik den Menschen immer mehr von der Erde losreißt und entwurzelt. ... Wir brauchen gar keine Atombombe, die Entwurzelung des Menschen ist schon da. Wir haben nur noch rein technische Verhältnisse. Das ist keine Erde mehr, auf der der Mensch heute lebt.«[274] Dieser Entwicklung, so wie sie von ihm gesehen wurde, stand er fassungslos gegenüber: »Der Mensch ist gestellt, beansprucht und herausgefordert von einer Macht, die im Wesen der Technik offenbar wird und die er selbst nicht beherrscht. Zu dieser Einsicht zu verhelfen: mehr verlangt das Denken nicht. Die Philosophie ist am Ende.«[275]

Der bürgerlichen Ideologie und Philosophie dieser Version bleibt nichts weiter als die Flucht in Gott (Heidegger: »Nur ein Gott kann uns noch retten.«), in die Innerlichkeit des Ichs, in die Rückzugsmöglichkeit auf eine – wie auch immer geartete – »Insel«. Solcherart Gesellschaftskritik verbleibt damit außerhalb aller realistischen Versuche zur Veränderung der Gesellschaft.

Heutige Formen nichtproletarischen Protests gegen die imperialistische Gesellschaft stehen – bewußt oder unbewußt – auch in dieser Tradition weltanschaulichen Denkens. Die Ambivalenz dieser Konzeptionen, ihr Schwanken zwischen Kritik und Bejahung der imperialistischen Verhältnisse, ja sogar die Kritik dieser Gesellschaft zum Zwecke einer indirekten Apologetik, ermöglichen aber auch eine radikalere Deutung, mit der man Gesellschaftsveränderungen anstreben kann, die allerdings die Grenzen der kapitalistischen Ordnung nicht zu überschreiten vermögen.

Charakteristisch für lebensphilosophische Gesellschaftskritik ist die Auffassung, daß die Geschichte der Menschheit eine Entwicklung zum Schlechteren sei und alle Menschheitsprobleme verschärft habe. Diese Ansicht ist direkt in die alternative Ideologie eingegangen.

Prüft man aber die gesellschaftliche Entwicklung nach dem Grundsatz der Allseitigkeit der Analyse und der Herausarbeitung der grundlegenden Zusammenhänge, so zeigt sich etwas anderes. Die »produktiven *Potenzen der Menschheit haben ein Niveau erreicht, von dem aus sich die Möglichkeit der praktischen Lösung überkommener, zum Teil uralter Ziele humanistischer Programmatik nicht nur für einzelne Individuen, soziale Schichten oder andere Bevölkerungsgruppen, sondern für die Menschheit als Ganzes abzeichnet bzw. bereits in Realisierung begriffen ist.* Das Spektrum reicht von der Ausmerzung von Hunger, Armut, Obdachlosigkeit und Analphabetentum über die Beseitigung verheerender Krankheiten bis hin zur Erringung gesellschaftlicher Existenzformen, die nicht mehr durch Ausbeutung, Unterdrückung und lebensbedrohende Antagonismen, sondern durch Frieden, Freiheit, Solidarität, Gerechtigkeit, soziale Sicherheit und Gleichheit gekennzeichnet sind. Die materiell-technische, ökonomische, politische und geistig-kulturelle Aktivität des Menschen sprengt eine traditionelle Grenze nach der anderen.«[276]

Dies festzustellen, bedeutet keinesfalls die Gefahren, vor denen die Menschheit steht, in irgendeiner Weise zu verkleinern. Der Grundsatz unserer marxistisch-leninistischen Weltanschauung, die Wirklichkeit so zu nehmen, wie sie ist, hat auch in diesem Zusammenhang volle Gültigkeit. Wir übersehen nicht das Ausmaß der Gefahren. Wir wissen um das Problem des Hungers in großen Teilen der Welt. Wir sehen, daß die Beziehungen zwischen Gesellschaft und Natur aus dem Gleichgewicht zu geraten drohen. Wir kennen die Entwicklungsprobleme in den Ländern der »dritten Welt«, die Kluft zwischen wirtschaftlich entwickelten und rückständigen Ländern. Und vor allem sehen wir die große Gefahr, die über der Menschheit schwebt: die Gefahr eines alles vernichtenden Nuklearkrieges. Damit besteht erstmals die Möglichkeit des physischen Untergangs der Menschheit, »nicht durch äußere, kosmische Einwirkungen, sondern durch Faktoren, die Produkt ihrer eigenen Geschichte sind«[277].

Aber zugleich sind diese Gefahren eine große Herausforderung an die Menschheit, sich den Anforderungen der Zeit zu stellen. Die Voraussetzungen dafür sind gegeben. Denn es ist der Realität nicht angemessen, »*unser gemeinsames Dasein als Menschheit in erster Linie oder sogar ausschließlich aus der Gemeinsamkeit der Gefahren abzuleiten*. Es ist nicht das prägende Charakteristikum menschlicher Zivilisation, die Gefahr ihres eigenen Untergangs hervorgebracht zu haben! Die Menschheit verfügt auch über nie dagewesene Möglichkeiten und Perspektiven, Erfahrungen und praktische Lösungen, wo bislang nur allzuoft Sehnsucht, Utopie oder Spekulation das Feld beherrschten. Und die Frage nach den Chancen, nach den Beziehungen zwischen Möglichkeiten einerseits, Gefahren andererseits, nach den Perspektiven menschlichen Handelns«[278] führt uns zu dem Gedanken, daß wir in einer Epoche leben, in der sich der Übergang vom Kapitalismus zum Sozialismus vollzieht, und auf einem Teil der Welt schon vollzogen hat.

»So ist die Welt, in der wir kurz vor Anbruch des dritten Jahrtausends leben, eine Welt voller Hoffnungen, denn noch nie waren die Menschen so allseitig für die Weiterentwicklung der Zivilisation gerüstet.«[279]

4.1.2. Der Mensch zwischen Natur und Gesellschaft oder Was ist der Mensch?

Einer der großen Antriebe des Denkens und Handelns der Alternativen ist das Bestreben, von aller Fremdbestimmtheit frei zu sein. Sie wollen alles selber machen, was ihr Leben betrifft. Sie wollen selbst entscheiden über ihre Zukunft, ihr selbst einen Sinn geben. Sie wollen nicht mehr »Verhältnissen der Entfremdung« unterworfen sein, sondern diese überwinden. Da sie aber die Ursache für Entfremdung noch primär in den ideellen Erscheinungen des Überbaus der kapitalistischen Gesellschaft suchen, spielen Deutungsmuster psychoanalytischer Herkunft eine besondere Rolle. Denn wer auf eine materialistische Erklärung der Gesellschaft verzichtet – bewußt oder unbewußt – bzw. noch nicht zu ihr vorgedrungen ist, der wird die Rolle psychischer und biologischer Vorgänge im menschlichen Leben stärker herausstellen. Von daher ergibt sich fast zwingend, daß psychoanalytisches Gedankengut einen wichtigen Platz in der alternativen Ideologie einnimmt.

Das von Sigmund Freud (1856–1939) geschaffene Werk,[280] das unter der Bezeichnung »Psychoanalyse« Verbreitung fand, ist überaus komplex. Es behandelt verschiedene Bereiche der psychischen Lebenstätigkeit sowie des sozialen Verhaltens der Menschen und versucht, die zwischen ihnen bestehenden Beziehungen und Zusammenhänge aufzudecken. Ein wichtiger Grund dafür sind sicher die spezifischen Bedingungen, unter denen sich Ideologieproduktion und -verbreitung unter kapitalistischen Verhältnissen, vor allem in Krisenzeiten, vollziehen. Einerseits gehört dazu, daß die sozialen Prozesse in einer Weise dargestellt und erklärt werden, wonach für die großen sozialen Widersprüche und Krisenprozesse die Verursachung durch die sozialökonomischen Verhältnisse des Kapitalismus vernachlässigt bzw. verdeckt wird. Andererseits werden dadurch Deutungsmuster anziehend für die Menschen, in denen ihre Erfahrungen von der Widersprüchlichkeit und den leidvollen Seiten des individuellen Daseins zum Ausdruck gebracht werden und so der Eindruck erweckt wird, daß diese Probleme gelöst werden könnten, ohne soziale Verhältnisse grundlegend zu ändern.

Freud begründete eine philosophische Auffassung vom Menschen, die aus Beobachtungen am Einzelindividuum hergeleitet wird, und wonach man sein Verhalten und seine Entwicklungspotenzen aus naturhaften Anlagen abzuleiten versucht. Der gesamte gesellschaftliche Prozeß vollziehe sich – so Freud – nach dem Muster der individuellen neurotischen Entwicklung: auf der einen Seite das Individuum, das nach Triebbefriedigung, in diesem Sinne nach Glück, strebt, auf der anderen Seite die Gesellschaft, die im Interesse ihres Funktionierens Triebverzicht fordern muß. Der verdrängte Trieb sucht sich einen Ausweg – er wendet sich der Arbeit, der Kunst, der Wissenschaft zu, Kultur wird als Erzeugnis des Triebverzichts gesehen. Daraus ergibt sich dann auch das Unbehagen des Menschen in der Gesellschaft. Um diesen Kern dreht sich Freuds ganze Geschichtsbetrachtung, worin der Mechanismus seiner geschichtsphilosophischen Theoriebildung deutlich wird: Aus dem individuellen Bereich wird in den gesellschaftlichen Bereich extrapoliert. Es ist das der Analogieschluß vom Individuum auf die Gesellschaft.[281]

Es ist jedoch auch auf der Basis einer solchen Theorie möglich, auf besorgniserregende Entwicklungen in den kapitalistischen Ländern aufmerksam zu machen, ohne allerdings reale Wege der Veränderung angeben zu können. Die weltanschaulichen Überlegungen von Alexander Mitscherlich (1909 bis 1982) belegen das. Mitscherlich gehört zu jenen Vertretern bürgerlicher Gesellschaftskritik, die in der Nachfolge Freuds die Kulturkritik dazu benutzten, auf Fehlentwicklungen in den westlichen kapitalistischen Industriegesellschaften hinzuweisen. Im Sinne seiner an Freud orientierten Interpretation sozialer und kultureller Entwicklung interessiert er sich vor allem für psychosomatische Auswirkungen unkontrollierten technischen Fortschritts, die er unter dem spezifischen Blickwinkel städtischer Lebensweise oder genauer der »Selbstzerstörung städtischer Kultur« untersucht.

Mitscherlich, der die »Unwirtlichkeit unserer Städte«[282] anhand vieler Tatbestände aufdeckt, registriert mit Sorge den Verfall der städtischen Hochkultur, die einmal Trägerin der Aufklärung gewesen sei. Er versteht seine Gesellschafts- und Kulturkritik als Mittel der Aufklärung und verfolgt das Ziel, unklares Mißbehagen ins öffentliche Bewußtsein zu heben. Zu diesem Zweck versucht er jene Faktoren im »Binnenraum der technischen Zivilisation« aufzudecken, die einer freien Entwicklung menschlicher Fähigkeiten hinderlich im Wege stehen. Als Mediziner spricht er von biopathologischen Symptomen der industriellen Massenzivilisation als Folge verfehlter städtebaulicher Entwicklung. Dabei nimmt er durchaus auch soziale Prozesse in den Blick und prangert die bestehenden Besitzverhältnisse an Grund und Boden sowie die bornierte Profitgier an. Da seine Kritik auf der bürgerlichen »Industriegesellschaftstheorie« basiert, trifft er die tatsächlichen Ursachen menschlicher Deformation im Kapitalismus nicht bzw. nur ungenau, letztlich nur ihre oberflächliche Erscheinung.

Zu Beginn der achtziger Jahre beunruhigte Mitscherlich die Zuspitzung der globalen Menschheitsprobleme. Er nahm die Vielzahl bedrohlicher Ereignisse in der Welt, vor allem die Kriegsgefahr, zum Anlaß, nach der menschlichen Kultureignung und Kulturfähigkeit in der Gegenwart zu fragen.[283]

Diese Gefahren sieht er – psychoanalytischer Theorie gemäß – primär durch Tatbestände im Individuellen verursacht. In seiner Sicht ist die gleiche Triebstruktur für konstruktive wie destruktive Kulturfähigkeit verantwortlich. Auftretendes rücksichtsentbundenes Verhalten mit seinen für die Außenwelt kulturzerstörerischen Folgen wertet er als Ausdruck einer Verschiebung der Herrschaftsverhältnisse im psychischen Geschehen zugunsten einfacher strukturierter, primitiverer Motivationen. Mitscherlich spricht von einem »unaufhörlichen Wachstum der technischen Zivilisation«. Für den Menschen besteht nun – ob er will oder nicht – die Situation darin, mit dieser »technischen Zivilisation« fertig zu werden, und dies sei an zwei Bedingungen gebunden. Das ist einmal die wachsende Werkzeugintelligenz als Kennzeichen technischer Zivilisation und zum anderen die »Einübung des Affektausdrucks in den spezifischen Regeln der Gruppe«. Auf diese Weise soll erreicht werden, was Freud »organisierte Kultureignung« genannt hat.

Mitscherlich stellt aber fest, daß trotz dieser Bedingungen, unter denen menschliches Leben sich vollzieht und die Fähigkeit des Menschen zum Leben in einer Gesellschaft entwickelt wird, noch immer Gefahren destruktiven Verhaltens drohen. Der an der Psychoanalyse Freuds geschulte Mitscherlich erklärt das so, daß immer eine Koexistenz primitiver Reaktionsweisen bestehen bleibe. Das Individuum muß antagonistische Kräfte aushalten, sie in einem Gleichgewichtszustand, der durchaus in bestimmten Grenzen dynamisch sein kann, stabilisieren. Diese Kräfte sind die natürlichen Triebanlagen auf der einen und die durch die Gesellschaft geprägten Normen, Werte, Sitten auf der anderen Seite. Nach diesem Deutungsmuster steht der Mensch zwischen Natur und Gesellschaft, wobei je nach sozialem Engagement des Psychoanalytikers die eine oder die andere Seite stärker gewichtet wird.

Mitscherlich erklärt von dieser Grundlage aus Leid und Unterdrückung aus unbewältigter Aggressionslust und einer offensichtlich kaum eindämmbaren Aggressionsneigung der Menschheit, deren Quellen und Ursachen nicht genau zu bestimmen seien. So gesehen, liegen die Ursachen für Aggressivität und Leid primär im Wesen des

Menschen selbst begründet. Aber Mitscherlich spricht doch die Hoffnung aus, daß es den industriell-technisierten Kulturen der Menschheit gelingen möge, die Kultureignung und effektive Selbstkontrolle so zu stärken, daß die außerordentlichen Naturkräfte vom Menschen beherrscht werden können.

Gegen die gesellschaftstheoretischen Überlegungen Mitscherlichs sind ernsthafte Einwände vorzubringen, nicht so sehr gegen seine Darstellungen individueller psychischer Vorgänge und auch der psychischen Folgen sozialer Prozesse im Kapitalismus. Das Problem liegt da, wo Mitscherlich Beobachtungen am einzelnen Individuum als Erklärungsmuster für gesellschaftliche Vorgänge benutzt.

Mit der Ansicht von der »Verschiebung der Herrschaftsverhältnisse im psychischen Geschehen zugunsten primitiver Motivationen« lassen sich die wirklichen Herrschaftsverhältnisse von historisch konkreten Gesellschaftsordnungen nicht erfassen. Bleiben die sozialökonomischen Verhältnisse außerhalb der Betrachtung, ist das Wesen einer jeweiligen Gesellschaft nicht bestimmbar. Wird die Bedeutung der Produktion als materielle Grundlage für jede gesellschaftliche Entwicklung nicht erkannt, dann kann auch das Problem der Zunahme von Aggressivität, das Mitscherlich um die Wende zu den achtziger Jahren konstatiert, nicht befriedigend gelöst werden, und damit bleibt dem Friedenswillen die entscheidende soziale Stützung versagt.

Aber bei allen kritischen Einwänden, die gegen die philosophischen Grundlagen seines Denkens erhoben werden müssen, ging es Mitscherlich mit seinem Wirken doch darum, »im Interesse jedes einzelnen Menschen und des Fortbestehens der menschlichen Kultur aufklärende Forschung zu betreiben«[284] und mit seinen Mitteln für ein menschenwürdiges Leben einzutreten. In diesem

Bestreben wissen wir uns mit Mitscherlich und vielen anderen eins, so auch mit der alternativen Bewegung.[285]

Das grundsätzliche Ziel der alternativen Bewegung ist die Schaffung einer humanistischen Gesellschaft. In diesem Streben haben die Alternativen auch Streiter an ihrer Seite, die, wie Mitscherlich, von bürgerlichen Positionen aus sich für mehr Menschlichkeit und Gerechtigkeit in der Welt einsetzen. Unter ihnen ragt Erich Fromm (1900 bis 1980) heraus. Fromms Werk ist zugleich direkt von großer Bedeutung für die alternative Bewegung: *erstens* im Hinblick auf die Zeitdiagnose, die er stellt. Dabei wirkt besonders seine Analyse der kapitalistischen Wirklichkeit und deren Auswirkungen auf das einzelne Individuum in der kapitalistischen Welt; *zweitens* hinsichtlich der Kennzeichnung und Charakterisierung gesellschaftlicher Zielvorstellungen, also besonders seiner Vorstellungen von einer humanistischen Gesellschaft und der Zeichnung eines Menschenbildes, das einer solchen Gesellschaft entspricht; *drittens* in bezug auf die Vorstellungen Fromms von den Wegen, die zu gehen sind, um jener Vision zum Leben zu verhelfen, von der er und alle, die mit ihm sind, glauben Hoffnung und Kraft beziehen zu können. *Viertens* schließlich wirkt Fromms Analyse der Ursachen für Destruktivität und Aggressivität in der Welt und im Verhalten der Menschen zueinander.

Von besonderer Wichtigkeit sind dabei die populär geschriebenen Schriften Fromms »Haben oder Sein. Die seelischen Grundlagen einer neuen Gesellschaft«[286](1976) und die Untersuchung zur »Anatomie der menschlichen Destruktivität«[287](1973), die Millionenauflagen erlebten. In »Haben oder Sein« unterscheidet Fromm als Antriebe menschlichen Verhaltens die »Existenzweise des Habens« und die »Existenzweise des Seins«. Die »Existenzweise des Habens« ist dabei das inhumane Prinzip der Entmenschlichung, der ausschließlichen Orientierung auf

Gewinn, Konsum, Habgier, Besitz. Sie ist nach Fromm charakteristisch für eine unmenschliche Gesellschaft. Denn für ihn leitet sich das Habens-Prinzip von einer Gesellschaft ab, die »auf den drei Säulen Privateigentum, Profit und Macht ruht«[288]. Damit ist deutlich, daß sich Fromms Beschreibung und Kritik auf die kapitalistische Gesellschaft bezieht. In dieser sind »Erwerben, Besitzen und Gewinnmachen« die »geheiligten und unveräußerlichen Rechte des Individuums in der Industriegesellschaft«.[289] Menschliche Werte werden veräußerlicht, die Menschen seien nach außen hin freudig, aber innerlich arm und traurig. Das Habens-Prinzip wirke notwendig, denn es werde durch die soziale und ökonomische Struktur des Kapitalismus reproduziert. Nach Fromm führt die »Existenzweise des Habens« dazu, daß es »keine lebendige Beziehung« mehr gibt »zwischen mir und dem, was ich habe. Es und ich sind Dinge geworden, und ich habe *es*, weil ich die Möglichkeit habe, es mir anzueignen. Aber es besteht auch die umgekehrte Beziehung: *Es hat mich*, da mein Identitätsgefühl bzw. meine psychische Gesundheit davon abhängt, es und so viele Dinge wie möglich zu haben. Die Existenzweise des Habens wird nicht durch einen lebendigen, produktiven Prozeß zwischen Subjekt und Objekt hergestellt. Sie macht Subjekt und Objekt zu Dingen. Die Beziehung ist tot, nicht lebendig.«[290]

Damit greift Fromm zugleich eine große und wichtige Problematik auf – die des Humanismus. Im Kern geht es dabei um eine scheinbar sich recht einfach anhörende Alternative, wie es Dieter Bergner einmal ausdrückte: »Wer soll über wen herrschen? Die Menschen über die Dinge, oder die Dinge über die Menschen? Besteht das Ziel aller menschlichen Tätigkeiten in dem Bestreben, die Dinge der Natur und die vom Menschen selbst produzierten Sachen zu besitzen, und ist dieses Etwas-haben-zu-Wollen Inhalt und Sinn des menschlichen Lebens? – oder ist nicht vielmehr die intellektuelle, moralische und kulturelle Höherentwicklung der Menschen die eigentliche Aufgabe aller Bestrebungen und Aktivitäten.«[291]

Die Klassiker des Marxismus-Leninismus haben für die Verwirklichung der humanistischen Ideale die wissenschaftlichen Grundlagen erarbeitet. Die Marxsche Erkenntnis, daß die Aneignung der Natur und ihrer Güter auf dem Wege der rationellen Organisation des durch die Arbeit vermittelten Stoffwechsels zwischen Mensch und Natur nicht Selbstzweck ist, sondern Mittel zur Entfaltung aller schöpferischen Kräfte des Menschen, ist jene Auffassung, mit der die Ideale des Humanismus auf eine wissenschaftliche Grundlage gestellt wurden. Zugleich wurde damit der Weg für die schrittweise Verwirklichung der humanistischen Ideale ausgearbeitet. Diese Ideen von Marx, Engels und Lenin sind auch Richtschnur des Handelns der befreiten Werktätigen beim Aufbau des Sozialismus. Indem sie unter Führung der marxistisch-leninistischen Partei der Arbeiterklasse bewußt die sozialistischen Produktionsverhältnisse gestalten, lernen sie zugleich, ihre eigenen Lebensverhältnisse zu beherrschen, werden sie Herren ihres eigenen Schicksals. »Damit wird zum erstenmal in der Geschichte ein wirklich und in vollem Sinne humanistischer Weg der gesellschaftlichen Produktion beschritten, der es ermöglicht, den wissenschaftlich-technischen Fortschritt mit der immer besseren Entfaltung der schöpferischen Kräfte der Menschen zu verbinden. Das ist die dem Sozialismus gemäße Form der Entwicklung der Produktivkräfte der Gesellschaft.«[292] Die Resultate sind überzeugender Beweis für die Menschlichkeit der sozialistischen Gesellschaftsordnung. In diesem Zusammenhang ist auch auf die große Kulturtat zu verweisen, die die Lösung der Wohnungsfrage als soziales Problem darstellt, auf die umfassende Förderung von Kultur, Bildung, Wissenschaft, auf die soziale Sicherheit und Zukunftsgewißheit der Menschen und vieles mehr. Der Wert dieser großen humanistischen Leistungen ist noch klarer zu begreifen, wenn man sie mit der Situation im Kapitalismus vergleicht. Dabei zeigt sich, daß die produktiven Kräfte der kapitalistischen Gesellschaft gegen die Lebensinteressen der Werktätigen eingesetzt werden. Das grundlegende Bewegungsgesetz dieser Gesellschaft ist die Jagd nach maximalem Profit. In seinem Ergebnis werden die Reichen immer reicher und die Armen immer ärmer.

Aufgabe und Sinn sozialistischen Arbeitens, der »Kern der sozialistischen Revolution und ihrer Perspektiven besteht im Gegensatz dazu darin, daß *jeder* Fortschritt der Produktivkräfte, *jede* wissenschaftliche Leistung, *jede* Steigerung der gesellschaftlichen Produktivität die Bedingungen und Möglichkeiten für die Höherentwicklung der Menschen, ihrer schöpferischen Kräfte, ihres moralischen und geistigen Antlitzes erweitern«[293]. Dabei erweist sich überzeugend: »Die sozialistische Gesellschaft wird selbst um so reicher, je reicher sich die Individualität ihrer Mitglieder entfaltet, und sie schafft dafür mit ihrem Fortschreiten immer günstigere Bedingungen.«[294] Die Bestimmung der Einheit von Wirtschafts- und Sozialpolitik als Hauptkampffeld der Werktätigen im Sozialismus, als der Punkt, von dem sich alle Aufgaben ableiten und auf den alle Tätigkeit hinzielt, ist realer, wirksamer und tagtäglich praktizierter Humanismus. Diese Politik bedeutet damit die Verwirklichung jahrhundertealter Ideale. Dabei spielt die Wissenschaft eine herausragende Rolle. Sie ist das belebende Feuer in diesem Entwicklungsprozeß der sozialistischen Gesellschaft.

Die Wissenschaft ist eine mächtige Kraft, die den Menschen die Herrschaft über die Natur und über sich selbst ermöglicht. Es ist in diesem Zusammenhang zu fragen, ob es sich um Herrschaft im Sinne schrankenloser Willkür oder um Herrschaft im Sinne humanistischer Verantwortung für das Leben handelt? Goethe hat diese Problematik in seinem kleinen Gedicht »Gefunden«[295] dargestellt:

Ich ging im Walde
So für mich hin,
Und nichts zu suchen,
Das war mein Sinn.

Im Schatten sah ich
Ein Blümchen stehn,
Wie Sterne leuchtend,
wie Äuglein schön.

Ich wollt es brechen,
Da sagt' es fein:
»Soll ich zum Welken
Gebrochen sein?«

Ich grub's mit allen
Den Würzlein aus,
Zum Garten trug ich's
Am hübschen Haus.

Und pflanzt es wieder
Am stillen Ort;
Nun zweigt es immer
Und blüht so fort.

Goethes Einstellung zur Naturforschung wird hier auf eindrucksvolle Weise deutlich.

Erich Fromm hat an diesem Gedicht den Unterschied zwischen der »Existenzweise des Habens« und der des »Seins« expliziert. Für ihn ist Goethe ein leidenschaftlicher Anwalt des Lebens und Kämpfer gegen die »Zerstükkelung und Mechanisierung des Menschen«, der »in vielen Gedichten für das Sein und gegen das Haben Partei ergriffen« hat.[296] Der Rückgriff auf klassisches humanistisches Gedankengut ist etwas Charakteristisches für humanistisch gesinnte spätbürgerliche Denker.

Uns weist dieses Gedicht auf das Kernproblem der Verbindung von Wissenschaft und Humanismus hin. Stets ist die Frage zu stellen, mit welchem Ziel intellektuelle Neugier, wissenschaftliches Erkenntnisstreben eingesetzt werden. Wenn die Wissenschaft benutzt wird, um Raubbau an den Ressourcen der Erde zu betreiben und die Menschen zu unterdrücken, dann ist das ein antihumanistischer Weg; er kann zur Vernichtung der Welt führen. Wenn Wissenschaft dagegen zur Veränderung der natürlichen und gesellschaftlichen Existenzbedingungen der Menschheit betrieben und entwickelt wird mit dem Ziel der Höherentwicklung, dann erfüllt sie ihren humanistischen Auftrag. Wenn das Ziel der Wissenschaft nicht darin besteht, »die Mühseligkeit der menschlichen Existenz zu erleichtern«, kann die Kluft zwischen ihr und der Menschheit eines Tages so groß werden – so läßt Brecht seinen »Galilei« sagen –, daß der »Jubelschrei über irgendeine neue Errungenschaft von einem universellen Entsetzensschrei beantwortet werden könnte«.[297]

Fromm möchte den Habens-Standpunkt überwinden helfen. Er hält es für möglich, zum Seins-Standpunkt überzugehen. Aber wie soll das geschehen? Letztlich reduziert sich dieser Weg zur Überwindung des Habens-Standpunktes auf einen Entscheidungsakt des Individuums. Dieses müsse sich »einfach« entscheiden, die »Existenzweise des Habens« zu verlassen und sich zur »Existenzweise des Seins« bekennen, in der man nach Fromm nichts hat und nichts begehrt, »sondern voller Freude ist, seine Fähigkeiten produktiv nutzt und eins mit der Welt ist«.[298]

Hier offenbart sich das Illusionäre der Konzeption von Fromm. Wie soll dieser Entscheidungsakt vorbereitet werden? Etwa ausschließlich durch Aufklärung? Ist die Gesellschaftsänderung, die Schaffung einer Gesellschaft, in der nicht das Habens-, sondern das Seins-Prinzip dominiert, auf dem Wege eines durch Läuterung des einzelnen Individuums vorbereiteten Entscheidungsakts zu vollziehen? Doch wohl nicht. Es fällt deswegen Fromm auch schwer, reale Wege anzugeben, wie dieser Weg zu gehen ist. Doch wenn er sich entschließt, praktische Beispiele für die Entscheidung zugunsten der »Existenzweise des Seins« anzugeben, wird die Dürftigkeit seiner Vorstellungen deutlich. Da sieht er in der Entscheidung einiger junger Menschen, sich zu Sekten zusammenzuschließen und Lehren zuzustimmen, die das Prinzip der Besitzlosigkeit predigen, ein nachahmenswertes Beispiel, um vom Habens- zum Seins-Standpunkt überzugehen.[299]

Dieser Vorschlag erinnert sehr an Schopenhauers Auffassung, daß der Mensch alle Interessen fahren lassen, sich eine asketische Lebensweise aneignen solle, für das die Bettelmönche des Mittelalters das Beispiel seien. Das kann doch wohl nicht der Weg für die Werktätigen kapitalistischer Länder sein, der Unmenschlichkeit ihrer Gesellschaftsordnung zu entkommen, und auch kein Weg für die Besitzenden, den Habens-Standpunkt aufzugeben. Die theoretische und politische Unhaltbarkeit seiner Konzeption wird damit offenbar. Trotz dieses grundlegenden Einwands bleibt es die anzuerkennende Leistung des bürgerlichen Humanisten Erich Fromm, den Menschen in der bürgerlichen Gesellschaft in bestimmter Weise die Unmenschlichkeit der kapitalistischen Ordnung gezeigt zu haben. Er analysiert dabei nicht »die äußere Not des Menschen im Kapitalismus, sondern seine innere, unreflektierte, nicht selten durch äußere Wohlfahrt überdeckte Verlassenheit – verlassen von der Grundbestimmung des Menschen, zu sein, wirklich das zu sein, was man zu sein vermag, freudvoll, produktiv, eins mit der Welt«[300].

Welche Wesensmerkmale spricht Fromm der neuen humanistischen Gesellschaft zu, und wie ist diese seiner

Meinung nach zu schaffen? Wenn die Menschen jemals frei werden sollen, dann sei eine radikale Änderung des Wirtschaftssystems vonnöten: Den ersten entscheidenden Schritt auf dieses Ziel hin sieht er in der Ausrichtung der Produktion auf einen »gesunden und vernünftigen Konsum«[301]. Und dieser ist für ihn nur möglich, wenn das Recht der Aktionäre und Konzernleitungen, über ihre Produktion ausschließlich vom Standpunkt des Profits und Wachstums zu entscheiden, drastisch eingeschränkt wird. Um dies zu erreichen, sind »militante Verbraucherorganisationen« aufzubauen, »die sich des ›Verbraucherstreiks‹ als Waffe bedienen«.[302]

Zur Gestaltung einer am Sein orientierten Gesellschaft müssen nach Fromm alle ihre Mitglieder sowohl ihre ökonomischen als auch ihre politischen Funktionen aktiv wahrnehmen. Das heißt, daß eine Befreiung von der »Existenzweise des Habens« nur möglich ist, *»wenn es gelingt, die industrielle und politische Mitbestimmungsdemokratie ... voll zu verwirklichen«.*[303] Dazu seien Hunderttausende von Nachbarschaftsgruppen (mit je zirka 500 Mitgliedern) zu bilden, die sich selbst als permanente Beratungs- und Entscheidungsgremien konstituieren und über Grundsatzfragen auf den Gebieten der Außenpolitik, der Wirtschaft, des Gesundheits- und Bildungswesens usw. entscheiden. Die aktive Mitbestimmung im politischen Leben erfordere maximale Dezentralisierung von Politik und Wirtschaft. Dementsprechend sollten die Regierungsaufgaben nicht von Staaten wahrgenommen, sondern relativ kleinen Verwaltungsbezirken übertragen werden. Die Dezentralisierung in der Industrie soll kleinen Sektoren eines Unternehmens mehr Entscheidungsbefugnisse verschaffen und die Riesenkonzerne in kleinere Einheiten aufbrechen. Zugleich wird die Ersetzung des *»bürokratischen durch ein humanistisches Management«* angestrebt, und in der kommerziellen und politischen

Werbung sollen *»alle Methoden der Gehirnwäsche«* verboten werden.[304]

Die Kluft zwischen den *»reichen und den armen Nationen«* soll geschlossen werden. Fromm ist der Meinung, daß eine Katastrophe nur abzuwenden ist, wenn Hunger und Krankheit unter Kontrolle gebracht werden. Dafür hält er die Hilfe der reichen Länder für unabdingbar. Diese Hilfe soll von den Industrienationen ohne Rücksicht auf Profite und politische Vorteile organisiert werden.

Weiter meint Fromm, daß viele Übel der heutigen Gesellschaften (nach seiner Auffassung der kapitalistischen und der sozialistischen) durch die Garantie eines jährlichen Mindesteinkommens zu beseitigen wären. Eine weitere fundamentale Voraussetzung der Humanisierung der Gesellschaft ist für ihn die Befreiung der Frauen von patriarchalischer Herrschaft. Die »wachsende Bewegung zur Befreiung der Frau« hat für ihn eine unerhörte Tragweite, »weil sie das Machtprinzip bedroht, auf dem die heutige Gesellschaft ... aufgebaut ist ... Falls die Frauenbewegung ihre eigene Rolle und Funktion als Vertreterin von ›Antimacht‹ begreift, werden die Frauen einen entscheidenden Einfluß auf den Kampf um eine neue Gesellschaft ausüben können.«[305] Schließlich ist die atomare Abrüstung eine unabdingbare Voraussetzung einer neuen Gesellschaft. Fromm bekräftigt damit seinen Standpunkt, daß der Weg zur Friedenssicherung über die Öffnung des Weges zur Abrüstung führt.

Dieses Resümeé macht Stärken und Schwächen in Fromms Gesellschaftsentwurf deutlich, dessen grundlegende Gedanken breit in der alternativen Bewegung wiederzufinden sind, ohne im einzelnen in der vorgestellten Weise direkt aufgenommen zu werden. Fromms Überlegungen sind Beispiele der Suche nach einer Alternative im Denken und in den Lebensformen. »Die neue Gesellschaft und der neue Mensch werden nur Wirklichkeit werden, wenn die alten Motivationen – Profit und Macht – durch neue ersetzt werden: Sein, Teilen, Verstehen; wenn der Marktcharakter durch den produktiven, liebesfähigen Charakter abgelöst wird und an die Stelle der kybernetischen Religion ein neuer, radikal-humanistischer Geist tritt.«[306]

Fromms Standpunkt läßt sich wohl am ehesten in der Weise zusammenfassen: Er glaubt, daß die Schaffung eines »neuen« Menschen der Punkt sei, von dem aus sich die ganze Welt, die Welt, in der »die alten Motivationen – Profit und Macht« gelten, aus den Angeln heben läßt. In diesem Sinne fordert er, daß der neue Mensch alle Formen des Habens aufgeben müsse, um ganz sein zu können.

Ganz im Geiste psychoanalytischer Deutungsmuster sieht Fromm letztlich die entscheidenden Hindernisse bei der Herausbildung des »neuen« Menschen im Menschen selbst, in bestimmten naturhaften Anlagen des Menschen angesiedelt. Die Rolle gesellschaftlicher Verhältnisse wird nicht in der ihnen zukommenden Weise gewertet, eine sozialökonomische Analyse der kapitalistischen Gesellschaft nicht vorgenommen. Das zeigt sich auch anschaulich in seiner Schrift »Die Anatomie der menschlichen Destruktivität«. Er versucht, darin für die Destruktivität im menschlichen Leben, wie Krieg, Gewalt, Brutalität und Aggressivität, biologische Ursachen ausfindig zu machen, nicht etwa die entscheidenden gesellschaftlichen. So schreibt er: »Ich habe mit der Untersuchung der Aggression und Destruktivität nicht nur deshalb angefangen, weil sie zu den grundlegenden theoretischen Problemen der Psychoanalyse gehören, sondern weil die Welle der Destruktivität, die die Welt überschwemmt, diese Untersuchung auch auf praktischem Gebiet höchst bedeutungsvoll erscheinen läßt.«[307] Er hält dabei Auffassungen für unakzeptabel, die davon ausgehen, daß Krieg, Verbrechen, persönliche Streitereien und alle Arten destruktiven und sadistischen Verhaltens, einem phylogenetisch programmierten, angeborenen Instinkt entspringen, der sich zu entladen sucht und auf den geeigneten Anlaß wartet, sich Ausdruck zu verschaffen.[308]

Die durch die Psychoanalyse wesentlich geprägte Position läßt ihn beim Menschen zwei völlig verschiedene Arten der Aggression unterscheiden.

Da ist zum einen die – so bezeichnete – »gutartige« Aggression. Diese hat der Mensch mit allen Tieren gemeinsam; sie ist ein phylogenetischer Impuls, anzugreifen oder zu fliehen, sobald lebenswichtige Interessen bedroht sind. Diese Art der Aggression dient damit dem Überleben des Individuums und der Art; sie ist biologisch angepaßt und erlischt, sobald die Bedrohung nicht mehr vorhanden ist.

Diese »gutartige« Aggression wird unterschieden von der »bösartigen«, das heißt der Destruktivität und Grausamkeit. Die »bösartige« Aggression ist nun nach Fromm nur für den Menschen charakteristisch, denn sie fehlt praktisch bei den meisten Säugetieren; sie ist nicht phylogenetisch programmiert und nicht biologisch angepaßt, sie dient keinem Zweck, und ihre Befriedigung ist lustvoll. Fromm beschreibt diesen seinen Standpunkt als einen »soziobiologischen«. Er versucht, nun Destruktivität und Grausamkeit genauer zu erfassen bzw. ihre Ursachen präziser zu bestimmen. Dabei glaubt er, einen eigentümlichen Widerspruch zu entdecken. Destruktivität und Grausamkeit bringen in seiner Sicht zum Ausdruck, »*daß das Leben im Bestreben, sich einen Sinn zu geben, sich gegen sich selbst kehrt*. Sie sind die einzige echte Perversion. Sie zu verstehen, heißt nicht, sie zu verzeihen. Doch solange wir sie nicht verstehen, haben wir nicht die Möglichkeit zu beurteilen, wie sie einzudämmen sind und welche Faktoren die Tendenz haben, sie zu verstärken.«[309] Und warnend hebt er hervor, damit zugleich den Alternativen grundlegende theoretische Hilfsmittel liefernd, daß der Wahlspruch der Falangisten »Lang lebe der Tod« zum geheimen Prinzip einer Gesellschaft zu werden droht, »in der der Sieg der Maschine über die Natur den Inbegriff des Fortschritts auszumachen scheint und in der der lebendige Mensch zum Anhängsel der Maschine wird«.[310]

Wenn Fromm also meint, Destruktivität und Grausamkeit bedeuten, daß sich das Leben im Bestreben, sich einen Sinn zu geben, gegen sich selbst kehre, dann heißt das, daß deren Ursache also letztlich im Menschen selbst liege. Und weiter ergibt sich dann daraus die Schlußfolgerung, daß es zweifelhaft sei, ob die Zurückdrängung der »bösartigen« Aggression gelingen kann und die »gutartige« Aggression sich durchzusetzen vermag.

Aber Fromms Überlegungen reduzieren sich nicht auf das Dargelegte. Denn er sieht die Möglichkeit zur humanen Gestaltung menschlicher Existenz dann aber doch in der Gestaltung einer menschenwürdigen Gesellschaft. Diese Sichtweise wird allerdings nicht zum tragenden Grundgedanken seiner Untersuchung der Aggressivität gemacht. In diesem Sinne schreibt er: »Wir müssen die Bedingungen dafür schaffen, daß die Entwicklung des Menschen, jenes unvollendeten Wesens – wie es einzig in der Natur vorhanden ist – zum obersten Ziel aller sozialen Bestrebungen gemacht wird.«[311] Darauf aufbauend kommt der bürgerliche Marxkenner zu jener Feststellung, die ihn, ohne daß er seinen bürgerlichen Horizont überschreitet, als einen humanistisch denkenden und handelnden Menschen ausweist: »Echte Freiheit und Unabhängigkeit und das Ende aller Formen ausbeuterischer Herrschaft könnten die Liebe zum Leben wirksam werden lassen, jene Kraft, die allein die Liebe zum Tod besiegen kann.«[312]

Mit dieser Einsicht kommt der bürgerliche Humanist soweit, wie man als bürgerlicher Denker überhaupt nur kommen kann. Fromm stößt hier an die Grenzen der kapitalistischen Gesellschaft vor, ohne sie zu überschreiten. Aber er formuliert es als wünschenswert, als Ziel, alle Formen ausbeuterischer Herrschaft zu beseitigen, und was kann das anderes heißen, als daß er die kapitalistischen Ausbeutungsverhältnisse für Krieg, Gewalt und Grausamkeit, permanenten Konflikt verantwortlich macht. Und dies zu Recht. Wir heben diese Position Fromms heraus und würdigen sie. Dabei übersehen wir nicht, daß sich Fromm zu verschiedenen Zeiten zu negativen Äußerungen über die sozialistische Gesellschaftsordnung hinreißen ließ, ohne sich je ernsthaft der Realität in den sozialistischen Ländern zuzuwenden und sie vorurteilsfrei zu studieren.

Fromms Forderung nach Erneuerung der menschlichen Gesellschaft, in der die Ausbeutung beseitigt ist, reduziert sich letztlich auf die Forderung an das einzelne Individuum, der Liebe zu den Mitmenschen mehr Raum zu geben und sich selbst zu ändern, damit andere gesellschaftliche Verhältnisse entstehen können. Er vermochte es auch nicht, jene sozialen Klassenkräfte ausfindig zu machen, die in gemeinsamer Kraftanstrengung die Misere der kapitalistischen Welt verändern könnten. Bewußtseinsveränderungen der Menschen als Voraussetzung für gesellschaftliche Veränderungen maß Fromm eine überhöhte Bedeutung zu. Vor allem aber war er nicht in der Lage, den Zusammenhang zwischen dem Verändern der Zustände, der gesellschaftlichen Verhältnisse, und der Veränderung des Menschen im Prozeß der Veränderung seiner Umstände zu erfassen.

Diese Mängel führen zu sozialen Ungenauigkeiten in den Zielsetzungen und auch in der Kennzeichnung der Kräfte, die sich einem friedlichen Miteinanderleben der Menschen entgegensetzen. Eben weil Fromm keinen realen Weg zur Überwindung des menschlichen Dilemmas aufzeigen kann, wird sein Gesellschaftsentwurf zur Utopie. Dabei hätte dem an Marx geschulten Denker nicht entgehen dürfen, daß die sozialen Verhältnisse des Kapitalismus die Entfaltungsbedingungen für die nekrophilen Leidenschaften bieten. Aber für ihn bleibt dominant, über eine Besserung des Menschen eine allgemeine Verbesserung der Gesellschaft anzustreben.[313]

Wenn es aber richtig ist, daß – wie Marx bewies – die gesellschaftlichen Verhältnisse des Kapitalismus, die kapitalistischen Produktionsverhältnisse mit ihrem Kern, den Eigentumsverhältnissen, Verhältnisse der Ausbeutung des Menschen durch den Menschen und entscheidend für die Destruktion des Menschen sind, dann ergibt sich notwendig die Schlußfolgerung, daß der Schlüssel zur Veränderung des Menschen in der grundlegenden Umwälzung der Produktionsweise zu finden ist.

All diese Schwächen in Fromms Theorie sind nicht zu übersehen. Aber in einer Zeit, in der nach wie vor einflußreiche imperialistische Kreise davon ausgehen, daß es Wichtigeres als den Frieden gibt, ist eine theoretische und politische Position, wonach der Frieden das wichtigste Gut der Menschheit ist und mit der sich ihre Verfechter für die Wahrung der Menschenwürde und die Schaffung menschenwürdiger Verhältnisse einsetzen, ein unerläßlicher Beitrag in dem Ringen der Menschheit zur Verhinderung eines nuklearen Infernos.

Man kann sich der Einschätzung anschließen, daß Fromms Daseinsanalyse, in die er Denkformen psychologischer und psychoanalytischer Herkunft zur Bestimmung des Befindens des jeweiligen historischen Subjekts einbringt, bemerkenswert ist, aber seine Schlußfolgerungen, die ja wesentlich durch die psychoanalytische Konzeption bestimmt werden, sind unrealistisch und kaum brauchbar.[314]

Sowohl mit den Leistungen aber auch mit den Grenzen

der Überlegungen Erich Fromms identifizieren sich so manche Anhänger der ökologisch-alternativen Bewegungen. In einer Grußbotschaft an die 7. Bundesversammlung der Partei Die Grünen Ende 1984 hat die bekannte Schriftstellerin und ehemalige Kandidatin der Partei Die Grünen für das Amt des Bundespräsidenten der BRD, Luise Rinser, geschrieben: »Man versteht Euch als DIE Alternative zum kollektiven Selbstmord. ... Man beginnt zu ahnen, daß Ihr Neues bringt, daß Ihr die potentiellen Schöpfer einer neuen Zeit sein könnt. Mit den Worten des Psychologen und Philosophen Erich Fromm gesagt: Man spürt, daß Ihr nicht der Nekrophilie verfallen seid, das heißt dem Männlich-Zerstörerischen, wozu der Krieg gehört, ..., sondern daß Ihr entschieden Euch dem Biophilen verschrieben habt, das heißt dem Leben und dem Schützen alles Lebendigen.«[315]

Wenn auch die Sympathie von Luise Rinser für Die Grünen, die sie mahnt, nicht nur Partei, sondern auch alternative Bewegung zu bleiben, deren Rolle überzeichnet, so verdeutlichen ihre Worte doch auch den Versuch, soziale Bewegungen mit den Kategorien des Denkgebäudes von Erich Fromm zu erfassen und diese zu popularisieren. Sie verdeutlichen aber vor allem ein leidenschaftliches Bekenntnis zum Frieden und eine unerbittliche Feindschaft gegen den Krieg. In dieser Haltung Luise Rinsers und jener Hörer der Grußbotschaft, die ihr zustimmten, gibt es mit den Marxisten-Leninisten, die entschiedene Friedenskämpfer sind, volle Übereinstimmung.

4.1.3. Freiheit oder Autorität?

Eine wesentliche weltanschauliche Quelle der alternativen Ideologie und zugleich einer der wesentlichsten Aspekte ihres Inhalts ist der philosophische Anarchismus. Damit wird an die Strömung kritisch-bürgerlicher Philosophie angeknüpft, die die Geschichte der Philosophie seit den Junghegelianern und Max Stirner durchzieht. Nach Hans Heinz Holz brachte die »fortschreitende Desavouierung der bürgerlichen Libertät und Liberalität« durch die gesellschaftliche Praxis diese Rebellion in Gang. Sie konnte jedoch, »weil ihrer theoretischen Ausgangslage die Klasseninteressen des Bürgertums inhärierten, nur abenteuerliche Alternativen produzieren, die letztlich wieder in den ideologischen Mechanismus der Hegemonie des Bürgertums einmündeten«.[316]

Diese Kontinuität liegt also in der Spezifik kleinbürgerlicher Theoriebildung begründet. Das Kleinbürgertum sah sich zu Beginn des 19. Jahrhunderts um die gewünschten Ergebnisse der bürgerlichen Revolution betrogen, gleichzeitig stellte es das Hauptpotential des Widerstands gegen die Restauration. Später kam noch die Angst vor der sozialen Revolution der Arbeiterklasse hinzu. Das Kleinbürgertum ist in seiner Ideologie von jeher hin- und hergerissen zwischen Ablehnung und Kritik des Kapitalismus und dem Verbleiben in den Grenzen bürgerlicher Reproduktionsbedingungen. Eine mögliche Artikulationsform dieser Lage ist der philosophische Anarchismus. Grundmuster ist darin die absolute Entgegensetzung von Freiheit und Autorität. Für den Sproß eines alten russischen Adelsgeschlechtes und Anarchisten Pjotr A. Kropotkin (1842–1921) ist der Anarchismus ganz in diesem Sinne »die Bezeichnung für ein Prinzip oder eine Theorie des Lebens und des Verhaltens, derzufolge man sich die Gesellschaft ohne Regierung vorstellt. In einer solchen Gesellschaft wird die Harmonie nicht durch die Unterordnung unter ein Gesetz oder den Gehorsam gegenüber einer Autorität, sondern durch freie Vereinbarungen zwischen verschiedenen territorialen und professionellen Gruppen erreicht, die sich zur Regelung der Produktion und des Verbrauchs sowie zur Befriedigung der unendlichen Vielfalt von Bedürfnissen und Wünschen eines zivilisierten Wesens frei zusammenfinden.«[317]

Dem philosophischen Anarchismus ist ein subjektivistischer Grundzug eigen. Vorbereitet durch die »Philosophie des Selbstbewußtseins« der Brüder Bruno und Edgar Bauer, führte Max Stirner den Subjektivismus bis zur Endkonsequenz fort. Die Befreiung des Individuums war für Stirner nur möglich als egoistische Auflehnung des konkreten Einzelwesens, des »Einzigen«, gegen die Gesellschaft. Die Ideale der Französischen Revolution von 1789, Freiheit, Gleichheit, Brüderlichkeit, sowie wichtige Elemente des utopischen Sozialismus und Kommunismus, das heißt die Kritik an den kapitalistischen Eigentums- und Verteilungsverhältnissen und die Forderung nach Sozialisierung der Produktion und der Verteilung, wurden vom kleinbürgerlichen Sozialismus in den Anarchismus eingebracht. Der Hauptvertreter dieser Richtung war Pierre-Joseph Proudhon (1809 bis 1865). Für ihn bestand die Ursache der Pauperisierung breiter Massen in der Konzentration des Eigentums, und die Ursache dafür wiederum sah er in der Existenz staatlicher Herrschaft. Die soziale Befreiung des Menschen bedeutet für ihn demzufolge die Beseitigung staatlicher Herrschaft und die gleichmäßige Verteilung des Eigentums. Er forderte die Schaffung kleiner Produktionseinheiten und als eine dieser ökonomischen Organisation adäquate politische Organisationsform den Föderalismus.

Einer der Theoretiker der Alternativbewegung, E. F. Schumacher, greift dies auf, wenn er den Gegensatz von Freiheit und Ordnung mit dem Gegensatz von Zentralisierung und Dezentralisierung koppelt und erklärt: »Wir brauchen die Freiheit sehr vieler kleiner unabhängiger Einheiten ...«[318] Theodor Leuenberger und Rudolf Schilling versuchen mit dem Begriff Zentralisierung die gegenwärtige »moderne« Gesellschaft zu beschreiben und mit dem Begriff Dezentralisierung die anzustrebende »nachmoderne« Gesellschaft zu entwerfen. »Modernität heißt Herrschaft einer geradlinigen Rationalität, in der alles berechnet, vorausgesagt, quantifiziert und zugeordnet werden kann. Jeder Lebensbereich muß Teil einer klaren, kontrollierbaren, organisierbaren Ordnungsstruktur werden. Dieses Ordnungsgefüge ist zentralistisch.« Und weiter: »Der Begriff ›nachmodern‹ meint ein mehrdeutiges, vielgesetzliches, dezentralisiertes Gefüge. Das will nicht heißen, daß die Nachmoderne ohne Ordnung sei, jedoch, daß sie von vielen Ordnungsmodellen gleichzeitig geprägt ist. Diese Ordnungen sind offen und von begrenzter, vorläufiger Gültigkeit. In ihnen ist es gesellschaftlichen Gruppen möglich, ihre eigenen Ziele zu formulieren und ihre eigenen Organisationsformen zu finden. Die Nachmoderne hat sich gelöst von der Zielvorstellung eines ein für allemal harmonisch geordneten Stabilitätszustandes, der durch einmalige Planungsakte zentraler Instanzen erreicht werden könnte.«[319]

Derartige gegensätzliche Begriffspaarungen ziehen sich durch die gesamte Alternativtheorie, wobei dem Kult gegenüber der einen Seite immer die absolute Verdammung der anderen Seite entspricht. So haben wir im technischen und sozialen Bereich die Richtung klein gegen groß (»small is beautiful«), »mittlere Technologie« gegen Großtechnologie, kleine Wirtschaftseinheiten gegen Großbetriebe, kleine Kommunen gegen Urbanisierung. Dem entspricht in der Politik die Wendung der Basis gegen die Zentrale und in der Ökologie biophile Lebensformen gegen technische Produktionsweise.

Einen ganzen Katalog dieser Vorstellungen stellte der US-amerikanische Wissenschaftler Robin Clarke zusammen:

»*hart, mit Wachstum*	*sanft, mit Nullwachstum*
ökologisch gefährlich	ökologisch eingepaßt
hoher Energiebedarf	niedriger Energiebedarf
Naturentfremdung	Naturintegration
Zerstörung lokaler Kultur	Erhaltung lokaler Kultur
Innovation motiviert durch Profit und Krieg	Innovation motiviert durch Bedürfnisse
Leistung steigt mit Größe	Leistung steigt durch Begrenzung«[320]

Hier soll nicht die technische und naturwissenschaftliche Unhaltbarkeit dieser Alternativen nachgewiesen werden. Hieran soll vielmehr gezeigt werden, daß die ideologische Wurzel dieser Position im philosophischen Anarchismus liegt und letztlich auf die Gegenüberstellung von Freiheit und Autorität zurückzuführen ist.

Die abstrakte undialektische Gegenüberstellung von »gut und böse« kritisierte Marx schon an Proudhon. Wenn wir im folgenden »Gleichheit« durch »Freiheit« und die abgeleiteten Konkretisierungen ersetzen, haben wir genau das Verfahren des philosophischen Anarchismus und so manchen Vertreters alternativen Denkens. »Von jetzt ab ist die gute Seite eines ... Verhältnisses stets diejenige, welche die Gleichheit (Freiheit – *d. Verf.*) bekräftigt, die schlechte diejenige, welche sie verneint und die Ungleichheit (Autorität – *d. Verf.*) stärkt. Jede neue Kategorie ist eine Hypothese des Genius der Gesellschaft behufs Ausmerzung der von der vorhergehenden Hypothese geschaffenen Ungleichheit. Mit einem Wort: Die Gleichheit ist die *ursprüngliche Absicht*, die *mystische Tendenz*, das *providentielle Ziel*, welches der Genius der Gesellschaft beständig vor Augen hat, indem er sich im Zirkel der ökonomischen Widersprüche herumdreht.«[321]

Es gibt Versuche, soziale Utopien in den Vordergrund alternativer Zukunftsmodelle zu stellen. So führt für Murray Bookchin, der in der BRD stark publiziert wurde, die Konsequenz der Ökologie in ein anarchistisches Gesellschaftsmodell.[322] Die Idee, die Wurzel der Herrschaft des Menschen über den Menschen im Herrschaftsanspruch des Menschen über die Natur zu suchen, geht schon auf die Theoretiker des Anarchokommunismus Pjotr A. Kropotkin und Éliseé Reclus (1830 bis 1905) zurück, die gleichzeitig einige wichtige theoretische Grundlagen der modernen Ökologie antizipierten.[323] Der behauptete Zusammenhang zwischen Unterdrückung von Menschen und Ausbeutung der Natur zwingt zur Schlußfolgerung, daß die Aufhebung des einen der Beseitigung des anderen bedarf.

Es fließen nicht nur die föderalistischen sozialen Organisationsmodelle Proudhons und Bakunins in die moderne Alternativbewegung ein; auch gewisse asketische Züge eines proklamierten Konsumverzichts sind tradierte Denkhaltungen des Anarchismus. Die Alternativbewegung besinnt sich darauf, »daß die Anarchisten ... dem Ziel des ständigen materiellen Fortschritts und der Philosophie vom Wirtschaftswachstum abgeschworen hatten. Sie zogen bereitwillig in Erwägung, daß ein zufriedenstellendes Dasein in Freiheit nicht nur möglich wäre, sondern daß es im Zusammenhang mit einer differenzierteren Auffassung von technologischem Fortschritt auch leichter zu gewinnen und leichter zu behaupten sei, eine Auffassung, welche den Überfluß nicht für etwas unverzichtbar Gutes ansah.«[324]

Ethnische Gruppen, die in einem scheinbaren oder wirklichen ökologischen Gleichgewicht leben, mit anderen Worten, gegenwärtig noch existierende Jäger- und Sammlerkulturen, sollen als Beleg dafür dienen, daß anarchistische Gesellschaftsmodelle funktionsfähig sind. Dem Argument, daß diese Gesellschaften durch einen niedrigen Entwicklungsstand der Produktions- und Lebensweise gekennzeichnet seien, wird ethnographisches Material entgegengehalten.[325] So argumentiert Marshal Sahlins, daß das Leben in der Altsteinzeit nicht äußerst dürftig war, sondern daß die Gesellschaft der »primitiven Jäger« als die »ursprüngliche Wohlstandsgesellschaft« anzusehen ist. »Im allgemeinen versteht man unter einer Wohlstandsgesellschaft eine Gesellschaft, in der alle Bedürfnisse leicht zu befriedigen sind; und wenn wir auch gern diesen glücklichen Zustand als alleinige Errungenschaft der industriellen Zivilisation ansehen, so spricht mehr für die Jäger und Sammler ... Denn Bedürfnisse werden entweder dadurch, daß man viel produziert, oder dadurch, daß man wenig begehrt, ›leicht befriedigt‹ ...«[326] Dies vorausgesetzt, haben die Jäger- und Sammlerkulturen zwar wenig Besitztümer, sind aber nicht arm. Somit wäre die neolithische Revolution die Erbsünde der Menschheit. Unbestritten ist, daß hier die Anfänge der Klassengesellschaft liegen und somit der historische Ursprung von Ausbeutung und Unterdrückung. Gibt es aber einen Weg zurück? Nach Marvin Harris ist der heutige Begriff vom Lebensstandard sehr fragwürdig und die Vorstellung vom Elend der Steinzeit unzutreffend.[327] Wenn dem so wäre, dann wäre allerdings der Zen-Weg zum Wohlstand, nämlich Minimierung der Bedürfnisse und Eingrenzung der technischen Hilfsmittel, tatsächlich der Ausweg. Daß die Forderung nach Rücknahme des erreichten Lebensstandards den konservativen Versuchen zum verstärkten Sozialabbau durchaus angenehm ist, sei an dieser Stelle nur angemerkt. Es wird sogar argumentiert, daß niedriger Lebensstandard hoher materieller Wohlstand sein kann. Und ganz in diesem Sinne heißt es bei Sahlins: »... ein Volk, daß sich zur Zen-Methode bekennt, kann sich eines unvergleichlichen materiellen Reichtums erfreuen, wenn auch sein Lebensstandard sehr niedrig sein mag.«[328]

Dem zuzustimmen hieße, die menschlichen Bedürfnisse zu anthropologischen Konstanten zu erklären. Bedürfnisse sind aber, abgesehen von den animalischen Grundbedürfnissen, in erster Linie sozialökonomisch determiniert. Sie entwickeln sich in enger Wechselwirkung mit den Produktivkräften und den Produktionsverhältnissen. Durch diese objektiven Faktoren werden die Bedürfnisse geweckt und wird das Maß ihrer technischen und sozialen Realisierbarkeit abgesteckt. Darüber hinaus werden in der imperialistischen Ausbeutungsgesellschaft durch Manipulation Bedürfnisse im Profitinteresse und gegen die Interessen des bedürftigen Subjekts geweckt. Derartige »Bedürfnisse«, die zerstörerisch auf das Individuum (wie Rauschgift) oder auf das Verhältnis Gesellschaft – Natur (wie die überzogene Produktion von Wegwerfartikeln) wirken, existieren also auch nicht unabhängig von der Determination durch sozialökonomische Verhältnisse. Deshalb ist die Überwindung destruktiver Bedürfnisse und von Entfremdung nicht auf dem Feuerbachschen Wege der Rücknahme der Gattungseigenschaften in den Menschen, oder wie es in moderner Terminologie lautet, durch den »Aufbau einer Politik und Technologie der Leiblichkeit«,[329] möglich. Den realen Weg, der darin besteht, »*alle Verhältnisse umzuwerfen*, in denen der Mensch ein erniedrigtes, ein geknechtetes, ein verlassenes, ein verächtliches Wesen ist«[330], wies Marx bereits in den vierziger Jahren des vorigen Jahrhunderts.

Allein ein Vergleich der Zahl der Weltbevölkerung zwischen Paläolithikum und Gegenwart dürfte klarmachen, daß die Überwindung der ökologischen Probleme auf der Grundlage der Jäger-und-Sammler-Wirtschaft, auch wenn die materiellen Bedürfnisse auf Ernährung, Kleidung und Wohnung reduziert würden, unmöglich ist.

Ein typisches und oft verwendetes Muster anarchistischer Zukunftsvorstellungen entwickelte Kropotkin mit der von ihm angestrebten Vereinigung von Landwirtschaft, Industrie und Handwerk zu einer Art Kommune:

»Wenn wir also von den Scholastikern unserer Lehrbücher umkehren und das menschliche Leben als ein Ganzes betrachten, werden wir bald entdecken, daß es bei aller Anerkennung des Nutzens der *zeitweiligen* Arbeitsteilung höchste Zeit ist, den Nutzen der *Arbeitsergänzung* zu fordern. Die politische Volkswirtschaftslehre hat bisher hauptsächlich auf die *Teilung* Gewicht gelegt. Wir verkünden dagegen die *Ergänzung*; und wir behaupten, daß das Ideal einer Gesellschaft – d. h. der Zustand, auf den die Gesellschaft schon hinstrebt, – eine Gesellschaft mit ergänzender, vereinigter Arbeit ist. Eine Gesellschaft, in der jedes Wesen gleichzeitig körperliche und geistige Arbeit leistet; wo jeder körperlich befähigte Mensch ein Arbeiter ist, und wo jeder Arbeiter gleichzeitig auf dem Feld und in der industriellen Werkstätte schafft; wo jede Gemeinschaft, die groß genug ist, um über eine gewisse Mannigfaltigkeit natürlicher Hilfsquellen verfügen zu können – es kann eine Nation oder lieber noch nur ein Bezirk sein –, das Meiste seiner eigenen landwirtschaftlichen und industriellen Erzeugnisse selbst herstellt und verbraucht.«[331]

Bei aller wohlwollenden Kenntnisnahme solcher Überlegungen, deren Realisierung alle Entfremdung beseitigen soll, muß doch darauf verwiesen werden, daß die Grenzen dieser Vorstellungen sich beim Versuch ihrer praktischen Realisierung zeigen müßten, zumal offensichtlich der Entwicklungsgang der Produktivkräfte in seiner Notwendigkeit nicht in erforderlichem Maße berücksichtigt wird. Was hier als erstrebenswerter gesellschaftlicher Zustand gefordert wird, ist unmöglich auf Dauer im Rahmen des Kapitalismus, aber auch nicht auf seinen Trümmern aufzubauen. Solche Utopien haben aber in der einen oder anderen Weise den Versuch ihrer Realisierung erfahren.

Im Vordergrund der Überlegungen zu alternativen Sozialutopien steht immer wieder die kleine Gemeinschaft, die kleine soziale Gruppe. Sie ist – wie man meint – die

Einheit, die die Überlebensprobleme der Gegenwart lösen könne. Da sie überschaubar ist, könne in einer solchen Gemeinschaft jedes Problem gelöst werden. Yona Friedman geht beispielsweise von Überlegungen der mathematischen Gruppentheorie aus. In ihrer Anwendung auf die Gesellschaft formuliert er das »Gesetz der kritischen Gruppe«: »Eine Gesellschaft oder Umwelt mit einer bestimmten Struktur ... kann nicht mehr als eine *feststehende Anzahl* von Elementen (Menschen, Dingen und Bedingungen) enthalten.«[332] Die »kritische Gruppe« wird definiert durch die größtmögliche Anzahl obengenannter Elemente, bei der gerade noch die Funktionsfähigkeit der Gruppe erhalten ist. Nun hängt aber die Größe der Zahl von naturgesetzlichen Bedingungen ab und könne nicht durch Kenntnisse, Technologie oder Ideologie verändert werden. Die Ursache der Entfremdung des Menschen sieht Friedman in der Überschreitung der für den Menschen charakteristischen »kritischen Gruppe«. In der von ihm entwickelten Utopie, die stark an die anarchistischen Ideen William Godwins[333] erinnert, geht es um die Auflösung der großen Gemeinschaften, der globalen Infrastruktur und Kommunikation und um die Bildung kleiner egalitärer, nichthierarchischer, wettbewerbsfreier Gemeinschaften, die untereinander kaum oder gar nicht kommunizieren. Im einzelnen sind die Ansichten Friedmans sicher genau zu analysieren, aber ein grundsätzlicher gesellschaftstheoretischer Mangel liegt im konzeptionellen Vorgehen. Man kann den Charakter einer Gesellschaft nicht aus der quantitativen Struktur oder aus dem Umfang ihrer sozialen Gruppen herleiten. Die qualitative Bestimmtheit der Gesellschaft, die aus den sozialökonomischen Verhältnissen und den daraus hervorgehenden politischen und ideologischen Verhältnissen abgeleitet wird, bleibt bei Friedman unberücksichtigt. Es sind im Prinzip die gleichen Mängel, wie sie bereits dem ersten Bericht an den Club of Rome anhafteten, die sich auch bei Friedman wiederfinden. Das Gefühl der Entfremdung ergibt sich also in dieser Auffassung primär aus einer Überschreitung der für den Menschen ertragbaren Größe der Gemeinschaft, der man angehört bzw. in der man lebt oder leben muß.

Entfremdung bedeutet allerdings nicht einfach die Erfahrung eines Gegensatzes. Vielmehr bedeutet sie die »Erfahrung der Ohnmacht gegenüber dem, was man selbst in Gang gesetzt, in Bewegung gebracht, erzeugt hat, die Erfahrung, daß Ergebnisse des eigenen Handelns aufgrund bestimmter Zusammenhänge, die man selbst nicht durchschaut oder beeinflussen kann, sich in etwas verwandeln, das sich nicht nur von mir entfernt, mir gegenübertritt, sondern in Gegensatz zu mir gerät, mich bedroht, eine mir fremde Macht darstellt«[334].

Die Sicht auf gesellschaftliche Tatbestände hängt dabei davon ab, welchen Platz soziale Kräfte in der Gesellschaft einnehmen. Marx und Engels schrieben, diesen Zusammenhang in bezug auf die Entfremdungsproblematik erhellend: »Die besitzende Klasse und die Klasse des Proletariats stellen dieselbe menschliche Selbstentfremdung dar. Aber die erste Klasse fühlt sich in dieser Selbstentfremdung wohl und bestätigt, weiß die Entfremdung als *ihre eigne Macht* und besitzt in ihr den *Schein* einer menschlichen Existenz; die zweite fühlt sich in der Entfremdung vernichtet, erblickt in ihr ihre Ohnmacht und die Wirklichkeit einer unmenschlichen Existenz.«[335]

Wenn das so ist, daß sich in der Erfahrung sowohl dem Bourgeois als auch dem Arbeiter ihre Situation als Entfremdung geltend macht, dann ist die Frage nach der Brauchbarkeit, aber auch Begrenztheit des Begriffs »Entfremdung« gestellt. Sein Nutzen besteht wohl darin, daß er Erlebbares und Erfahrbares beschreibt. »Der Mensch vermag sich schnell wiederzufinden in dem, was da beschrieben wird, er vermag sich zu identifizieren. Die Erfahrung ist nachvollziehbar, überprüfbar.«[336] Die Beschränktheit ... des Begriffs »Entfremdung«, der zwar eine wichtige allgemeine Möglichkeit, eine bestimmte Gesellschaft zu erfahren, widerspiegelt, besteht darin, daß diese »Erfahrung aber nur den ersten Schritt bei der geistigen Aneignung der Realität darstellt, die wesentlichen objektiven Ursachen dieser Erfahrung, das Wesen hinter der Erscheinung, werden damit noch nicht erschlossen, so daß das Beharren auf der Ebene der Erfahrung verhängnisvolle Konsequenzen nach sich ziehen kann. Die Erfahrung der Entfremdung (der Sinnlosigkeit) läßt sich weltanschaulich von sehr unterschiedlichen Positionen aus verarbeiten.«[337]

Wie wir wissen, offenbarte sich nach dem Sieg der bürgerlichen Revolution in Frankreich, daß die Ideale, mit denen die französische Revolution in den Kampf zog, nicht verwirklicht wurden. Im Gegenteil, der Sieg der bürgerlichen Verhältnisse führte zum Aufbrechen tiefer sozialer Widersprüche und vermittelte das Erlebnis der Entfremdung, auf das in unterschiedlicher Weise reagiert wurde, so durch die Romantik, den utopischen Sozialismus, durch Hegel, aber auch durch den Anarchismus. So resümiert Kropotkin: »Um die Idee, von der das Bürgertum von 1789 erfüllt war, richtig zu verstehen, muß man sie nach ihren Ergebnissen beurteilen ... Die Zentralisation der Gewalten, die heutzutage im Gange ist, hatte weder die Vollendung noch die Gleichförmigkeit erreicht, die wir heute an ihr gewahren. Dieser furchtbare Mechanismus, der auf einen Befehl, der in irgendeiner Hauptstadt erlassen wird, alle Männer eines Volkes kriegerisch bewaffnet in Bewegung setzt und sie hinauswirft, um die Verheerung auf die Felder und die Trauer in die Familien zu tragen; die Länder, die von einem Netz von Verwaltungsbeamten überzogen sind, deren Persönlichkeit durch ihren bureaukratischen Lebensgang völlig ausgelöscht ist und die den Befehlen, die von einem Zentralwillen ausgehen, mechanisch gehorchen; diese passive Unterwürfigkeit der Staatsbürger unter das Gesetz und dieser Kultus des Gesetzes, des Parlaments, des Richters und seiner Handlanger, den wir heutzutage bemerken; diese hierarchische Pyramide gebändigter Beamten; dieses Netz von Schulen, die vom Staat unterhalten oder geleitet werden, wo man den Kultus der Macht und den passiven Gehorsam lehrt; diese Industrie, die in ihrem Räderwerk den Arbeiter zermalmt, den der Staat ihr überläßt; dieser Handel, der unerhörte Reichtümer in den Händen derer ansammelt, die den Boden, die Bergwerke, die Verkehrswege und die Schätze der Natur an sich gerissen haben, und der den Staat ernährt; diese Wissenschaft endlich, die zwar das Denken befreit und die Produktivkräfte der Menschheit verhundertfacht hat, die sie aber zu gleicher Zeit dem Recht des Stärkeren und dem Staat unterwerfen will ...«[338] Diese Einschätzung Kropotkins verweist natürlich zugleich auf wichtige inhaltliche Positionen anarchistischen Aufbegehrens, das nach Lenin dem Kleineigentümer, dem Kleinbesitzer entspricht, »weil er unter dem Kapitalismus ständiger Unterdrückung und sehr oft einer unglaublich krassen und raschen Verschlechterung der Lebenshaltung und dem Ruin ausgesetzt ist, leicht in extremen Revolutionarismus verfällt, aber nicht fähig ist, Ausdauer, Organisiertheit, Disziplin und Standhaftigkeit an den Tag zu legen«[339].

Wesentliche Kennzeichen und Forderungen des Anarchismus sind: Jede Macht und Autorität pervertieren das menschliche Zusammenleben und sind daher abzulehnen; erst ihre Abschaffung sichert die totale Freiheit; nur die Spontaneität der Massen, nicht ihre Organisiertheit, politische Reife und Bewußtheit bringt grundlegende gesellschaftliche Veränderungen hervor; nur diese Stellung des Menschen entspricht seiner Natur.[340] Erinnert sei in diesem Zusammenhang an die Einschätzung Lenins, »Anarchismus ist umgestülpter bürgerlicher *Individualismus*«.[341]

Wie wir aus der Geschichte des Anarchismus bis in die unmittelbare Gegenwart hinein wissen, erlauben anarchistische Positionen – in gewissen Grenzen – durchaus bündnisfähiges Verhalten.[342] Dafür steht das philosophische und politische Wirken des Jean-Paul Sartre ein, der in der Tradition des philosophischen Denkens Stirners, Fichtes, aber auch Nietzsches, Husserls und Heideggers stand, mit Hegels Philosophie vertraut war und in einer bestimmten Periode seines Schaffens sich stark an marxistischem Denken orientierte und sich Positionen der kommunistischen Bewegung näherte.[343] Hervorzuheben ist sein Engagement für den Frieden und für die nationale Unabhängigkeit der Völker. Er ergriff in diesen Fragen entschieden Partei und wandte sich im Zusammenhang mit dem Krieg der USA gegen Vietnam gegen eine Position, die die Verursacher des Krieges entlastet: »Es gibt keinen Menschen, der nicht der Sache der Vietnamesen dienen müßte wie seiner eigenen und wie der Sache des Friedens. Es wäre unsinnig zu behaupten, wie manche Zeitungen es taten, daß auch wir – indem wir den Vietnamesen mit allen Mitteln helfen, die Amerikaner aus Vietnam zu verjagen – uns für die eine der kriegführenden Seiten gegen die andere entschieden und folglich Krieg führten. In Wahrheit ist die einzige Ursache des Krieges heute der Imperialismus, und solange ein Land durch Gewalt einem anderen Land unterworfen ist, bleibt die Drohung eines weltweiten Konfliktes bestehen.«[344]

Sartre wollte den Vietnamesen mit allen Mitteln helfen, die Amerikaner aus Vietnam zu vertreiben. Deshalb unterstützte er die vom 93jährigen Lord Bertrand Russell im Sommer 1966 ergriffene Initiative, ein »Internationales Tribunal gegen die Kriegsverbrechen in Vietnam« zu gründen. Sartre sagte die Mitarbeit sofort zu und nahm an der Gründungssitzung in London am 14. und 15. November 1966 teil. Er wurde zum Exekutiv-Präsidenten des Tribunals gewählt. Seine Motive und den Sinn des Tribunals sieht er ausdrücklich unter Bezugnahme auf den Nürnberger Kriegsverbrecherprozeß so: »Wenn auch in Wirklichkeit die Entwicklung der Geschichte sich nicht nach Recht und Moral richtet – die im Gegenteil ihr Produkt sind –, so üben diese beiden Überbauformen dennoch eine ›Rückwirkung‹ auf sie aus. Das erlaubt, eine Gesellschaft nach den Maßstäben zu beurteilen, die sie selbst aufgestellt hat. Es ist also völlig normal, sich zu gegebener Zeit zu fragen, ob diese oder jene Handlung nicht das Gebiet des ›Nützlichen‹ oder des ›Schädlichen‹ überschreitet und unter den Spruch einer internationalen Rechtsprechung fällt, die sich nach und nach konstituiert hat.« Auf den Einwand, manche werden den Vorwurf erheben, das Russell-Tribunal urteile nicht nach dem gleichen Maß über Amerikaner und Vietnamesen, antwortete Sartre: »Ich lehne es ab, die Handlung einer Gruppe gejagter armer Bauern, die in ihren Reihen eine eiserne Disziplin durchzusetzen gezwungen sind, gleichzusetzen mit einer riesigen, von einem überindustrialisierten Land von 200 Millionen Einwohnern gestützten Armee ... Während des Algerienkrieges habe ich es stets abgelehnt, den Terrorismus der Bombenattentate, der die einzige den Algeriern verfügbare Waffe war, mit den Handlungen und Übergriffen einer das ganze Land besetzenden reichen Armee von 500000 Mann auf eine Ebene zu stellen. Das gleiche gilt für Vietnam.«[345]

Die Erfahrung des Algerien- und Vietnamkrieges, von der Sartre hier spricht, wurde in den fünfziger und sechziger Jahren nicht nur für ihn, sondern für die politische Entwicklung vieler Intellektueller, Jugendlicher und Studenten in den imperialistischen Metropolen wichtig. Das begründete Verständnis für die Kampfformen der in Notwehr und für ihre Unabhängigkeit gegen übermächtige Kolonialmächte kämpfenden Völker verband sich mit dem Gefühl der Ohnmacht der eigenen Proteste und führte bei nicht wenigen Gegnern des Vietnam-Krieges in den imperialistischen Ländern zu einer Radikalisierung. Ihnen erschien es notwendig, zwei, drei, viele Vietnams zu schaffen, um den amerikanischen Imperialismus zu besiegen. Sie hielten es für moralisch unerträglich, im Wohlstand lebend, mit Unterschriften und Reden allein gegen Folter, Napalm, Völkermord kämpfen zu wollen, zu müssen. Diese Situation fand ihren philosophisch-ideologischen Ausdruck in den Theorien von Herbert Marcuse und anderen, auf die später noch einzugehen ist.

Auch bei Sartre wurde die seit früher Jugend aus einem moralischen Rigorismus erwachsende radikale Negation der bürgerlichen Gesellschaft nach dem Mai 1968, nach dem Umschlagen von euphorischen Revolutionserwartungen in Resignation hinsichtlich revolutionärer Veränderungen in den kapitalistischen Ländern als politischer Radikalismus sichtbar, in dem seine anarchistische Grundposition wieder stärker zum Vorschein kam.

Im Zusammenhang mit der Studentenbewegung der sechziger Jahre war insgesamt eine Reaktivierung der anarchistischen Tendenz im Rahmen der linksradikalen Bewegung zu verzeichnen. Typisch war dafür das Konzept der Brüder Gabriel und Daniel Cohn-Bendit im Frankreich des Jahres 1968. Sie orientierten den Protest ihrer Kommilitonen auf Selbstverwaltung, auf Spontaneität und gegen jegliche Autorität, und dies auch prononciert gegen die Arbeiterbewegung.[346] Der von Cohn-Bendit repräsentierte Flügel der Pariser Studenten proklamierte als unmittelbares Nahziel den Sturz der kapitalistischen Gesellschaftsordnung, den Aufbau des Sozialismus. Eine besondere

Rolle wurde dabei der Intelligenz zugemessen, der eine Leitfunktion als intellektuelle Avantgarde zukommen sollte. Eine solche Auffassung gehört zu den klassischen Irrtümern der anarchistischen Bewegung. Schon Michail Bakunins »Internationale Sozialdemokratische Vereinigung«, die innerhalb der I. Internationale eine Spalterfunktion ausübte, war von der Idee ausgegangen, kleine Stoßtrupps der Revolution müßten die Massen durch Propaganda und provokatorische Aktionen mobilisieren und mitreißen können, ohne sich an deren realen Interessen und an deren Bewußtseinsinhalten orientieren zu müssen.

Diese Überschätzung des agitatorischen Moments bestimmte auch die Anfänge der Studentenbewegung in der BRD, die etwa durch das Selbstverständnis Rudi Dutschkes charakterisiert werden können. In seiner Untersuchung der »jugendlichen Rebellionsbewegung« hält Walter Hollstein diese Phase fest: »Rudi Dutschke resümierte: ›Die laue Oppositionsbewegung ist tot, der spontane Widerstand, sehr oft noch in völlig unorganisierter Form, hat begonnen ... Überall bilden sich ›selbst ernannte Avantgarden‹, die, völlig autonom und von keiner Zentrale organisiert beziehungsweise manipuliert, den von ihnen als notwendig erkannten Kampf gegen Manipulation und Unterdrückung der schöpferischen Fähigkeiten des Menschen begonnen haben. Darin liegt die Stärke dieser antiautoritären Bewegung, daß die praktisch-kritische Tätigkeit der Antiautoritären der reale Ausdruck der eigenen Bedürfnisse und Interessen der Individuen ist.‹ Dutschke gab an, daß die jugendliche Protestbewegung überall ›die für die Bewußtwerdung der Menschen entscheidenden Kettenglieder‹ besitzt, ›die Straßen der großen Städte‹ beherrscht und mit ›mobilisierenden Massenveranstaltungen‹ eine ›wirkliche Vermassung der Idee der sozialistischen Befreiung außerhalb der Schüler- und Studentenbewegung‹ zu realisieren, beabsichtigt. ... Die überwiegende Mehrheit wollte derweil nichts von Revolution, aber viel von Reform wissen.«[347]

Mit den siebziger Jahren, den zunehmenden ökonomischen Krisenprozessen und dem Abbau der bürgerlichen Demokratie, ist die Hoffnung auf die Durchsetzung von Autonomie, auf die Möglichkeit des »Aussteigens« insbesondere unter der Jugend wieder bedeutend breiter geworden. Entsprechend radikalisierten sich die Ausbruchsversuche. Hausbesetzungen wurden dann für die Hausbesetzer, die häufig arbeits- und damit zukunftslose Jugendliche waren, zum Kampf um »befreite Gebiete«. So wurde aus einem besetzten Luftschutzbunker in Zürich eine »autonome Republik Bunker«.[348] Dieser Name ist mehr als nur eine zufällig gewählte Bezeichnung. Er symbolisiert eine ganze Geisteshaltung.

Die Erfahrung der Unterdrückung durch die bestehende Herrschaftsordnung wird im Anarchismus zur völligen Negation einer jeweils bestehenden Herrschaftsordnung und damit der Befreiung des Individuums von und gegenüber der Gesellschaft. In der gesellschaftlichen Praxis läuft diese Theorie auf die individuelle Aktion gegen jede Manifestation gesellschaftlicher Ordnung überhaupt hinaus. Das Individuum bleibt auf sich selbst zurückgeworfen, auch in Gemeinschaft mit anderen ist die Aktion privat und geht letztlich nicht auf die Herstellung menschlicherer Verhältnisse in der Gesellschaft aus, sondern beschränkt sich auf das Heraustreten des Individuums aus der Gesellschaft. Anstelle einer unterdrückenden Herrschaftsordnung wird nicht eine solidarische herrschaftslose Ordnung, sondern die Zerstörung von Ordnung schlechthin konzipiert. Eine solche Theorie und die aus ihr resultierende Praxis verfehlt unvermeidlich ihr Ziel, die Beseitigung der bestehenden Ordnung. Denn da eine Mehrzahl von Menschen nie ohne eine gesellschaftliche

Ordnung miteinander leben kann, zumal sich Gesellschaftsformationen in einem naturhistorischen Prozeß entwickeln und damit nicht in einem einzigen Akt aus der Welt zu schaffen sind, wird die Aufhebung der Ordnung durch einzelne um so sicherer zur Konservierung bestehender Herrschaft (als Alternative gegen die Unordnung) führen; tatsächlich werden die gesellschaftlichen Verhältnisse dann nicht verändert, ja nicht einmal tangiert, sondern letztlich bestätigt. Die im Anarchismus gedachte Freiheit als bloße Negation reicht nicht aus.

Die Verabsolutierung des Individuums in Beziehung auf die Gesellschaft, seine vorgeblich mögliche Freiheit von jeglicher Fremdbestimmung, seine als möglich angenommene Unabhängigkeit von jeglicher Determination machen es möglich, daß sich anarchistische Positionen mit lebensphilosophischen wie psychoanalytischen Konzeptionen verbinden können.

Die Forderung nach radikaler Dezentralisierung, Selbstverwaltung und nach Kommunen sowie nach direkter Demokratie, die Feindschaft gegen den bestehenden Staat, primär den kapitalistischen Staatsapparat, aber in bestimmtem Maße auch den sozialistischen Staat, wie auch letztlich gegen jede zentrale Organisation zur Durchsetzung der sozialen Interessen von Klassen und Schichten sind unmittelbar Elemente, die die alternative Ideologie mitbestimmen.

4.2. Ein ideologisches und personelles Kräftereservoir: die Studentenbewegung der sechziger Jahre

4.2.1. Historische Reminiszenzen

»Trau keinem über dreißig!«, »Alle Macht der Phantasie!«, »Seien wir realistisch, fordern wir das Unmögliche!« So oder so ähnlich lauteten die Losungen, die rebellierende Studenten auf Transparente malten, an Universitätsmauern anbrachten oder auf Protestmärschen riefen. Aber es waren auch andere Losungen zu sehen und zu hören, die große Verbreitung fanden und zu einem wesentlichen Teil die Ziele der Studenten- und Intellektuellenbewegung der sechziger Jahre charakterisierten: »Unter den Talaren – der Muff von 1000 Jahren«. »Enteignet Springer!« »Wie lange noch lassen wir es zu, daß in unserem Namen gemordet wird? Amis raus aus Vietnam!«

Diese Bewegung wandte sich gegen Verkrustungen im Hochschulbereich, wollte mehr Mitbestimmung. Sie kämpfte gegen die USA-Aggression in Vietnam. Diese Ziele bestimmten die Bewegung in vielen imperialistischen Hauptländern, wobei in einzelnen Ländern entsprechend der konkreten Lage, andere Ziele hinzukamen und die Bewegung eigene spezifische Züge trug.[349]

In den USA wurde für die Protestbewegung der Studenten und Intellektuellen, die bald von bürgerlichen Publizisten »Neue Linke« genannt wurde, für die Politisierung bis dahin unpolitischer Menschen wie für ihr Gesellschaftsverständnis die Radikalisierung wichtig, die sich Mitte der sechziger Jahre in den Reihen der von der Rassendiskriminierung betroffenen Afroamerikaner vollzog.

Im Herbst 1964 protestierten Studenten an der University of California in Berkeley. Sie forderten unter anderem eine studentische Beteiligung an der Leitung der Hochschule und kritisierten, daß die Universität zur »Wissensindustrie« geworden sei, die hochqualifizierte »Roboter« für Staat und Wirtschaft herstelle.

Diese Aktion wurde zum Auslöser monatelanger Auseinandersetzungen mit der Staatsgewalt.

Nach dem Beginn der USA-Aggression in Vietnam reagierte die »Neue Linke«. Am 24. März 1965 führten 3000 Studenten und Professoren an der Universität von Michigan eine Protestversammlung durch, der ähnliche Veranstaltungen an über 100 Hochschulen und Universitäten folgten. Auch die Bürgerrechtsbewegung unter Martin Luther King forderte stärkeres Engagement in der Friedensbewegung. Im August 1968 demonstrierten anläßlich des Parteikonvents der Demokraten in Chikago zunächst 2000, schließlich 12000 Menschen gegen den Vietnamkrieg. Rund 25000 Soldaten, Nationalgardisten und Polizisten knüppelten sie daraufhin nieder.

Am 15. November 1969 vereinte der »Marsch auf Washington« 250000 Vietnamkriegsgegner. Und als Präsident Richard Nixon nicht, wie im Wahlkampf versprochen, den Krieg in Vietnam beendete, sondern mit dem Einmarsch in Kampuchea am 1. Mai 1970 ausweitete, verstärkte sich der studentische Protest erneut. Zuvor wurde 1967/68 die Befreiung der Studenten vom Wehrdienst aufgehoben, so daß viele von ihnen nun selbst in den schmutzigen Krieg ziehen mußten. Als die Studenten der Kent State University in Ohio gegen die Ausweitung des Krieges protestierten, eröffneten Angehörige der Nationalgarde das Feuer, töteten vier Studenten und verletzten weitere neun. Zwei weitere Studenten wurden auf dem Campus von Jackson, Mississippi, erschossen. Darauf wurde an 350 Hochschulen des Landes gestreikt.

Im japanischen Sasebo protestierten Studenten gegen das Einlaufen von USA-Flugzeugträgern in japanische Häfen und forderten die Rückgabe der von den USA besetzten japanischen Insel Okinawa.

In Italien hatten sich 450000 Studenten engagiert, um eine Demokratisierung der Hochschulen und der Gesellschaft zu erreichen.

In Stockholm protestierten im März 1968 Studenten gegen die Anwesenheit des USA-Finanzministers im Land, der zu einer Konferenz angereist war. Einen Monat darauf demonstrierten in Kopenhagen 10000 Menschen gegen die USA-Aggression in Vietnam. Studenten besetzten Labors und forderten in den Studienausschüssen, die über Inhalt und Form des Studiums zu entscheiden hatten, ebenso stark vertreten zu sein wie die Professoren.

Das ist eine unvollständige Aufzählung der vielfältigen Aktionen, die in dieser Zeit von den Studenten durchgeführt wurden. Sie kann aber nicht abgeschlossen werden, ohne auf die Ereignisse im Mai/Juni 1968 in Paris einzugehen. In Frankreich spitzten sich die Auseinandersetzungen wie in keinem anderen Land zu. Als am 6. Mai 1968 schwerbewaffnete Polizisten eine Demonstration von 10000 Studenten auflösen wollten, kam es zu Straßenschlachten. An den folgenden Tagen kamen jeweils 50000 und 20000 Menschen zu Demonstrationen auf den Champs-Élysées und auf dem Boulevard Saint-Germain zusammen. Studenten errichteten Barrikaden aus Pflastersteinen, um das Quartier latin, das Studentenviertel, zu verteidigen. In der Nacht vom 10. zum 11. Mai drangen daraufhin 10000 Bereitschaftspolizisten in das Viertel ein und brachen den Widerstand der Studenten. Doch damit waren die Auseinandersetzungen nicht beendet, denn aus Protest gegen das brutale Vorgehen der Polizei riefen die Gewerkschaften für den 13. Mai einen vierundzwanzigstündigen Generalstreik aus. Eine Million Werktätige beteiligten sich an einer Demonstration durch die Arbeiter- und Studentenviertel. Vom 17. bis 27. Mai, es war dies der

Höhepunkt der Auseinandersetzungen, erfaßte ein Generalstreik das Land. Etwa 10 Millionen Menschen beteiligten sich an ihm. In zahlreichen Städten, Universitäten, Präfekturen, Schulen und Betrieben übten Werktätige durch eigene Organe eine Kontrolle über die Preise, die Lebensmittel-, Wasser- und Energieversorgung sowie über das Transport- und Nachrichtenwesen aus.

Das war die größte und bedeutendste Klassenschlacht, die nach dem zweiten Weltkrieg in einem entwickelten kapitalistischen Land stattfand. Sie war nur möglich, weil die französische Arbeiterklasse in die Auseinandersetzungen eingegriffen hatte. Obwohl die Herrschenden deshalb verunsichert waren und ihre Macht ins Wanken geriet, gelang es ihnen, das System zu stabilisieren. Sie verboten Demonstrationen, setzten Gewalt ein, mußten jedoch auch ernsthafte Zugeständnisse machen, um ihre Macht zu retten. So konnten im Ergebnis des Kampfes vor allem die am schlechtesten bezahlten Schichten der Arbeiterklasse durch bedeutende Lohnerhöhungen und eine Verkürzung der Arbeitszeit, durch Verlängerung des Urlaubs und Ausdehnung der Rechte der Gewerkschaften ihre Lage beträchtlich verbessern.

Es war damit deutlich sichtbar geworden, daß die von Marcuse und anderen geistigen Wegbereitern und ideologischen Repräsentanten der »Neuen Linken« vertretene Auffassung, wonach die Arbeiterklasse nicht mehr an der Veränderung des sozialen Status quo interessiert sei, mit der Wirklichkeit nicht übereinstimmt. Die Arbeiterklasse hatte durch ihren entschlossenen Einsatz bedeutende demokratische Rechte erkämpft. Überlegungen, wonach an die Stelle des Klassenkampfes die »Große Weigerung«, »innere Umkehr« und dergleichen mehr zu setzen seien, erwiesen sich im Lichte der Erfahrungen der Klassenkämpfe in Frankreich einmal mehr als unhaltbar.

Diese Ereignisse in Frankreich und den anderen imperialistischen Ländern hatten auch stimulierenden Einfluß auf die Entwicklung der Protestbewegung in der BRD und in Westberlin. Das traf auf eine spezifische Situation in der BRD, die durch die Bildung der Großen Koalition von CDU/CSU und SPD geprägt war. Für viele dem imperialistischen System in der BRD kritisch gegenüberstehende Kräfte bedeutete das eine herbe Enttäuschung. Sie sahen sich in ihrer kritischen Haltung gegenüber dem imperialistischen Staat nicht mehr von der SPD vertreten. Deshalb schlossen sie sich zur »außerparlamentarischen Opposition« (APO) zusammen. Die Notwendigkeit politischer Betätigung außerhalb des Parlaments wurde so begründet: *»Wir müssen an diesem Gedanken des Widerstands festhalten, denn der Faschismus marschiert in Europa! Er kommt diesesmal nicht in Schwarzhemden und in SA-Stiefeln, nicht in ›Duce‹- und ›Deutschland erwache‹-Rufen. Er kommt im Gewande der Legalität ... Deshalb sind außerparlamentarische Taten, welcher Art sie auch sein mögen, das einzige Mittel, um – gegenüber der ständigen Gefahr der Verfälschung des Wählerwillens – eine echte politische Meinungsbildung in unserem Volke zu reaktivieren.«*[350]

Hier wird deutlich ausgesprochen, daß viele Linke sich durch die Reorganisierung der Herrschaft der Monopole, durch die Remilitarisierung und den Ausbau des staatlichen Repressivapparates, durch die nicht erfolgte Abrechnung mit dem Faschismus in der BRD und durch die geplante Durchsetzung der Notstandsgesetze einer neuerlichen wachsenden faschistischen Bedrohung ausgesetzt sahen. Dies stimulierte antifaschistische Haltungen und sensibilisierte viele Menschen, die damals erstmals in politische Auseinandersetzungen einbezogen wurden, gegen undemokratische Entwicklungen und neofaschistische Tendenzen. Dieser Umstand wirkt bis in die gegenwärtigen antifaschistischen Aktionen der demokratischen Massenbewegungen der BRD und fand im Zusammenhang mit den Auseinandersetzungen um die Stationierung neuer amerikanischer Mittelstreckenraketen auf dem Boden der BRD und um den 40. Jahrestag der Befreiung des deutschen Volkes vom Faschismus einen deutlichen Ausdruck.[351]

Ziele der außerparlamentarischen Opposition waren – bei aller Unterschiedlichkeit der Ziele einzelner Gruppen und Strömungen: Einsatz für Frieden und Demokratisierung der Hochschulen und der Gesellschaft als Ganzes, Solidarisierung mit Befreiungsbewegungen der »dritten Welt«, insbesondere mit dem Kampf des vietnamesischen Volkes. Der Sozialistische Deutsche Studentenbund (SDS), der in der APO, der »Neuen Linken« eine wichtige Rolle übernahm, verstand sich und seine Anhänger als antiautoritäre Bewegung, die große zentralisierte Organisationen ablehnte und eine grundlegende Gesellschaftsveränderung anstrebte. Die Revolution sollte hier und jetzt stattfinden. Diese Bewegung verstand sich zugleich als autorisierter Bewahrer der Ideen von Marx, Engels und Lenin, aber auch von Mao Zedong.

Spezifische Bedeutung gewann die Ablehnung der bürgerlichen Scheinmoral in den Geschlechterbeziehungen. Das wurde für viele Jugendliche der Ausgangspunkt für politisches Interesse, erzeugte aber auch bei vielen Illusionen, daß so mancher glaubte, mit der sexuellen Befreiung sei schon ein großer Teil des Weges zur Menschheitsbefreiung bewältigt. Typisch für das Illusionäre, aber auch für die Ablehnung von Krieg und Gewalt war die verbreitete Losung »make love, not war«[352]. Die gleiche Losung tauchte bei den großen westeuropäischen Friedensdemonstrationen der letzten Jahre auf.

Doch zum wichtigsten Gegenstand der Auseinandersetzung der »Neuen Linken« mit dem imperialistischen Staat und der imperialistischen Wirklichkeit wurde auch in der

BRD und Westberlin der Vietnamkrieg, und das, obwohl die Studenten dort ja nicht unmittelbar vom Krieg betroffen waren. Hier wurde in die Ablehnung des Krieges der USA die Solidarität mit dem Befreiungskampf des vietnamesischen Volkes einbezogen. Dieser Krieg hatte deshalb so tiefe Erschütterungen im Bewußtsein der Studenten und vieler anderer Menschen hervorgerufen, weil sich hier das brutale Gesicht des Imperialismus als Quelle von Grausamkeit, Aggressivität und Krieg offenbarte. Der Anspruch der USA, »Hort der Freiheit und Demokratie« zu sein, erwies sich als falsch.

Es hatte schon vor den großen Auseinandersetzungen um den Vietnamkrieg Sympathieerklärungen mit der »dritten Welt« gegeben, die zu Zusammenstößen mit der Staatsgewalt führten. So demonstrierten am 18. Dezember 1964 Studenten gegen den Besuch des kongolesischen Ministerpräsidenten Moïse Tschombé in Westberlin, den sie den Mörder Patrice Lumumbas nannten.

Der Tod Benno Ohnesorgs führte zu einer Verstärkung der Bewegung. Als im Frühjahr 1967 der Schah des Iran nach Westberlin kam, demonstrierten viele Studenten dagegen, so auch Benno Ohnesorg, der sich erstmals an einer Demonstration beteiligte. In einer Nebenstraße wurde er vom Kriminalobermeister Kurras erschossen.

Am 17. und 18. Februar 1968 fand an der Technischen Universität in Westberlin ein Internationaler Vietnam-Kongreß statt, an dem sich einige tausend Studenten beteiligten. Zum Abschluß des Kongresses zogen 12000 Demonstranten durch die Innenstadt. Auf der Abschlußkundgebung wurde die Schlußerklärung des Kongresses verlesen, in der es hieß: »Wir rufen die antiimperialistischen Widerstandsbewegungen auf ..., immer wieder auf gemeinsame Massenmanifestationen gegen den US-Imperialismus und alle seine Handlanger in Westeuropa hinzuarbeiten. Im Verlauf dieses gemeinsamen Kampfes muß die politische und organisatorische Zusammenarbeit zwischen den revolutionären Befreiungsbewegungen in der Dritten Welt und den Widerstandsbewegungen in den USA und in den westeuropäischen Ländern intensiviert und zu einer Einheitsfront ausgebaut werden.«[353] Die GIs wurden aufgerufen, zu desertieren.

Daraufhin machten die Rechtskräfte mobil und suchten eine antikommunistische »Frontstadt«stimmung zu entfachen. Rudi Dutschke, der zum Sprecher der rebellierenden Studenten und einer ihrer herausragenden Symbolfiguren geworden war, wurde beschimpft. Auf der vom Westberliner Senat organisierten Gegenkundgebung nannte man die Studenten »Krakeeler«, »Feinde der Demokratie«, »Krawallmacher« und »Kriminelle« oder sogar »Untermenschen«. Sprechchöre waren zu hören: »Dutschke raus aus Westberlin!«, auf Spruchbändern stand: »Dutschke, Staatsfeind Nr. 1« oder »Arbeiter, seid nett, jagt Dutschke und Konsorten weg!«

In dieser Situation wurde am 11. April 1968 auf Dutschke geschossen. An den Spätfolgen der Verletzungen starb Dutschke 1979.

Auf das Attentat reagierten viele Linke mit Aktionen gegen Springer, der sich in der Entfachung der antikommunistischen Hysterie besonders hervorgetan hatte. In einer Reihe von Städten versuchten sie, die Auslieferung der Zeitungen des Springer-Konzerns zu verhindern. An den Auseinandersetzungen mit Springer, die vom 11. bis 15. April 1968 dauerten, beteiligten sich über 60000 Menschen, darunter erstmals viele Lehrlinge. Die Staatsmacht setzte 21000 Polizisten ein und ließ über 1000 Demonstranten verhaften. Zwei Menschen fanden den Tod, 400 wurden verletzt. Mit diesen Aktionen erreichte die Bewegung in der BRD und Westberlin ihren Höhepunkt und versandete dann in der Folgezeit. Die Annahme der Notstandsgesetze konnte nicht verhindert werden. Die Macht imperialistischer Manipulation des werktätigen Volkes konnte nicht gebrochen werden. Viele Studenten und Intellektuelle unterlagen in wichtigen Fragen selbst dieser Manipulation. Dies zeigte sich in den Fehleinschätzungen, die zur Rolle der sozialistischen Länder im internationalen Rahmen und ihrer inneren Entwicklung getroffen wurden.

Das erklärte Ziel der Bewegung, eine grundlegende Gesellschaftsveränderung zu vollziehen, erwies sich mit den angewandten Methoden als nicht erreichbar. Aber die Bewegung hatte doch Auswirkungen, die über den historischen Moment hinausreichten:

Erstens: Die antiautoritäre »Neue Linke« trug dazu bei, daß sich an den Hochschulen imperialistischer Länder in Richtung einer Demokratisierung des Hochschulbetriebes einiges bewegte. An Universitäten und Hochschulen der BRD und Westberlins wurde als Reaktion auf die Vorgänge und als verspätete Anpassung an neue Erfordernisse der kapitalistischen Wirtschaftspolitik eine Reihe von Reformen durchgeführt, die auch eine größere Mitbestimmung der Studenten vorsahen, jedoch am bürgerlichen Charakter des Studieninhalts und -ziels nichts änderten. Aber sogar diese begrenzte Mitbestimmung geht heute den Konservativen in der BRD und in Westberlin schon zu weit. Sie sind deshalb bestrebt, die damals erkämpften demokratischen Rechte rückgängig zu machen.

Zweitens: Die »Neue Linke« hatte sich wesentlich spontan als unmittelbare Reaktion auf Gebrechlichkeiten und Verbrechen des Imperialismus formiert. Sie zeigte letztlich zwar keine realisierbare Alternative, wohl aber weckte sie bei vielen Menschen ein Empfinden für die Ungerechtigkeiten und Verbrechen des kapitalistischen Systems, und sie regte zum Nachdenken über mögliche Alternativen zu diesem System an.

Drittens: Mit ihren Aktionen trug die »Neue Linke« dazu bei, daß die USA ihren schmutzigen Krieg in Vietnam beenden mußten; sie weckte Sympathien für die nationalen Befreiungsbewegungen der »dritten Welt«.[354]

Viertens: Die Bewegung trug auch dazu bei, die Rolle imperialistischer Massenmedien, wie der Manipulationsmechanismen überhaupt, im System imperialistischer Machtausübung zu entlarven.

Fünftens: In der BRD und in Westberlin leistete die »Neue Linke« einen Beitrag zur Aufdeckung undemokratischer Entwicklungen und neofaschistischer Gefahren. Sie trug damit dazu bei, daß immer mehr Menschen begreifen, daß Widerstand gegen solche reaktionären Entwicklungen geboten und unverzichtbar ist.

Der »Neuen Linken« war theoretisch vorgearbeitet worden. Sie stützte sich in solchen Fragen wie der notwendigen Bewältigung der faschistischen Vergangenheit und der Ursachen für die Restauration reaktionärer Herrschaftsstrukturen auf Denker wie Karl Jaspers. In dieser Hinsicht nahm sie auch Erfahrungen der revolutionären Arbeiterbewegung auf und setzte sich mit ideologischen Positionen dieser Bewegung auseinander. Doch von besonderer Bedeutung wurde die »kritische Theorie« der »Frankfurter Schule«. Um einige Namen zu nennen, sei auf Max Horkheimer, Theodor W. Adorno, Jürgen Habermas und Herbert Marcuse verwiesen. Es waren insbesondere die Ideen Marcuses, die der »Neuen Linken« die Stichworte und Orientierungen lieferten.

Alle jene Aktionen der außerparlamentarischen Opposition der sechziger Jahre in der BRD und in Westberlin, mit denen die Gebrechen und Verbrechen des Imperialismus verurteilt wurden, riefen konservative Kräfte auf den Plan. Scharf kritisierten sie in dieser Hinsicht die »Neue Linke« und versuchten, sie als Alibi zu benutzen, um die »Rechtswende« zu fordern und herbeizuführen. In dem Maße, wie die Konservativen im Verlauf der siebziger Jahre wieder größeren Einfluß auf die unmittelbare Regierungspolitik erhielten und das geistige Klima in der Bundesrepublik zunehmend von konservativen Inhalten geprägt wurde, verstärkte sich der Widerstand bürgerlich-demokratischer Kräfte gegen den Konservatismus. Ein Ergebnis dessen sind die von Jürgen Habermas gesammelten theoretischen und politischen Stellungnahmen in dem Band »Stichworte zur ›Geistigen Situation der Zeit‹«[355]. Habermas, der in den sechziger Jahren zeitweise den SDS förderte, aber auch die in Bewegung geratenen Studenten vor Illusionen warnte, stellte sich später auch der Kritik der Konservativen an den neuen demokratischen Bewegungen entgegen. Die »Stichworte« nahmen zu Problemen Stellung, die auch in diesen Bewegungen stark diskutiert wurden. Deshalb ist es auch folgerichtig, daß des öfteren direkt Bezug auf die Bewegungen genommen wird. Da werden Positionen zur kapitalistischen Krise und zu den globalen Problemen, vor allem auch den ökologischen Problemen, bezogen. Wir finden in den »Stichworten« Auffassungen, die die falsche These Marcuses, wonach die Arbeiterklasse nicht mehr an einer Veränderung der gesellschaftlichen Verhältnisse interessiert sei, aufnehmen und deshalb nach einem anderen gesellschaftlichen Subjekt, das Träger von Gesellschaftsveränderung sein könne, suchen.

Andererseits wird aber durchgängig gegen konservatives Gedankengut und die Politik reaktionärer Kräfte Stellung bezogen, vor allem auf kulturellem Gebiet. So heißt es: »Die Neue Rechte ... möchte die Modernisierung gern aufs kapitalistische Wachstum und den technischen Fortschritt begrenzt sehen und gleichzeitig den kulturellen Wandel, die Identitätsbildung, den Motiv- und Einstellungswechsel anhalten, den Traditionsbestand einfrieren.«[356]

Als Schlußfolgerung wird gefordert, daß dem Konzept der »Neuen Rechten«, das als ein Konzept der Gegenaufklärung verstanden wird, die Einheit der Linkskräfte entgegengestellt werden müsse, daß »die Linke« mehr Phantasie beweisen und sich ein »redendes Gedächtnis« bewahren solle.[357]

Die Mehrzahl der Autoren der »Stichworte« gehört zur Generation der heute Vierzig- bis Fünfzigjährigen. Sie werden nach dem Verständnis der bürgerlichen Geschichtsschreibung der »kritischen Generation« der fünfziger oder der »Protestgeneration« der sechziger Jahre zugerechnet. Sie repräsentieren eine außerordentliche Bandbreite weltanschaulich-theoretischer und politisch-ideologischer Auffassungen.[358] Die große Mehrheit der Autoren lehnt heute das Reagansche »Krieg-der-Sterne«-Projekt entschieden ab und fordert einen Stopp der Nuklearwaffentests. So unterzeichnete Jürgen Habermas im Juli 1986 einen Aufruf, in dem das Ende der Erprobung immer neuer nuklearer Waffensysteme gefordert wird.[359] In dem Aufruf heißt es: »Trotz weiterer Atomtests der USA hat die Sowjetunion ihr Moratorium bis zum 6. August 1986 verlängert. Es besteht immer noch die Chance, dem Wahnsinn der Entwicklung und Erprobung weiterer atomarer Waffen Einhalt zu gebieten, diese Chance muß jetzt genutzt werden.«[360] Gemeinsam mit Habermas unterzeichneten diesen Aufruf über 800 BRD-Persönlichkeiten. Zu ihnen gehören Horst Ehmke und Peter Glotz ebenso wie Hannegret Hönes und Petra K. Kelly, Günter Wallraff und Horst-Eberhard Richter.[361]

Wenn wir der Frage nachgehen, inwiefern die Studentenbewegung der sechziger Jahre ein – natürlich nicht das einzige – ideologisches und personelles Kräftereservoir der Alternativ- und Ökologiebewegung darstellt, muß auf Kontinuität und Diskontinuität zwischen beiden Bewegungen hingewiesen werden.

Angesichts der verschärften Krisenprozesse des Kapitalismus seit den siebziger Jahren offenbarte sich, daß der

Kapitalismus weniger denn je in der Lage ist, zentrale Bedürfnisse der Werktätigen und insbesondere der Jugendlichen zu befriedigen, so das Bedürfnis nach beruflicher Ausbildung, gesicherter Arbeit, Frieden, nach einer gesunden Umwelt und einer angemessenen Wohnung. Dementsprechend sind die Aktionen der Alternativbewegung immer auf konkrete Nahziele gerichtet, so gegen die Stationierung von US-Mittelstreckenraketen, gegen eine Start- und Landebahn für Langstreckenbomber, gegen Wiederaufbereitungsanlagen für Kernbrennstoffe, gegen Stadtsanierungspläne im Interesse von Mietwucherern und Bodenspekulanten usw. Eine Kommune dient eben nicht mehr vorrangig der »sexuellen Befreiung«, sondern der Instandsetzung von verkommenem Wohnraum, der Schaffung von Arbeitsplätzen in alternativen Werkstätten oder der Drogentherapie.

Gewandelt hat sich auch die soziale Zusammensetzung der Protestbewegung. Wenn es in den sechziger Jahren vornehmlich Studenten und junge Intellektuelle waren, so stießen ab Mitte der siebziger Jahre mehr und mehr junge Arbeiter und vor allem arbeitslose Jugendliche zur Bewegung. Angehörige der Alternativbewegung führen als Merkmale an: »Die Jugendlichen wollen vom Staat nichts wissen.« »Die Bewegung handelt symbolisch und untheoretisch.« Das Motiv sei Hunger, kein leiblicher Hunger, ein anderer Hunger, »Lebenshunger, Hunger nach einem befriedigenden Leben«.[362] Damit sind wesentliche Motive der spontanen Entstehung der Alternativbewegung genannt. Der »Ausstieg« aus der gesellschaftlichen Umwelt ist eine Absage an die kapitalistische Gesellschaftsordnung, will aber gleichzeitig auch als Absage an den realen Sozialismus verstanden sein, in dem man keine Alternative zu erkennen meint. Man behauptet, beide Gesellschaftssysteme seien durch die gleichen Grundübel gekennzeichnet: wie Großtechnologie, Wachstumsstreben,

Bürokratisierung, Umweltzerstörung[363] und eine durch Arbeitsteilung verursachte Entfremdung[364]. Damit offenbart sich allerdings, daß in weiten Kreisen der Alternativbewegung antikommunistische Vorbehalte gegenüber den sozialistischen Ländern fortbestehen und die Kenntnis über die reale gesellschaftliche Lage in den sozialistischen Ländern noch sehr oberflächlich ist.

Das Scheitern der »Studentenrebellion« der sechziger Jahre wird wegen der »neomarxistischen« Orientierung dieser Bewegung von bürgerlichen Ideologen und von Exponenten dieser Bewegung selbst – wie zum Beispiel von Daniel Cohn-Bendit – als ein Scheitern des Marxismus interpretiert. So kommt es zu einem Verzicht auf die Erbschaft des Marxismus in weiten Teilen der Bewegung. Gescheitert war aber nicht der Marxismus-Leninismus als Weltanschauung der Arbeiterklasse, der in der Gegenwart seine ungebrochene und wachsende Lebenskraft unter Beweis stellt, sondern die Theorie der »Neuen Linken«, die wesentlich auf Herbert Marcuse zurückging und die – fälschlicherweise – als Marxismus der zweiten Hälfte des 20. Jahrhunderts ausgegeben wurde. Dies führte dazu, daß mit dem Ablegen der »neomarxistischen« Orientierung der weltanschaulich-ideologische Kern der Auffassungen großer Teile der Protestbewegung sichtbar wurde. Dieser Kern macht in der Hauptsache die Kontinuität zwischen beiden Wellen des Protestes gegen die imperialistische Wirklichkeit aus.

Es gibt aber auch eine direkte personelle Kontinuität. So mancher der heutigen Alternativen machte seine Erfahrungen mit dem imperialistischen Staat und seiner Politik innerhalb der »Neuen Linken« und der Rebellion der Studenten und brachte und bringt diese Erfahrungen in die heutige Protestbewegung ein.

So hat sich Rudi Dutschke einige Jahre vor seinem Tod immer enger an die sich entfaltende Alternativbewegung angelehnt.[365] Jürgen Habermas berichtet: »Beim letzten Zusammensein, nach Marcuses Tod in Starnberg, erzählte Dutschke noch in ungebrochenem Optimismus von seinen Wahlkampfeinsätzen für die ›Grünen‹ in Tübingen, in Bremen.«[366] Dutschke wird von Habermas in einem Nachruf als »Charismatiker einer Intellektuellenbewegung« und als ihr »unermüdlicher Inspirator« gekennzeichnet, und er stellt fest: »Wer Dutschke je in Diskussionen mit Bloch oder Marcuse erlebt hat, konnte sehen, wie eng sich die Intuitionen der alten und der neuen Jugendbewegung berührten – eine Kontinuität über ein halbes Jahrhundert hinweg. Sollte der Dutschke der späten siebziger Jahre der geblieben sein, der er in den späten sechziger Jahren gewesen ist, würde noch eine Kontinuität sichtbar – über zehn Jahre hinweg. Vielleicht hat sich dieses letzte, dumpfe Jahrzehnt von den Antrieben der Protestgeneration nur scheinbar entfernt; vielleicht ist es dasselbe Unbehagen, das sich inzwischen nur unter anderen und keineswegs erhellenderen Definitionen ausgebreitet hat.«[367] Sicher wirken alte Zustände und Gedanken fort. Aber Dutschke hat sich auch an neue Gegebenheiten und moderne Themen angepaßt. Er schreibt in diesem Sinne 1979: »In der Gegenwart vollzieht sich eine äußerst problematische Rechtswende im Lande, eine Entdemokratisierung. Verminderung bürgerlicher Rechte. Eine ›zweite Restaurationsperiode‹ (O. Negt) hat begonnen. ... Aber dieser Blick trifft bei weitem nicht die Gesamtheit der Tendenzen in der BRD. Gerade in der Debatte über das Energieprogramm der Bundesregierung, über die Anti-Atomkraftwerke-Bewegung ist ein neuer frischer Geruch über die BRD und West-Berlin ›reingefallen‹. ... Es ist von großer Bedeutung, diese Sache und Möglichkeit so breit wie möglich zu entfalten und zu verteidigen. Durch Atomkraftwerke und Atombomben werden wir weder den Frieden noch das ›Licht der Freiheit‹ (Jungk) erreichen. An Weltkriegsplänen, an Katastrophenplänen mangelt es nicht. Die Ausgaben dafür sind in Ost und West ungeheuer. Wenn nur ein Teil dieser Summen nicht für die Zerstörung, sondern für den Aufbau der Welt, für die systematische, globale Entwicklung der Sonnenenergie ausgegeben würde, so würden wir dem Frieden, der Freiheit, der Demokratie und dem Sozialismus einen großen Schritt näher gekommen sein.«[368]

Kontinuität und Diskontinuität zeigt sich aber auch bei anderen. Wir verweisen auf einige gegenwärtig bekanntere Namen, die sich jetzt in der Partei Die Grünen stärker engagieren, wie zum Beispiel Daniel Cohn-Bendit, der 1968 der Sprecher der anarchistischen »Bewegung des 22. März« war und heute den »Pflasterstrand« herausgibt, eine Zeitschrift, die ehemaligen 68ern und heutigen Alternativen offensteht und in Frankfurt am Main erscheint. Ein anderer, heute führender grüner Politiker, Joschka Fischer, entstammt auch der Bewegung der sechziger Jahre. Fischer schrieb 1979 im »Pflasterstrand«: »... der Antiimperialismus machte über Jahre hinweg nicht nur die Hälfte meines linken Lebens und Denkens aus, er war der Geburtshelfer meiner Politisierung. Am 2. Juni 1967 war das gewesen, genauer: einen Tag danach, als die Ereignisse von Berlin und der Tod Benno Ohnesorgs in das bis dahin idyllische Stuttgart einbrachen.«[369] Fischer, der zunächst im SDS aktiv geworden war und sich dann der aus dem Zerfallsprozeß der »Neuen Linken« hervorgegangenen »Frankfurter Spontiszene«, wie er sie selbst nennt, zugehörig fühlte, sieht bei sich einen »politischen Entwicklungsprozeß von der Frankfurter Spontiszene bis hin zur grünen ›Realpolitik‹«[370]. Für die politische Orientierung war dabei für ihn die Auseinandersetzung mit André Gorz intellektuell von zentraler Bedeutung, »denn er verknüpfte von einer identischen Ausgangsposition her die marxistische Selbstkritik mit einer ökologischen Neuorientierung.

Natürlich wäre dies alles nur interessante Lektüre geblieben, wenn es nicht parallel dazu den Protest der Hunderttausende gegen die Atomkraftwerke und den Beginn des grünen Parteiprojektes gegeben hätte.«[371]

1983 unternimmt Fischer den Versuch einer ersten eigenen zusammenhängenden Standortbestimmung innerhalb des grünen Spektrums mit seinem Aufsatz »Für einen grünen Radikalreformismus«, der unmittelbar vor der Bundestagswahl vom 6. März 1983 erscheint. In diesem Zusammenhang kommt er erneut auf die alte »Neue Linke« zu sprechen, indem er schreibt: »DIE GRÜNEN übernahmen mit der Erbschaft der Neuen Linken nicht nur eine Vielzahl von Personen, sondern auch das theoretische und ideologische Erbe dieses linken Radikalismus. All die alten, wohlvertrauten Figuren, Ideen und Begriffe, um welche sich die revolutionäre Linke während der vergangenen sechzig Jahre die Mäuler trocken geredet und die Köpfe blutig gestoßen hat, leben hier wieder auf, modernisiert zwar und inhaltlich verändert, in der Struktur aber unerschüttert. Reform oder Revolution wird bei den GRÜNEN als Reform oder Ausstieg diskutiert, fundamental statt revolutionär verwandt, Sozialismus oder Barbarei wurde durch Ökologie oder Apokalypse ersetzt, an die Stelle des zentralen strategischen Begriffs der ökonomischen Krise trat die technische Katastrophe, die Rätedemokratie wurde durch Basisdemokratie ersetzt, die Eigentumsfrage zur Überlebensfrage u. v. m.«[372] Fischer spricht in dem Aufsatz auch davon, daß es innerhalb der grünen Partei auch eine »bürgerlich wertkonservative« Traditionslinie gibt, schätzt aber ein, daß die andere, »linke«, bestimmend ist.

4.2.2. Herbert Marcuse: Spuren eines »kritischen« Denkers oder Worauf berufen sich die Alternativen?

Es war im wesentlichen das Gedankengut von Herbert Marcuse, das die »Neue Linke« prägte und in der Gegenwart entscheidende Grundlagen für den kritischen Gehalt der Ideologie der Alternativen legt. Wenn Marcuse heute auch nicht mehr so viele Schlagzeilen in den westlichen Massenmedien macht wie noch in den sechziger und siebziger Jahren, so wirken seine Ideen doch in der imperialistischen Gesellschaft weiter und werden auch direkt von alternativen Denkern in ihre theoretischen Überlegungen aufgenommen.

Von entscheidender Bedeutung für die Wirksamkeit Marcuses in der Protestbewegung der sechziger und siebziger Jahre war dessen aktivistische Variante der »kritischen Theorie« und seine engagierten Stellungnahmen zu politischen Problemen und Ereignissen. Dies zeigte sich anschaulich im persönlichen Auftreten Marcuses vor Studenten und Jugendlichen. In vielen Diskussionen, ob in Westberlin, Rom, München, Frankfurt am Main oder in Kalifornien, solidarisierte sich Marcuse mit der aufbegehrenden Jugend. Gleiches war von Max Horkheimer und Theodor W. Adorno, führenden Vertretern der »kritischen Theorie« der »Frankfurter Schule«, nicht zu sagen.

Mit Marcuses Positionen, sowohl in ihrer Gesamtheit als auch partiell, konnten sich verschiedene Kräfte identifizieren. Das erklärt sich aus dem integrativen Charakter seines Denkens. In ihm vereinigten sich Existenzphilosophie, Anthropologie, linkshegelianische Kultur- und Sozialkritik und Freudsche Psychoanalyse. Durch die Brille dieser Theorien fand bei Marcuse eine Marxismus-Aneignung statt, die dann notwendigerweise in entscheidenden

Fragen – so der Dialektik von Produktivkräften und Produktionsverhältnissen, der objektiven Gesetzmäßigkeit in der Geschichte, der Rolle der Arbeiterklasse und ihrer revolutionären Partei – am Wesen des Marxismus vorbeigehen mußte. Aber gerade Marcuses Vorstellungen vom Marxismus prägten das Marxismusverständnis der »Neuen Linken«, ihren »Neomarxismus«.

Woraus ergeben sich die Gründe für Marcuses Wirkung? Marcuse charakterisiert eindrucksvoll grundlegende Prozesse des Kapitalismus. Er verteidigt die richtige Ansicht, daß der »moderne« Kapitalismus nach wie vor eine Klassengesellschaft ist, daß Bourgeoisie und Proletariat die beiden Grundklassen sind, Gesellschaftsveränderung notwendig ist. Aber an die Stelle des Klassenkampfes setzt er die »große Weigerung«. Das Proletariat ist für ihn nicht mehr die revolutionäre Hauptkraft unserer Epoche. Es werde durch andere Kräfte (Studenten, Ghettobewohner, kolonialunterdrückte Völker, die »Außenseiter und Geächteten«, Frauenbewegung, Bürgerrechtsbewegung und umweltschützende Bürgerinitiativen) ersetzt.

Diese Grundposition durchzieht das Werk Marcuses. Sie erklärt die Wirkung seiner Überlegungen in den Reihen der Kräfte, die noch keine klaren ideologischen Anschauungen haben, die infolge der Kompliziertheit der großen sozialen Auseinandersetzungen und auf der Basis ihrer (kleinbürgerlichen) sozialen Lage immer wieder Schwankungen unterworfen sind.[373]

Herbert Marcuse ringt Zeit seines Lebens mit *einem* Hauptproblem: Welche theoretischen und praktisch-politischen Wege führen aus der von ihm nachhaltig empfundenen Antihumanität der spätbürgerlichen Gesellschaft heraus? Er bekämpft in seinen Schriften diese Gesellschaft und stützt sie zugleich. Er ergreift während des zweiten Weltkrieges politisch Partei im Sinne der widersprüchlichen Ziele der USA-Politik in der Zeit der Antihitlerkoalition, tritt als Agitator der »Neuen Linken« auf und führt trotzdem zeit seines Lebens ein Dasein als relativ »freischwebender« Intellektueller. Marcuse verarbeitet mit einem ungewöhnlichen Gespür für integratives Denken die wichtigsten geistigen Strömungen der Zeit. Er nähert sich dem Marxismus, und er entfernt sich zugleich von ihm. Je intensiver seine Beschäftigung mit Marx' Werk wird, desto stärker werden zugleich seine Widerstände, den Marxismus als Einheit von Theorie und Praxis zu akzeptieren. Aber Marcuse tritt mit dem Anspruch auf, der Intention der Marxschen Theorie in einer veränderten Realität treu zu bleiben, die »kritische Theorie« sollte die eigentliche, nämlich die im 20. Jahrhundert fortgeführte Marxsche Theorie sein.

Obwohl im Unterschied zur »Neuen Linken« die Alternativen stärker noch moralisierende Gesellschaftskritik vortragen, liegen den Kritikkonzepten der Protestbewegung der sechziger und siebziger Jahre und der gegenwärtigen Alternativbewegung in zentralen Fragen gleiche bzw. verwandte theoretisch-weltanschauliche Auffassungen zugrunde, wie sie eben von Herbert Marcuse maßgeblich artikuliert wurden. Es sind dies vor allem Marcuses Theorie von der »eindimensionalen« Gesellschaft bzw. die diese Theorie tragenden Grundpositionen.

Wenn sich heute in den Kreisen der alternativ-ökologischen und antiimperialistischen Protestbewegung in der BRD eine technikfeindliche Tendenz hält, so gründet diese in den spezifischen Widersprüchen, in denen die allgemeine Krise des Kapitalismus auf dem Boden der BRD in Erscheinung tritt, und das begünstigt den Rückgriff auf weltanschauliche Positionen, wie sie von Herbert Marcuse ausgearbeitet und in die Protestbewegung eingebracht wurden. So ist es nach Marcuse gerade die Produktivität der »fortgeschrittenen Industriegesellschaft«, durch die die freie Entwicklung der menschlichen Anlagen und Bedürfnisse zerstört wird. Zugleich bringt in seiner Sicht der technische Fortschritt Lebensformen und Machtstrukturen hervor, welche die Kräfte, die das System bekämpfen, zu besänftigen scheinen und allen Protest im Namen der historischen Aussichten auf Freiheit von schwerer Arbeit und Herrschaft besiegen oder widerlegen. Damit sind es also der technische Fortschritt und seine Fürsprecher, die einen sozialen Wandel unterbinden.[374]

Die Schlußfolgerung, die sich aus dieser Konzeption ergibt und die von den Alternativen gezogen wird, liegt auf der Hand: Wenn unter der genannten Voraussetzung wahrhaft menschliche Verhältnisse hergestellt werden sollen, dann muß gegen das bestehende System der Großtechnik und dessen »Agenten« vorgegangen werden. Detlev Claussen schreibt, die Kerngedanken von Marcuses Buch »Der eindimensionale Mensch« aufgreifend, 1981: »Einem alten materialistischen Satz zufolge ergibt sich aus einer Handmühle eine Gesellschaft mit Feudalherren und aus der Dampfmühle eine Gesellschaft mit industriellen Kapitalisten. Aber welche Gesellschaft ergibt ein Atomkraftwerk? ... Was Marcuse 1964 im *Eindimensionalen Menschen* als Tendenzen der fortgeschrittenen Industriegesellschaft beschrieb, scheint immer realer und aktueller zu werden. Ein Atomkraftwerk ergibt tatsächlich eine Gesellschaft eindimensionaler Menschen, die ... jede historische Alternative auf dem Altar technologischen Fortschritts opfern. Das Atomkraftwerk signalisiert die Hauptthesen aus Marcuses Buch.«[375]

Marcuse behauptet also, daß die Gesellschaft durch das System der Technik und den sich weiter entfaltenden technischen und technologischen Fortschritt wesentlich determiniert wird. Und diese Auffassung wird von den Alternativen aufgenommen und in vielfältiger Gestalt vertreten. Die technologische Determiniertheit, so Marcuse, führe zu negativen gesellschaftlichen Folgen. Das vom Menschen geschaffene Werk trete dem Individuum als etwas Fremdes, Übermächtiges gegenüber, das der Mensch nicht mehr zu durchschauen und zu beherrschen vermag. Die Entwicklung und Entfaltung der schöpferischen Kräfte, der Fähigkeiten und Anlagen des Menschen werde zunehmend verhindert. Die Natur werde vergewaltigt. Sie höre auf, als Macht für sich anerkannt zu werden. Die gesamte Welt erscheine als eine »riesige Speisekammer, als Arsenal von Nutzwerten«[376], das dem Raub und der Plünderung offensteht. Es entstehen Institutionen, die einen beschleunigten Abbau der Demokratie zum Ziel haben.

Es ist gerade diese Auffassung, die auch von führenden Vertretern der Partei Die Grünen in der BRD, die sich als »Ökosozialisten« verstehen, aufgenommen wird und sich als zentrale These ihrer theoretischen Überlegungen erweist. Thomas Ebermann und Rainer Trampert greifen 1984 in ihrem Buch »Die Zukunft der Grünen. Ein realistisches Konzept für eine radikale Partei« die Grundthese von Marcuse auf und zitieren Marcuses Worte: »Nicht erst ihre Verwendung, sondern schon die Technik ist Herrschaft (über die Natur und über den Menschen), methodische, wissenschaftliche, berechnete und berechnende Herrschaft. Bestimmte Zwecke und Interessen sind nicht erst ›nachträglich‹ und von außen der Technik oktroyiert – sie gehen schon in die Konstruktion des technischen Apparates selbst ein; die Technik ist jeweils ein geschichtlich-gesellschaftliches Projekt – in ihr ist projektiert, was eine Gesellschaft und die sie beherrschenden Interessen mit dem Menschen und den Dingen zu machen gedenken.«[377] Deshalb, so meinen die Autoren, ginge es nicht allein um die Kritik der kapitalistischen Anwendung der Maschinerie, sondern ihre heutige Form stehe »ganz grundsätzlich zur tiefgreifenden Umgestaltung an«. Die Konkurrenz mit der effektiven Technologie des Kapitalismus sei eine Falle, in die auch Sozialisten gelaufen seien und demzufolge die »Kriterien der Produktivität und der gerechten Verteilung der produzierten Güter nicht allein ausschlaggebend sein können für die Bestimmung gesellschaftlichen Reichtums«.[378]

Dieser Auffassung ist nicht zuzustimmen. Wir wollen nur darauf verweisen, daß der Entscheidung der US-Administration, Weltraumwaffen zu entwickeln, politische Interessen, also gesellschaftlich bestimmte Überlegungen zugrunde liegen und nicht die relative Selbständigkeit wissenschaftlich-technischer Entwicklung. Oder man denke an den Bau und den Einsatz der Atombombe durch die USA. War dieser Einsatz notwendig geworden, weil die Bombe gebaut worden war, oder wurde der Abwurf der Bomben auf Hiroshima und Nagasaki durch politische Erwägungen beschlossen und durchgeführt? Die Antwort auf diese Frage dürfte eindeutig sein.

Ohne eine Gesamtanalyse der Ansichten von Ebermann und Trampert und denen der von ihnen repräsentierten Strömung der ökologisch-alternativen Bewegung an dieser Stelle vornehmen zu können, sei auf einige Auffassungen in ihrem Buch verwiesen, denen voll zuzustimmen ist. Sie schreiben: »Die kapitalistische Produktion reagiert nicht auf krebskranke Menschen, auf sterbende Wälder oder Fischkulturen. Es sei denn, aus der Behandlung von Kranken läßt sich wiederum Profit schlagen, was aber ihre Krankheit voraussetzt.« Und an anderer Stelle: »Die gegenwärtige Zerstörung der natürlichen Lebensgrundlagen der Menschheit hängt mit den inneren Gesetzmäßigkeiten der kapitalistischen Produktionsweise zusammen. ... Ohne eine Überwindung ... der Marktwirtschaft als des letztlich entscheidenden gesellschaftlichen Zusammenhangs ist diesem Prozeß der Zerstörung der Naturgrundlagen des menschlichen Lebens nicht mehr Einhalt zu gebieten.«[379] Diese Auffassungen stimmen mit marxistischen Positionen überein, sie werden jedoch in den späteren Schlußfolgerungen der Autoren relativiert und bleiben in der Konsequenz – wegen der doch übergreifenden technikdeterministischen Auffassung – folgenlos. Die Konzeption von Ebermann und Trampert ist in ihren Wirkungen ambivalent. Durch ihre Auffassung, daß das Marxsche Werk auf gesellschaftliche Verhältnisse zielt, die von sozialer Gerechtigkeit geprägt sind und dem Individuum die Möglichkeit der Entfaltung seiner Fähigkeiten und Fertigkeiten geben, leisten sie einen Beitrag dafür, daß sich Anhänger der alternativen Bewegung wieder einmal stärker mit dem Marxschen Werk beschäftigen und möglicherweise den Übergang zu marxistischen Positionen vollziehen können. Aber durch die Kritik vieler marxistischer Auffassungen wirken Ebermann und Trampert solch einem Übergang zugleich entgegen.

Die philosophische Grundlage der Konzeption von Ebermann und Trampert, die auf Marcuse zurückgeht, besteht darin, daß die für die gesellschaftliche Entwicklung bestimmende Rolle der sozialökonomischen Verhältnisse nicht anerkannt wird.

Bei Marcuse finden wir ganz in diesem Sinne eine durchgehende Abwertung der Rolle der Produktionsverhältnisse, die sogar noch auf die Verhältnisse in der Zirkulation und Konsumtion reduziert werden, und eine Überhöhung der Rolle der Produktivkräfte, die nun ihrerseits mit dem technischen Apparat identifiziert werden. Von daher ist natürlich das Erfassen der Dialektik von Produktivkräften und Produktionsverhältnissen und der Wechselwirkung zwischen Produktionsweise und Überbau der Gesellschaft von vornherein ausgeschlossen.

Nach Marcuse liegt es in der Natur des technischen Fortschritts, die gesellschaftlichen Widersprüche einzuebnen und sogar zu eliminieren. Eine wichtige Funktion komme dabei der universellen Manipulation zu, die Charakteristikum der entwickelten Industriegesellschaft sei. Marcuse sieht die Gefahr, ja sogar schon die Realität, daß der manipulierte Mensch sich mit dem System von Abhängigkeiten identifiziert, welches ihn seiner Selbständigkeit, seines selbständigen Denkens beraubt. Es habe sich ein Menschentyp herausgebildet, der nicht mehr *nein* sagen kann – der »eindimensionale« Mensch.

Wenn auch Marcuses theoretische Grundposition im Ganzen von uns nicht geteilt werden kann und man deshalb den von Marcuse apostrophierten »eindimensionalen« Menschen differenziert beurteilen muß – als Tendenz, als Gefahr, als besorgniserregende Realität des Kapitalismus im 20. Jahrhundert gibt es ihn ebenso wie die Gefahren, die von Bürokratie und Technokratie ständig neu ausgehen. Marcuse griff in dieser Hinsicht die furchtbare Vision eines total verwalteten Menschen von Max Weber auf, die ja durchaus in der imperialistischen Gegenwart in gewissem Sinn reale Konturen angenommen hat: »Im Verein mit der toten Maschine ist sie (die Bürokratie – *d. Verf.*) an der Arbeit, das Gehäuse jener Hörigkeit der Zukunft herzustellen, in welche vielleicht dereinst die Menschen sich, wie die Fellachen im altägyptischen Staat, ohnmächtig zu fügen gezwungen sein werden, wenn ihnen eine rein technisch gute und das heißt: eine rationale Beamtenverwaltung und -versorgung der letzte und einzige Wert ist, der über die Art der Leitung ihrer Angelegenheiten entscheiden soll.«[380]

Marcuse greift diese Vision Webers auf und markiert damit, wie mit seiner Auffassung vom »eindimensionalen« Menschen überhaupt, seine Warnung vor Gesellschaftszuständen, wie sie George Orwell in seinem 1949 erschienenen Roman »1984«[381] schildert. Dieses Buch wurde in den kapitalistischen Ländern Mitte der achtziger Jahre breit diskutiert und als Beleg für wirkliche Entwicklungen in der kapitalistischen Gesellschaft angesehen. In Orwells Buch wird ein grauenerregendes Zukunftsbild gezeichnet. Der Mensch erscheint darin »als ein durch und durch fremdgesteuertes Wesen. Rund um die Uhr beobachtet, bespitzelt, bedrückt und beherrscht, selbständigen Denkens und eigener Sprache beraubt, wurde er in seiner Menschennatur zerstört. Den Manipulierungsapparat, der die Verkrüppelung besorgte, bildeten lauter mit heuchlerischen Namen ausgestattete Instanzen: ein ›Wahrheitsministerium‹ für die Verbreitung von Lügen, ein ›Friedensministerium‹ für die Beschäftigung mit dem Krieg, ein ›Liebesministerium‹ für die Torturen der Folter, ein ›Ministerium für Überfluß‹, das Einschränkungen der Versorgung besorgte.«[382] Bei seinem Erscheinen wurde das Buch von den kapitalistischen Manipulierungsmedien zu einer Vision erklärt, die angeblich kommunistische Verhältnisse widerspiegele. Doch im Jahre 1984 entdeckte so mancher im Westen, daß es Parallelen zum Orwellschen utopischen »1984« gibt, und zwar in der ihn umgebenden staatsmonopolistischen Herrschaftsform des Kapitalismus. Vor allem in dieser Weise wurde 1984 in der alternativen Bewegung das Orwellbuch diskutiert.

Im Zusammenhang mit dem bei Orwell allmächtigen und allgegenwärtigen »Großen Bruder«, der Widerstand gegen seine Befehle brutal zerschlägt, drängte sich für viele Alternative die Parallelität zu den multinationalen Konzernen geradezu auf.

»An das ›Ministerium für Überfluß‹ fühlt man sich erinnert, wenn eine Behörde, die wieder und wieder erhöhte Arbeitslosenzahlen mitzuteilen hat und mit Eifer beschönigend zu deuten versucht, ›Bundesanstalt für Arbeit‹ heißt.«[383] Viele derartige Parallelen zeigen, daß die grotesken Bilder in Orwells Buch charakteristische Züge der heutigen kapitalistischen Wirklichkeit treffen. »Die Kräfte, die sich in den Ländern des Kapitals gegen die Dienste und Einrichtungen zur politisch-sozialen Überwachung zwecks Einschüchterung oppositioneller Kräfte wie gegen geheimdienstlichen Terror wehren, wachsen und rücken enger zusammen. Erregende Erkenntnis für sie: daß die grauenvollen Visionen, die Orwell in seinem Buch entwarf, in ihrer Welt mehr und mehr Alltag zu werden im Begriff sind.«[384]

Dieser Erkenntnis hatte Marcuse mit seinen Überlegungen vorgearbeitet. Ausgangspunkt seines humanistischen Protestes aber ist das Leid des vereinzelten Individuums. Die Geschichte menschlicher Emanzipationskämpfe, die Geschichte als Prozeß produktiver Welt- und Selbstgestaltung, die Geschichte menschlicher Aktivität erscheint bei ihm als das, was dem Menschen angetan wurde und wird. Was Marcuse manchmal theoretisch durchaus zu formulieren weiß, nämlich daß die Menschen die Akteure der von ihnen gemachten Geschichte unter jeweiligen von Menschen erzeugten geschichtlichen und natürlichen Bedingungen sind, schlägt bei ihm in die Vergeblichkeit menschlichen Handelns um. Der Mensch ist das ewige Opfer seiner selbst. So bleibt ihm am Schluß nur die Hoffnung der Hoffnungslosen: *»Nur um der Hoffnungslosen willen ist uns die Hoffnung gegeben.«*[385]

Dies erinnert an Ernst Blochs (1885 bis 1977) »Prinzip Hoffnung«. Bloch selbst war zum Ideenspender der »Neuen Linken« geworden und engagierte sich in demokratischen Bewegungen der BRD. Auch seine Ideen wirken bis in unsere Tage hinein. Er kam mit seinem Philosophieren vor allem dem Bedürfnis bestimmter Schichten nach alternativen sozialen Konzeptionen entgegen. Dieses Interesse zeigt sich besonders bei jenen Bewegungen und Kräften im Kapitalismus, die sich darum bemühen, die Interessen nichtmonopolistischer Schichten, der mittleren und kleinen Bourgeoisie, der Intelligenz, der Jugend zu artikulieren und dabei nach Alternativen zum gegenwärtigen staatsmonopolistischen Kapitalismus suchen. Diese in der Regel utopischen Überlegungen zielen dabei in zwei Richtungen: »Einmal werden sie in der teilweise sehr scharfen Auseinandersetzung mit den Zielen der reaktionärsten, aggressivsten Kreise der Monopolbourgeoisie betont ... Zum anderen werden utopische Positionen dem realen Sozialismus und seiner Entwicklung gegenübergestellt, weil er nicht als gesellschaftliche Alternative akzeptiert wird.«[386]

Zentraler Gesichtspunkt des Blochschen Denkens ist seine Konzeption einer »konkreten Utopie«. Von dieser Position aus erfolgt auch sein Zugang zum Marxismus. Und hier zeigt sich, daß Bloch, obwohl er den Marxismus als Ganzes anerkennt, im Kern an wesentlichen Auffassungen des Marxismus vorbeigeht; »sein idealistisches Denken, Herangehen und Werten schlägt immer mehr durch«[387].

Bei aller kritischen Auseinandersetzung mit dem Werk Blochs darf keinesfalls übersehen werden, daß Bloch zu jenen Intellektuellen gehörte, »die von der Zustimmung zur Oktoberrevolution bis zur Unterstützung der antimonopolistischen Protestbewegung der jüngsten Vergangenheit, von der energischen Ablehnung der Kriegsbegeisterung 1914 bis zum Engagement in der heutigen Friedensbewegung in ihrer persönlichen Haltung stets links gestanden haben, auf demokratischen, humanistischen, antimilitaristischen und antifaschistischen Positionen«[388].

Blochs Werk wurde sicher auch in komplizierten Situationen von rechten Kräften für ihre Zwecke ausgenutzt. Insgesamt hat er aber durch sein persönliches Auftreten und sein philosophisches Schaffen eher nach links gewirkt und in der Gegenwart zu verstärktem Friedensengagement herausgefordert. Sein »Utopiekonzept kann als eine wesentliche philosophische Begründung eines kleinbürgerlich-demokratischen Protest- und Alternativdenkens angesehen werden«.[389]

Kehren wir zu Herbert Marcuse zurück. Marcuse bot nur einen Ausweg, um der von »anonymer« Herrschaft durchwachsenen Gesellschaft zu entkommen, die »Weigerung, mitzumachen und mitzuspielen«[390]. Von dieser Position der »Großen Weigerung« aus sollten sich ganz andere Dimensionen des Empfindens, Denkens, des privaten und öffentlichen Handelns eröffnen, die dann in die Negation der imperialistischen Totalität umschlagen würden. Marcuse pries die Spontaneität des politischen Handelns, weil große zentralisierte Organisationen wegen der technischen Perfektion der sozialen Organisationsmittel dazu tendieren müßten, entweder sich selbst integrieren zu lassen oder andere zu »verwalten«.

Marcuse meinte, daß die repressive Form der gesellschaftlich-kulturellen Vergangenheit die menschliche Sinnlichkeit deformiert habe. In einer nichtrepressiven Gesellschaft hält er eine andere »Natur« der menschlichen Sinnlichkeit für denkbar; die auf Fortpflanzung fixierte Sexualität könne sich zum weltumspannenden Eros weiten, und Aggressivität werde von selbst verkümmern, weil sie kein Glücksverzicht forderndes Objekt mehr habe. Eine »schöne Ordnung« von »libidinösen Werkbeziehungen« zu konstituieren – dazu hält Marcuse die aus Zwängen von Herrschaft, Autorität und Leistung befreite menschliche Sinnlichkeit für fähig. Erotische Zuneigung der Menschen untereinander, aber auch zur Natur, die damit ihren Charakter des zu beherrschenden Feindlichen verlöre, erscheint als Resultat der zu ihren eigentlichen Anlagen zurückgebrachten Sinnlichkeit. Andererseits stellt er jedoch wieder eine neue Gesellschaft, eine »Ordnung der Fülle«, jener »Befreiung der Sinnlichkeit« voran. Ein Widerspruch, den Marcuse aber doch über den »neuen Menschen« löst. Dessen »triebmäßige Transformation« ist ihm Vorbedingung nicht nur für eine neue Gesellschaft, sondern auch für eine ganz andere Natur, die ihr Bedrohliches verliere, wenn der Mensch disponiert sei, ihr erotisch gestimmt gegenüberzutreten. Marcuses Forderung, über die Wiederherstellung der »guten Urnatur« des Menschen die ursprüngliche libidinöse Harmonie von Individuum und Gesellschaft, von Gesellschaft und Natur wiederherzustellen, liegt ein Naturbegriff zugrunde, nach dem die Natur kein vom menschlichen Wesen getrenntes Außen ist. Naturentwicklung und menschliche Geschichte fallen bei ihm zusammen. Diese Reduktion von objektiver Dialektik auf subjektive ermöglicht Marcuse jene Auffassung zu vertreten, nach der die neue (triebmäßige) Verfassung des Menschen der Punkt sei, von dem aus die ganze Welt verändert werden könne.[391]

Marcuse entwickelte seine Vorstellungen vom erstrebenswerten gesellschaftlichen Zustand – sein »Sozialismus«-Bild – in Anlehnung an Freud. Die aus der Psychoanalyse übernommenen Begriffe »Lustprinzip« und »Realitätsprinzip«[392] werden in ein antinomisches Verhältnis gesetzt und der Kulturkritik zugrunde gelegt. Die bisher vorherrschende historische Form des »Realitätsprinzips« soll das »Leistungsprinzip« gewesen sein, das einfach die Tatsache, sich der Mühsal der Arbeit zu unterwerfen, meint. Marcuse leugnet die Notwendigkeit dieses Prinzips. Das »Leistungsprinzip« wird als prometheisches dem erotisch-ästhetischen, dem orphischen Prinzip entgegengesetzt. Da für Marcuse Prometheus der Kulturheld der Mühsal, der Produktivität und des Fortschritts durch Unterdrückung ist, so muß er die Symbole eines anderen »Realitätsprinzips« auf dem entgegengesetzten Pol suchen. Er findet sie in der orphischen Kultur, die als Gegenzug zur prometheischen Welterfahrung erscheint. Orpheus, der antike Sänger, der mit seinem Gesang wilde Tiere zähmte und Steine zum Klingen und Tanzen brachte, gilt Marcuse als Archetypus des Heroen einer Kultur ohne »Leistungsprinzip«. Aktive anstrengende materielle und ideelle Tätigkeit, Kühnheit, Wagnis, Einsatz des Lebens um des Gewinns des Lebens willen haben keinen Platz in der orphischen Kultur. Orpheus' Werk ist nicht Arbeit, sondern Spiel, seine Sprache Gesang, sein Leben Schönheit. Das erotisch-ästhetische Prinzip impliziert bei Marcuse das kontemplativ-passive, nur genießende Individuum, das dem aktiv handelnden, Anstrengungen auf sich nehmenden Menschen entgegengesetzt wird.[393]

Marcuse weiß natürlich, daß die Götter vor den Preis des orphischen Lebens den prometheischen Schweiß gesetzt haben. Nun aber, meint er und liefert damit den Alternativen Stichworte und Anknüpfungspunkte, sei genug Schweiß und Blut geflossen. Die Zeit sei reif, daß Orpheus, nachdem Prometheus die entsprechenden Voraussetzungen geschaffen hat, seine erotisch-ästhetische Kultur begründet. Es dürfe nicht länger an der Befestigung der prometheischen Kultur des »Leistungsprinzips« mitgearbeitet werden. Marcuse proklamiert die *»Große Weigerung«*.[394] Nach dem Versanden der Studentenrebellion entwickelt Marcuse dann Vorstellungen von der Notwendigkeit und Möglichkeit eines »feministischen« Sozialismus. Die Ausdrucksformen des prometheischen Prinzips sieht Marcuse jetzt in der »männlichen Leistungsgesellschaft« verwirklicht, welche nur durch einen »feministischen Sozialismus« überwunden werden könne, der die »Emanzipation der Sinnlichkeit und der Vernunft, von der Rationalität der Herrschaft: *kreative Rezeptivität versus repressive Produktivität*« wäre.[395]

Diese Überlegungen sind durch viele Vermittler in die alternative Ideologie eingebracht worden. Wir verweisen nur auf die Position von André Gorz: »Wie Herbert Marcuse dargelegt hat, wird der nachindustrielle Sozialismus entweder *feminin* sein, oder er wird nicht sein. Die Voraussetzung dafür ist eine Kulturrevolution, die ebenso im individuellen wie im gesellschaftlichen Verhalten das Leistungsprinzip, die Ethik des Wettbewerbs, der Akkumulation und des Lebenskampfes hinter sich läßt und den Werten der Gegenseitigkeit, Zärtlichkeit, Uneigennützigkeit und Zuwendung zum Durchbruch verhilft.«[396]

Das klingt alles sehr schön – die Frage ist aber: Wie kann ein solches Verhalten erreicht werden? Auf diese Frage bleibt uns Gorz die Antwort schuldig, wie auch Herbert Marcuses Theorie darauf keine geben konnte. Wer nämlich die Arbeiterklasse als Subjekt grundlegender gesellschaftlicher Veränderung verabschiedet, der muß letztlich mit der Suche nach einem neuen Subjekt der gesellschaftlichen Veränderung scheitern. Denn andere gesellschaftskritische Kräfte und Bewegungen können nur in dem Maße grundlegende Alternativen zum imperialistischen System entwickeln und durchsetzen, wie sie gemeinsam mit der Arbeiterbewegung für die Durchsetzung grundlegender Ziele kämpfen. Das war die Kernfrage, die 1968 vor der Studentenbewegung stand, und das ist heute die Kernfrage der neuen sozialen Bewegungen und ihrer Zukunft.

Marcuse trifft nach dem Versanden der Studentenbewegung die Einschätzung, daß der Kapitalismus für den Bürgerkrieg und den imperialistischen Krieg reif und bereit sei. Deshalb solle eine »Minimalstrategie« der »Einheitsfront« verfolgt werden. In ihr sollten Studenten, militante Arbeiter und linksliberale Personen und Gruppen zusammenarbeiten. Eine solche »Einheitsfront« hätte die Aufgabe, Proteste gegen bestimmte, besonders brutale Aggressions- und Unterdrückungsaktionen des Regimes zu organisieren. Schwerpunkt solcher »radikaler« Organisation wären lokale und regionale Basen (in den Fabriken, Büros, Universitäten, Wohnvierteln); ihre Aufgabe bestünde darin, den Protest zu artikulieren und für konkrete Aktionen zu mobilisieren. Und da – nach Marcuse – zur Zeit der Kapitalismus in der Offensive sei, ginge es unter diesen Umständen um die Bekämpfung der schlimmsten Tendenzen des Kapitalismus. Das Ziel solle politische Aufklärung sein und organisierter Protest gegen die Vorbereitung neuer Kriege und Interventionen, politische Morde und Mordversuche, brutale Verletzungen der Bürgerrechte, Rassismus, intensivierte Ausbeutung der Arbeitskraft.

Diese Vorstellungen Marcuses, die er bereits 1974/75 entwickelte, haben Eingang in die neuen sozialen Bewegungen gefunden. Sie finden ihren Ausdruck in Aktionen gegen Kernkraftenergie und im Protest gegen zunehmende Umweltzerstörung, aber auch gegen zügellose Hochrüstung und beschleunigten Abbau sozialer Errungenschaften und demokratischer Rechte.

Es ist deshalb keineswegs verwunderlich, wenn Marcuse wenige Monate vor seinem Tode in seinem Vortrag in Frankfurt am Main über »Fortschritt und Innerlichkeit« ein Bekenntnis zu Kernkraftgegnern, zur Frauen- und Studentenbewegung und zu Bürgerinitiativen ablegt. Er sieht in ihnen Gruppen, die zu einer »konstruktiven Verweigerung« (es wird also nicht mehr von »Großer Weigerung« gesprochen) gegenüber dem »Leistungsprinzip« fähig sind, die versuchen, an »Menschlichkeit zu retten, was noch zu retten ist«, wobei ihnen das nur gelingen könne, wenn sie über alledem »Auschwitz, das auch heute noch möglich ist, nicht vergessen werden«.[397]

5. Der »grüne Igel«: ökologisch – sozial – basisdemokratisch – gewaltfrei

5.1. Für ein neues Verhältnis zwischen Gesellschaft und Natur

Der »grüne Igel« wurde zu einem Zeichen der ökologisch-alternativen Bewegung. Er symbolisiert das Bekenntnis zur Kreatur, die sich im Interesse der Erhaltung ihres natürlichen Lebensraumes wehrt, die nicht bereit ist, sich integrieren zu lassen. Sein »stachliger« Widerstand gegen die Krise der kapitalistischen Gesellschaft, gegen die Bedrohung der Menschheit durch Kriegsgefahr, gegen Entfremdung und Umweltzerstörung soll eine andere Gesellschaft auf die Tagesordnung setzen. All diesen Bemühungen liegt die Erkenntnis zugrunde, daß die Menschheit nur so vor atomarer Selbstzerstörung und einer Situation gefährlichster Krisen zu retten sei.

»Die Tatsache, daß der Mensch teilweise außerhalb der natürlichen Abläufe leben kann, stellt sich nun offensichtlich als eine Dominante der Evolution heraus, die eine Gegenreaktion hervorruft. ... Entweder wird eine gigantische Umgestaltung der Evolution die menschliche Art auf ein erdverträgliches Maß zurückdrängen, oder eine atomare Katastrophe reduziert diese jüngste Entwicklung auf eine einfache Lebensstufe, von der aus ein Neubeginn in anderen Lebensformen möglich ist. Eine dritte Möglichkeit, daß der Mensch als vernunftbegabtes Wesen seine Lage erkennt und die Krise zu seinen Gunsten entscheidet, ist zwar theoretisch gegeben, setzt aber eine Revolution im bisher üblichen Denken und Handeln voraus!«[398]

Wenn dieser Ansatz auch eher skeptisch, ja pessimistisch klingt, so wird doch von alternativen Ideologen das Aufbegehren gegen diesen scheinbar vorgezeichneten Weg in den Abgrund bewußt gefördert. Dieses Aufbegehren wird für sie gerade aus den Erfahrungen der ersten Hälfte der achtziger Jahre, aus dem Ringen um internationale Entspannung, aus dem Kampf gegen immer neue Rüstungen mit ihren natur- und schließlich menschheitsvernichtenden Wirkungen, dringlich. In diesem Sinne wird formuliert, daß die Friedensbewegung nur dann Erfolg haben wird, »wenn es ihr gelingt, ihr Anliegen der Gesellschaft als Lebensnotwendigkeit zu verdeutlichen. Dazu muß sie sich mit allen ansprechbaren Interessengruppen verständigen, um diese dann in eine gemeinsame Abwehrfront gegen die Katastrophe einzubinden. Eine wesentliche und starke Unterstützung der Anstrengungen um die Friedenssicherung kann, sollte und muß von der gesamten Natur- und Umweltschutzbewegung ausgehen; aus zwingend logischen Gründen muß die ökologische Bewegung der Friedenssicherung höchste Priorität zuerkennen! Denn infolge der Bedrohung durch morderne Waffen, besonders der atomaren, biologischen und chemischen, sind Friedens- und Umweltsicherung identisch geworden.«[399]

Es bedarf deshalb einer wahrhaft humanistischen Gestaltung der gesellschaftlichen Verhältnisse, die eine dauerhafte Friedenssicherung und den Schutz der Umwelt ermöglichen. Mit dieser Ansicht befinden sich die Theoretiker und Vorkämpfer einer alternativen Gesellschaft in Übereinstimmung mit den Erkenntnissen, Prinzipien und gesellschaftlichen Zielen der Arbeiterbewegung. Humanistisch gestaltete gesellschaftliche Verhältnisse sind in einem Teil der Welt bereits Wirklichkeit geworden. Kurt Hager umriß den humanistischen Gehalt der sozialistischen Gesellschaft als eine Gesellschaft, die »die allseitige Entwicklung des werktätigen Menschen, die Entfaltung der produktiven schöpferischen Kräfte aller Mitglieder der Gesellschaft als Sinn des Daseins proklamiert und zum obersten Ziel ihres Handelns erklärt hat ... Humanismus beruht auf der Überzeugung, daß der Mensch und die menschliche Gesellschaft unbegrenzt entwicklungsfähig sind und daß jeder Mensch sowohl die Fähigkeit zu seiner Selbstvervollkommnung und zur Vervollkommnung der Gesellschaft hat als auch imstande ist, sich in diesem Sinne zu betätigen. Im humanistischen Denken erscheint der Mensch als tätiger, als gestaltender Mensch.«[400]

Diese praktizierte Gesellschaftstheorie ermöglicht die Schaffung von humanistischen Verhältnissen zwischen den Menschen und zugleich eine rationale Regelung der Beziehungen zu Natur und Umwelt. Die Verwirklichung dieses Ziels steht in unmittelbarem Zusammenhang mit der von den Klassikern des Marxismus-Leninismus in den Mittelpunkt der historischen Mission der Arbeiterklasse gestellten Aufgabe, die Umstände des Menschen menschlich zu gestalten.[401]

Die Meisterung der wissenschaftlich-technischen Revolution und die Entwicklung der Produktivkräfte sind eine entscheidende Grundlage und Bedingung für eine umfassende Befriedigung der materiellen und kulturellen Bedürfnisse der Menschen. Der zwingende Zusammenhang zwischen dem Schaffen der Bedingungen für die Bedürfnisbefriedigung, der Gestaltung der Arbeit zu einem Lebensbedürfnis und der allseitigen Entfaltung der Persönlichkeit auf kollektiver Grundlage widerspiegelt sich allerdings nicht in der verbreiteten Auffassung einer Reihe alternativer Ideologen über das Verhältnis von Gesellschaft und Individuum. Nicht selten wird dabei der Marxismus als Theorie einer menschlichen Emanzipation der Vergangenheit akzeptiert, spätestens aber mit seiner praktischen Verwirklichung in den Ländern des realen Sozialismus als unvollkommen oder gar gescheitert angesehen. Der reale Sozialismus wird an einem abstrakten Gesellschaftsideal gemessen, das recht fern von der Wirklichkeit und ihrer realen Entwicklungsperspektive angesiedelt ist.

Verständlicherweise fühlen sich bei solchen Bewertungen nicht wenige alte Theoretiker der »Neuen Linken« in ihrem Element. Ihr Lernen aus dem Versanden der Studentenbewegung der sechziger Jahre und der Krise der damaligen politischen Bewegung bestand und besteht in der Abkehr von marxistischen Gedanken, statt zu prüfen, was aus dieser wissenschaftlichen Theorie schöpferisch angewandt bzw. weiterentwickelt werden muß. So wundert es nicht, wenn Oskar Negt, einer der damaligen »Neuen Linken«, heute die Reihen der ökologischen Bewegung stärkt und den Marxismus von diesen »neuen« Positionen aus kritisiert.

In einem Brief an einen fiktiven gegenwärtig einhundertfünfzigjährigen Gesprächspartner mit Namen Karl Marx fragt er: »Gehe ich völlig fehl in dem Verdacht, daß in Ihrer Einschätzung der Produktivkräfte eine perspektivische Verzerrung in zweierlei Hinsicht erfolgt: Unterschätzung der gesamtgesellschaftlichen Folge der zerstörerischen Überschätzung ihrer emanzipativen Wirkung?«[402] Die selbst gegebenen Antworten stimmen mit dem überein, was andere Theoretiker der neuen Bewegungen ohne einen solchen Umweg über ein bestimmtes marxistisch beeinflußtes Gesellschaftsverständnis vertreten. Negt sieht keinen grundlegenden Widerspruch in der bürgerlichen wie überhaupt in der heutigen menschlichen Gesellschaft. »Denn die Menschen treten ja nie als synthetische Ganzheiten in Erscheinung; sie bilden eher Bündel in sich widersprüchlicher und zerrissener Einzeleigenschaften. ... Es käme deshalb darauf an, zunächst und in erster Linie diese besonderen Eigenschaften und Interessen zu politisieren, das bedeutet: konkret vom Herrschaftszusammenhang zu trennen und damit allererst emanzipationsfähig zu machen.«[403] Negt geht davon aus, daß Herrschaft, Autorität, Unterordnung, Disziplin und Organisation schlechthin die menschliche Emanzipation behindern. Richtig wird dabei gesehen, daß die Monopole alle Seiten des gesellschaftlichen Lebens direkt oder indirekt ihrer Herrschaft unterworfen haben und sie für die Aufrechterhaltung der Herrschaft ausnutzen. Dieser zunehmende Druck auf das Individuum im Kapitalismus wird gerade unter den Bedingungen der wissenschaftlich-technischen Revolution und des Abbaus sozialer und demokratischer Rechte am Arbeitsplatz, für die Familie, im Wohngebiet zunehmend spürbarer. Aber es wird oft nicht tief genug ergründet, woraus dieser Druck resultiert und warum Organisation und Disziplin sowie Herrschaftsstrukturen in unterschiedlichen Gesellschaften unterschiedliche soziale Funktionen und Wirkungen haben und haben müssen.

Natürlich kann mit aus dem Zusammenhang gerissenen Einzelthesen nicht zum Wesen von Prozessen und Erscheinungen vorgedrungen werden. So kann mit einzelnen, aus dem inhaltlichen Zusammenhang und der geschichtlichen Perspektive gelösten Zitaten von Marx oder Engels der Eindruck erweckt werden, daß die Klassiker der raschen Entwicklung der damaligen Technik und Wissenschaft völlig unkritisch gegenüberstanden. So etwa, wenn Engels beim Begräbnis von Marx davon sprach, daß dieser bei jeder wissenschaftlichen Entdeckung »reine Freude« empfand, um so mehr, »wenn es sich um eine Entdeckung handelte, die sofort revolutionär eingriff in die Industrie, in die geschichtliche Entwicklung überhaupt«.[404] Diese Position, anknüpfend an die Leistungen des Menschen, seine Schöpferkraft, wird im Marxismus aber letztlich immer mit einer Einschätzung der Wirkung der sozialen Entwicklung von Wissenschaft und Technik unter kapitalistischen Verhältnissen verbunden. Diese Entwicklung führt zu einem »Antagonismus zwischen moderner Industrie und Wissenschaft auf der einen Seite und modernem Elend und Verfall auf der andern Seite«. Marx verkannte dieses Problem keineswegs, im Gegenteil: »Die neuen Quellen des Reichtums verwandeln sich durch einen seltsamen Zauberbann zu Quellen der Not. Die Siege der Wissenschaft scheinen erkauft durch Verlust an Charakter. In dem Maße, wie die Menschheit die Natur bezwingt, scheint der Mensch durch andre Menschen oder durch seine eigne Niedertracht unterjocht zu werden.«[405] Diese Fragen werden aber immer im Zusammenhang mit den gesellschaftlichen Verhältnissen und als von ihnen entscheidend bestimmt gesehen. Die Beseitigung des grundlegenden gesellschaftlichen Antagonismus beseitigt auch diesen unversöhnlichen Widerspruch zwischen der Einführung und Vervollkommnung neuer Produktivkräfte und ihren sozialen Folgen, macht die Produktivkraftentwicklung vielmehr zur Triebkraft der gesellschaftlichen Entwicklung, auch im Sinne der Entfaltung der Persönlichkeit; macht den Menschen statt des Profits zum Maß aller Dinge. Diese Möglichkeit wird jedoch entsprechend den konkreten Bedingungen erst in einem komplizierten Prozeß der Schaffung der notwendigen materiellen Voraussetzungen und eines gesellschaftlichen Lernprozesses allseitig durchgesetzt. Im ökologischen Ansatz steht primär das Verhältnis Mensch – Natur; nicht das Verhältnis der Menschen zu den Produktionsmitteln, nicht die Eigentumsverhältnisse sind in diesem Ansatz zentrales und entscheidendes Verhältnis der Gesellschaft. Dabei wird tendenziell von einem unversöhnlichen Gegensatz der modernen Wissenschaft und Technik zur Natur ausgegangen.[406]

Fragen des Umweltschutzes, der Kampf um die Erhaltung und Verbesserung der natürlichen Lebensbedingungen des Menschen und der Menschheit sind in der Gegenwart unübersehbarer Teil der Klassenauseinandersetzung geworden. Nur scheinbar bilden sie, wie alternative Ideologen glauben, einen grundlegenden Widerspruch jenseits der antagonistischen Klassen und Gesellschaftsordnungen. Der Marxismus hat die tiefe Analyse der Gesellschaft, auch der kapitalistischen, ihrer Entwicklung und ihrer engen Wechselwirkung mit der Natur zum Inhalt. Zum weiteren wird bei der Gestaltung der sozialistischen Gesellschaft – ausgehend von diesen Erkenntnissen – entsprechend dem Wissensstand und den objektiven Möglichkeiten zunehmend alles Erforderliche getan, um dieses Verhältnis bewußt und planmäßig zu gestalten. Daran ändert auch die Tatsache nichts, daß imperialistische Kräfte mittlerweile versuchen, Umweltprobleme im ideologischen Kampf der Systeme in ihrem Interesse auszunutzen. Genauso wie die imperialistischen Kräfte heute zunehmend im Innern des Kapitalismus ihr »Herz« für Umweltfragen »entdecken«, um auf politische Orientierungen der Umweltbewegung Einfluß zu nehmen sowie die Friedensbewegung von ihrer zentralen Aufgabe abzulenken, so setzen sie Umweltfragen auch gezielt zur Verleumdung des Sozialismus ein.

Die Zielstellung solcher Verleumdungen liegt auf der Hand. Der Sozialismus soll für all diejenigen, die in den kapitalistischen Ländern nach Alternativen suchen, als eine solche unbedingt ausscheiden. Vor allem aber soll durch Manipulationen mit der ehrlichen Sorge um die Umwelt ebenso wie mit der Angst vor dem Krieg auch unter den Bürgern der sozialistischen Staaten versucht werden, einen Widerspruch zwischen ihnen und der Politik ihres Staates zu konstruieren. Auf diese Weise sollen Ansatzpunkte für antisozialistische Bestrebungen geschaffen werden. Solche Versuche scheiterten bisher und sind auch in Zukunft zum Scheitern verurteilt.

Die marxistisch-leninistische Theorie gibt Antworten

auf alle wichtigen Fragen der gesellschaftlichen Entwicklung. Das bedeutet jedoch nicht, daß im Sozialismus schon alle Probleme erfaßt und umfassend gelöst werden konnten, daß immer auch alle notwendigen materiellen Mittel schon bereitstehen. Aber der Sozialismus tut alles in seinen Kräften Stehende, wie jeder anhand der praktischen Resultate der sozialistischen Umweltpolitik sehen kann.

Der Marxismus-Leninismus gibt die klare Orientierung und die Grundlage für praktisches Handeln. Eine der wesentlichen Leistungen von Marx, Engels und Lenin besteht darin, auch das Wesen des Verhältnisses von Mensch, Gesellschaft und Natur aufgedeckt zu haben. Zwar verwandten sie noch nicht den Begriff »Ökologie«; die genaue Analyse ihrer Arbeiten zeigt aber, daß sie die von diesem Begriff widergespiegelten Wechselbeziehungen zwischen den Organismen, insbesondere den Menschen, und ihrer Umwelt sehr genau erkannten.

Marx arbeitete in Polemik gegen Lassalles Auffassungen den grundlegenden wissenschaftlichen Zugang zu all diesen Fragestellungen heraus, indem er hervorhob, daß die »Arbeit *nicht die Quelle* alles Reichtums ist. Die *Natur* ist ebensosehr die Quelle der Gebrauchswerte (und aus solchen besteht doch wohl der sachliche Reichtum!) als die Arbeit, die selbst nur die Äußerung einer Naturkraft ist, der menschlichen Arbeitskraft.«[407] In diesem Kontext machte er vor allem auf die Aufgaben und Möglichkeiten der Veränderungen im Verhältnis von Natur und Gesellschaft als Einheit von Gegensätzen, die einander bedingen und beeinflussen und die sich notwendig beide weiter- und höherentwickeln müssen, aufmerksam. »Nur soweit der Mensch sich von vornherein als Eigentümer zur Natur, der ersten Quelle aller Arbeitsmittel und -gegenstände, verhält, sie als ihm gehörig behandelt, wird seine Arbeit Quelle von Gebrauchswerten, also auch von

Reichtum.«[408] Entscheidend für den Charakter des Verhältnisses zwischen Natur und Gesellschaft ist der *Charakter* der Gesellschaft. Mit der Errichtung des Sozialismus beginnt jener gesellschaftliche Entwicklungsprozeß, in dem an die »Stelle der alten bürgerlichen Gesellschaft mit ihren Klassen und Klassengegensätzen eine Assoziation tritt, worin die freie Entwicklung eines jeden die Bedingung für die freie Entwicklung aller ist«[409]. Eine solche Entwicklung setzt ein positives Verhältnis der Arbeiterklasse zur Wissenschaft voraus. Denn es bedarf aller Anstrengungen, die notwendigen Bedingungen für die Entfaltung der Persönlichkeit, dieses zutiefst humanistischen Zieles, zu schaffen. Zugleich wird so der Rahmen für die Entfaltung der Persönlichkeit durch ihr schöpferisches Tätigsein in der Gesellschaft und für die Gesellschaft geschaffen.

In einer solchen Gesellschaft können Bewegungsformen für den Widerspruch zwischen Gesellschaft und Natur geschaffen werden, die eine harmonische Entwicklung dieses Verhältnisses zum Wohle des Menschen und zur Bewahrung der Natur gewährleisten. Da der Sozialismus seinem Wesen nach eine Gesellschaft für den Menschen und damit auch für die produktive Einheit von Mensch und Natur ist, kann mit seiner zunehmenden Stärke vom Schutz der Natur zum planmäßigen und rationellen Gestalten des Verhältnisses zur Natur übergegangen werden. Die Klassiker des Marxismus-Leninismus haben als Grundlage und Voraussetzung für alle gesellschaftlichen Prozesse den Zusammenhang von Mensch und Natur in seiner Vielschichtigkeit und Widersprüchlichkeit erkannt. Der Mensch als Naturwesen, vor allem aber auch als gesellschaftliches Wesen, unterscheidet sich vom Tier durch die Produktion seiner Lebensmittel, durch die indirekte Produktion seines materiellen Lebens.[410] Die menschliche Entwicklung zielt auf die »volle Entwicklung der menschlichen Herrschaft über die Naturkräfte, die der sog. Natur sowohl wie seiner eignen Natur«[411]. Marx ließ keinen Zweifel, daß diese Herrschaft immer eine Wechselwirkung einschließt: »Die Natur ist sein (des Menschen – *d. Verf.*) *Leib*, mit dem er in beständigem Prozeß bleiben muß, um nicht zu sterben. ... der Mensch ist ein Teil der Natur.«[412]

In diesen Positionen spielt der Gedanke der Wechselwirkung, des Stoffwechsels zwischen Mensch und Natur, die dominierende Rolle. Zugleich werden die Konsequenzen für die Weiterentwicklung von Mensch und Natur auf der Grundlage des Arbeitsprozesses verdeutlicht. Marx wandte sich strikt dagegen, die Entwicklung des Menschen, der Gesellschaft, als etwas Mystisches anzusehen, Mensch und Industrie als unvereinbar gegenüberzustellen. Für ihn ist »die Geschichte der *Industrie* und das gewordne *gegenständliche* Dasein der Industrie das *aufgeschlagne* Buch der *menschlichen Wesenskräfte*«[413]. Das Wesen des Menschen schließt die Schaffung von Mitteln zur Naturbeherrschung und damit immer von Mitteln zur Entfaltung der eigenen menschlichen Natur ein. Das ist aber kein Prozeß der Selbstzerstörung: »Die *Industrie* ist das *wirkliche* geschichtliche Verhältnis der Natur und daher der Naturwissenschaft zum Menschen; wird sie daher als *exoterische* Enthüllung der menschlichen *Wesenskräfte* gefaßt, so wird auch das *menschliche* Wesen der Natur oder das *natürliche* Wesen des Menschen verstanden, daher die Naturwissenschaft ihre abstrakt materielle oder vielmehr idealistische Richtung verlieren und die Basis der *menschlichen* Wissenschaft werden, wie sie jetzt schon – obgleich in entfremdeter Gestalt – zur Basis des wirklich menschlichen Lebens geworden ist, und eine *andre* Basis für das Leben, eine andre für die *Wissenschaft* ist von vornherein eine Lüge.«[414]

Engels machte darauf aufmerksam, daß der Wechselwirkungsprozeß Mensch – Natur auch zu Gefahren für Mensch und Natur führen kann. »Schmeicheln wir uns indes nicht zu sehr mit unsern menschlichen Siegen über die Natur. Für jeden solchen Sieg rächt sie sich an uns.«[415] Das folgt aus der Tatsache, daß der Mensch selbst Teil der Natur ist und erst in seiner historischen Entwicklung zunehmend auch die Auswirkungen seines Tuns, das Wirken der entsprechenden Gesetzmäßigkeiten zu erkennen vermag. Solange diese Erkenntnisfähigkeit begrenzt ist, sei es durch soziale Schranken oder eine für die jeweilige Anforderung unzureichende Fähigkeit der Wissenschaftler, die Folgen abzuschätzen, sind Rückschläge und bitteres Lehrgeld unvermeidlich. Wenn dieser Lernprozeß aber ein hohes Niveau erreicht hat, zugleich die entsprechenden gesellschaftlichen Voraussetzungen geschaffen werden, dann wird der Mensch sich künftighin nicht nur »wieder als Eins mit der Natur« fühlen, sondern dies auch bewußt erreichen.[416] Es wird dann möglich, ausgehend von den Erfordernissen der Gesellschaft *und* der Natur, planmäßig und bewußt zu produzieren, solche Produktionsverfahren zu entwickeln, die auch die Natur bewahren und bereichern. Unter der kapitalistischen Produktionsweise ist es unmöglich, diese Einheit herzustellen. Die Grenzen, die sie setzt, können zwar durch den Druck der Werktätigen mit Reformen oder auch im unmittelbaren Interesse der Profitsicherung und -maximierung verschoben, nicht aber überschritten werden. In dieser Produktionsweise zählt nur der Profit, nicht aber mögliche Nebenwirkungen. In dieser Gesellschaft wirkt der »wahre Despotismus«[417] der gesellschaftlichen Arbeitsteilung in der Industrie nicht für die Menschen, sondern gegen sie, macht sie in einer Gesellschaft entfremdeter Verhältnisse auch in diesem Sinne unfrei. Bereits in seiner Untersuchung »Die Lage der arbeitenden Klasse in England« erkannte Engels, daß die kapitalistischen Arbeits- und Lebensbedingungen letztlich schrittweise, aber unvermeidlich zum »sozialen Mord«[418] an den Arbeitern führen. Das ist eine unvermeidliche Folge der Produktivkraftentwicklung unter kapitalistischen Vorzeichen, im Interesse einer maximalen Ausbeutung der Arbeiter, ungeachtet der auch für die Kapitalisten sichtbaren Folgen des Raubbaus an Mensch und Natur.

»Das Kapital, das so ›gute Gründe‹ hat, die Leiden der es umgebenden Arbeitergeneration zu leugnen, wird in seiner praktischen Bewegung durch die Aussicht auf zukünftige Verfaulung der Menschheit und schließlich doch unaufhaltsame Entvölkerung so wenig und so viel bestimmt als durch den möglichen Fall der Erde in die Sonne. In jeder Aktienschwindelei weiß jeder, daß das Unwetter einmal einschlagen muß, aber jeder hofft, daß es das Haupt seines Nächsten trifft, nachdem er selbst den Goldregen aufgefangen und in Sicherheit gebracht hat. Après moi le déluge! (Nach uns die Sintflut!) ist der Wahlruf jedes Kapitalisten und jeder Kapitalistennation. Das Kapital ist daher rücksichtslos gegen Gesundheit und Lebensdauer des Arbeiters, wo es nicht durch die Gesellschaft zur Rücksicht gezwungen wird.«[419] Diese Rücksichtnahme auf die Gesellschaft wird zum Beispiel auch erzwungen durch die Sicherung der notwendigen Reproduktion der Arbeitskraft oder, wie schon im 19. Jahrhundert, durch die Erfordernisse der Rüstung und der Militarisierung, denen damals die frühzeitig verbrauchten und verkrüppelten Opfer der Kinderarbeit zu fehlen drohten. Zudem zeigt sich, daß mit solchen Maßnahmen auch zwei für die Kapitalisten wesentliche Wirkungen erzielt werden können. *Erstens* werden unausweichliche Schritte zur Sicherung der Reproduktion der Arbeitskraft selbst zu einer Quelle für Profite in Gestalt der Umweltindustrie oder der Freizeitwirtschaft. *Zweitens* stellt sich der Kapitalist dabei als großer »Gönner« dar, der eigentlich ja nur die Ziele verwirkliche, die die Umweltschutzbewegung fordere. Seine Neubewertung der Profitrealisierungsbedingungen dient also lediglich wieder der Sicherung der Profite bei der Durchsetzung der wissenschaftlich-technischen Revolution.

Grundsätzlich ist die bürgerliche Gesellschaft, ist die Monopolbourgeoisie, trotz aller wichtigen und weitgehenden »Schönheitsreparaturen«, nicht in der Lage, aus sich heraus echte und dauerhafte Lösungen für die brennenden Fragen der Menschheit, einschließlich denen ihrer Umwelt, zu schaffen. Lenin kam zu dem Schluß: »Wohin man auch blickt, auf Schritt und Tritt findet man Aufgaben, die *sofort* zu lösen die Menschheit durchaus imstande wäre. Der Kapitalismus aber steht hindernd im Wege. Er hat Berge von Reichtümern angehäuft – und die Menschen zu *Sklaven* dieses Reichtums gemacht.«[420]

Die Bourgeoisie, und mit Aufkommen des Imperialismus besonders die Monopolbourgeoisie, hat mit ihrem schonungslosen Profitstreben die Grenzen überschritten, innerhalb derer Mensch und Natur überleben könnten. Ähnlich wie bei Goethes »Zauberlehrling« haben sich die Produktivkräfte in ihren Händen vielfach zu Destruktivkräften gewandelt, wird sie die Geister nicht mehr los, die sie rief. Am schärfsten zeigt sich das in der Rüstung, wie sie durch die Entwicklung und Produktion von Kernwaffen, immer neuer und »besserer« Massenvernichtungsmittel auf der Erde und im Kosmos betrieben wird. Aber auch die »normalen« Produktivkräfte richten sich unter kapitalistischen Bedingungen unübersehbar gegen das menschliche Leben und die menschliche Würde. Die immer rücksichtslosere, wenn auch raffiniertere und qualifiziertere Ausbeutung der Werktätigen ist dafür ebenso beredter Ausdruck wie die Umweltzerstörungen.

Erst unter sozialistischen Verhältnissen stellt sich das Verhältnis des Menschen zur Natur wie Gesellschaft völlig neu dar. Die Herrschaft des Naturwesens Mensch, genauer, die der Gesellschaft, gewinnt ihre Ursprünglichkeit in neuer Qualität zurück. Damit entstehen die gesellschaftlichen Bedingungen für ein solches Verhältnis zur Natur, daß als längerfristige Aufgabenstellung die Herstellung dieser Einheit und der ihr gemäßen Bewegungsformen ermöglicht: Denn selbst »eine ganze Gesellschaft, eine Nation, ja alle gleichzeitigen Gesellschaften zusammengenommen, sind nicht Eigentümer der Erde. Sie sind nur ihre Besitzer, ihre Nutznießer, und haben sie als boni patres familias (gute Familienväter) den nachfolgenden Generationen verbessert zu hinterlassen.«[421] Mit der Beseitigung der alles bestimmenden Rolle des Profits entstehen in einem langen Prozeß die gesellschaftlichen Voraussetzungen, die die Lösung aller Probleme der menschlichen Entwicklung ermöglichen. Auf diese Weise fällt das Ändern »der Umstände und der menschlichen Tätigkeit oder Selbstveränderung«[422] zusammen. Nicht die weltfremde Forderung nach Beseitigung bestimmter »Umstände« wie der Großtechnik, aber auch nicht das Bemühen, allein durch das eigene Beispiel oder durch Bewußtseinsveränderung die Gesellschaft zu verändern, bringt reale Fortschritte bei der Gestaltung des Verhältnisses zwischen Natur und Gesellschaft. Es sind bestimmte Schritte zu gehen, die schon unter kapitalistischen Verhältnissen monopolistische Strukturen in Frage stellen, alternative Tendenzen stärken, die das Verhältnis zur Natur günstiger gestalten und die vor allem die Kriegsgefahr eindämmen.

Mit der Errichtung der politischen Macht der Arbeiterklasse war es allein noch nicht möglich, *alle* notwendigen und herangereiften gesellschaftlichen Veränderungen in einem einzigen Akt durchzuführen. Die neue Gesellschaft muß als Erbe eine bestimmte materiell-technische Basis vom Kapitalismus übernehmen und sie schrittweise zu einer dem Sozialismus adäquaten umgestalten. Das ist um so schwerer, als viele der bisherigen sozialistischen Revolutionen in Ländern siegten, in denen nicht das höchstmögliche technische Niveau, welches die kapitalistische Entwicklung hervorgebracht hatte, erreicht war. Der Klassenkampf und die Erfordernisse des sozialistischen Aufbaus setzten zwangsläufig Prioritäten, die andere notwendige Veränderungen teilweise hinausschoben. Solche Prioritäten wurden von Hunger, Armut, Arbeitslosigkeit, sozialer Ungerechtigkeit, militärischer Bedrohung und der notwendigen Beseitigung von Kriegszerstörungen diktiert.

Das heißt jedoch nicht, daß Probleme des Zusammenhangs von Gesellschaft und Natur keine Relevanz hatten. Sie stehen vom ersten Tag des sozialistischen Aufbaus auf der Tagesordnung, und mit jedem Schritt rückt diese Seite der Gestaltung der Gesellschaft stärker in den Brennpunkt der Aufmerksamkeit und des planmäßigen, zielstrebigen Handelns. Edgar Gärtner vom IMSF hebt deshalb zu Recht die »ökologische Dimension« der historischen Mission der Arbeiterklasse hervor: »Der tiefere soziale Inhalt der ökologischen Revolution besteht ... in der Verbindung der Ökologie mit der Arbeiterklasse. Die unter kapitalistischen Bedingungen begonnene Revolution des Systems der Produktivkräfte kann nur unter Führung der sich ihrer historischen (und naturhistorischen) Mission bewußt gewordenen Arbeiterklasse vollendet werden. Es kommt dabei nicht einfach auf die Erhaltung der äußeren Umwelt an. Vielmehr müssen die Veränderungen bei den Arbeitsbedingungen in den Betrieben beginnen und die Vermittlung zwischen den psycho-physischen und kulturellen Bedürfnissen der Arbeiter und der Qualität der inneren und äußeren Umwelt anstreben, d. h. die Biologisierung bzw. Ökologisierung der Produktion muß am Organismus des unmittelbaren Produzenten ansetzen.«[423]

Die internationalen Diskussionen zur Frage der Umwelt seit Beginn der siebziger Jahre haben den Blick für die Folgen eines zu sorglosen Umgangs mit der Natur geschärft und haben diese Seite der Verwirklichung der historischen Mission der Arbeiterklasse stärker in den Blickpunkt des öffentlichen Interesses gerückt. Die sozialistischen Staaten unternehmen seit ihrem Bestehen große Anstrengungen, die solide Ergebnisse zeitigten. Erich Honecker betonte in einem Interview mit der BRD-Wochenzeitung »Die Zeit«: »Wir sind auf dem Gebiet des Umweltschutzes ... schon seit langem tätig. Wir haben spezielle Maßnahmen zur Schadstoffbeseitigung festgelegt, und wir sind generell bestrebt, in Übereinstimmung mit unserer Bevölkerung dieses Problem stärker in die Hand zu bekommen.«[424]

Die Lösung dieses wie der anderen Menschheitsprobleme bedarf einer grundlegenden Veränderung des internationalen Kräfteverhältnisses zugunsten der Kräfte des Friedens und des Fortschritts, die die aggressivsten Kräfte des Imperialismus einschränkt.

Entscheidendes Gewicht besitzt dabei jene Gesellschaft, die die reale gesellschaftliche Alternative zu einer Welt der Kriegsdrohung, der Ausbeutung, der Unterdrükkung und der Umweltzerstörung verkörpert. Von der wachsenden Ausstrahlungskraft und Attraktivität des Sozialismus hängt es wesentlich ab, wie der Lauf der Dinge in der Welt sich heute und in Zukunft vollzieht. Der Sozialismus als erste Phase jener »höheren Gesellschaftsform«, deren Grundprinzip die »volle und freie Entwicklung jedes Individuums ist«[425], wird daran gemessen, welchen Beitrag er zur Verwirklichung dieses Ziels zu leisten vermag. Dabei geht es gegenwärtig um die immer bessere Befriedigung der materiellen und kulturellen Bedürfnisse der Werktätigen. Das erfordert eine solche Entwicklung der Produktivkräfte, die es gestattet, daß in einer nicht mehr allzu fernen Zukunft der Mensch aus dem unmittelbaren Produktionsprozeß heraustritt und ihm als »Wächter und Regulator«[426] gebietet. Es bedarf der entsprechenden materiellen Bedingungen, um die Arbeit immer mehr zu einem wahrhaft schöpferischen Prozeß zu machen und um die Gesamtbedingungen zur Entfaltung aller menschlichen Fähigkeiten und Talente im Interesse des Menschen und der Gesellschaft zu erreichen. Zugleich schafft die sozialistische Gesellschaft die Bedingung dafür, die Gesetzmäßigkeiten von Natur und Gesellschaft zu erkennen und planmäßig anzuwenden.[427]

5.2. »Small is beautiful« – Ökonomie und Ideologie

Weltuntergangsstimmungen sind untrügliche Zeichen sterbender Gesellschaften. Dürers apokalyptische Reiter geben dem sterbenden Feudalismus symbolhaften Ausdruck. Dieses Bild des großen Künstlers wurde für alternative Denker Verkörperung gesellschaftlicher Krisensituationen und auf heutige Verhältnisse übertragen und im Anwendungsbereich erweitert. »Dachten die Menschen früherer Zeiten an gefahr- und todbringende Ereignisse«, schreibt heute Robert Jungk, »dann waren es Kriege, Seuchen, Hungersnöte und die von Zeit zu Zeit in Aufruhr geratende Natur. Zu diesen vier Reitern der Apokalypse hat sich inzwischen ein fünfter hinzugesellt: die industrielle Katastrophe. Sie kann heute Ausmaße annehmen, die den Folgen von Erdbeben und Pest nicht nachstehen, ja diese in einer Hinsicht sogar übertreffen ... Ihre Folgen haben möglicherweise noch spätere Generationen zu erleiden. Solche Katastrophen zerstören nicht nur die Gegenwart, sondern auch die Zukunft.«[428]

Eine solche Denkhaltung ist typisch in alternativen Kreisen und vor dem Hintergrund von Havarien in Kernkraftwerken und chemischen Fabriken sowie dem katastrophalen Zustand in Wäldern einiger europäischer Länder nicht verwunderlich, wenn auch nicht richtig. Die modernen Produktivkräfte, so ist die Folgerung, gefährden die Natur und die Menschheit. Es ist nicht ungewöhnlich, daß unter diesen Vorzeichen »Fortschritt« sarkastisch in folgender Weise buchstabiert wird: »F wie future? no thanks, O wie Orwellstaat, R wie Radikalenerlaß, T wie Totalitarismus, S wie ›Saurer Regen‹, C wie computergestützte Überwachung, H wie Hungerkatastrophen in der 3. Welt, R wie Reaktorunfall, I wie Interkontinentalrakete, T wie Technokratie und T wie Trabantenstadt.«[429] Diese aus den realen Bedrohungen und bestimmten weltanschaulichen Positionen erwachsende ablehnende Haltung zur modernen Industrie und ihren Folgen ist der zentrale gemeinsame Nenner für die ökologische Strömung der neuen sozialen Bewegungen. Das ist ihr Ansatzpunkt der Kritik an der kapitalistischen Gesellschaft, so wie sie heute ist und Mensch wie Natur schädigt und zerstört. Die Bewahrung der Natur, ein ausgewogenes Verhältnis der Menschen zu ihr, ist deshalb für sie Bedingung eigener Lebensbewahrung und Verwirklichung. Genau hier muß nach ihrer Auffassung das Verändern beginnen. Alles Zerstörende soll überwunden werden, um die Menschheit vor der Selbstvernichtung zu retten. Darum wird eine alternative Gesellschaft, die sich gegen alle tatsächlichen oder vermeintlichen Mißstände des Kapitalismus und der menschlichen Zivilisation überhaupt wendet, angestrebt.

Worin sind die Ursachen für diese Entwicklungen zu sehen? Die zyklischen und strukturellen Krisen der kapitalistischen Weltwirtschaft haben zur allgemeinen Verschlechterung der Lebenslage der Werktätigen geführt. Das traf im letzten Jahrzehnt nachdrücklich die Arbeiterklasse in allen imperialistischen Ländern, auch in der BRD, insbesondere in den traditionellen Bereichen der Schwerindustrie. Besonders empfindlich reagierten jedoch die erstmals und unvorbereitet in einer solchen Weise betroffenen Angehörigen der lohnabhängigen Mittelschichten und große Teile der Intelligenz. Für sie brach eine »heile Welt« zusammen. Das tendenzielle Anhalten der Massenarbeitslosigkeit, das Sinken der Reallöhne, die Krise der Umwelt wie der zwischenmenschlichen Beziehungen, die wachsende Kriegsgefahr – all dies signalisiert die Grenzen der Funktionsfähigkeit des staatsmonopolistischen Reproduktions- und Regulationssystems. Hier einen radikalen Schlußstrich zu ziehen, Alternativen aufzuzeigen und zu realisieren könnte weitreichende Wirkungen haben. »Wenn es Friedensbewegung, Gewerkschaften und Ökologiebewegung sowie den verschiedensten Bürgerinitiativen gelingt, weitere Aufrüstung und Konfrontation, weiteren Sozial- und Einkommensabbau, weitere Verkabelung etc. undurchführbar zu machen, sind die Weichen für eine andere staatliche Politik, ja, für eine Veränderung des gesamten ökonomischen Regulierungsmechanismus gestellt.«[430]

Ihre gesellschaftliche Brisanz haben die Forderungen dadurch, daß sie nicht die Marotte einiger Umweltschützer und »Aussteiger« sind, sondern weite Teile der Werktätigen und ihrer gewerkschaftlichen Organisationen umfassen. Zur Arbeit gewerkschaftlicher Initiativen, zum Beispiel der Initiative »Alternative Fertigung« in der Metallindustrie, schrieb die DKP-Zeitung »Unsere Zeit«: »Dieser neue Akzent in der Technikdiskussion zeigt nicht nur, daß es wichtige Felder gibt, auf denen sich – trotz der vielfältigen Unterschiede und der oftmals großen Distanz zwischen Arbeiterbewegung und neuer sozialer Bewegung – Vorstellungen und Konzeptionen aus beiden Bewegungen überschneiden und wechselseitig beeinflussen. Dabei ist im übrigen unter dem Gesichtspunkt der sozialen Träger dieser Diskussion (und damit auch des ›Scharniers‹ zwischen beiden Bewegungen) die Rolle, die

Angehörige der technischen Intelligenz (Ingenieure, Techniker) spielen, bemerkenswert.« Sie stellen »neue Fragen ..., deren Diskussion in der Gewerkschafts- wie der Alternativbewegung antikapitalistische Einsichten fördern und auch dadurch mobilisierend wirken könnte«[431]. Wenn es so gelänge, eine feste Verbindung zwischen Alternativ- und Gewerkschaftsbewegung herzustellen, hätte das für die Veränderbarkeit der gesellschaftlichen Verhältnisse Folgen. Solche Initiativen stehen aber auch vor dem Problem, ein richtiges Verhältnis zu den Auswirkungen neuer Strategien des Großkapitals, das mit der Einführung moderner Technik und durch Veränderungen von Arbeitsabläufen eine weitere Verbesserung der Profitmöglichkeiten anstrebt, zu finden. Eine der Wirkungen dieser neuen Strategien kann dabei durchaus die partielle Veränderung und Verbesserung der Situation der Werktätigen und die positive Entwicklung von Arbeitsinhalten sein. Die Erhöhung der Verantwortung des einzelnen Werktätigen, ein größeres schöpferisches Moment in seiner Arbeit und eine größere Selbständigkeit und Flexibilität kann also sowohl durch alternative Veränderungen bewirkt werden als auch durch die Kapitalisten selbst. Das muß beachtet werden, wenn solche Veränderungen bewertet werden und Neuerungen im Interesse der Werktätigen durchzusetzen sind. Sonst besteht die Gefahr, daß unter der Losung der »Humanisierung der Arbeitswelt« seitens der Monopole »Zugeständnisse« gemacht werden, die keine sind, da sie für die Kapitalverwertung voll wirksam werden und praktisch nur eine Verschärfung der Ausbeutung darstellen. Denn grundsätzlich ist es nicht das eigentliche Ziel des Kapitalisten und kann es auch nicht sein, die Bedingungen für die freie Entfaltung der Fähigkeiten der Menschen zu schaffen. Er muß dazu gezwungen werden.

Alternative Theoretiker stehen in ihrem Verständnis und Vorgehen vor dem Problem, die gesellschaftliche

Realität zu begreifen wie sie ist. Die Frage ist aber, wie man sie sieht und interpretiert. Man findet sich gefangen in einer immer perfekteren Organisation, fühlt sich nunmehr als Anhängsel der Maschine und der Technik überhaupt – ob als Arbeiter an der numerisch gesteuerten Werkzeugmaschine oder als Ingenieur am computergestützten Arbeitsplatz. Sie sehen und spüren, daß sie immer mehr die Möglichkeit zur Selbstbestimmung, zur Autonomie des Individuums verlieren. Lewis Mumford, einer der einflußreichsten bürgerlichen Theoretiker zu Fragen der Technikentwicklung, kommt angesichts der technischen Entwicklung, die schuld an diesen Erscheinungen sein soll, zu dem Schluß: »Die Erfinder der Atombombe, der Raketen und Computer sind die Pyramidenbauer unseres Zeitalters, erfüllt von einem ähnlichen Mythos uneingeschränkter Macht, prahlend mit ihrer auf Wissenschaft begründeten Allmacht ...« Letztlich aber »sind (sie) Gefangene einer perfekten Organisation, die sie selbst geschaffen haben«.[432]

Der Zwang zur ständigen Perfektionierung und Ausweitung der Technik führt nach seiner Auffassung zum Wegrationalisieren des Lebens selbst. Die Technik wird zu einer »autoritären Technik«, die gegen den Menschen gerichtet ist, sich ihm überordnet. Sie muß demokratisiert werden, braucht Überschaubarkeit, um dem Menschen seine Autonomie zurückzugewinnen. Otto Ullrich, einer der führenden bundesdeutschen Theoretiker auf diesem Gebiet, entwickelt diesen Gedanken dahingehend weiter, daß der Staat als übermächtige »Megamaschine« zur Beherrschung der Gesellschaft immer mehr mit technischen Hilfsmitteln untermauert wird, die selbst zu herrschaftstragenden und herrschaftssichernden Bestandteilen werden. »Dieser entscheidende Wandel, Herren-Zwang systematisch durch Sachen-Zwang zu sichern, vollzieht sich zuerst in der Errichtung der kapitalistischen Produktionsmaschine. Später erfolgt die ›Versachlichung‹ der Herrschaft auch in der Militär- und in der Staatsmaschine oder heute auch im ›Dienstleistungsbereich‹ in Form der Medien-Megamaschinen, die eine elektronische Verkabelung der Gehirne ermöglichen.«[433]

So prägnant hier Prozesse beschrieben werden, sowenig dringen solche Feststellungen zum Kern der sich vollziehenden Veränderungen vor. Aber sie legen dieses System bloß, sind Ausdruck einer unzufriedenen, einer kritischen Haltung. Bestimmte soziale Erkenntnisgrenzen werden dabei nicht überwunden: Die Technik selbst wird zum Dämon gemacht, und es wird nicht mit letzter Konsequenz danach gefragt, wer sie warum einsetzt, welche Interessen realisiert werden, wogegen und wofür Machtmittel angewendet werden. Es wird lediglich nach Auswegen gesucht gegen die scheinbar erkannte Ursache der Fehlentwicklung der menschlichen Gesellschaft, die verselbständigte Technik. Ihren Überlegungen zur Industrie, zur Produktivkraftentwicklung liegt ein grundsätzlich irreführender, falscher Ansatz zugrunde. Sie begreifen nicht – werfen dies zugleich den Marxisten fälschlicherweise vor –, daß sich die Produktivkräfte nicht allein auf Maschinen, auf Industrie, also auf ihre sachliche Seite reduzieren lassen. Dabei übersehen sie, daß die entscheidende, bestimmende Produktivkraft der Mensch selbst ist, sowohl als Bestandteil des Produktivkraftsystems wie als Hauptproduktivkraft. Diese Erkenntnisgrenze führt dazu, daß die gesellschaftlichen Beziehungen des Menschen als Hauptproduktivkraft, wie sie sich in der Anwendung der sachlichen Produktivkräfte, in den Eigentumsverhältnissen niederschlagen, nicht berücksichtigt werden können.

Einer der Verkünder der alternativen Theorie, E. F. Schumacher, bemüht den Buddhismus als Beispiel eines neuen notwendigen Weges, weg vom »Materialismus« der bedingungslosen Produktion und Konsumtion, weg von der über alles gehenden Profitsucht. Die Orientierung allein auf Güter müsse beseitigt werden, dazu bedarf es eines »mittleren Weges«, der aber durchaus körperlichem Wohlbefinden gegenüber nicht feindlich eingestellt sei. »Nicht Reichtum steht der Befreiung im Wege, sondern die Bindung an ihn, nicht die Freude an angenehmen Dingen, sondern das Verlangen nach ihnen. Der Grundgedanke buddhistischer Wirtschaftslehre heißt daher Einfachheit und Gewaltlosigkeit.«[434] Die Gestaltung des Wirtschaftslebens nach diesen Gesichtspunkten eines alternativen Lebens werde zu einer Frage der Lebenseinstellung und ihrer materiellen Sicherung. »Es geht darum, den rechten Pfad der Entwicklung zu finden, den Mittleren Weg zwischen materialistischer Rücksichtslosigkeit und herkömmlicher Unbeweglichkeit, kurz gesagt, die ›Richtige Lebensart‹.«[435]

Diese »Begründung« führt zu den weitverbreiteten Vorstellungen von einer dem »mittleren Weg« angepaßten Technologie. Die Antwort sei eine »mittlere Technologie«, dem »menschlichen Maß« entsprechend. Das heißt, nicht eine »hochgezüchtete, unübersehbare Technik« solle angestrebt werden, sondern einfache, beherrschbare, relativ unkomplizierte Maschinen und Einrichtungen mit begrenzter Wirkung. Eine solche Technologie sei »durchführbar, und sie gliedert den Menschen mit seinen geschickten Händen und seinem schöpferischen Hirn wieder in den Produktionsprozeß ein. ... Der Mensch ist klein, und daher ist klein schön.«[436] Zum Überleben bedarf es also nach den Vorstellungen Schumachers des Lossagens von allem Großen und Unüberschaubaren. Das Kleine, das Mittlere sei allein das wahrhaft Gute. Das Harte müsse dem Sanften weichen.

Nicht zufällig wird von Schumacher zur Begründung dieses »sanften« Weges eine religiöse Begründung benutzt. Profitsucht erscheint in dieser Verklärung durch die bürgerliche Ideologie eben nicht als Ausdruck bestimmter Eigentumsverhältnisse, sondern als Ausdruck einer Wirtschaftsreligion, die das »goldene Kalb« anbetet.

Bemerkenswerterweise zielten die ersten Vorstellungen von einer »mittleren Technologie« ursprünglich auf die Entwicklungsländer. Sie resultierten aus der Überlegung, wonach dort hochentwickelte Technologien derzeit nicht angebracht wären, da der rasche Übergang zu einer modernen Industrie verhängnisvolle Folgen für die Sozialstruktur in diesen Ländern haben könnte. Da die Technik als Ursache für solch verhängnisvolle Folgen angesehen wurde, war die Übernahme derartiger Bedenken auch für die Verhältnisse der entwickelten imperialistischen Länder nicht so verwunderlich, wie dies noch auf den ersten Blick erscheinen könnte. Dabei ist auch das Konzept der »mittleren Technologie« ebenso wie das der Dezentralisierung eine – zwar von falschen Voraussetzungen ausgehende – radikale Kritik an den Monopolen.

Hinter den alternativen Überlegungen zur Besserung der europäischen industriellen Zivilisation schauen immer wieder die bereits in den Anfängen des Kapitalismus gemachten Gedanken und Anstrengungen für ein anderes besseres Leben hervor. Mit einem bescheideneren, ja asketischen Leben sollen die negativen Erscheinungen der kapitalistischen Gesellschaft überwunden werden. Einer der ersten Alternativen, der heute viel beschworene Henry D. Thoreau (1817–1862), wandte sich zu Beginn des 19. Jahrhunderts strikt gegen die Unterordnung allen menschlichen Sinnens und Trachtens unter den Dollar, denn »am übelsten ist es, sein eigener Sklavenhalter zu sein«. Dieser Mensch sei nur noch dem Gott »Dollar« untertan. »Wer die Landschaft, ja seinen Gott zu Markte trägt, wenn er Geld daraus schlagen kann – ich achte seine Arbeit nicht, noch seine Farm, wo alles nur seinen Geldwert hat. ... Seine Felder tragen keine Ernte, auf seinen Wiesen blühen keine Blumen und auf den Bäumen wachsen keine Früchte, sondern Dollars.«[437] Freiwillige Armut muß die zwangsläufige Empfehlung sein, um aus diesem Verzicht auf Gott und Menschlichkeit auszubrechen: »Hab dein Leben lieb, arm wie es ist.«[438] Angesichts einer Gesellschaft mit ihrer ins Auge springenden Ungleichheit und Ungerechtigkeit, mit einer sich vertiefenden Kluft zwischen Arm und Reich, wie sie sich gerade angesichts der Massenarbeitslosigkeit und der »neuen Armut« auftut, ist der Rückgriff auf solche egalitären Zielsetzungen Ausdruck subjektiv ehrlichen Suchens nach Alternativen.

Die Untersuchung wirtschaftspolitischer Zielvorstellungen in den neuen sozialen Bewegungen und namentlich in ihrer ökologischen Strömung muß Anspruch und Wirklichkeit einer ökologisch orientierten Politik und Ökonomie prüfen.[439] Die Aussagekraft theoretischer und konzeptioneller Vorstellungen zu diesen Fragen ist bislang eher propagandistisch-prinzipiell als konkret und praktikabel. Der Mangel an handhabbaren Gesamtkonzepten ist augenfällig. So wie die Ökonomen der kapitalistischen Gesellschaft seit Generationen versuchen, ihr »magisches Dreieck« – Geldwertstabilität, Vollbeschäftigung, Zahlungsbilanzgleichgewicht – durch Laborieren und Beschwören in den Griff zu bekommen, so haben die alternativen Theoretiker ein ähnliches schier unlösbares Problem unter den bestehenden gesellschaftlichen Verhältnissen. Ihr neues »magisches Dreieck« sind die Umweltstabilisierung, die Geldwerterhaltung und die Vollbeschäftigung, die sie vereinen müssen.[440] Mit der Suche nach Lösungen stellen sich die ökologischen Bewegungen objektiv gegen eine am Profit orientierte kapitalistische Wirtschaft. Ihre Konzepte konnten sie bislang – gesamtgesellschaftlich gesehen – nicht erproben, deshalb muß zwangsläufig vieles nur Theorie bleiben. Auch Erfahrungen des realen Sozialismus beim Umweltschutz werten sie nicht immer positiv. Es erfolgt eine pauschale Ablehnung bestimmter Großstrukturen und Technologien. Hinzu kommen antikommunistische Vorbehalte und Verfälschungen imperialistischer Medien. Unabhängig von der Praktikabilität alternativer Vorstellungen eröffnen sich doch Chancen, durch den Versuch tiefer zum Kern der notwendigen Veränderungen *lernend* vorzustoßen.

Anerkanntes Ziel all dieser Überlegungen ist die Überwindung der sozialen, wirtschaftlichen und ökologischen Krise. Die in der Welt bestehenden gesellschaftlichen Systeme sind ihrer Auffassung nach mit diesen Herausforderungen nicht fertig geworden und werden es auch künftig nicht.

Wodurch zeichnet sich ihre angestrebte alternative Wirtschaftspolitik aus?

– Sie sind für eine dezentrale, kontrollierte ökologische Kreislaufwirtschaft mit qualitativem Wachstum und gegen die negativen Folgen der kapitalistischen Marktwirtschaft. Sie setzen sich ein »für dezentrale und überschaubare Produktionseinheiten sowie eine demokratisch kontrollierbare veränderte Anwendung der Technik ... Die Großkonzerne sind in überschaubare Betriebe zu entflechten, die von den dort Arbeitenden demokratisch selbstverwaltet werden. Kleine, mittlere und vor allem alternative Betriebe sind zu erhalten, einzurichten und zu fördern. Es ist eine regionalspezifische Mischwirtschaft zu fördern, z. B. ökologische Land- und Forstwirtschaft mit Weiterverarbeitung der Produkte.«[441]
– Die entscheidende Frage ist für sie dabei nicht die nach den Eigentumsverhältnissen, sondern die nach der ökologisch sinnvollen Abkehr von der Großindustrie und »gefährlichen« Technikformen.
– Die dezentralisierten Betriebe sollen auf der Grundlage

der Selbstverwaltung arbeiten; es wird Gruppeneigentum angestrebt.[442] Wirtschaftliche Selbstverwaltung verstehen sie als demokratische Kontrolle und Mitwirkung bei der Planung der Betriebe und der Wirtschaft.[443]

- Im Mittelpunkt einer neuen Wirtschaftspolitik sollen alternative Produktionsstrukturen und neue Formen der umweltschonenden Energiegewinnung und Produktion stehen. Vorrang haben »mittlere« und »sanfte« Technologien.
- Sie streben die Entwicklung einer »Dualwirtschaft« an, das heißt eines ausgewogenen Verhältnisses von »formellem« und »informellem« Sektor. Der »formelle« Sektor umfaßt die normale, unter entfremdeten Bedingungen zu leistende Arbeit für den Profit der Kapitaleigner und für den Staat. Im »informellen« Sektor unterliegt der Arbeitende nicht der Vermarktung und der Professionalisierung, vielmehr geht er der Arbeit nach, die ihm Spaß macht oder machen sollte – in der Hauswirtschaft, bei der Nachbarschaftshilfe, in alternativen Projekten.

Wenn man diese wirtschaftspolitischen Vorstellungen auf ihre Stoßrichtung hin betrachtet, bleibt die Konzeption einer faktisch antimonopolistischen, an Plänen orientierten und durch die Werktätigen selbst verwalteten Wirtschaftsordnung übrig. Allerdings, eine Wirtschaftsordnung, die Sozialismus in ihrem Selbstverständnis nicht sein will, jedoch den Kapitalismus – ihre Zielsetzung konsequent betrieben – ins historische Abseits stellen würde.

Die nähere Betrachtung des Inhalts und der Praxis alternativer Wirtschaftspolitik führt zu drei zentralen, übergreifenden Schlagworten für das Verständnis gegenwärtiger alternativer Ökonomie: »sanfte Technologie« – Dezentralisierung – Dualwirtschaft. Mit diesen Worten und ihrer inhaltlichen Bestimmung werden die Ausgangsprämissen und die Ansprüche der neuen Wirtschaftsordnung umrissen.

Erstens lautet die Ausgangsüberlegung für diese Konzepte, daß die Ursachen für alle heutigen Unwägnisse und Gefahren im derzeitigen Entwicklungsniveau und in der Entwicklungsrichtung der Produktivkräfte und nicht im bestimmenden Charakter der Produktionsverhältnisse zu suchen sind. So schreibt Robert Jungk: »Mit der technischen Nutzbarmachung der Kernspaltung wurde der Sprung in eine ganze neue Dimension der Gewalt gewagt. Zuerst richtete sie sich nur gegen militärische Gegner. Heute gefährdet sie die eigenen Bürger. Denn ›Atome für den Frieden‹ unterscheiden sich prinzipiell nicht von ›Atomen für den Krieg‹. Die erklärte Absicht, sie nur zu konstruktiven Zwecken zu benutzen, ändert nichts an dem lebensfeindlichen Charakter der neuen Energie.«[444]

Hinter diesen Feststellungen stehen reale Prozesse und Gefahren. Die Suche nach den Ursachen der Umweltverschmutzung führt aber gelegentlich auch zur klaren Erkenntnis, wer die größten Verschmutzer sind. So wurde über lange Jahre der Rhein zur Kloake, weil hier Chemiekonzerne rücksichtslos ihre Abwässer einleiten. Das hindert sie aber nicht daran, wie etwa die Bayer AG in Leverkusen, mit »freundlichem« Slogan zu werben: »Bayer forscht für den Umweltschutz«.[445] Und es darf auch nicht übersehen werden, daß nicht nur fahrlässiger Einsatz moderner und gefährlicher Technologie Folgen hat, sondern in erster Linie der bewußte, auf Natur- und Menschenvernichtung ausgerichtete. Jahre vor den Dioxinvergiftungen in Seveso waren es die Produkte der chemischen Industrie der USA, die Vietnam verheerten. Die USA setzten massiert Herbizide gegen die Befreiungsstreitkräfte und vor allem gegen die Zivilbevölkerung ein, darunter allein 57000 Tonnen »Agent Orange«, in dem rund 500 Kilogramm Dioxin, eine Substanz, die fünfzigtausendmal giftiger als Zyankali ist, enthalten war. Die Folge dieses Einsatzes chemischer Waffen war, daß 44 Prozent des Waldes, 43 Prozent des bebaubaren Bodens, 25 Prozent des kommerziell nutzbaren Holzbestandes, 36 Prozent der Mangrovenwälder (Fischstandorte) im Süden vernichtet wurden. Die Kartoffel-, Reis- und Maisernte ging um 50 bis 70 Prozent zurück. Die Spätfolgen belasten in Gestalt von Kindermißbildungen und Chromosomenschäden heute und in Zukunft die Vietnamesen.[446]

Jede wissenschaftlich-technische Errungenschaft, sei es aus der Chemie oder aus dem Bereich der Kernenergie, kann sich unter kapitalistischen Bedingungen gegen den Menschen richten. Das Atom in den Händen des nach Profit jagenden Kapitals ist eine große Gefahr. Nicht die relativ ausgereifte Technik und Technologie der Kernenergiegewinnung oder anderer Prozesse sind die Gefahr, sondern ihre Unterordnung unter die Profitmaximierung.

Das heißt keineswegs, daß die Nutzung komplizierter Technik nicht in jedem gesellschaftlichen System bestimmte Risiken einschließt. Die Katastrophe im sowjetischen Kernkraftwerk Tschernobyl 1986 hat das nachdrücklich vor Augen geführt. Ebenso bekräftigt sie die Notwendigkeit ständiger Arbeit für immer größere Sicherheit derartiger technischer Anlagen und fortgesetzter Suche nach neuen gefahrlosen Möglichkeiten zur Energiegewinnung. Erich Honecker betonte auf der 2. Tagung des Zentralkomitees der SED: »Mit tiefem Ernst hat das in Tschernobyl Geschehene die furchterregenden Kräfte bewußtgemacht, welche die Energie des Atoms in sich birgt. Wenn die Havarie in einem friedlichen Kernkraftwerk zu einem Unglück wurde, dann kann man sich die tragischen Folgen vorstellen, welche die Anwendung von Kernwaffen mit ihrer gewaltigen Zerstörungskraft über die gesamte Menschheit brächte. Zugleich wird deutlich, wie lebensnotwendig die friedliche internationale Zusammenarbeit auf kernenergetischem Gebiet geworden ist, wofür sich die DDR einsetzt und weswegen sie insbesondere auch die entsprechenden Vorschläge der Sowjetunion für die Kooperation zur friedlichen Nutzung des Weltraumes unterstützt.«[447] All dies bekräftigt, daß die Hauptgefahr heute von der durch die reaktionärsten imperialistischen Kräfte betriebenen atomaren Hochrüstung ausgeht. Die sozialistischen Staaten setzen sich gemeinsam mit allen realistisch denkenden und handelnden Menschen dafür ein, diese Gefahr zu bannen. Die von ihnen angestrebte internationale Zusammenarbeit bei der friedlichen Nutzung der Kernkraft soll dazu beitragen, die Sicherheit bei der Gewinnung von Kernenergie zu erhöhen.

Mit den Konzepten der *»sanften«* oder *»mittleren Technologie«* soll ein Ausweg aus diesen Bedrohungen in Gestalt der im Kapitalismus gesellschaftlich nicht kontrollierten und wohl auch kaum kontrollierbaren Produktivkräfte gefunden werden. Ziel sind nur geringe oder am besten keine Belastungen und Störungen der ökologischen Kreisläufe. Mit der »mittleren Technologie« könne ein solches Verhältnis der Gesellschaft zur Natur entstehen, in dem naturfeindliche Profitinteressen keinen Platz haben. Die Interessen der Menschen allein sollen im Mittelpunkt stehen und an ihnen ein überschaubarer und damit kontrollierbarer Produktionsprozeß ausgerichtet werden.[448] Im Interesse dieser Einheit von Natur und Mensch und dem Vorrang der Befriedigung der lebensnotwendigen und nicht der Luxusbedürfnisse der Menschen soll durch ein organisches bzw. qualitatives Wachstum die Gefahr des Raubbaus an der Natur und der Naturzerstörung verhindert werden. Mit dieser neuen Technologie sollen geschlossene Stoffkreisläufe geschaffen werden, die durchaus in Übereinstimmung mit Marx »zugleich die Exkremente des Produktions- und Konsumtionsprozesses in den Kreislauf des Reproduktionsprozesses zurückschleudern«[449]. Auf einen Nenner gebracht, steht hinter diesen Zielsetzungen die Forderung nach einer nur planmäßig und bewußt proportional zu steuernden Entwicklung der Wirtschaft, die die Einheit von Mensch und Natur sichert und durch geeignete Technologie auch praktikabel macht.

Zweitens richten sich die Konzepte alternativer Theoretiker, ausgehend von der besonderen Sicht auf die Produktivkräfte und der ihrer Auffassung nach von diesen ausgehenden Gefahren, auf die Strukturen der Wirtschaft. Dabei klammern sie die Frage nach den Ursachen dieser entstandenen Strukturen, also die Frage sowohl nach den Eigentumsverhältnissen wie nach den durch die Produktivkraftentwicklung bedingten Konzentrations- und Zentralisationsprozessen, weitestgehend aus. Für sie reduzieren sich letztlich alle Fragen auf die Größe und die Struktur der produzierenden Einheiten. Die »unübersichtliche Struktur« und die »starke Zentralisierung« der Wirtschaft, des Staates und aller gesellschaftlichen Bereiche sind für sie die Ursachen der entfremdeten, unterdrückten Stellung des Menschen in ihnen. Deshalb soll nach Wegen der Durchbrechung dieser Strukturen und einer konsequenten *Dezentralisierung* gesucht werden, um zu sichern, daß »keine unternehmerische Fremdbestimmung und Ausbeutung der Arbeitenden« zur Geltung kommt.[450] Dezentralisierung bedeutet dabei für sie die Entflechtung der großen Konzerne in überschaubare Einheiten, die Schaffung kleiner und mittlerer Einheiten in Industrie und Landwirtschaft, in denen ihrer Auffassung nach die Werktätigen den ganzen Produktionsprozeß mit seinen auch sozialen und ökologischen Folgewirkungen überblicken und demokratisch beeinflussen können. Damit wenden sie sich gegen die am eigenen Leib erfahrene Wirkung der Monopolmacht und -ausbeutung, die schonungslos mit Hilfe des monopolistischen Staates die Konzentrations-

und Zentralisationsprozesse vorantreiben und sich dabei der Errungenschaften der wissenschaftlich-technischen Revolution bedienen. Das Land wird mit einem dichten Netz der Überwachung und Manipulation überzogen, in dem der einzelne Mensch zu verschwinden droht. Im staatsmonopolistischen Kapitalismus durchdringt das Monopol »mit absoluter Unvermeidlichkeit *alle* Gebiete des öffentlichen Lebens«[451] und zunehmend auch die Privatsphäre.

Die Folgen dieser Kapitalentwicklung sind die zunehmende Aggressivität nach außen und die Verstärkung von Unterdrückung und Entfremdung nach innen. Gerade weil der Imperialismus mit den wachsenden sozialen Folgen der wissenschaftlich-technischen Revolution, aber auch mit den Konsequenzen des sich zu seinen Ungunsten verändernden internationalen Kräfteverhältnisses nicht fertig wird, werden diese Belastungen für die Werktätigen immer unerträglicher. Deshalb ist die Forderung der Alternativen nach Veränderung dieser entfremdeten Strukturen, die für sie die spürbare und erlebbare Erscheinung dieser Prozesse sind, für sie folgerichtig. Hierbei gelingt es den Vertretern der neuen Bewegungen durch ihre verkürzte Sicht auf die Erscheinungsweisen der kapitalistisch bestimmten Arbeit und der ihr zugrunde liegenden Produktivkraft- und Wirtschaftsstruktur nicht, die Tragweite der Vergesellschaftungsprozesse im Sozialismus zu erfassen. Sie erkennen nicht den Zusammenhang derartiger Prozesse mit den Erfordernissen der Wirtschaftsentwicklung, die zur Einheit von zentraler Leitung und Planung und Eigenverantwortung der Wirtschaftseinheiten führt. Die Entwicklung in der DDR demonstriert anschaulich, daß die Vervollkommnung der sozialistischen Produktionsverhältnisse in Gestalt der Kombinatsbildung einhergeht mit der Entfaltung der sozialistischen Demokratie. Die immer umfassendere Einbeziehung der Werktätigen in die Machtausübung auch im Bereich der Produktion zeugt davon, daß die Unterordnung des Menschen unter die Produktion überwunden werden kann. So entstehen die Bedingungen der Persönlichkeitsentfaltung keineswegs nur außerhalb, sondern gerade auch *in* der Arbeit und *durch* sie.

Um das Ziel der neuen sozialen Bewegungen nach Veränderung und Überwindung der entfremdeten Strukturen schließlich im Rahmen einer neuen Wirtschaftsordnung erreichen zu können, wird *drittens* die Entwicklung entsprechender *dualwirtschaftlicher Strukturen* für erforderlich gehalten. Das heißt für sie die Entwicklung gesunder Proportionen zwischen den von ihnen unterschiedenen »informellen« und »formellen« Sektoren der Wirtschaft. Der »informelle« Sektor mit seinen Tätigkeiten, »die außerhalb der offiziellen, vom Finanzamt und im Bruttosozialprodukt registrierten Wirtschaft liegen«[452], sei entsprechend auszubauen. Allein in diesem Bereich kann sich der Mensch, so meint man, gestützt auf alternative Technik und kleine bzw. mittlere Wirtschaftseinheiten erst wirklich entfalten. Nur so sei die Entfremdung im Rahmen der gegebenen Zielvorstellungen aufzuheben. Diese dualwirtschaftlichen Zielvorstellungen sind aber selbst in den eigenen Reihen der ökologischen Bewegung nicht unumstritten. Es wird bemängelt, daß die realen Prozesse der Wirtschaftsentwicklung mit ihrer fortschreitenden Modernisierung des formellen Sektors nicht ausreichend berücksichtigt werden. Praktisch erfolgt eine »totale technische Aufrüstung des Kapitals«, in dessen Prozeß »die noch beschäftigten Arbeitnehmer der wachsenden Auszehrung ihrer Arbeits- und Lebenskraft« unterworfen werden, »weil der gepriesene informelle Sektor eine wachsende Zahl überflüssiger Kräfte benötigt«. »Reaktionär wird der duale Politikansatz, wenn er dann in der Sozialpolitik auch noch das Subsidiaritätsprinzip propagiert ... Die Dualtheoretiker haben ausdrücklich keinen gesellschaftsverändernden Ansatz.«[453]

All das zeigt, daß diesen alternativen Wirtschaftskonzepten Probleme und Schwierigkeiten, eine tiefe innere Widersprüchlichkeit eigen sind. In der marxistischen Kritik dieser Konzepte wird darauf verwiesen, daß in der Beschreibung sozialer Mißstände und im Kampf gegen sie sich relativ schnell eine breite Übereinstimmung einstellt. Die wirtschaftspolitischen Vorstellungen selbst manifestieren jedoch ein Spannungsverhältnis zwischen dem Selbstverständnis der neuen sozialen Bewegungen und ihren objektiv weitreichenden Zielvorstellungen.[454]

Oft im Gegensatz zu theoretischen Problemen und Angeboten, andererseits aber auch im engen Kontext mit ihnen stehen die praktischen Realisierungsversuche im Rahmen von *alternativen Projekten*, Läden, Kommunen, Verlagen, Betrieben, Werkstätten ... Als Kern dieser Veränderungsversuche »erweist sich die Vielzahl von *alternativen Projekten* (nicht nur im ökonomischen Bereich), die gemäß ihrem Anspruch die eigene Emanzipation weder zeitlich noch räumlich delegieren wollen, und die auf den *Zusammenhang von individueller und gesellschaftlicher Veränderung als Bedingung für politische Arbeit* beharren«[455]. Daran läßt sich sowohl der Mut zur Änderung wie auch die Potenz und die Grenze dieser Vorwegnahme einer gesamtgesellschaftlichen Zukunft recht klar bestimmen. Denn mit diesen Prototypen künftiger gesellschaftlicher und ökonomischer Organisation oder eigentlich besser Nicht-Organisation werden Maßstäbe, aber auch Warnmarken gesetzt. Sie bewirken reale Aktivitäten zur Verteidigung der Interessen der Betroffenen, helfen passives Abwarten, Sich-fügen in die Verhältnisse zu überwinden. Vergeblicher Lehrstellen- oder Arbeitssuche wird durch Selbsthilfe und Solidarität zu begegnen versucht. Die Beteiligten bringen den Willen auf, mit eigenen Beiträgen hier und heute für sich und schließlich für die Gesellschaft Änderungen vorzuleben. In diesem bewußteren, neuen Leben für die Zukunft entstehen Ansatzpunkte für die Entwicklung antimonopolistischen Bewußtseins. Sie stellen insofern einen anerkennenswerten Versuch dar, *»innerhalb der kapitalistischen Gesellschaft nach nichtkapitalistischen Prinzipien zu wirtschaften«*[456] und zu leben. Praktisch ist ihr Erhalt in der Umklammerung des tagtäglichen, gewöhnlichen Kapitalismus nur durch ihre Politisierung und Ausdehnung, durch ihre Anlehnung an den realen Kampf der organisierten Arbeiterbewegung möglich.

Welche Bedeutung haben die alternativen Projekte in der BRD? Bei allen Unterschieden und Nuancen besitzen sie gemeinsame Ziele:

»– sie wollen Produktionsverhältnisse und Lebensbedingungen, die sowohl Gleichberechtigung als Selbstverwirklichung ansatzweise herbeiführen ...;
– sie streben die Aufhebung der Arbeitsteilung und der Trennung von Kopf- und Handarbeit an, so daß alle Beteiligten befähigt werden, alle Tätigkeiten auszuüben;
– sie setzen der Konkurrenzsituation die Entwicklung von Solidarität und Gemeinsamkeit entgegen;
– sie haben zumeist egalitäre Einkommen.«[457]

Die praktischen Erfahrungen zeigen aber auch, daß die Lebensfähigkeit dieser Projekte eingeschränkt ist und weit hinter den selbstgesetzten Erwartungen zurückbleibt. Solidarität und die Bereitschaft zur Gleichberechtigung und Selbstverwirklichung werden einer starken Belastungsprobe unterzogen. Faktisch können diese Projekte oft nur in den »Nischen« der kapitalistischen Wirtschaft existieren, das heißt, die angebotenen Dienstleistungen und Waren müssen sich dort einen Platz behaupten, wo die Monopole oder andere große oder kleine Kapitalisten noch keine Interessen ausgemacht haben. Trotzdem müssen sie sich in die kapitalistische Wirtschaft mit ihren ökonomischen Gesetzmäßigkeiten, mit ihrer unausweichlichen Konkurrenz einordnen, was in der Konsequenz im Interesse des wirtschaftlichen Überlebens zu Formen kapitalistischen Wirtschaftens führt.[458] Abgesehen von der selbst festzulegenden Länge des Arbeitstages und der Arbeitsintensität betrifft das besonders anschaulich die mögliche Bezahlung. Nur zu 40 Prozent, sagen Untersuchungen aus, kommen die Einnahmen aus der eigenständigen wirtschaftlichen Tätigkeit. 60 Prozent stammen aus direkten oder indirekten sozialen Zuwendungen der Kirche, des Staates oder aus anderen Spenden. In der Hälfte der Projekte leben ihre Mitstreiter von Zuwendungen der Ehepartner, der Eltern, der Freunde oder von Sozialleistungen (BAFöG, Arbeitslosen-, Sozial- oder Wohnhilfe). In 30 Prozent der Fälle gibt es ein kleines Salär, und nur in 20 Prozent erhalten die Mitarbeiter ein regelmäßiges Gehalt zwischen 500 und 1000 DM, selten bis 1500 DM.[459]

Die Einflüsse der kapitalistischen Umwelt blicken durch alle Lücken und Risse als ständige Gespenster in das Innenleben der alternativen Projekte hinein – und sie wirken unerbittlich. »Die Sachzwänge der täglichen Praxis«, schreiben Autoren einer Analyse zum »anders arbeiten«, »die Dominanz der alten und erfahrenen Kollektivmitglieder, die ständige Fluktuation, all das sind Faktoren, die die egalisierenden ›Strukturen‹ unterlaufen. Termine und Aufträge werden im Zusammenhang mit kollektiver Arbeit zu destruktiven Begriffen. ... Termine und Aufträge sind wie ein Trojanisches Pferd. Läßt man sich auf sie ein, verbreiten sie um sich kapitalistische Prinzipien wie Zeitökonomie und Effizienzdenken.«[460] Ebenso wirken die unterschiedliche Arbeitsteilung, die Interessenwidersprüche zwischen dem jetzt zu Realisierenden und dem, was die zukünftige Entwicklung des Projekts braucht. Mit höherer Arbeitsintensität sollen die Belastungen ausgeglichen werden, insbesondere auch die engen Grenzen des akuten Kapitalmangels.[461] Letztlich bleibt aber der Trost: »›Sinnvolle Arbeit macht Spaß, da kann man auch ganz anders ranklotzen als sonst.‹«[462]

Die Verwirklichung einer solchen Wirtschaftspolitik, die nicht allein den Profitzwängen unterliegt und die darauf ausgerichtet ist, die Umweltzerstörung zu verringern bzw. zu überwinden, bedarf der Unterstützung durch die Gewerkschaften. Sie sind die umfassendste Organisation der Werktätigen und stellen eine große gesellschaftliche Macht dar, die gegen die Kapitalisten und ihre Unternehmerverbände Positionen beziehen kann und zumindest tendenziell auch die Chance besitzt, ihre Interessen durchzusetzen.

Die von den Regierenden wie von den Unternehmerverbänden in der BRD immer wieder beschworene These von der Arbeitsplatzvernichtung durch Umweltschutzmaßnahmen hat dazu beigetragen, daß ein engeres Zusammengehen von neuen sozialen Bewegungen und traditioneller Arbeiterbewegung gehemmt wird. Hier wird – zum Teil erfolgreich – Mißtrauen zwischen beiden Seiten gesät. So hat der Bundesverband der Deutschen Industrie über Jahre hinweg erklärt, daß es durch den Umweltprotest zu einem Investitionsstau von 56 Milliarden DM und zur Gefährdung von etwa 150000 Arbeitsplätzen käme. Die Praxis zeigt aber andere Tendenzen. Der Umweltschutz hat nach optimistischen Berechnungen allein im öffentlichen Dienst der BRD 100000, im Baugewerbe 80000, im Maschinenbau 16000 Arbeitsplätze geschaffen. Für das Aufhalten der Umweltzerstörung und die Verbesserung der Umwelt wurden nach Zahlen von 1984 im weitesten Sinne in der öffentlichen Verwaltung und in der Müllentsorgung 6 Milliarden DM, für moderne Kraftwerke und Fernwärme 763 Millionen, für Umweltschutz in der chemischen Industrie 595 Millionen und in der Eisen- und Stahlindustrie 232 Millionen DM investiert. Insgesamt, so wird geschätzt, standen in der BRD 1984 über 400 000 Arbeitsplätze und über 7 Milliarden DM durch staatliche und über 4 Milliarden DM durch Industrieinvestitionen in der einen oder anderen Weise im Zusammenhang mit dem Umweltschutz.[463] So imposant diese Zahlen aussehen, so müssen sie doch ins Verhältnis zu den realen Umweltproblemen gestellt werden. Sie sind Ausdruck des Versuches, mit Hilfe einer Stückwerkstechnologie an einigen besonders brennenden und teilweise auch profitträchtigen Punkten etwas zu tun. Trotzdem zeigt sich jedoch, daß die kapitalistische Wirtschaft durchaus in der Lage ist, ohne negative Folgen für die Arbeitskräftesituation notwendige Maßnahmen zum Umweltschutz vorzunehmen, wenn ein entsprechender öffentlicher demokratischer Druck erzeugt wird und eine bestimmte Aussicht auf Sicherung oder Verbesserung der Profitbedingungen ausgemacht wird. Gerade auch in diesem Umorientierungsprozeß der Monopole und ihres Staates sind sichtbar die Wirkungen der Umweltdiskussion und vor allem der Umweltschutzbewegung seit dem Beginn der siebziger Jahre nachzuvollziehen.

Die CDU/CSU/FDP-Regierung sucht bei aller vordergründigen Bereitschaft auch noch aus anderen Erwägungen, sich den Forderungen nach Umweltschutz zu stellen. Schließlich geht es um Wählerstimmen und effektive Machtausübung. So bleibt es dabei, daß immer wieder nur der massive Widerstand und die Forderungen der demokratischen Öffentlichkeit und der Bürgerinitiativen – oft gemeinsam mit der oppositionellen SPD – und die direkten oder indirekten Profitinteressen der Monopole im konkreten Fall dazu führen, auf diesem Gebiet zu investieren. Schon das hier gezeigte Verhältnis staatlicher und privatwirtschaftlicher Ausgaben zueinander zeigt, daß es bis jetzt keineswegs die Verursacher sind, die die Zeche für die Umweltzerstörungen zahlen. Letztlich fließt zudem jede in den Umweltschutz investierte Mark wieder in den Topf des Kapitals zurück. So nimmt es nicht wunder, daß der Vorreiter für umweltfreundliche Autos, Baden-Württembergs CDU-Ministerpräsident Lothar Späth, sich zum entschlossenen Vertreter einer Ablehnung eines wirklich gesellschaftlich einklagbaren Grundrechts auf Umweltschutz macht: »Ein Grundrecht auf Umweltschutz, das mehr Egoismus auslöst als Gemeinsinn, wäre kontraproduktiv.«[464] So lautet die kurze, aber eindeutige Formel. Ein verkaufbares und gefragtes Umweltauto mit langfristigen Profitmöglichkeiten – ja, aber keineswegs ein handhabbares Instrument für Bürger und Gesellschaft, von den Monopolen auch dort Umweltfreundlichkeit einklagen zu können, wo es für diese nicht gewinnträchtig ist.

In diesem Spannungsfeld und mit solchen Widersprüchen müssen sich das Verhältnis und die mögliche Zusammenarbeit zwischen Umweltschützern und Gewerkschaftern gestalten. Ohne Zweifel hat es eine Bewegung schwer, die sich zum großen Teil aus Schichten zusammensetzt, die bislang nicht oder erst seit kurzem Lohnarbeit zum Erhalt ihres Lebens leisten müssen und die dementsprechend immer zuerst nach den für sie unmittelbar wirksamen Verbesserungen oder Verschlechterungen fragen müssen. Genau an diese Ängste um Arbeitsplätze knüpfen die Herrschenden in ihren Spaltungsbestrebungen an, um einen künstlichen unlösbaren Widerspruch zwischen den Umweltschutzinteressen und den anderen Interessen der Werktätigen massenwirksam zu konstruieren. Die Kommunisten der BRD bekräftigen: »... wir geben uns nicht mit solchen Sprüchen wie dem zufrieden, man müsse eine Art von Interessenausgleich ›zwischen Malochern und Waldläufern‹ herstellen. Denn die ›Waldläufer‹ sind in ihrer großen Mehrheit auch ›Malocher‹. Sie haben einen Anspruch sowohl auf eine intakte natürliche Umwelt als auch auf sichere Arbeitsplätze.«[465]

Sowohl in der Gewerkschaftsbewegung als auch bei den Umweltschützern haben entsprechende Umdenkungsprozesse erste Früchte getragen. Eine gewerkschaftliche Umweltpolitik muß als Prämisse »von den sinnvollen individuellen und kollektiven Bedürfnissen der Beschäftigten« ausgehen und deren »Bedarf planmäßig und gesellschaftlich organisiert« decken, wie ein Gewerkschaftsvertreter fordert. Sie muß mit »massiven Arbeitszeitverkürzungen« verbunden sein, um die Arbeitslosigkeit zu senken, und sie schließt auch eine »Umstellung der Produktion auf umweltverträgliche Produktionsweisen« ein.[466]

Entsprechende Programme entstanden 1985 sowohl beim DGB als auch bei der SPD und der Partei Die Grünen. Während das SPD-Dokument »Sonderprogramm Arbeit und Umwelt« vornehmlich den Weg zusätzlicher Abgaben aller Bürger einschlägt, hat der »Ökologische Nachtragshaushalt« der Partei Die Grünen eine etwas andere Ausrichtung. Sie forderte für 1985 staatliche Mittel in Höhe von 4,1 Milliarden DM, um 9,7 Milliarden DM Investitionen auszulösen und mittelfristig, 1986 bis 1988, durch zusätzliche Ausgaben von 26,3 Milliarden DM weitere Investitionen in Höhe von 65,1 Milliarden DM zu bewirken und so 400 000 bis 500 000 neue Arbeitsplätze zu schaffen. Durch diese Mittel sollten »erste dringliche Schritte zur Entgiftung« der Umwelt realisiert werden, die über Sonderabgaben in Form höherer oder zusätzlicher Abwasser-, Schadstoff-, Grundchemikalien- und Verstromungsabgaben sowie durch die Anhebung der Mineralölsteuer finanziert werden sollen. Wichtige Maßnahmen und Bereiche der Schaffung neuer Arbeitsplätze sollen die Abwasserentgiftung, die Altlastensanierung, die Entgiftung der Kohlekraftwerke und die Energieeinsparung sein.[467]

Durch die Herstellung solcher Zusammenhänge zwischen den beiden sozial unmittelbar drängenden Problembereichen der kapitalistischen Gesellschaft, die Natur und Arbeit gleichermaßen rücksichtslos ausbeutet, ist ein Zusammengehen von Gewerkschafts- und Umweltschutzbewegung und das gemeinsame Suchen nach machbaren Lösungen eine Aufgabe, deren Bedeutung nicht hoch genug veranschlagt werden kann. Dieses Zusammengehen ist nicht zuletzt deshalb möglich, weil es um allgemeindemokratische Forderungen geht, auf die die neuen sozialen Bewegungen und ihre Ideologen im Bereich der Wirtschaftspolitik abzielen. Diese Forderungen tragen einen objektiv antimonopolistischen Charakter, die sich – bei aller unterschiedlicher Sichtweise – gegen die menschenfeindliche Politik und Wirtschaftsweise der Monopole und ihres Staates richten. Gegenwärtig stellen sich auch die Gewerkschaften Umweltproblemen stärker als früher. Bereits in der Vergangenheit haben der DGB und die Einzelgewerkschaften eine Reihe von Beschlüssen zu Umweltfragen gefaßt. Nachholebedarf besteht in der Konsequenz des Kampfes, in der Suche nach Verbündeten.

Christian Götz, Mitglied des geschäftsführenden Hauptvorstandes der Gewerkschaft Handel, Banken und Versicherungen, fordert, daß in den Kampf um eine gesunde Umwelt auch die »ökonomische Machtfrage« einbezogen werden muß, damit dauerhafte Veränderungen erreicht werden können. Hier sehen die Gewerkschaften bislang Grenzen der ökologischen Bewegung, der sie vorwerfen, daß bei ihnen im »Konfliktfall ... die Ökologie den Vorrang« gegenüber sozialen Fragen habe.[468] Gerade deshalb ist es auch Ausdruck eines Lernprozesses in der Partei Die Grünen und in der ökologischen Bewegung insgesamt, wenn der Kampf um die 35-Stunden-Arbeitswoche, gegen die Arbeitslosigkeit und zur Verteidigung der gewerkschaftlichen Rechte heute mehr und mehr unterstützt wird. Das betrifft ebenso die eindeutige Ablehnung der Aussperrung als unzulässiges Kampfmittel der Unternehmerverbände gegen die Arbeiter und die Beschneidung des Streikrechts. Ergebnisse des Lernens auch in den Beziehungen zur Arbeiterbewegung zeigten sich ebenfalls auf der Bundesdelegiertenkonferenz der Partei Die Grünen Anfang 1986 in Hagen sehr augenfällig. Erstmals trat auf einer solchen Veranstaltung ein führender Gewerkschafter, Hans Janßen, Mitglied des IG-Metallvorstandes, auf. Und es kam zu einer breiten Übereinstimmung der Vertreter der ökologischen Bewegung mit den Kampfzielen der Gewerkschaftsbewegung gegen die Angriffe der Koalition von »Kapital und Kabinett«, wie man unter den demokratischen Kräften der BRD sagt, auf die Errungenschaften der Werktätigen. Dieser Fortschritt im Zusammengehen beider Bewegungen wurde von Vertretern der Regierungsparteien verurteilt, die hier ihre Hoffnungen auf ein dauerhaftes Nichtverstehen und Gegeneinander dieser demokratischen Kräfte zerbröckeln sahen.

»Zurück zur freien Konkurrenz oder vorwärts zur Überwindung des Imperialismus und Kapitalismus«[469] – das ist die Alternative, vor der die alternativen Wirtschaftstheoretiker stehen. Über das Nahziel, die Beseitigung der drückendsten Verhältnisse und Folgen des Imperialismus, besteht Einigkeit. Offen bleibt aber noch die reale gesellschaftliche Perspektive, die sie anstreben. Sie bewegt sich zwischen den Polen »vorwärts« oder »zurück«. Durch den allgemeindemokratischen Charakter ihrer grundlegenden Forderungen stehen sie heute in einem historischen Zusammenhang, der zum gesellschaftlichen Fortschritt führt. Wenn auch die Frage nach dem Tempo der möglichen Verwirklichung dieses aktuellen Zieles noch völlig offen ist, so wird doch die Konsequenz aus dieser Negation imperialistischer Strukturen, Prinzipien und Verhältnisse offenbar.

Eine sehr wichtige Frage des Selbstverständnisses der ökologischen Bewegung ist ihre Haltung zu der bereits in der Realisierung begriffenen Alternative zu ihrer Gesellschaft. Viele von ihnen glauben, daß der Sozialismus – so sehr sie bestimmte seiner Grundprinzipien bejahen und gelegentlich bewußt oder unbewußt kopieren – praktisch nicht genug leistet, für sie kein Beispiel sein könne; denn die ökologischen Folgen der Industrieproduktion und die Anpassung der Arbeiter an den technischen Arbeitsprozeß beträfen »die westliche Marktwirtschaft und das realsozialistische Wirtschaftssystem«[470] gleichermaßen.

Die überzeugendste Sprache sprechen die Erfahrungen der sozialistischen Gesellschaft selbst, die ja durchaus bei den Vertretern der ökologischen Bewegung und Politikern der Partei Die Grünen zum Beispiel bei Besuchen in der DDR Anerkennung finden. Eine nähere Betrachtung dieser Erfahrungen bei der Lösung des Widerspruchs zwischen Natur und Gesellschaft macht den erreichten konkret-historischen Stand und die realen Möglichkeiten des Sozialismus bei der Lösung ökologischer Probleme deutlich.

Unter den Bedingungen des scharfen Klassenkampfes der Übergangsperiode und der massiven imperialistischen Konterrevolution nach 1917 wurden in Sowjetrußland die neuen Voraussetzungen noch nicht voll wirksam. Um so höher ist es zu bewerten, wenn die Bolschewiki in dem während des Bürgerkrieges und der ausländischen Intervention beschlossenen Parteiprogramm bereits den »Schutz des Bodens, des Wassers und der Luft«[471] forderten. Schon am Tage nach dem Sieg der Oktoberrevolution aber wurde das »Dekret über den Boden« zum ersten Umweltschutzgesetz der Arbeiterklasse an der Macht. Bereits während der imperialistischen Intervention verabschiedete die Sowjetregierung weitere Gesetze und Beschlüsse, zum Beispiel über die Nutzung der Wälder und des Bodens, über die Erforschung der Naturreichtümer Sowjetrußlands, über die Bewässerung. 1920 wurden erstmals einzelne Abschnitte im Ilmensker Gebirge und 1921 am Baikalsee zu Naturschutzgebieten erklärt.[472] Im gleichen Jahr wurde ein »Dekret über den Schutz der Naturdenkmale, Gärten und Parks« wirksam.[473]

Hauptaufgabe der Übergangsperiode, zumal bei dem großen ökonomischen Rückstand zu den entwickelteren imperialistischen Ländern und angesichts deren akuter Feindschaft gegen den jungen Sowjetstaat, mußte die rasche und grundlegende Erneuerung und Ausweitung der Volkswirtschaft, vor allem der Industrie, sein. Für die Übergangsperiode traf voll Lenins Formel zu: *»Kommunismus – das ist Sowjetmacht plus Elektrifizierung des ganzen Landes.«*[474]

Mit der Schaffung der materiell-technischen Grundlagen des Sozialismus, mit der Lösung der Frage »Wer – wen?« im nationalen Rahmen durch die Vergesellschaftung von Industrie und Landwirtschaft standen und stehen die Länder der sozialistischen Gemeinschaft vor neuen Aufgaben. Nunmehr gilt es, Sozialismus und wissenschaftlich-technische Revolution bei der Gestaltung der entwickelten sozialistischen Gesellschaft zu vereinigen. Dieser zutiefst revolutionäre Prozeß durchdringt immer mehr alle Seiten der gesellschaftlichen Entwicklung. Nunmehr wird auch der Schutz der Umwelt als Problem und Herausforderung viel deutlicher sichtbar, als dies bisher möglich war. So konnte 1971 auf dem VIII. Parteitag der SED festgestellt werden, daß in den nächsten Jahren neue Fragen an Bedeutung zunehmen werden: »Gemeint ist der Umweltschutz, der Kampf gegen die Verschmutzung von Luft und Wasser, die Eindämmung des Industrie- und Verkehrslärms.«[475] Die Lösung dieser Aufgaben hängt, so wurde schon damals betont, von den schrittweise wachsenden materiellen Möglichkeiten ab, zugleich aber auch von der gesellschaftlichen Initiative und dem Verantwortungsbewußtsein aller Werktätigen und nicht zuletzt der Leiter. Die damaligen Positions- und Aufgabenbestimmungen erfolgten jedoch nicht voraussetzungslos. Unsere junge Republik hatte schon frühzeitig eine Umweltpolitik entwickelt. Bereits in der ersten Verfassung von 1949 wurde der Schutz der Natur als Verfassungsauftrag formuliert. 1953 wurde bei der Akademie der Landwirtschaftswissenschaften ein Institut für Landschaftsforschung und Naturschutz gegründet. Schließlich brachte 1954 der Kulturbund ein »Gesetz zur Erhaltung und Pflege der heimatlichen Natur« (Naturschutzgesetz) in die Volkskammer ein. Das dann beschlossene Gesetz regelte die Grundlagen des Bewahrens, aber auch der Bewirtschaftung der Natur. In Realisierung dieses Gesetzes wurden auf 18 Prozent unseres Territoriums Landschaftsschutzgebiete eingerichtet, was für viele europäische Staaten beispielgebend war und ist. Weitere Gebiete (1 Prozent) sind als Naturschutzgebiete noch strenger geschützt.[476]

Mit der Schaffung einheitlicher sozialistischer Produktionsverhältnisse entstanden Anfang der sechziger Jahre auch neue Bedingungen für die Gestaltung des Verhältnisses zur Natur.

Im Artikel 15 unserer Verfassung von 1968 werden klar die Aufgaben der Umweltpolitik fixiert. 1970 verabschiedete die Volkskammer das »Gesetz über die planmäßige Gestaltung der sozialistischen Landeskultur in der DDR« (Landeskulturgesetz). Es regelt den Umgang mit der Natur und ihren Reichtümern als Volkseigentum sowohl für die Entwicklung der Volkswirtschaft als auch für die Befriedigung der materiellen und kulturellen Bedürfnisse bis hin zur unmittelbaren Erholung der Werktätigen.

Das Programm der SED fordert als eine der Aufgaben der Gestaltung der entwickelten sozialistischen Gesellschaft und damit auch programmatisch als Ziel der gesellschaftlichen Entwicklung, »den Schutz der natürlichen Umwelt und ihre Gestaltung im Interesse der ständigen Verbesserung der Arbeits- und Lebensbedingungen der Werktätigen und einer effektiven Volkswirtschaft«[477]. In den Dokumenten und Äußerungen von Partei und Regierung werden immer diese beiden Seiten der Umweltpolitik betont. Sie machen die Dimension und zugleich das Verhältnis von Ziel und Mittel deutlich, um das es hier geht.

Auf der Karl-Marx-Konferenz 1983 zeigte Erich Honecker diesen Zusammenhang auf: »Aus der Effizienz der Ökonomie müssen die Mittel fließen, die den gedeihlichen Fortschritt vieler anderer Bereiche im Sinne unserer programmatischen Zielsetzungen überhaupt erst ermöglichen. Dazu gehören auch Maßnahmen zum Schutz der Natur und der Umwelt.«[478] Auf diesem Wege wird längerfristig eine Ökologisierung der Produktion, werden die Anforderungen an die Entwicklung des Bewußtseins, aber auch und vor allem an die entsprechende Ausübung der politischen Macht der Arbeiterklasse ihre notwendigen materiellen Bedingungen finden.[479]

Die erfolgreiche Realisierung der ökonomischen Strategie der SED hat gezeigt, daß es notwendig und möglich ist, die Volkswirtschaft auf den Weg der intensiv erweiterten Reproduktion umzustellen. Die praktischen Erfahrungen zeigen dabei die Möglichkeit, Wachstum von Produktion und Nationaleinkommen über einen längeren Zeitraum bei gleichzeitiger absoluter Senkung des Verbrauchs an Energie, Rohstoffen und Material zu sichern. Das aber ist untrennbar mit einer rationellen Nutzung der Naturressourcen und einer relativen und absoluten Minderung der Umweltbelastung verbunden. Deshalb kommt die SED zu dem Schluß, wie Kurt Hager ausführte, daß eine von der »Intensivierung ausgehende Effektivität zugleich auch der beste Umweltschutz ist; denn je mehr man Energie und Rohstoffe einspart, desto weniger muß man fördern, je besser die Sekundärrohstoffe verwertet werden, desto weniger Abfall belastet die Natur, je mehr vorhandene Maschinen dreischichtig genutzt werden, desto weniger ist es erforderlich, mit aufwendigen Neubauten die Natur zu verändern«[480].

Die praktischen Resultate dieser Politik sollen hier an einigen Beispielen und Ergebnissen belegt werden. Entsprechend den Beschlüssen der SED stieg seit dem VIII. Parteitag (1971) bis 1985 die industrielle Warenproduktion auf mehr als 185 Prozent, während es gelang, die Umweltbedingungen auf wichtigen Gebieten zu verbessern bzw. ihre Belastungen auf dem Niveau vom Beginn der siebziger Jahre zu halten. Vor allem wurde erreicht, daß in Berlin und in anderen Ballungsgebieten und Industriezentren Verbesserungen der Umweltsituation spürbar wurden. Deshalb konnte Hans Reichelt, Minister für Umweltschutz und Wasserwirtschaft, auf der multinationalen Konferenz über Aufgaben der Umweltpolitik in München 1984 mit Fug und Recht erklären: »Unser sozialistischer Staat unternimmt sehr vieles, um durch die vertiefte Intensivierung in allen Zweigen der Volkswirtschaft eine grundlegende Verbesserung der Umweltbedingungen, einen besseren Schutz und die sinnvolle Nutzung der Naturreichtümer zu erreichen. Dem entspricht vollauf die ökonomische Strategie unseres Staates für die 80er Jahre. In ihr sind Wirtschaftswachstum, wissenschaftlich-technischer Fortschritt, sinkender Produktionsverbrauch, bessere Umweltbedingungen und wachsender Wohlstand des Volkes eine untrennbare Einheit. Diese Politik führt gleichzeitig zur stetigen Minderung von grenzüberschreitenden Umweltbelastungen und dient somit auch den Interessen benachbarter und anderer europäischer Staaten und Völker.«[481]

Auf einige praktische Richtungen und Resultate der Arbeit sei verwiesen:

Erstens unternimmt die DDR beispielhafte Anstrengungen zur *Verwertung von Abprodukten*, zur Herstellung von geschlossenen Stoffkreisläufen in vielen Bereichen der Volkswirtschaft. In der DDR fallen jährlich verschiedene Stoffgruppen industrieller Abprodukte in einer Jahresmenge von 70 Millionen Tonnen an. So wurde von 1975 bis 1985 ein Anstieg bei der Verwertung industrieller Abprodukte von 20 auf 42 Prozent erreicht, das bedeutet eine Steigerung von 12 Millionen auf 30 Millionen Tonnen; 1990 werden es 35 Millionen bis 36 Millionen Tonnen sein. Immerhin brachte eine solche verbesserte Rohstoffwirtschaft und Abproduktverwertung 1983 einen Beitrag von 5,7 Milliarden Mark zum Rohstoffonds der DDR-Volkswirtschaft. Allein im Fünfjahrplan 1981 bis 1985 sind 72 Investitionsaufgaben zur Aufbereitung von Sekundärrohstoffen und ihrer erneuten Nutzung sowie zur Rückgewinnung von Wertstoffen in Höhe von 900 Millionen Mark ausgewiesen. Praktisch werden in der DDR 70 bis 75 Prozent der Rohstahlproduktion auf der Grundlage von Sekundärrohstoffen erzeugt. Das bedeutet, daß nur ein Drittel der Produktionskosten anfällt, daß für 1 000 Tonnen Schrotteinsatz fast 2 000 Tonnen importierte Erze und 500 Tonnen Importkoks eingespart werden können. Durch gezielte Erfassung werden 47 Prozent der Papier- und Pappenproduktion, 70 Prozent der Glasherstellung und 37 Prozent der Kupferschmelze aus Sekundärrohstoffen hergestellt. Ebenso werden Altöle, Schlacken und Schlämme einer Wiederverwendung zugeführt. Seit 1980 werden für 30 Stoffgruppen, die bislang nicht ökonomisch verwertet werden können, gesonderte Deponien angelegt, so für Schrottreifen, Gummiabfälle, Altasphalt und verschiedene Schlämme.[482]

Zweitens kommen die Maßnahmen zum *rationellen Umgang mit Energie und Energieträgern* unmittelbar der Umwelt zugute. In den siebziger Jahren wurden durch

Maßnahmen zu einer rationellen Energieanwendung in der Wirtschaft und in den Haushalten der Einsatz von Braunkohle in einem Umfang gesenkt, der einer Schwefeldioxidemission von rund einer Million Tonnen jährlich entspricht. In den achtziger Jahren werden durch diese Maßnahmen pro Jahr 40 Millionen Tonnen Braunkohle nicht verfeuert, was 650000 Tonnen Schwefeldioxid entspricht. Mit diesen Maßnahmen ist es möglich gewesen, bei steigender Industrieproduktion die gesamten Schwefeldioxidemissionen auf dem Niveau vom Beginn der siebziger Jahre zu halten. Es werden gegenwärtig weitere Anstrengungen unternommen, um durch Rauchgasentschwefelungsanlagen eine zusätzliche Reduktion des Schwefeldioxidausstoßes zu erreichen. Der Einsatz von Braunkohle bringt uns zudem den Vorteil, daß bis zu 80 Prozent weniger Stickoxide als bei der Verwendung von Erdöl und Steinkohle ausgestoßen werden. Durch Filteranlagen wurde seit 1971 eine Senkung des Staubauswurfes um 30 Prozent erreicht, was besonders in den Ballungsgebieten wirksam wurde. Wesentliche Wirkungen für den Umweltschutz haben die zielgerichteten Maßnahmen zur Senkung und Verlagerung der Transporte. Im Zeitraum von 1981 bis 1985 wurden 38 Millionen Tonnen Güter von der Straße auf die Schiene und das Wasser verlagert, was energiegünstiger und damit umweltfreundlicher ist. Ein wichtiger Beitrag ist die systematische Elektrifizierung der Eisenbahn. Ende 1985 sind es 2195 Kilometer, das sind 15,5 Prozent des Streckennetzes und betrifft 37,7 Prozent der Zugfahrleistung. Eine ähnlich positive Wirkung hat die in der DDR konsequent durchgesetzte Geschwindigkeitsbegrenzung für Kraftfahrzeuge.

Entscheidend für die Senkung der Luftbelastung ist die Errichtung von Kernkraftwerken, die gegenwärtig 3 Prozent des Energiebedarfes der DDR und etwa 12 Prozent des Bedarfes an Elektroenergie decken. Diese Energieart ist auf lange Sicht die ökonomischste und umweltfreundlichste Form der Energiegewinnung. Wurde vor 25 Jahren beim Bau unseres ersten Kernkraftwerkes in Rheinsberg noch gebangt, ob der von Theodor Fontane besungene Stechlin-See beeinträchtigt würde, so zeigt sich heute, daß er einer der klarsten Seen Mitteleuropas mit Sichttiefen bis zu 14 Metern ist und einen außerordentlich reichen Bestand an verschiedensten Organismen besitzt. Das in der DDR praktizierte Genehmigungsverfahren für Standort, Errichtung und Betrieb von Kernkraftwerken wird von der Internationalen Atomenergiebehörde als Muster empfohlen.[483] Dabei fügt sich die Kernenergie in das Gesamtenergiekonzept der DDR ein, nach dem der größte Teil des Energiebedarfs durch die Nutzung der Braunkohle abgesichert wird. Zugleich, so schätzte Erich Honecker in einem Interview für die schwedische Zeitung »Dagens Nyheter« ein, befinden sich »Sicherheitstechnische Anlagen und Betriebsvorschriften in den Kernkraftwerken der DDR ... auf einem hohen Niveau, und selbstverständlich werden wir diesen Fragen auch weiterhin größte Aufmerksamkeit widmen. Wir unterstützen die von Michail Gorbatschow unterbreiteten Vorschläge zur Vertiefung der internationalen Zusammenarbeit bei der friedlichen Nutzung der Kernenergie, aus der international gesehen kein kurzfristiger Ausstieg möglich ist, und befürworten auch seine Initiative zur Einberufung einer internationalen Konferenz unter Schirmherrschaft der Internationalen Atomenergiebehörde.

Der Reaktorunfall von Tschernobyl bestärkt uns in unserer Überzeugung, daß wir noch stärker den unermeßlichen Gefahren des militärischen Mißbrauchs des Atoms entgegentreten müssen.«[484]

Drittens werden zahlreiche Maßnahmen zur Sicherung des *Wassers und des Bodens* unternommen. Das betrifft sowohl den in der DDR intensiv betriebenen Küstenschutz als auch die Tatsache, daß in der DDR zur Wasserregulierung und zum Hochwasserschutz seit ihrer Gründung 164 Talsperren, Speicher und Rückhaltebecken errichtet wurden und sich damit der Stauraum mit 1,4 Milliarden Kubikmetern verdreifacht hat. Durch Bauvorhaben und umfangreichen Neuaufschluß von Braunkohletagebauen konnte in der DDR zwar nicht der Verlust von landwirtschaftlicher Nutzfläche, von Wiesen und Wäldern verhindert werden, aber es wurden in den siebziger Jahren gleichzeitig etwa 20000 Hektar Öd- und Unland in die Bewirtschaftung aufgenommen, um diese Verluste auszugleichen. 1,8 Millionen Hektar erosionsgefährdeter Nutzfläche werden geschützt.

Besondere Aufmerksamkeit gilt der Wahrung und Mehrung der Wälder. Die DDR ist mit 0,17 Hektar Wald je Bürger eines der waldärmsten Länder Europas. Trotz intensiver wirtschaftlicher Nutzung wurde die Forstfläche seit 1970 um mehr als 29000 Hektar erweitert. Seit 1980 wurden zum Schutz vor Erosion 5,2 Millionen Bäume und zur Verstärkung der Grüngürtel um industrielle und landwirtschaftliche Anlagen 5,7 Millionen Bäume gepflanzt. Die Neupflanzungen überschreiten dabei weit den Einschlag. Große Aufwendungen werden zur Verhinderung und Bekämpfung von Waldschäden durch den Einsatz neuer Pflanzenarten, durch Düngung und Schädlingsbekämpfung sowie durch die schnelle Beseitigung von Windbruch unternommen.

Jährlich werden 50 Millionen Mark zur Rekultivierung von ausgekohlten Tagebauen aufgewendet, allein seit 1974 sind das rund 29000 Hektar, die für die Land-, Forst- und Wasserwirtschaft zur Verfügung gestellt werden. Seit 1970 übersteigt die wieder nutzbar gemachte Fläche die jährliche Inanspruchnahme, und es kann auch schrittweise mit dem Abbau der Überbleibsel aus der kapitalistischen Zeit begonnen werden. Zudem sind mittlerweile viele Naherholungsgebiete, so am Helenensee, am Knappensee und andere, entstanden.

Sehr wichtig ist die effektive Nutzung der vorhandenen Wasservorräte. Mit dem jährlich verfügbaren Wasserdargebot von 880 Kubikmetern je Einwohner liegt die DDR weit unter dem Weltdurchschnitt von 12000 Kubikmetern. Es haben sich erhebliche Aufwendungen zur Senkung des spezifischen Wasserverbrauches der Industrie erforderlich gemacht. Sie senkte allein zwischen 1981 und 1983 ihren spezifischen Verbrauch um knapp 15 Prozent und entnimmt rund 17 Millionen Kubikmeter Trinkwasser weniger aus dem öffentlichen Netz. Zugleich stellt sie aus ihren Anlagen mehr als 9 Millionen Kubikmeter für den Bevölkerungsbedarf bereit. Andererseits werden die Möglichkeiten zur Aufbereitung von Wasser weiterentwickelt, so wurden allein 1983 in über 200 Betrieben neue Verfahren zur Aufbereitung von Wasser oder zur abwasserarmen Produktion genutzt. Es wurden Industriekläranlagen in der chemischen Industrie, so in Buna, Espenhain, Böhlen und Schwarzheide, fertiggestellt. Gleichzeitig entstanden in Berlin, Karl-Marx-Stadt, Erfurt und Halle kommunale Kläranlagen, die auch mit biologischen Verfahren arbeiten.[485]

Viertens wird in Übereinstimmung mit dem Programm der SED und der Verfassung der DDR der *Umweltschutz zu einem gesamtgesellschaftlichen Anliegen*. Eine Vielzahl von Maßnahmen, so zum Beispiel die Sekundärrohstofferfassung, wäre ohne die Bereitschaft der Bürger zur Mitarbeit nicht zu realisieren. Mehr als 50000 Bürger arbeiten gegenwärtig in der »Gesellschaft für Natur und Umwelt« des Kulturbundes mit, in der 1500 Interessen- und Arbeitsgemeinschaften wirken. Die ehrenamtlichen Umweltschützer haben mit ihrem Engagement wesentlichen Anteil an der Pflege der 773 Naturschutz- und 403 Landschaftsschutzgebiete in der DDR. Durch vielfältige Aktivitäten, so durch das Pflanzen von Bäumen durch Schüler der ersten Klassen und ihre Pflege, werden ebenfalls wichtige Verhaltensweisen für einen sorgsamen Umgang mit der Natur ausgeprägt.[486]

Fünftens gehört die *DDR auch international zu den aktiven Ländern.* So war das Landeskulturgesetz von 1970 bereits zwei Jahre vor dem UNO-Beschluß zum Umweltschutz in Kraft. Die DDR arbeitet in den betreffenden UNO-Organen, so im »Umweltprogramm der Vereinten Nationen« (UNEP), aktiv an der Ausarbeitung und Verwirklichung einer internationalen Umweltschutzpolitik mit. Die DDR organisiert im Auftrage der UNEP und UNESCO an der TU Dresden Kurse für die postgraduale Weiterbildung von leitenden Umweltschutzspezialisten aus Entwicklungsländern. Auf der internationalen Umweltschutzkonferenz im Jahre 1985 in Helsinki konnte die DDR ihren Willen bekräftigen, »zur Minderung der Schwefeldioxidemission um 30 Prozent bis 1993 einen bedeutenden Beitrag zu leisten. Sie knüpft daran den Wunsch, daß sich auf diese Weise in Europa die Umweltbedingungen im Interesse der Völker und der Natur verbessern.«[487]

Sechstens erfüllt die DDR *zusammen mit den anderen RGW-Ländern* gemeinsame Aufgaben, so bei der Realisierung von Forschungskooperationen zwischen 600 Forschungseinrichtungen dieser Länder. Auch die Bruderländer unternehmen vielfältige Schritte zur Verbesserung der Umwelt. Die UdSSR hat seit 1976 allein 63 Milliarden Rubel für den Umweltschutz aufgewandt. Solche vorbildlichen Leistungen wie die Wiederherstellung und Wahrung der Umweltbedingungen am Baikalsee, die Aufstellung eines Planes für die Industrialisierung des BAM-Gebietes bei Bewahrung der Natur gehören dazu. Das seit 1974 geltende RGW-Programm zum Schutz und zur Verbesserung der natürlichen Umwelt sowie zur rationellen Nutzung der Naturressourcen ist die solide Grundlage für eine erfolgreiche Umweltpolitik. Dies vollzieht sich auf der Grundlage eines 1971 geschlossenen RGW-Abkommens zu gemeinsamen Anstrengungen auf dem Gebiet des Schutzes der Natur. Die gemeinsamen Aktivitäten werden seit 1973 im Rat für Umweltschutz koordiniert. Die Voraussetzungen sind dafür günstig, denn die RGW-Länder mit ihren rund 34 Prozent Anteil an der Weltindustrieproduktion verursachen lediglich 15 Prozent der Umweltverschmutzung, die entwickelten imperialistischen Länder mit einem Anteil an der Weltindustrieproduktion von 53 Prozent sind dagegen für 63 Prozent der Verschmutzungen verantwortlich. In den sozialistischen Ländern wird im Interesse des Menschen und seiner Umwelt alles getan, was gegenwärtig möglich ist.[488]

Diese großen Fortschritte und Erfolge verstellen keineswegs den Blick für die noch zu lösenden erheblichen Aufgaben. Es werden aber alle erdenklichen Maßnahmen getroffen, um vorhandene Umweltbelastungen entsprechend den wirtschaftlichen und wissenschaftlich-technischen Möglichkeiten zu begrenzen bzw. zu verringern. Haupthemmnisse für die umfassende Durchsetzung aller Ziele auf diesem Gebiet sind die hohen Kosten des Umweltschutzes, teilweise auch noch fehlende technologische Lösungen.

Es ist unübersehbar, daß die Lösung all dieser Aufgaben immer mehr im Zusammenhang mit der Sicherung eines hohen volkswirtschaftlichen Wachstums und der Beschleunigung des wissenschaftlich-technischen Fortschritts steht. Das 7. Plenum des Zentralkomitees der SED schätzte ein: »Alle Tatsachen weisen darauf hin, daß die stürmische Entwicklung der Produktivkräfte anhalten wird. Wie wir damit Schritt halten, bestimmt letzten Endes den ökonomischen Rang unseres Landes und das Lebensniveau des Volkes. So wegweisende Verfahren wie die Mikroelektronik, die moderne Veredelungschemie oder die Biotechnologie spielen dabei eine Schlüsselrolle und werden auch unsere Ökonomie zunehmend durchdringen.«[489]

Auf dem XI. Parteitag der SED betonte Erich Honecker zugleich die Konsequenzen für die Umweltpolitik und ihren Zusammenhang mit der ökonomischen Strategie: Nicht zu trennen von der dynamischen Entwicklung der Volkswirtschaft »ist der weitere Schutz der natürlichen Umwelt. Wir wenden bedeutende Mittel auf, um in Industrie und Landwirtschaft die entsprechenden Kapazitäten zu erweitern oder neu zu errichten. Immer mehr setzen wir Technologien ein, die eine Rückgewinnung von Werkstoffen und ihren Wiedereinsatz im wirtschaftlichen Kreislauf ermöglichen. Der sparsamste Einsatz von Ressourcen bietet zusätzlich Gewähr für eine verbesserte Qualität der Luft und der Gewässer sowie den Schutz der Wälder.«[490]

Diese Orientierung auf die Lösung von Umweltproblemen im Rahmen der Lösung der gesamtgesellschaftlichen Aufgaben ist nicht zuletzt deshalb von Bedeutung, weil neben den unmittelbaren materiellen Bedingungen im Innern auch grundlegende Einwirkungen von außen vorhanden sind, die den sozialistischen Ländern nicht immer gestatten, das zu tun, was eigentlich notwendig und technisch möglich wäre. Seit Beginn seiner Existenz muß sich der Sozialismus in der harten Klassenauseinandersetzung mit dem Imperialismus behaupten. Das erforderte und erfordert neben den militärischen Verteidigungsanstrengungen vor allem das Bestehen im ökonomischen Wettbewerb. Zugleich unterstützen die Länder der sozialistischen Gemeinschaft jene Völker der »dritten Welt«, die mit schwierigen ökonomischen Entwicklungsproblemen ringen. Diese Hilfe ist für sie ein Gebot der Menschlichkeit und der internationalistischen Solidarität. Außerdem gilt es, ständig den Widerspruch zwischen kurzfristigen Effektivitätsinteressen in den Kombinaten und Betrieben und den langfristigen volkswirtschaftlichen Interessen zu lösen.

Es wird immer offensichtlicher, daß aufgrund der gewaltigen Mittel, die heute in der Welt durch die Schuld der aggressivsten imperialistischen Kräfte, insbesondere der USA, aufgewendet werden müssen, die Lösung der dringenden globalen Probleme, wie des Umweltschutzes, verzögert wird. Der Einsatz der angehäuften Kernwaffenarsenale aber hätte verheerende Folgen. »Das ökologische System würde völlig aus dem Gleichgewicht geraten, das Resultat wäre eine Welt, die sich radioaktiv verseuchte, hungernde und frierende Menschen mit widerstandsfähigeren, sich rasch vermehrenden Kakerlaken und Ratten teilen müßten.«[491]

Die sozialistischen Staaten stellen unter Beweis, daß sie entschieden für den Frieden eintreten und dabei mit allen zusammengehen, die ebenfalls den Frieden erhalten wollen. Die letzten Jahre haben auch gezeigt, daß die sozialistische Gemeinschaft die Kraft besitzt, zwei strategische Aufgaben gleichzeitig zu lösen: die Verteidigung des Friedens zu gewährleisten und gleichzeitig die entwickelte sozialistische Gesellschaft weiter zu gestalten. All das erfordert, wie Erich Honecker bei einem Treffen mit Mitgliedern des Geschäftsführenden Vorstandes des Bundesverbandes Bürgerinitiativen Umweltschutz der BRD im September 1984 betonte, von jedem, dem »der Schutz der Natur am Herzen liegt ... vor allem ein leidenschaftlicher Kämpfer für den Frieden (zu) sein«[492]. Nur so ist die Voraussetzung gegeben, eine künftige Gesellschaft im Frieden mit sich selbst und mit der Natur zu schaffen.

5.3. »Autonomie« und Selbstverwaltung

Die junge Generation in den westlichen Ländern hat eindeutige Erfahrungen mit dem Staatsapparat des kapitalistischen Systems machen müssen. Berichte – wie der folgende – von jugendlichen Hausbesetzern in Westberlin und ihre Erfahrungen bei der Räumung eines besetzten Hauses machen das deutlich: »›Aufstehen, das Fraenkelufer wird geräumt!‹ Es ist 7 Uhr morgens, die ganze Besetzerbande des Hauses Potsdamer Straße 130 ist in Aufruhr. ... Ungefrühstückt, mit verklebten Augen sehen wir uns den Polizeiketten gegenüber, die die Gegend ... abgesperrt haben. ... Es ist aussichtslos, sich im Moment auch nur auf ein Scharmützel mit ihnen einzulassen. ... Plötzlich bricht ein Polizist zusammen, er blutet. Wie es dazu kam, wurde nie geklärt. Die Polizeiversion lautet, ein Demonstrant habe unvermittelt mit einem Besenstiel auf den Behelmten eingeschlagen. Die wahrscheinlichere Version ist, daß der Polizist beim Rennen schlicht einen Baum übersehen hatte, an dem er dann niedersank. Wie auch immer, es war der Funke im Pulverfaß. Die Polizei geht zum Angriff über, prügelt wild mit ihren langen Holzknüppeln auf die dicht gedrängten Demonstranten ein.«[493]

Dieses Vorgehen der kapitalistischen Staatsmacht erzeugt eine bestimmte Grundstimmung gerade unter Jugendlichen: »Der Staat funktioniert. Wie eine Maschine, ein Apparat, ein Computer. Hinter den glatten Glas- und Betonfassaden, mit Diplomatenköfferchen oder Funkgerät: du bist registriert. Der Staat sind die Scheiß-Spielregeln. Der Staat ist allgegenwärtig, übermächtig. Aber man kann ihn ärgern: wie den Lehrer. Er hat zwar die Macht, aber gerade deshalb ist er angreifbar. Wenn wir ihm ein Schnippchen schlagen, ihn verarschen, lächerlich machen, uns ihm verweigern. ›Ihr habt die Macht, doch wir haben die Nacht!‹ steht am Eingang einer besetzten Kneipe.«[494]

Zugleich vollziehen sich andere Entwicklungen, die den »Wert« der vielbeschworenen bürgerlichen Freiheit und Demokratie hervortreten lassen. Durch eine Reihe von Vorgängen ist es vielen deutlich geworden, wer tatsächlich in der BRD, im staatsmonopolistischen Kapitalismus die Fäden von Abgeordneten und Ministern in der Hand hält, wer ihre Sparkonten füttert, wer sie lenkt. Die Tatsache, daß mittlerweile über 7000 BRD-Bürger von Berufsverboten betroffen sind und daß mehr als 2,6 Millionen Menschen wegen ihres Engagements in demokratischen Organisationen, wie zum Beispiel in Umweltschutzbürgerinitiativen, oder wegen Reisen in sozialistische Länder vom Verfassungsschutz und anderen Geheimdiensten politisch überprüft wurden, spricht eine eindeutige Sprache.[495] Ebenso sind der Abbau realer Mitbestimmung und die zunehmende Überwachung aller gesellschaftlichen Bereiche Ausdruck der zunehmenden Reaktion nach innen.

Es ist vor diesem Hintergrund verständlich, wenn die Abgeordneten der Partei Die Grünen Bestechungen von Mitgliedern des Bundestages anklagen. Diese Partei ist als Außenseiter im bürgerlichen politischen System in der Lage, die Verflechtung zwischen den Politikern der bürgerlichen Parteien und den Monopolen, zum Beispiel des Hauses Flick, auch auf der Tribüne des Bonner Bundestages zur Sprache zu bringen. So konnte im Oktober 1984 der Abgeordnete der Grünen Jürgen Reents durch eine Erklärung den Sturz des Bundestagspräsidenten Rainer Barzel vom zweithöchsten Amt dieses Staates beschleunigen und darauf verweisen, »daß Kanzler Kohls ›Weg an die Spitze seiner Fraktion und seiner Partei, wie wir in diesen Tagen erfahren haben, von Flick freigekauft wurde‹«.[496] Zwar konnte dieser Abgeordnete, gemäß der

Geschäftsordnung, nach einem Tumult gemaßregelt werden, aber die Vertiefung des Mißtrauens gegen führende Politiker war nicht mehr aufzuhalten. Herbert Mies wertet nüchtern: »Was mit dem Flick-Skandal der Arbeiterklasse und dem ganzen Volk geboten wurde und wird, das ist eine Lektion in Sachen staatsmonopolistischer Kapitalismus.«[497] Und der »Stern« muß schreiben: »Der Fall Barzel ist ... ein einmaliges Lehrstück von der Macht des Geldes und der Ohnmacht des Wählers, wie es im Grundgesetz nicht vorgesehen ist. ... das kaum nachvollziehbare Ausmaß der Verstrickung von Politik und Wirtschaft, das mit der Affäre Barzel sichtbar wird, ramponiert Verfassung und Demokratieverständnis wie noch nie zuvor in der Geschichte der Bundesrepublik.«[498]

Die Offenlegung der Verfilzung von »großem Geld« und politischer Macht in der BRD stellt natürlich nur einen »Betriebsunfall« im normalen Funktionieren des staatsmonopolistischen Kapitalismus dar. Lenin hob schon 1916 bei seiner Analyse des Imperialismus hervor: »Die ›Personalunion‹ der Banken mit der Industrie findet ihre Ergänzung in der ›Personalunion‹ der einen wie der anderen Gesellschaften mit der Regierung.«[499] Diese Ereignisse führen nicht automatisch zur Ablehnung der staatsmonopolistischen Herrschaft, vielmehr besteht auch die Gefahr, daß rechte Kräfte daraus Kapital schlagen können. Aber insgesamt können sie zu einem Aufschwung der demokratischen Bewegung beitragen, indem der Charakter der imperialistischen Herrschaftsausübung offenbar wird.

Der Abbau erkämpfter bürgerlich-demokratischer Rechte stellt eine Herausforderung für breite Schichten im heutigen Kapitalismus dar. Die Entwicklung seit der ersten Hälfte der siebziger Jahre zeigt, daß nicht nur der Rechtstrend forciert wurde, sondern daß zugleich als Reaktion darauf eine breite demokratische Bewegung entstand. Sie gehört unter den heutigen Bedingungen zum aktiven Widerstandspotential gegen die aggressivsten demokratiefeindlichen Kräfte der Monopolbourgeoisie. Unter diesen Vorzeichen war das Offenbarwerden der Verquickung von Macht und Monopolen im Flick-Bestechungsskandal ein Anlaß, auf diese Angriffe gegen die bürgerliche Demokratie aufmerksam zu werden und sich zu wehren.

Objektiv in diesem Sinne wirkt auch die Partei Die Grünen, die durch ihre Politiker und die Mitarbeit im Flick-Untersuchungsausschuß des Parlaments, aber auch durch spektakuläre Flugblattaktionen auf den Hintergrund des Bestechungsskandals verweist. So ließ sie 1000-DM-Scheine mit dem eingedruckten Kopf Barzels unter das Volk bzw. unter die Bonner Abgeordneten flattern; eine Aktion, die symbolträchtig den Zusammenhang von hohem politischem Amt und großem Geld demonstrierte. Diese Bestechungsaffäre hat kurzzeitig den sonst recht dichten demokratischen Schleier über dem Wesen der Klassenherrschaft der Monopolbourgeoisie unfreiwillig gelüftet.

Mit diesem tieferen Eindringen in das Wesen kapitalistischer Machtausübung haben sich die parlamentarischen Kräfte der neuen Bewegung qualitativ weiterentwickelt. Denn zunächst hatten die Vertreter namentlich der ökologischen Bewegung ihre Einsichten in Machtfragen aus anderen Erfahrungen gesammelt. Sie stießen meist bei anderen Problemen auf die Machtstrukturen, nämlich dann, wenn fehlende Mitbestimmungsmöglichkeiten und mangelnde Einflußnahme auf naturfeindliche Entscheidungen die Grenzen der bürgerlichen Demokratie zeigten. Sie standen den Bauzäunen neuer Flugplätze, Autobahnen und Nuklearanlagen und der sie schützenden Staatsgewalt gegenüber. Sie waren mit Entscheidungen von Konzernen und staatlichen Behörden konfrontiert, die mit der Notwendigkeit wirtschaftlicher Entwicklung und Konkurrenzfähigkeit begründet wurden. Und sie sahen die konkreten Folgen dieser Vorgänge für die Zerstörung von Natur und zwischenmenschlichen Beziehungen.

All dies scheint für sie zu bestätigen, daß unmittelbar *die* Industrieanlage, *der* Kernreaktor, *die* Autos oder *die* Flugzeuge solche verhängnisvollen Entscheidungen erzwingen. Sie folgern aus den Erscheinungen dieser Vorgänge, daß Technik Herrschaft sei, die sich gegen den Menschen und die Natur wende. Dabei ist ihre Sichtweise primär auf die nähere Betrachtung von Strukturen und der sich aus ihnen scheinbar ergebenden Gewalt gerichtet.

Gegen diese Strukturen – tatsächlich die Strukturen der im Wesen imperialistischen Macht- und Wirtschaftspolitik – richtet sich ihr Widerstand. Obwohl er zu diesem Wesen meist nicht vordringt, erzielt er faktisch doch oftmals Wirkung. Jeder Erfolg für ein öffentliches Anhörungsverfahren zum Neubau technischer Anlagen, jede Senkung von Schadstoffemissionen, jede errungene Position der Mitbestimmung muß dem imperialistischen Staat und den Monopolen im Kampf um die Demokratisierung des öffentlichen Lebens beharrlich abgerungen werden. Das ist eine politische und keineswegs eine vordringlich technologische Frage, und neben gewisser technologischer Problemkenntnis ist dazu vor allem politische Kampferfahrung gefordert. Ebenso wie zur Lösung der »Atombombenfrage« nicht in erster Linie »Atombombenkenner«, sondern »Aggressorenkenner« benötigt werden, so werden zur Lösung von Umweltfragen nicht vordergründig Fachkenntnisse im Straßenbau, in der industriellen Fertigung oder im Reaktorbau gebraucht – so wichtig sie im konkreten Ringen auch sein mögen –, sondern im Funktionieren des Profitwesens und der Demokratieverletzung.[500]

Mit dieser Einsicht bestätigt sich Lenins Einschätzung: »Der Kapitalismus überhaupt und der Imperialismus insbesondere verwandelt die Demokratie in eine Illusion – und zugleich erzeugt der Kapitalismus demokratische Bestrebungen in den Massen, schafft er demokratische Einrichtungen, verschärft er den Antagonismus zwischen dem die Demokratie negierenden Imperialismus und den zur Demokratie strebenden Massen.«[501]

In diesen Widerspruch und in den Widerstand gegen den Demokratieabbau werden allemal auch jene Kräfte hineingerissen, die in den früheren Zeiten des Kapitalismus zumindest noch formal Anteil an der Machtausübung der Bourgeoisie nehmen konnten. Die Deklassierungstendenzen der Mittelschichten einschließlich der Intelligenz haben jedoch stetig dazu geführt, daß sie derartige Einflußmöglichkeiten, ja einfache Artikulationsmöglichkeiten zunehmend verlieren. Trotz demokratischer Spielregeln verbleiben die Entscheidungen in den Bürokratenstuben und letztlich in den Chefetagen der Konzerne und bei deren politischen Vertretern. Deshalb kann die sich in den neuen Bewegungen darstellende Reaktion nicht verwundern.

Eine der zentralen Fragen im Zusammenhang mit der von der ökologischen Bewegung angestrebten Gesellschaft ist die der *Autonomie*. Das heißt die selbstbestimmte, eigenständige, unabhängige Entwicklung und Entfaltung des Individuums in der Gesellschaft. Ihr realer und spürbarer Mangel, die ständige differenzierte Fremdbestimmung sowohl des Arbeiters als der Hausfrau, aber eben auch des Wissenschaftlers oder Lehrers wird als eine soziale Krankheit empfunden. An diesem »Mangelgut« Autonomie bzw. an dem, was man dafür hält, wird deshalb alles gemessen. Theodor Leuenberger und Rudolf Schilling erheben »die Forderung nach einem stärkeren Maß von Dezentralisation, die Forderung, daß der Griff der zentralen Bürokratien wieder gelockert werde. Die Menschen müßten viel mehr sich selbst überlassen werden, sie sollten laufend mit verschiedenartigen und unvorhersehbaren Elementen zu tun bekommen und sich auf diese Weise zu wirklicher Mündigkeit entwickeln. Immer stärker artikuliert sich das Plädoyer für kleinere, netzartige Strukturen, in denen man eine Vielzahl von Alternativen vor sich hat.«[502] Das Individuum soll aus den Zwängen, den Unterordnungen, der Vorherbestimmtheit, die die Persönlichkeit hemmen, einengen, letztlich durch ihre spezifische Gewalt unmöglich machen, ausbrechen können. Diese Ziele beschränken sich keineswegs nur allein auf die politischen Strukturen, sondern betten sich nahtlos ein in eine »vernünftige, menschliche und ökologische Zukunft«[503], wie sie James Robertson bezeichnet.

Unter diesem Gesichtswinkel muß auch die Kritik der Alternativen an der sozialen Funktion des Staates betrachtet werden. Diese Funktion des Staates wird als Eingriff und Fremdbestimmung im Leben zumal der Angehörigen der Mittelschichten, der Intellektuellen begriffen. Sie übersehen dabei, daß diese sozialen Aktivitäten des bürgerlichen Staates Resultat des langwierigen Kampfes der Arbeiterbewegung und anderer demokratischer Kräfte sind. Dazu gehören die Leistungen für die Arbeitslosen, die Krankenversicherung, die Altersversorgung, die Sozialhilfe und die Zuschüsse zu verschiedenen sozialen und kulturellen Institutionen. Es handelt sich also um Errungenschaften, die zur Sicherung der Reproduktionsbedingungen der Gesamtheit der Werktätigen beitragen. Zudem werden gerade diese Errungenschaften nach der Rechtswende von den Herrschenden massiv in Frage gestellt. Zugleich geht der Blick für die Repressionsfunktion des bürgerlichen Staates bei dieser einseitigen Betrachtung seiner Aktivitäten und Maßregeln verloren. Und das, obwohl die Repression von vielen hautnah und schmerzlich erfahren wird. Geschuldet ist diese Konsequenz der prinzipiellen Ablehnung staatlicher Strukturen überhaupt.[504]

Die spürbaren Auswirkungen der ökologischen Krise haben die Fragestellungen nach dem Selbstbestimmungsrecht nachdrücklich bekräftigt. Deshalb wird, so in der Gründungserklärung der »Alternativen Liste« von Westberlin, gefordert: »Selbst zu entscheiden, seine Umwelt, die eigenen Arbeits- und Lebensbedingungen selbst zu gestalten, entspricht dem grundsätzlichen Bedürfnis der Menschen nach Selbstverwirklichung und Selbstbestimmung.«[505] Dieses Rückführen demokratischer Prinzipien auf den Bürger und seine Entscheidungsfähigkeit und -möglichkeit soll helfen, Gesellschaft und Umwelt menschlicher zu gestalten. Dieses Aufgreifen der humanistischen und demokratischen Ansprüche des aufstrebenden Bürgertums, des von Immanuel Kant formulierten kategorischen Imperativs einer Sollensethik, nach der jeder Mensch so handeln solle, daß die Maxime seines Handelns als Prinzip einer allgemeinen Gesetzgebung dienen könnte, geschieht gegenwärtig unter ökologischem Vorzeichen: *»Handele so, daß das gleiche Recht auf Erhaltung und Entfaltung aller hinreichend einmaligen heutigen und zukünftigen Systeme und Akteure gewährleistet bleibt.«*[506] In dem angestrebten gesellschaftlichen System sollen neue Werte bestimmend sein: »Dezentralisierung, Partizipation, Abbau von Macht, sparsame Nutzung natürlicher Ressourcen, ökologische Verträglichkeit, sanfte Technik, Gewaltfreiheit, Vielfalt.«[507] Die praktischen Erfahrungen vermitteln ein dem widersprechendes Bild. Der Versuch, ökologisch sinnvolle Entscheidungen durchzusetzen, etwa gegen bestimmte Industrieprojekte, überhaupt politische und ökonomische Entscheidungen zu beeinflussen, scheitert oft am fehlenden Mitspracherecht, an der gewaltsamen Unterdrückung von Demonstrationen, an der realen Macht der Konzerne und an der *bür-*

gerlichen Demokratie. Darum wird immer wieder nach Möglichkeiten im Kleinen wie im Großen gesucht, um eigene Meinungen artikulieren zu können, aus dem System des bürgerlichen Zwanges und der Manipulationen ausbrechen zu können. Es wird bewußt versucht, neue, demokratische Formen vorzuleben. Es soll ein neues Verhältnis der Menschen zueinander wie auch zur Natur als Beispiel wirken und damit bereits unter den heutigen Bedingungen Veränderungen herbeiführen.

In diesem Ringen spielt die Losung von der Durchsetzung der *Basisdemokratie* eine zentrale Rolle. Sie soll als dezentrale, direkte Demokratie die bestehenden Strukturen durchbrechen. Die unmittelbar Betroffenen, die Basis, sollen über alle Fragen entscheiden können, die auf sie Auswirkungen haben. Dazu sollen Entflechtungen der gesellschaftlichen Großstrukturen in kleinere und überschaubare Größenordnungen vorgenommen werden. »Um der Bevölkerung Selbstbestimmung zu ermöglichen, bedarf es neuer politischer Entscheidungsstrukturen. Schon auf unterster Ebene – in den einzelnen Stadtvierteln und Orten – muß es dezentrale, überschaubare Entscheidungsgremien mit Autonomie und Selbstverwaltungsrechten geben.«[508] Das bedeutet, daß am Arbeitsplatz, im Wohngebiet, in der Gemeinde, auf allen das Leben der Menschen berührenden Gebieten – eben durchaus nicht nur bei Umweltfragen – die Meinung und der Wille der Menschen zur Geltung kommen können. Wenn das auch vorderhand an Strukturfragen gebunden wird, an das Dezentralisieren von Entscheidungen, die der Basis erst Einfluß ermöglicht, so ginge eine praktische Verwirklichung dieser Ziele viel weiter.

Dieses Aufbegehren in der kapitalistischen Gesellschaft ist Reaktion auf die praktische Entwicklung weg von den Idealen der bürgerlichen Revolution mit ihren Losungen von »Freiheit – Gleichheit – Brüderlichkeit«. Der Anspruch der Bourgeoisie, die Interessen aller Gesellschaftsmitglieder zu vertreten, – immer noch propagiertes Grundmuster des bürgerlichen Demokratieverständnisses – ist mit ihrer Machteroberung verlorengegangen. Unter imperialistischen Verhältnissen ist eine weitere einschneidende Veränderung selbst weg von diesen begrenzten Möglichkeiten demokratischer Betätigung erfolgt. Schon im 19. Jahrhundert charakterisierten Marx und Engels das Wesen dieses Prozesses überzeugend: »Die scheinbare Gemeinschaft, zu der sich bisher die Individuen vereinigten, verselbständigte sich stets ihnen gegenüber und war zugleich, da sie eine Vereinigung einer Klasse gegenüber einer andern war, für die beherrschte Klasse nicht nur eine ganz illusorische Gemeinschaft, sondern auch eine neue Fessel.«[509]

Mit dem im Imperialismus entstehenden Widerspruch zwischen der überwiegenden Mehrheit des Volkes und einer zahlenmäßig sehr kleinen Gruppe von Monopolkapitalisten und ihren politischen Vertretern wird diese Fessel für immer breitere Kreise spürbar. Dies gilt um so mehr als heute eine zahlenmäßig kleine, aber einflußreiche und mächtige Gruppe von Kriegstreibern und Rüstungsgewinnlern versucht, das Wettrüsten anzuheizen. Damit zieht eine Gefahr herauf, die die Welt in den nuklearen Abgrund zu stürzen droht, obwohl die Masse der Bevölkerung sich für Frieden und Entspannung ausspricht. Politische Unmündigkeit und drohende Repression, die Zentralisation und Konzentration in Politik und Wirtschaft, die faktische Machtlosigkeit drängen immer mehr nach der Beseitigung dieser drückenden Verhältnisse. Dabei muß diese Forderung durchaus nicht die Grenzen der bürgerlichen Gesellschaft überschreiten. Denn viele Forderungen gegen Demokratieabbau, gegen Berufsverbote, gegen die staatlich verordnete Aushorchung können sich auf die gegebenen Gesetze berufen, sind im Interesse auch weiter

Teile der Bourgeoisie. Gerade die bürgerlich-individualistische Variante des Suchens nach einer gesellschaftlichen Alternative gerät aber auch in einen Widerspruch zu den aus dem Entwicklungsstand der Produktivkräfte erwachsenden Anforderungen an Organisation und Autorität im Arbeitsprozeß. »Die Autorität in der Großindustrie abschaffen wollen«, schrieb Engels 1872/73, »bedeutet die Industrie selber abschaffen wollen; die Dampfspinnerei vernichten, um zum Spinnrad zurückzukehren.«[510]

So verlockend Konzeptionen der Selbstverwaltung als unzweifelhafter Schlag gegen die verfestigten Strukturen des Imperialismus sein mögen, so ungeeignet sind sie für eine dauerhafte gesellschaftliche Alternative. Die Erfahrungen zeigen, daß alternative Projekte, ebenso wie früher und heute Genossenschaften oder Formen der kleinen Warenproduktion, im bestehenden kapitalistischen Milieu in den Sog der Konzerne geraten und in der Tendenz verloren sind, wenn sie sich nicht den Profitmechanismen unterwerfen. Die Konzerne und den imperialistischen Staat in ihrem Machtmonopol auf diesem Weg in Frage zu stellen bedeutet letztlich, die Machtfrage zu stellen. Solche demokratischen Mitbestimmungspositionen, auf deren Grundlage die »Großkonzerne in überschaubare Betriebe« entflochten und »von den dort Arbeitenden demokratisch selbstverwaltet werden«,[511] hätten bereits heute, auch ohne die offene Infragestellung der Eigentumsverhältnisse, weitreichende antimonopolistische Konsequenzen. Offen bleibt in diesen Vorstellungen über eine selbstverwaltete Gesellschaft, wie in ihr die Interessen der Werktätigen in ihrer widersprüchlichen Einheit von persönlichen, kollektiven und gesellschaftlichen Interessen, von Gegenwarts- und Zukunftsinteressen durchzusetzen wären. Wie könnte durch demokratische Mitbestimmung und planmäßige Gestaltung der Produktion sowie des Verhältnisses zur Natur die Priorität der gesellschaftlichen Interessen bei gleichzeitig ausschlaggebender Bedeutung der kollektiven Interessen des jeweiligen selbstverwalteten Betriebes durchgesetzt werden? In den alternativen Überlegungen wird zumeist immer wieder die Vergesellschaftung nach dem Vorbild der sozialistischen Staaten abgelehnt und an deren Stelle auf kleine begrenzte Einheiten orientiert, die diese Interessenrealisierung bewerkstelligen sollen.[512]

Es muß beachtet werden, daß die Gewerkschaften – angesichts der sich vollziehenden Vergesellschaftung der Produktion unter imperialistischen Bedingungen – im Kampf um Mitbestimmung partielle Erfolge erringen konnten. Aus wohlverstandenem Klasseninteresse starten die Monopole und die CDU/CSU-Regierung in den letzten Jahren umfassende Angriffe, um diese Errungenschaften rückgängig zu machen. Andererseits zwingen die modernen Technologien die Monopole teilweise auch zu flexibleren Formen der Lenkung und Leitung der Produktion, der Übertragung bestimmter Verantwortung und partieller Entscheidungsbefugnisse auf die Beschäftigten.

Angesichts dieser Problematik sind die Schlußfolgerungen der alternativen Bewegungen unterschiedlich, verbleiben nicht selten in den Bereichen, in denen sie zu wirken können glauben, aber doch nicht wirken können. Sie finden ihren Wegweiser im Kampf gegen die »Vergewaltigung der Persönlichkeit«, dem allerdings »ein ganz bestimmtes Bild von Persönlichkeit« zugrunde liegt: »eben des relativ freien, selbständigen – ›kreativen‹, ›spontanen‹ – Intellektuellen«.[513] Der unterdrückte Kleinbürger wählt das für ihn Nächstliegende, den Ausstieg aus dieser entfremdeten Gesellschaft und den Einstieg in eine soziale »Organisation«, die ihm die individuellen Freiheiten zu lassen scheint. Eine Variante des Eremitendaseins ist hierbei allerdings wenig attraktiv, vielmehr wird in Gestalt der Kommunen, Wohngemeinschaften, der Alternativprojekte nach Formen gesucht, in denen Gruppen von Menschen, vereint durch begrenzte, aber gemeinsame Ziele leben und, wenn nötig, auch arbeiten. Hier sollen Ziele verwirklicht werden, die Thoreau schon vor mehr als anderthalb Jahrhunderten in seinem »Walden« in Nordamerika individuell vorleben wollte. Eine Gesellschaft, in der das Prinzip verwirklicht ist: »›Die beste Regierung regiert überhaupt nicht.‹« Ein solcher »Staat«, gestützt auf befreite Individuen, könnte es sich leisten, »gegen alle Menschen gerecht zu sein und das Individuum achtungsvoll als Nachbarn zu behandeln«.[514]

Ungeachtet der nicht zu übersehenden Selbstbeschneidung in den Zielsetzungen der Alternativen zur Veränderung der politischen Verhältnisse und der teilweisen Beschränkung auf Fragen, Gebiete und Gruppen, die sie überschauen können, wird hier innerhalb des Kapitalismus Veränderung angestrebt und teilweise begrenzt praktiziert. Wenn die Ablehnung des bürgerlichen Staates auch unterschiedlich ausgeprägt ist, so wirkt sie in ihrer Gesamtheit trotz vielfältiger bourgeoiser Integrationsversuche positiv auf das Rückbesinnen der Werktätigen auf eigene demokratische Aktivitäten.

Für das Verständnis dieser Entwicklungen müssen aber auch radikalere Lesarten zur Sicherung der Autonomie des Individuums herangezogen werden. Sie finden sich in den modernen anarchistischen Konzeptionen wieder. So etwa, wenn der auch in der BRD beachtete US-amerikanische Anarchist Murray Bookchin fordert, »nicht nur die bürgerliche Hierarchie (zu) beseitigen, sondern die Hierarchie als solche; nicht nur die patriarchalische Familie, sondern *alle* Formen sexueller und elterlicher Herrschaft; nicht nur die bürgerlichen Klassen und das Eigentumssystem, sondern *alle* sozialen Klassen und alles Eigentum. Die Menschheit muß in den Besitz ihrer selbst kommen, individuell und kollektiv, so daß alle Menschen die Kontrolle über ihr Alltagsleben erlangen.«[515] Konsequent wird auf eine »nicht-hierarchische Gesellschaft« ohne Staat, ohne Eingrenzung der individuellen Freiheiten als unmittelbarer Gegenentwurf zum Alltag in der bürgerlichen Gesellschaft und auch zur – als unvollkommen angesehenen – sozialistischen Gesellschaft orientiert, die gerade *den Staat* nicht beseitige.

Es muß immer wieder betont werden, daß bei aller radikalen Ablehnung der drückenden Strukturen, der Unter- und Einordnung in nicht individuell beeinflußbare Zwänge und Prozesse, das Ausgeliefertsein an die Willkür einer hochgezüchteten Bürokratie und die fehlenden demokratischen »Korrektive« dieser Belastungen die eine Seite sind. Die andere Seite ist das Betonen der inneren Selbstbefreiung, die auch in noch bestehenden Strukturen dieser Unfreiheit in Angriff genommen werden könne. Das heißt, es wird ein »innerer Imperialismus« oder ähnliches unterstellt, der die Einordnung in diese entfremdete Gesellschaft begünstigt und der zuallererst überwunden werden müsse, um einer Befreiung näher zu kommen. Hier werden Positionen der »Neuen Linken« weitergeführt.[516] Über einen Weg der Gewinnung politischer Identität mit sich selbst, über eine entsprechende Hinwendung zu Problemen der Umwelt, der zwischenmenschlichen Beziehungen, der Gleichberechtigung wird eine Autonomie des Individuums angestrebt. Nicht zufällig fließen hier die Erfahrungen und die Praxis von Selbsthilfegruppen, ursprünglich zur kollektiven Therapie psychiatrischer Erkrankungen entstanden, ein.[517] Denn hier wurden Krankheiten, deren soziale Bedingtheit oder zumindest Begünstigung vorausgesetzt wurde, durch Einwirkungen in dieses soziale Umfeld, in die sozialen Erlebnisse zu bekämpfen versucht. Das vertrauensvolle Gespräch, das Füreinanderdasein, die Offenheit, die Solidarität treten in solchen Gruppen in scharfen Kontrast zu den sonst in der bürgerlichen Gesellschaft erfahrbaren Verhaltensweisen.

Auf einer anderen Ebene vollziehen sich die politisch spektakulären Formen des Aufbegehrens gegen die Allmacht des Staates dann, wenn es zur offenen Konfrontation mit den Entscheidungen der Regierung und deren rücksichtsloser Durchsetzung mit der Macht des Staatsapparates und der bewaffneten Gewalt kommt. Das zeigt sich zum Beispiel bei der »Schaffung« einer »Freien Republik Wendland«. So versuchten 1980 mehr als 5000 Menschen 33 Tage lang, durch die Besetzung von Bohrstellen zwischen Trebel und Gorleben die Arbeiten an einem Atomprojekt zu verhindern. Sie entwickelten in dieser Zeit ihr Verständnis von Leben und Zusammenleben. Polizei und Bundesgrenzschutz machten dem ein Ende.[518] Das war aus der Sicht des imperialistischen Staates nur konsequent, denn jede wirkliche Infragestellung seiner Allmacht, genauer der der Monopole, kann und will er sich nicht gefallen lassen.

Aus den selbstgesammelten Erfahrungen solcher Widerstandsformen und dem angestrebten Ziel einer basisdemokratischen Gesellschaft heraus wird unter anderem als wünschenswerte Perspektive für die BRD ihre Umstrukturierung in »eine freie und unabhängige Öko-Föderation« gesehen. »Die Republik Freies Wendland, die Freie Republik Baden, die entmilitarisierte freie Republik Kurpfalz, die demokratische Republik Schwaben, die UN-unmittelbaren Republiken Franken und Westberlin usw. usf. könnten ihr Bestandteil sein.«[519] All diese Veränderungen sollen sich von der Basis aus vollziehen. Mit dem Aufkommen der Bürgerinitiativen seit Anfang der siebziger Jahre haben sich zweifellos neue Elemente im Rahmen der bürgerlichen Demokratie ergeben. Sie entstanden historisch aus dem Versuch der SPD und der sie unterstützenden gesellschaftlichen Kräfte, den Übergang zur sozialliberalen Koalition zu festigen. Wählerinitiativen sollten helfen, den von Willy Brandt verkündeten Anspruch, »mehr Demokratie zu wagen«, auch in Wählerstimmen und -aktivitäten umzusetzen. Die dem folgenden Reformansätze brachten nicht die erwarteten Ergebnisse, was spätestens mit der Krise 1974/75 sichtbar wurde. Aber es gewann die Rückbesinnung der Bürger auf ihr eigenes politisches Engagement an Bedeutung. Zudem trafen viele dieser Versuche, die Möglichkeiten der bürgerlichen Demokratie auszuschöpfen und ihre Schranken auch zu überwinden, mit dem Aufkommen der Umweltdiskussion zusammen.

Insofern vereinigen die Bürgerinitiativen in sich also die Erkenntnis, daß die Praxis des bürgerlichen Parlamentarismus nur unzureichend und letztlich überhaupt nicht ihre Interessen zu realisieren vermag. Vielmehr bedarf es des Versuches der eigenen Meinungsartikulation und der eigenen Aktivität. Verständlicherweise sind die Monopolbourgeoisie, der Staatsapparat und die bürgerlichen Parteien daran interessiert, diese Gefährdung der bestehenden politischen Mechanismen zu kanalisieren. Für sie steht die Alternative, ob »sich die Bürgerinitiativbewegung eines Tages zur ›Systemopposition‹ auswächst (Stichwort: ›ökologischer Bürgerkrieg‹) oder ob es gelingt, den bestandsnotwendigen Minimalkonsens zu erhalten«[520]. Um die derzeitigen Formen der Klassenherrschaft zu sichern, werden Zugeständnisse gemacht, sind etablierte Parteien bereit zu lernen und der Staatsapparat bemüht, flexibler zu reagieren. In diesem Spannungsfeld haben sich die neuen Bewegungen in ihren unterschiedlichen Spielarten, einschließlich ihrer ökologischen Strömung, zu behaupten und ihre Ziele durchzusetzen. Sie bieten die reale Chance, unter den heutigen Verhältnissen der kapitalistischen Gesellschaft mitzuhelfen, Veränderungen in Gang zu setzen und die konservativsten Kräfte zurückzudrängen. Und es stärken sich damit auch politisch die Aussichten im Friedenskampf, wenn diejenigen versuchen, die Angelegenheiten des Lebens und Überlebens in die Hand zu nehmen, die dieses Leben mit ihrer Arbeit erst möglich machen.

5.4. »Soziale Verteidigung« und Friedensziel

Das übereinstimmende Ziel, die Sicherung des Friedens, verbindet über alle politischen, weltanschaulichen und theoretischen Unterschiede hinweg die verschiedensten sozialen Kräfte. Einig in diesem grundlegenden Ziel, bestehen außerdem Unterschiede hinsichtlich der Einschätzung der konkreten und der allgemeinen Ursachen der Friedensgefährdung in der Gegenwart sowie im Verständnis notwendiger gesellschaftlicher Veränderungen. Ungeachtet unterschiedlicher Blickwinkel erkennt ein zunehmender Teil der friedliebenden Menschheit, daß es die aggressivsten imperialistischen Kreise, insbesondere der USA, sind, die sich »als Herd der Aggressivität und Kriegsgefahr und zugleich als Hindernis des sozialen Fortschritts in der Welt«[521] erweisen. Die qualitativ neue Waffentechnik, die Entwicklung atomarer, chemischer und biologischer Massenvernichtungsmittel sowie hochwirksamer konventioneller Waffen haben heute zu einer drastischen Veränderung der Einstellung zum Krieg geführt.

Die heute in der Welt angehäuften Kernwaffenvorräte könnten die Menschheit mehrfach vernichten. Jeder militärische Konflikt in einem beliebigen Teil der Erde birgt heute die Gefahr eines Weltbrandes in sich. Das Austragen eines weltweiten Raketenkernwaffenkrieges kann zur Vernichtung allen Lebens auf der Erde führen. In dieser Situation bewahrheitet sich unter völlig neuen Bedingungen Lenins Erkenntnis, daß die »Friedenssehnsucht eines der wichtigsten *Symptome* für die beginnende *Enttäuschung* über die bürgerliche Lüge von den ›Befreiungs‹zielen des Krieges ist, von der ›Vaterlandsverteidigung‹ und über den sonstigen Betrug, den die Kapitalistenklasse am gemeinen Volk verübt«[522]. Das zeigt sich heute zunehmend in den imperialistischen Staaten. Mit dem Beschluß der NATO von 1979, in westeuropäischen NATO-Ländern neue US-amerikanische Mittelstreckenraketen zu stationieren, wurde breiten Kreisen in Westeuropa, aber auch in den USA diese tödliche Bedrohung unmittelbar bewußt. Unübersehbar wurde, wie die aggressivsten Kreise des Imperialismus die internationale Lage zielgerichtet anheizen und eine neue Runde des Wettrüstens eröffnen. Die Einleitung einer Gegenoffensive gegen Sozialismus und sozialen Fortschritt in allen Teilen der Welt kam in einer Zeit zustande, in der es durch die KSZE, durch SALT I und II, durch den ABM-Vertrag schien, als ob die Prinzipien der friedlichen Koexistenz, die Entspannung im Denken und Handeln von Völkern und Staatsmännern in aller Welt dauerhaft Fuß gefaßt hätten. Ernüchtert blickte man nun auf Washington, wo zunächst noch unter Carter und dann massiv und ohne große Tarnung durch Reagan ein gefährliches Programm zur Erzielung der militärischen Überlegenheit über den Sozialismus aufgestellt und seine Realisierung begonnen wurde. Seit dem Jahre 1983 erreichte dieses Programm mit der Orientierung auf einen »Krieg der Sterne«, auf die Militarisierung des Weltraumes einen weiteren wahnwitzigen Höhepunkt.

In den ersten Jahren der Amtszeit Reagans wurde sehr offen über die Ziele der USA-Militärstrategie gesprochen: »Die westliche Welt wird den Kommunismus nicht eindämmen, sie wird ihn überleben. Wir werden uns nicht damit abgeben, ihn anzuprangern, wir werden uns seiner entledigen.«[523] Heute wird dies mehr demagogisch verklausuliert ausgesprochen. Damals wurde unmißverständlich verkündet: »Die Vereinigten Staaten sollten planen, die Sowjetunion zu besiegen, und dies zu einem Preis, der eine Erholung der USA erlauben würde. Washington sollte Kriegsziele festlegen, die letztendlich die Zerstörung der politischen Macht der Sowjets und das Entstehen einer Nachkriegs-Weltordnung, die den westlichen Wertvorstellungen entspricht, in Betracht ziehen.«[524]

Diese unüberhörbare Bedrohung hat ernste Konsequenzen für das Ringen um die Sicherung des Weltfriedens, um das Überleben der Menschheit. Angesichts dessen, stellte der XI. Parteitag der SED fest, »sah und sieht es unsere Partei als entscheidende Aufgabe an, durch ihr Tun und Handeln ihren Beitrag zur Minderung der Kriegsgefahr zu leisten«[525].

In der Frage des Friedens, im Ringen um eine Welt, in der Frieden und Arbeit die bestimmenden Prinzipien sind, finden sich die Kommunisten, die Arbeiterbewegung in weitgehender Übereinstimmung mit der übergroßen Mehrheit der Mitstreiter der neuen sozialen Bewegungen in ihrer ganzen Breite – seien es Feministinnen oder Pazifisten, Antiautoritäre oder Umweltschützer. Der umfassende Friedenskampf, wie er nach den NATO-Beschlüssen von 1979 seinen Ausdruck in der Krefelder Initiative und den vielfältigen Massenaktionen gegen die Stationierung fand, beweist, »daß das Bündnis von Sozialdemokraten, Kommunisten, Christen, Grünen und Liberalen im Friedenskampf möglich und notwendig ist«[526].

Aus den Reihen der ökologisch-alternativen Bewegung, auch aus der Partei Die Grünen gibt es klare Bekenntnisse gegen Rüstung und Kriegsbedrohung, gegen die Stationierung der NATO-Raketen in Westeuropa und gegen die USA-Weltraumrüstung. In ihren Einschätzungen gelangten sie häufig zu klaren Erkenntnissen über die Kräfte, von denen diese Bedrohung ausgeht. Die Motive, namentlich der Umweltschützer, sind differenziert. Zum einen durchkreuzt die Kriegsbedrohung ihr unmittelbares Streben und Wollen nach dem Erhalt jeder Form des Lebens. Zum anderen begreifen sie immer mehr, daß Rüstung bereits im Frieden, ohne Anwendung von Waffen, tötet. Massenarbeitslosigkeit und Sozialabbau im kapitalistischen Alltag bestätigen, daß Rüstung und Krieg »ökonomisch dasselbe ist, als wenn die Nation einen Teil ihres Kapitals ins Wasser würfe«[527].

Es wird ihnen immer bewußter, daß die Rüstung gleich einem Krebsgeschwür die Grundlagen eines normalen Lebens beeinträchtigt und bedroht. Das ständige Kurbeln des Imperialismus an der Rüstungsspirale gefährdet den Frieden und erhöht die Gefahr, daß die angehäuften Waffenvorräte von den aggressivsten imperialistischen Kreisen eingesetzt werden. Die Vertreter der ökologisch-alternativen Bewegung verweisen darauf, daß bereits in Friedenszeiten durch Unfälle, aber auch durch Manöver riesige Schäden nicht zuletzt in der Natur, entstehen. Zugleich sehen sie die Gefahr, daß aus solchen Unfällen oder Truppenübungen auch ungewollt Situationen entstehen können, die zum Kriege führen. Besonders deutlich wird von diesen Kräften auf die ungeheure Verschwendung der Ressourcen – derzeit weltweit über 600 Milliarden US-Dollar jährlich – hingewiesen. Die Hilfe für die Länder der »dritten Welt« wird dadurch ebenso beeinträchtigt wie die sozialen Leistungen im eigenen Land. Die Entwicklung der eigenen Volkswirtschaft wird gehemmt, da sich Strukturentwicklungen zugunsten der Rüstung vollziehen, die eine ausgewogene Gestaltung der gesamten Volkswirtschaft im Interesse der Menschen und für ein gesundes Verhältnis zur Natur beeinträchtigen bzw. verhindern. Schließlich bindet die Rüstung den Großteil des wissenschaftlichen Potentials, das damit für die Lösung der eigentlichen Probleme der Menschheit, wie zum Beispiel des Umweltschutzes, verlorengeht. Immerhin sind in der Welt 500000 Wissenschaftler in der militärischen Forschung und 60 Millionen Werktätige im Militär- und Rüstungsbereich tätig. Mit den Mitteln, die heute für die Rüstung ausgegeben werden, könnten effektive Maßnahmen zur wirtschaftlichen Entwicklung der Länder Afrikas, Asiens und Lateinamerikas eingeleitet werden. Allein für jeweils 100 Milliarden US-Dollar Rüstungsausgaben könnten zum Beispiel 300 Wärmekraftwerke mit jeweils 120000 Kilowattstunden Leistung oder 300 petrolchemische Werke mit einer Verarbeitungskapazität von 3,25 Millionen Tonnen pro Jahr oder 1000 Düngemittelfabriken oder 1600 Zuckerfabriken mit einer Jahreskapazität, die der Weltproduktion von 1958 entspräche, errichtet werden.[528]

Die mit den umfassenden Vorschlägen der Sowjetunion zur Befreiung der Welt von Kernwaffen bis zur Jahrtausendwende angestrebten weitreichenden Ziele zur Gesundung der internationalen Lage berücksichtigen nicht zuletzt auch diese Seite der Gefahren und negativen Folgen des Wettrüstens. Denn der »Übergang zu aktiven Schritten zur Einstellung des Wettrüstens und zur Rüstungsreduzierung ist eine unabdingbare Voraussetzung auch für die Lösung der sich immer stärker zuspitzenden globalen Probleme – Zerstörung der Umwelt des Menschen, Notwendigkeit der Suche nach neuen Energiequellen, Kampf gegen ökonomische Rückständigkeit, Hunger und Krankheiten. Das vom Militarismus aufgezwungene Prinzip ›Aufrüstung statt Entwicklung‹ muß abgelöst werden durch das Prinzip ›Abrüstung für Entwicklung‹.«[529] Die dadurch frei werdenden Mittel könnten für die Lösung dringender Probleme der Entwicklungsländer eingesetzt werden; und die sozialistischen Staaten könnten weitaus mehr materielle Aufwendungen für das Wohl ihrer Völker einsetzen. Aber auch für die imperialistischen Länder wäre ein Abbau der sozialen Belastungen der Werktätigen möglich. Durch die Beendigung der Aufrüstung könnte ein entscheidender Schlag gegen die Arbeitslosigkeit geführt werden, denn in jedem beliebigen zivilen Bereich der Wirtschaft können mit den gleichen Aufwendungen mehr Arbeitsplätze als in der Rüstungsindustrie geschaffen werden. So haben amerikanische Experten 1981 berechnet, daß mit einer Milliarde US-Dollar für die Produktion von strategischen Raketen 29402 Arbeitsplätze geschaffen werden könnten. Im Wohnungsbau entstünden 30899 Arbeitsplätze, im Eisenbahnwesen 31829, bei der Entwicklung und Nutzung der Sonnenenergie 38192, im öffentlichen Dienst 38650 und bei der Entwicklung des Massentransports 45397.[530]

Hochrüstung und Kriegsvorbereitung weisen auch den heutigen Imperialismus »als parasitären oder in Fäulnis begriffenen Kapitalismus«[531] aus, der unfähig ist, trotz seiner gewaltigen materiellen und wissenschaftlichen Potenzen, auch nur ein Problem der Menschheit zu lösen. Diese Probleme sind nicht mehr zu übersehen. Die Stationierung der NATO-Mittelstreckenraketen hat den Widerstand dagegen in den imperialistischen Ländern verstärkt. Von der Tribüne des Bonner Bundestages erklärte der Abgeordnete der Partei Die Grünen Otto Schily in der Debatte zur Stationierung am 21. November 1983: »Die Bundesregierung beruft sich auf ein Konzept der Kriegsverhinderung durch Abschreckung. ... Es ist ein Vabanque-Spiel mit dem Untergang Europas, mit dem Weltuntergang. ... Welchen Wert soll ... das NATO-Bündnis für uns haben, wenn es die Entscheidung über Sein oder Nichtsein des deutschen Volkes, der europäischen Völker überhaupt, in die Hand des amerikanischen Präsidenten Reagan legt, der mit der Wahnidee umgeht, es sei die Zeit des Armageddon, die Zeit des apokalyptischen

Endkampfes zwischen Gut und Böse?«[532] Die Partei Die Grünen nutzte die Möglichkeiten des bürgerlichen Parlamentarismus zur scharfen und unmißverständlichen Kritik an Entscheidungen der Bundesregierung. »Das war im wahrsten Sinne des Wortes parlamentarischer Friedenskampf und streitbare Demokratie. Das war offensive parlamentarische Vertretung von Forderungen der Friedensbewegung im Bundestag.«[533]

Eine Vielzahl progressiver Organisationen und Persönlichkeiten der BRD, dabei auch engagierte Umweltschützer, haben sich in der Krefelder Initiative zusammengeschlossen und mit einem Appell, der von mehr als fünf Millionen Bundesbürgern unterschrieben wurde, unüberhörbar gegen die Stationierung der NATO-Raketen in Westeuropa gewandt. Mit seiner klaren Ablehnung der Raketenstationierung und seiner Forderung nach einer Sicherheitspolitik, die »eine Aufrüstung Mitteleuropas zur nuklearen Waffenplattform der USA nicht zuläßt« und »Abrüstung für wichtiger hält als Abschreckung«,[534] entsprach dieser Appell dem Wünschen und Hoffen von drei Vierteln der Bundesbürger, die sich gegen die Stationierung aussprachen und deren Willen durch die rechte Mehrheit der »Volksvertreter« hinter Stacheldraht und Wasserwerfern am 22. November 1983 im Bonner Bundestag mißachtet wurde.

Die Partei Die Grünen, die sich aktiv in der Friedensbewegung engagiert, hat in ihrem Wahlprogramm von 1980 ein beachtenswertes Bekenntnis ihres Verständnisses von Frieden abgelegt: »Unser oberster Grundsatz lautet: Humane Ziele können nicht mit inhumanen Mitteln erreicht werden.

Gewaltfreiheit gilt uneingeschränkt und ohne Ausnahme zwischen allen Menschen, also ebenso innerhalb sozialer Gruppen und der Gesellschaft als Ganzem als auch zwischen Volksgruppen und Völkern.«[535]

Diese Partei stützt sich auf die in den neuen sozialen Bewegungen weit verbreitete positive Haltung zur Gewaltlosigkeit und zum Frieden als Grundlagen menschlichen Zusammenlebens. Für sie stellt sich diese Frage in zwei Ebenen: Zum einen betrifft sie die Stellung zur eigenen Umwelt, auch zur Natur. Hier findet sich im Selbstverständnis, aber auch in der historischen Entwicklung, der Ausgangspunkt für das Friedensengagement der ökologischen Bewegung. Zum zweiten betrifft sie die Stellung des Menschen in der Gesellschaft selbst, die Beziehungen der Menschen untereinander, ebenso wie der Staaten zueinander. Das führt zum Bekenntnis zu den Prinzipien der friedlichen Koexistenz in den zwischenstaatlichen Beziehungen.

Die Positionen zum Schutz der Natur und der Bewahrung des menschlichen Lebens werden in der Formel des *»Ökopax«* zusammengefaßt, der Vorstellung von einer Gesellschaft in Frieden mit sich und der Natur. Sie schließen politisches Engagement für dieses Ziel ein. »Wir alle sind ›der Staat‹, deswegen dürfen und müssen wir jetzt alle handeln. Über 15 Jahre lang haben Bürgerinitiativen im Umwelt- und Naturschutz, im Sozial-, Verkehrs- und Energiebereich bewiesen, daß sie die einzige gesellschaftspolitische Kraft waren, die wesentliche Impulse zur Regeneration und Stabilisierung der Entwicklung der demokratischen Gesellschaft gegeben hat. ...

Die Sicherheitspolitik war bislang eine Domäne weniger Politiker und Experten – und deren bisheriges Arbeitsergebnis hat die Welt nicht sicherer, sondern höchst unsicher gemacht! Wirkliche ›Sicherheitspolitik‹ bedeutet eine radikale Abwendung von der Politik ständiger gegenseitiger Bedrohung. Die atomaren, biologischen und chemischen Waffen sind zu ächten und zu vernichten. Der Frieden und die Natur vertragen keine ›Kompromisse‹ mehr; die bisher betriebene Politik muß hartnäckig und unnachgiebig bekämpft werden, notwendig ist eine ›Neue Wende‹!«[536]

Von dieser Auffassung aus wendet man sich, oft noch undifferenziert, gegen alles, was Gewalt und Zwang ist. Der schwedische Friedens- und Konfliktforscher Johan Galtung formulierte in den sechziger Jahren dafür den anerkannten theoretischen Zugang: »Gewalt liegt dann vor, wenn Menschen so beeinflußt werden, daß ihre aktuelle somatische und geistige Verwirklichung geringer ist als ihre potentielle Verwirklichung.«[537]

Die Ablehnung der Gewalt schließt jedoch keineswegs Veränderungswillen und gelegentlich entschlossene Widerstandsbereitschaft zur Verteidigung der eigenen Interessen aus. Gewaltlosigkeit ist ein Prinzip, das durchaus auf Widerstand setzt, wie das nachdrücklich der Kampf gegen Kernenergie und ebenso die Aktionen der Friedensbewegung demonstrieren.

»Wenn das Volk seinen gewählten Repräsentanten nicht mehr traut, kann es diese Parlamenten und Regierungen verliehene Macht auch wieder zurücknehmen«[538], das Volk kann seine Rechte auch im Widerstand gegen sie durchsetzen, stellte Theodor Ebert, einer der führenden Theoretiker dieses Widerstandes, fest. »Der Zivile Ungehorsam ist die höchste und gefährlichste Eskalationsstufe im gewaltfreien Widerstand.«[539] Propagiert wird die *»gewaltfreie Aktion«*, in der die »direkte Aktion« mit pazifistischen Formen von Widerstand zu einer aktiven Widerstandsform verbunden wird, die den staatlichen Zwang überwinden soll.

»Die gewaltfreie (direkte) Aktion«, schrieb Ebert, »ist eine kämpferische Methode, Konflikte auszutragen. Angewandt wird sie in Situationen, in denen es nicht möglich zu sein scheint, auf dem Wege der Verhandlungen, der Wahlen und Abstimmungen einen Konsensus über die soziale Gerechtigkeit und die dafür erforderlichen sozialen

Wandlungen herzustellen. Die gewaltfreie Aktion hat das Ziel, in ihrem Verlauf die psychischen und sozialen Bedingungen zu schaffen, unter denen dann doch über Verhandlungen und demokratische Abstimmungen die sozialen Verhältnisse gerecht geregelt werden können.«[540]

Wiederum aus ihrem Verständnis von den maximal zulässigen Formen der inneren Auseinandersetzung in der staatlich organisierten Gesellschaft ergibt sich ihre Haltung zu den internationalen Beziehungen unter den Bedingungen der Existenz menschheitsvernichtender Waffen. Das klare Bekenntnis zu Frieden und Abrüstung ist treibendes Moment für viele Formen praktischen Wirkens geworden. So tritt die Partei Die Grünen seit ihrer Gründung für eine aktive Friedenspolitik ein. »Frieden ist untrennbar mit der Unabhängigkeit der Staaten und dem Vorhandensein demokratischer Rechte in ihnen verbunden. Es muß weltweit abgerüstet werden. Weltweit müssen die Atom-, biologischen und chemischen Waffen vernichtet werden, fremde Truppen müssen von fremden Territorien abgezogen werden.«[541]

Damit werden wesentliche Eckpunkte einer anzustrebenden Weltordnung der friedlichen Koexistenz von Staaten unterschiedlicher Gesellschaftsordnung aufgegriffen. Die Allgemeinheit der Formulierungen läßt aber auch Raum für andere Interpretationsversuche, die bestimmte Kräfte gegen die Friedensbewegung auszunutzen versuchen.

Als ein wichtiger Schritt zur Schaffung einer friedlichen Welt wird die Überwindung der Blockspaltung angesehen, die auch jede Auseinandersetzung über Raketenstationierung überflüssig machen würde. So forderte Otto Schily in seiner bereits zitierten Bundestagsrede: »Auflösung der Blöcke, Verbindung der europäischen Interessen, Neutralisierung Mitteleuropas als ein Anfang, Ersetzung der militärischen durch politische Sicherheitselemente, das sind die Perspektiven, auf die wir hinarbeiten müssen.«[542]

Man ist sich jedoch darüber im klaren, daß Bekenntnisse für den Frieden allein nicht genügen, um ihn durchzusetzen. Deshalb wird nach praktikablen Lösungen gesucht, um über Zwischenschritte dem Ziel einer gewaltfreien, menschlicheren Gesellschaft insgesamt näher zu kommen. Ein solcher möglicher Zwischenschritt soll das Konzept der »*sozialen Verteidigung*« als einer Alternative zur traditionellen Sicherheits- und Verteidigungspolitik sein, die nicht auf militärische Gewalt, auf Abschreckung, auf die Wirkung von immer schrecklicheren Waffen setzt.

Historisch sind diese Überlegungen keineswegs neu. Hoffnungen auf Gewaltlosigkeit und eine Welt ohne Kriege fanden seit Ausgang des 19. Jahrhunderts in der bürgerlichen Friedensbewegung ihren Platz. Schon zu Beginn des vorigen Jahrhunderts forderte der Vorläufer der ökologisch-alternativen Bewegung, Henry D. Thoreau, den Staat zum Beispiel durch Steuerverweigerung zu zwingen, Krieg und Sklaverei aufzugeben.[543] Angesichts der Bedrohung durch einen imperialistischen Krieg gewann Ende des 19. Jahrhunderts der bürgerliche Pazifismus breiteren Boden. Bertha von Suttners »Die Waffen nieder!« erzeugte eine ganze Welle von Friedensaktivitäten, die aber leider ebenso schnell im chauvinistischen Taumel von 1914 verebbte. Einen neuen Aufschwung gewannen die bürgerliche Friedensbewegung und der Gedanke des Pazifismus in den Jahren nach dem ersten Weltkrieg angesichts des millionenfachen Todes und der Leiden, der Gasvergifteten, der Krüppel. Außerordentlich stark engagierten sich auch Intellektuelle aus diesen Erfahrungen heraus gegen den deutschen Militarismus und gegen den seine Traditionen fortsetzenden deutschen Faschismus. Besonders aktiv waren hierbei Carl von Ossietzky und auch Kurt Tucholsky.

Vor allem aber brachte der Kampf um nationale Gleichberechtigung und Unabhängigkeit, gegen Rassenunterdrückung und koloniale Ausbeutung neue Erfahrungen ein. Formen des gewaltlosen Widerstandes zeigten sich erstmals als praktikabel. Im Kampf der indischen Unabhängigkeitsbewegung wurde Mahatma Gandhis »passiver Widerstand« zum Modell dessen, was heute in das Konzept der »sozialen Verteidigung« eingeht. Gandhi schrieb bereits 1914 zur Praxis des »passiven Widerstandes«, den er mit »Seelenkraft« oder »Liebeskraft« übersetzte: »In ihrer vollen Bedeutung geübt ist diese Kraft von jeder Geld- oder materiellen Hilfe, selbst in ihrer elementaren Form der Gewalt oder physischen Kraft, unabhängig. Die Gewalt ist sogar die Verneinung dieser grossen geistigen Kraft, die nur von solchen Menschen, die der Gewalt entsagen, gepflegt oder angewendet werden kann. Es ist eine Kraft, die von Individuen ebensogut wie von Gemeinschaften ausgeübt werden kann und ebenso in politischen wie in häuslichen Angelegenheiten. Ihre allgemeine Anwendbarkeit ist ein Beweis ihrer Beständigkeit und Unbesiegbarkeit. Männer, Frauen und Kinder können sich ihrer bedienen. Es ist vollkommen falsch zu behaupten, dass diese Kraft nur für die Schwachen taugt, so lange sie noch nicht in der Lage sind, der Gewalt mit Gewalt zu begegnen. ... Es ist Menschen, die sich für schwach halten, unmöglich, diese Kraft anzuwenden.«[544]

Die Erfolge dieses Widerstandes in Indien, aber auch entsprechend interpretierte Erfahrungen aus dem erfolgreichen Generalstreik gegen den Kapp-Putsch 1920, aus dem »passiven Widerstand« gegen die Ruhrbesetzung 1923 sowie Episoden aus dem Widerstandskampf gegen die deutschen Faschisten im zweiten Weltkrieg haben die

Überzeugung von der Machbarkeit der Konzepte der »sozialen Verteidigung« erweckt.[545]

Mahatma Gandhi, ebenso wie Martin Luther King, der Kämpfer gegen die Rassendiskriminierung in den USA, sind aber zugleich Blutzeugen, die für ihre Hoffnungen auf eine gewaltlose Wandlung der Gesellschaft mit dem Leben einstehen mußten. Angesichts der Härte der Repression, der Unterdrückungsgefahr für jede wirkliche demokratische Bestrebung in der kapitalistischen Gesellschaft – zumal wenn sie deren Fortbestand zu gefährden scheint – ist die Propagierung und die Verwirklichung von Gewaltlosigkeit Ausdruck eines verzweifelten Aufbegehrens, da andere Formen des Widerstandes erst recht als aussichtslos angesehen werden. Durch die freiwillige Inkaufnahme von Leiden und durch den Eingriff in das Alltagsleben der Menschen soll Aufmerksamkeit und schließlich Identifizierung mit den eigenen Forderungen erreicht werden. Derjenige, der ihre Erfüllung verweigert, sei es die Aufhebung der Rassendiskriminierung oder der Baustopp eines Kernkraftwerkes, soll moralisch ins Unrecht gesetzt werden.

So erläuterte Theodor Ebert vor Bürgern in Verden, einer bundesdeutschen Stadt, Formen des zivilen Ungehorsams gegen eine in der Nähe geplante nukleare Wiederaufbereitungsanlage: »Die Unaufmerksamkeit der Bürger von Verden ist ja deprimierend, und selbst diejenigen, die eine Protestunterschrift leisten, sind für ein weitergehendes Engagement kaum ansprechbar. ... Fasten ist jedoch in einer konsumorientierten Gesellschaft ein aufsehenerregendes Verhalten.« Wenn dies nicht ausreicht, müsse man nach weiteren Formen der Aufrüttelung der öffentlichen Meinung und der Beeinträchtigung des normalen staatlich organisierten Lebens suchen. Eine Möglichkeit dafür sei zum Beispiel, »an zentraler Stelle den Verkehr durch einen Sitzstreik zu blockieren«.[546]

Genau diese Mittel des Widerstandes gegen die eigene Regierung in einer Gesellschaft, in der die Möglichkeiten des Volkes, seine Interessen durchzusetzen, beschnitten sind, sollen auch zur Lösung zwischenstaatlicher Konflikte angewandt werden, und damit soll jeglicher Krieg unmöglich gemacht werden. Denn durch die vernichtende Wirkung der Kernwaffen ist eine militärische Verteidigung ihrer Meinung nach sinnlos geworden. Der wegen seiner Ablehnung des NATO-»Nach«-Rüstungsbeschlusses, wegen seiner Überzeugung aus der Bundeswehr entlassene General Gert Bastian hat diese Erkenntnis eindringlich formuliert: »... in einem nuklearen Krieg kann er (der Soldat – *d. Verf.*) die Heimat nicht mehr schützen, sondern mit allem, was er tut, nur noch zerstören.«[547] Nicht umsonst stellen die sozialistischen Staaten und die Friedenskräfte deshalb heraus, daß die Menschheit vor einer neuen Dimension der Gewalt, des Krieges steht. Erstmals hat die Menschheit Waffen geschaffen, die in der Lage sind, die menschliche Zivilisation auszulöschen, und solche Waffen befinden sich in den Händen der aggressivsten Kreise des Imperialismus. Durch die Herstellung und Behauptung des militärstrategischen Gleichgewichts konnten die Sowjetunion und die ganze sozialistische Staatengemeinschaft bislang diese Kräfte im Zaume halten. Angesichts der wachsenden Explosivität der internationalen Lage erwächst mehr und mehr die Notwendigkeit, die Kunst und die Wissenschaft des friedlichen Zusammenlebens, des friedlichen Wettstreites der Systeme zu erlernen. Es ist notwendig geworden, den Krieg als Mittel der Fortsetzung der Politik mit gewaltsamen Mitteln ein für allemal auszuschließen.

Die Vertreter der neuen sozialen Bewegungen empfehlen als Ausweg letztlich pazifistische Lösungsmodelle. So etwa, wenn sie schlechthin alle Waffen als etwas Teuflisches, jede Verteidigung als amoralisch verwerfen. Sie suchen damit nach Auswegen aus dem Teufelskreis von Rüstung und Krieg. Natürlich gibt es in dieser Frage erhebliche Unterschiede zu den Auffassungen von Marxisten. Das ist normal, historisch gewachsen, sozial bedingt. Aber die große Menschheitsbedrohung vor Augen, treten »die Unterschiede in der Haltung zu den einen oder anderen Fragen in den Hintergrund, während das Kernproblem auf gebieterische Art in den Vordergrund gerückt wird. Dieses Problem besteht darin«, schrieb Willi Gerns, Mitglied des Präsidiums des Parteivorstandes der DKP, »daß das Leben der jetzigen und der kommenden Generationen durch gemeinsames Handeln aller Friedenskräfte geschützt werden muß, bevor es zu spät ist. Für dieses gemeinsame Handeln tragen Kommunisten und Pazifisten gleichermaßen Verantwortung. ...

Kommunisten und Pazifisten vereint das große gemeinsame Ideal einer Welt ohne Waffen.«[548]

Unterschiede werden besonders bei der Beurteilung der sozialen Ursachen des Krieges sichtbar. Das findet seinen Ausdruck im häufigen Unverständnis für den bewaffneten Befreiungskampf der unterdrückten Völker und vor allem für bestimmte Momente der Verteidigungspolitik der sozialistischen Staaten. Sie ist darauf gerichtet, das militärstrategische Gleichgewicht als einen friedenssichernden Faktor in der heutigen Welt zu bewahren und auf ein möglichst niedriges Niveau zu senken. Im Vordergrund stehen jedoch die gemeinsamen Positionen der Kommunisten und der pazifistischen Kräfte: die Zielsetzung, den Krieg dauerhaft aus dem Leben der Menschheit zu verbannen; die Überwindung des Einsatzes militärischer Mittel zur Lösung von Konflikten zwischen Staaten und Völkern; der Kampf für eine umfassende und vollständige Abrüstung.[549] Dabei kristallisiert sich in der Gegenwart immer mehr heraus, daß »die Grundfrage der Abwendung eines nuklearen Infernos und der Sicherung des Friedens im Stopp des Wettrüstens auf der Erde und seiner Nichtausdehnung auf den Weltraum besteht. An ihrer Lösung muß weiter entschlossen, umsichtig, geduldig und beharrlich gearbeitet werden. Auf eine solche Lösung muß man mit Nachdruck dringen, denn niemand, der seine Verantwortung vor dem eigenen Volk, vor der Menschheit ernst nimmt, kann und darf zulassen, daß die Welt durch die Fortsetzung des Wettrüstens, ja durch seine Beschleunigung auf allen Ebenen in ein Stadium gelangt, da die Dinge außer Kontrolle geraten, die weitere Entwicklung unübersehbar wird und letztlich zur Katastrophe führt.«[550]

Diese Einsichten, diese gemeinsamen Ziele und erst recht gemeinsame Aktionen gegen denselben Gegner lassen Meinungsverschiedenheiten in durchaus nicht unwichtigen Einzelfragen zurücktreten.

Vor diesem Hintergrund können die Vorstellungen von einer »sozialen Verteidigung« als eine mögliche Zwischenstufe auf dem Wege der tatsächlichen Verbannung des Krieges und der militärischen Konfliktlösung aus dem Leben der Menschheit betrachtet werden. Diese Vorstellungen entstanden nicht voraussetzungslos, sondern sind Resultat eines umfassenden Lernprozesses. Die massenhafte Einführung von Kernwaffen in die Streitkräfte, die Entwicklung entsprechender Trägermittel in Gestalt von Raketen und die ständige Vervollkommnung der elektronischen Mittel führten Ausgang der fünfziger Jahre unter bürgerlichen Militärtheoretikern zu einer Diskussion über den »Sinn der Verteidigung« in der Gegenwart.[551] Praktisch war die damalige Diskussion nicht nur Ausdruck der sich vollziehenden militär-technischen Revolution. In den fünfziger Jahren und dann auch nachdrücklich in den beiden folgenden Jahrzehnten, zeigte sich das Scheitern der imperialistischen Strategie der Eindämmung und des »roll back« gegen den Sozialismus und die fortschrittlichen Bewegungen überhaupt. Die Konzepte des »containment«

und des »roll back« waren in Korea, in Vietnam, in der DDR und in Ungarn gescheitert. Viele nationale Befreiungsbewegungen erkämpften die staatliche Unabhängigkeit ihrer Länder. In Kuba entstand vor der Haustür der USA, 90 Meilen vor Miami, der erste sozialistische Staat in der westlichen Hemisphäre.

Die Strategiediskussion, die zunächst vor allem als Suche nach neuen Wegen für die Systemauseinandersetzung verstanden wurde und deshalb von einer »Bedrohung aus dem Osten« ausging, führte aber auch zu völlig neuen Einsichten. Die neue Qualität der Waffentechnik ließ es sinnlos erscheinen, um die Verteidigung der »westlichen Werte« mit militärischen Mitteln zu kämpfen und sie sogar den Völkern des Ostens in einer »Befreiungsmission«, in einem konterrevolutionären Krieg aufzuzwingen. Ein Resultat dieser Diskussion waren neue Varianten der unmittelbaren Systemauseinandersetzung, die von einer realistischeren Einschätzung des sich zuungunsten des Imperialismus verändernden internationalen Kräfteverhältnisses ausgingen. Das schlug sich in den sechziger und siebziger Jahren in der Strategie der »flexiblen Reaktion« der USA und der NATO für den Kampf mit dem Sozialismus und den fortschrittlichen Kräften nieder. Zugleich setzte sich bei realistischen Kräften die Einsicht durch, daß auch eine Modifikation des Konzepts der umfassenden, auch militärischen Auseinandersetzung zwischen Kapitalismus und Sozialismus angesichts der Gefahren für die Menschheit jeden Sinn verloren hatte. Sie diskutierten seit dieser Zeit alternative Sicherheitskonzepte.

Die konkrete Diskussion um die »soziale Verteidigung« nahm ihren Ausgang in Skandinavien. Sie griff bewußt auf pazifistische, gewaltfreie Kampfformen im Sinne Thoreaus, Gandhis und Martin Luther Kings zurück. Zugleich ist aber nicht zu übersehen, daß die Kämpfe der nationalen Befreiungsbewegungen, die Guerilla-Kriegführung in Asien und Lateinamerika hier einen erheblichen Einfluß ausübten.[552] Das betrifft besonders die enge Verschmelzung dieser Befreiungskämpfer mit ihrem Volk im Kampf für eine gerechte Sache und eine gerechte Gesellschaft. Die zentralen Ideen des Konzepts der »sozialen Verteidigung« lassen sich in folgenden Punkten zusammenfassen:

Erstens richten sich die Überlegungen unmittelbar an den Staatsbürger, an seine eigene Verantwortung und den von ihm zu leistenden Beitrag zur Sicherung seines Landes und zur Verteidigung seiner Gesellschaft. Man wendet sich strikt dagegen, daß Verteidigungsfragen nur Sache der Experten, Militärs und Politiker sein sollen, da doch der einfache Bürger von diesen Entscheidungen betroffen sein wird.

Zweitens wird versucht, mit bestimmten Einschränkungen und gelegentlichen antikommunistischen und antisowjetischen Entgleisungen, alte Feindbilder und Zwangsvorstellungen zu überwinden. In einer schwedischen Studie wird dazu bemerkt, daß »die Frage nach möglichen Feinden in vieler Hinsicht eine Bewertungsfrage«[553] ist.

Drittens wird in diesem Zusammenhang die Frage aufgeworfen, was denn überhaupt verteidigt werden soll. Man antwortet, nicht Eigentum, sondern gesellschaftliche Werte sind allein verteidigungswürdig. Ebert faßt diesen Standpunkt zusammen: »Dieses neue Verteidigungskonzept geht davon aus, daß wir heute nicht mehr die Scholle verteidigen, sondern eine bestimmte Art zu leben, deren wesentliche Kennzeichen in der Verfassung und den Gesetzen eines Landes kodifiziert wurden.«[554]

Die meisten Vertreter dieses Verteidigungskonzepts sehen die Verteidigungswürdigkeit einer Gesellschaft nur dann als gegeben, wenn sie auf der Grundlage der bürgerlichen Demokratie und einer bestimmten sozialen Gerechtigkeit im Sinne sozialreformistischer Vorstellungen den notwendigen gesellschaftlichen Konsens herzustellen vermag. Aber ebensowenig darf übersehen werden, daß die kapitalistische Gesellschaft, wie sie sich heute darstellt, diesen gesellschaftlichen Konsens nicht repräsentiert und ihrem Wesen nach nicht herstellen kann. Gerade deshalb verbinden sich die Vorstellungen zur »sozialen Verteidigung« auch sehr eng mit umfassenderen alternativen Gesellschaftskonzeptionen. Das Streben nach einer anderen, alternativen Gesellschaft wird vielfach mit der Sorge um die Erhaltung des Friedens und um konkrete Möglichkeiten seiner Erhaltung in der heutigen Welt verbunden.

In der einschlägigen Literatur wird Aufschluß darüber gegeben, mit welchen Formen und Methoden diese »soziale Verteidigung« zu organisieren ist. Ausführlich wird auf Beispiele »passiven Widerstandes« in den von deutschen Faschisten besetzten Ländern, insbesondere in Norwegen, eingegangen. So berichtet Lutz Mez über Formen symbolischen Widerstandes gegen die deutschen Okkupanten: Es wurden rote Zipfelmützen getragen oder Büroklammern als Zeichen für Zusammenhalt oder Streichhölzer mit rotem Zündkopf als Symbol für lodernden Haß. Die Bevölkerung trug kleine norwegische Flaggen an der Bekleidung, die teilweise mit Rasierklingen unterlegt wurden, um ihre gewaltsame Entfernung durch die Faschisten und deren Quislinge für diese schmerzhaft zu gestalten.[555] Protestdemonstrationen, Massenpetitionen, Boykotte waren andere damals praktizierte Widerstandsformen. Diese Methoden finden in den durch die Friedensbewegung genutzten Kampfformen ihre Ergänzung: gewaltlose Blockaden von Raketenstützpunkten für Cruise Missiles, Schweigeminuten für den Frieden und imitierte Folgen eines Kernwaffenschlages, Friedensschlangen von hunderten Kilometern Länge auf den zentralen Straßen des Landes oder Steuerverweigerungen gegen Rüstung, demonstrative Hungerstreiks und viele andere phantasievolle Maßnahmen.

Es ist allerdings notwendig, auch auf die anderen Erfahrungen des Kampfes gegen die Faschisten und damit überhaupt auf die Möglichkeiten und Grenzen dieser Widerstandsformen zu verweisen. Denn gerade die Aktionen gegen die faschistischen Okkupanten zeigten sehr drastisch die Begrenztheit der Wirkungen solcher Maßnahmen gegenüber einem zu allem entschlossenen und brutalen Feind. Sich moralisch verurteilt zu sehen, schreckte die Faschisten nicht ab, bestärkte sie eher in ihrer blutigen Unterdrückungspolitik. Ebenso zeigte sich, daß die innere Einheit und Geschlossenheit gegen den äußeren Feind in einer Klassengesellschaft nur bedingt herzustellen ist und daß sich nicht wenige Verräter – Spitzel, Angehörige einheimischer faschistischer Formationen oder Kriegsgewinnler – fanden. Die entscheidenden Siege des zweiten Weltkrieges wurden an den Fronten erkämpft, vor allem durch die Sowjetarmee, aber auch durch die anderen Armeen der Antihitlerkoalition. Die Partisanenbewegungen waren dafür eine wichtige, unerläßliche Hilfe. Formen des gewaltlosen Widerstandes müssen unter diesem Blickwinkel eingeschätzt werden. Sie hatten natürlich eine große moralische Bedeutung. Zum anderen standen bestimmte Teilerfolge, die allein schon in der Existenz eines solchen Widerstandes zum Ausdruck kamen, wie etwa in Norwegen, in Dänemark oder in den Niederlanden, stets in einem engen Zusammenhang mit der Lage an den Fronten.

Ebenso zeigen die Erfahrungen mit Aktionen im Kampf gegen koloniale und rassistische Unterdrückung, daß sie immer eng verbunden sind mit der Entwicklung des internationalen Kräfteverhältnisses sowie mit den inneren Widersprüchen der imperialistischen Länder, die zweifellos solche Widerstandsformen begünstigen können.

Obwohl im Lichte dieser historischen Erfahrungen manche Positionen des Konzepts der »sozialen Verteidigung« einer genaueren Prüfung nicht standhalten, so ist doch der Versuch, die Alternative einer friedlichen Welt zu zeichnen und sie zu realisieren, ein wichtiger Fortschritt. Deshalb ist es nur konsequent, daß diese konzeptionellen Vorstellungen intensiv in den alternativen Bewegungen, einschließlich ihrer ökologischen Strömung, aufgenommen wurden und heute Bestandteil ihrer friedenspolitischen Positionen sind. Das findet sich in ihren Aktivitäten im Rahmen der Friedensbewegung bestätigt. Nicht zuletzt sind auch eine Reihe von Positionen in der Partei Die Grünen an derartigen Konzepten ausgerichtet. Neben den Fragen, ob solche Vorschläge in der derzeitigen kapitalistischen Gesellschaft überhaupt zu realisieren seien, haften diesen Konzepten auch Inkonsequenzen und problematische Seiten an. Hieran versuchen die herrschenden imperialistischen Kreise und ihre Handlanger anzuknüpfen, um die Friedensbewegung zu desorientieren und zu spalten.

Zunächst einmal dringen derartige theoretische Konzeptionen kaum zu den gesellschaftlichen Ursachen der Kriegsgefahr vor. Aber, und das ist ihre große Leistung, sie erkennen die Prinzipien der friedlichen Koexistenz zwischen Staaten unterschiedlicher Gesellschaftsordnung an. Sie stellen sich der Verhinderung des Krieges als Tagesaufgabe und brechen mit ihren Ideen aus der US-amerikanisch bestimmten »Verteidigungs-«, sprich Kriegs-Doktrin, aus, ja ihre Vorstellungen einer alternativen nationalen Sicherheits- und Verteidigungspolitik sind mit den NATO-Doktrinen unvereinbar. Allerdings erteilen sie der imperialistischen Bedrohungslüge nicht in jedem Falle die erforderliche Abfuhr. Das gerade versuchen imperialistische Kreise auszunutzen. So vertritt der namentlich in der ökologischen Bewegung einflußreiche englische Professor Edward P. Thompson die Auffassung, daß beide Mächte, die USA und die Sowjetunion, aus ihren inneren Strukturen her zu Rüstung und Vorherrschaft in der Welt drängen. Durch deren Politik, so wird behauptet, stehe die menschliche Zivilisation vor ihrem letzten Stadium, dem »Exterminismus«, dem Drang zur Auslöschung.[556] Die Unterstellung eines gesetzmäßigen Zwanges zum Untergang und das Negieren eines realen Ausweges führen zu Pessimismus und wenden sich eindeutig gegen den Kampf der Friedensbewegung. Trotz Gleichstellung beider Großmächte zielt die Alternative, die Thompson anbietet, nur auf die Beseitigung der Sowjetunion. Objektiv sind Thompsons Auffassungen darauf gerichtet, die Friedensbewegung von ihrem natürlichen Verbündeten, dem Sozialismus, zu trennen. Genau in diese Richtung gehen auch andere Versuche, die Friedensbewegung zu spalten, indem gegen ihre Verbindung mit der Friedensbewegung der sozialistischen Staaten, die sich durch die Übereinstimmung von Regierung und Volk auszeichnet, und gegen die Zusammenarbeit mit den Kommunisten polemisiert wird. Die zuständigen staatlichen Behörden der imperialistischen Staaten unterstützen derartige Versuche. Denn eine »Äquidistanz zu den Supermächten«, ein klares Einschwenken auf die Bedrohungslüge würde ihnen die Arbeit ungemein erleichtern.

Besonders desorientierend wirken Unklarheiten über den Platz und die Rolle der Friedensbewegung in den sozialistischen Staaten. Hier ist für manchen Vertreter der neuen Bewegungen, geprägt durch seine Ablehnung jeglichen Staates und durch noch vorhandene antikommunistische Vorurteile, schwer verständlich, daß die Ziele von Volk und Regierung übereinstimmen. Auch hier setzen Versuche der herrschenden Kreise an, die Friedensbewegung für subversive Handlungen gegen den Sozialismus zu mißbrauchen.[557]

Dennoch geht der Blick für die Realitäten in den neuen Bewegungen nicht gänzlich verloren, und es wird nicht übersehen, welche »Supermacht« sich als Anheizer des Wettrüstens und als Weltgendarm betätigt. Es waren die USA, die die erste Atombombe zündeten, die in den vergangenen Jahrzehnten immer neue Stufen des Wettrüstens einleiteten, und die heute mit Pershing II, Cruise Missiles und mit SDI das militärstrategische Gleichgewicht zu ihren Gunsten verändern wollen. Zugleich zeigt die Geschichte, daß die UdSSR immer Vorkämpfer von Frieden und Abrüstung war und ist.

Das volle Verständnis dieser historischen Wahrheit ist für die Perspektiven der Friedensbewegung und der neuen sozialen Bewegungen wichtig. Nach dem Stationierungsbeginn neuer NATO-Mittelstreckenraketen Ende 1983 in Westeuropa verstärken sich auch in der BRD die Versuche, die Friedensbewegung zu schwächen und zu spalten. Die Enttäuschung darüber, daß die Stationierung nicht verhindert werden konnte, sollte für diese Zwecke ausgenutzt werden. Zugleich wirkte sich das gesellschaftliche Klima, besonders nach der Rechtswende, auf jegliche demokratischen Bestrebungen aus. Jede dieser Bewegungen und Regungen wird als potentiell »kommunistisch unterwandert«, von »Moskau ferngelenkt« diffamiert. So unterstellt der Konservative Karl Dietrich Bracher in einer »Ideologiekritik der Friedensbewegung«: »Im Grenzbereich zwischen Demokratie und Diktatur operierend, sind sie Inkubationsraum totalitärer Ideologien.«[558] Bewußt wird der Vergleich zu Faschisten und, worum es eigentlich geht, zu Kommunisten gezogen, und damit hofft man, daß es dem Bürger »kalt über den Rücken« läuft. Heiner Geißler, Generalsekretär der CDU und bis vor kurzem noch Minister in der BRD-Regierung, hat in einer Bundestagsdebatte sogar pazifistische Kräfte für die Massenmorde der Faschisten verantwortlich gemacht. Diese Aussage zielte auf die Friedensbewegung in der BRD, sollte sie als Bewegung, die den Atomkrieg wahrscheinlicher mache, diffamieren. Geißler sagte am 15. Juni 1983 im Bonner Parlament in seiner Eigenschaft als Bundesminister für Jugend, Familie und Gesundheit: »Der Pazifismus der 30er Jahre, der sich in seiner gesinnungsethischen Begründung nur wenig von dem unterscheidet, was wir in der Begründung des heutigen Pazifismus zur Kenntnis zu nehmen haben, dieser Pazifismus der 30er Jahre hat Auschwitz erst möglich gemacht.«[559]

Auf diese Ungeheuerlichkeit antwortete der damalige Abgeordnete der Partei Die Grünen Joschka Fischer stellvertretend für die Friedensbewegung vor dem Bundestag: »Es ist schon, Herr Geißler, eine unglaubliche Infamie, die Opfer des Nationalsozialismus für die an ihnen begangenen Verbrechen auch noch verantwortlich zu machen.«[560] Und weiter sagte er, der historischen Wahrheit Ausdruck verleihend: »Einzig die Kommunisten, die damals bereits gejagt, gefoltert und ermordet wurden, und die Sozialdemokraten leisteten noch Widerstand gegen die endgültige Errichtung der braunen Diktatur. Hinzu kamen die vielen einzelnen, die Mitglieder der Bekennenden Kirchen, Literaten, Wissenschaftler, Künstler und viele einfache aufrechte Menschen. Sie alle fand man später in den Lagern und unter den Opfern wieder.

Diese Menschen sollen Schuld sein an Auschwitz, Herr Geißler? Ein Carl von Ossietzky, den die Nazis gequält haben, ein Erich Mühsam, Jude, Anarchist, Pazifist und Poet, den die SS langsam zu Tode marterte, während andere mit feuchtem Blick ihrem Führer zujubelten oder sich von ihm mit dem enteigneten jüdischen Vermögen die Taschen füllen ließen?

Sie reden in der Union gegenwärtig immer soviel vom Erbe, Sie sollten sich diesem Erbe endlich einmal stellen. Die deutsche Rechte wird niemand aus ihrer Verantwortung für den Völkermord in Auschwitz herausreden, auch Sie nicht, Herr Geißler.

Dieses Erbe, das Ihre Partei immer geflissentlich übersieht, hat sich ja in die westdeutsche Nachkriegsrepublik herübergerettet. Die Globkes, Oberländers, Vialons, Kiesingers und Filbingers hat es ja wohl wirklich gegeben, genau wie all die Beamten, Richter, Ärzte und Wirtschaftsführer, die den braunen Massenmord erst möglich gemacht oder ihn zumindest billigend in Kauf genommen haben. Auch sie findet man als tragende Säulen dieser Republik und der sie regierenden christlichen Partei!«[561]

Es ist für dieses System kennzeichnend, wenn Friedenskämpfer als Bedrohung angesehen werden. Wenn man aber selbst einschätzen muß, daß die, die potentiell gegen die herrschende Politik und für den Frieden aktiven Menschen jene seien, die unter 36 Jahre alt sind, eine höhere Schulbildung genossen haben, keine festen CDU/CSU-Wähler sind, eine »postmaterialistische« Einstellung besitzen und Tendenzen zu Formen »unkonventionellen Verhaltens« haben, dann wird auch der reale Hintergrund dieser Befürchtungen und der politischen Gegenmaßnahmen verständlich.[562] Denn es geht natürlich um die eigentlich potentiellen Träger dieses bürgerlichen Staates, um seine qualifizierten, jungen und dynamischen Kader, die zu entgleiten drohen.

Auch nach der Raketenstationierung im Herbst 1983 sind Friedenssehnsucht und die Bereitschaft zum aktiven Widerstand gegen die Bedrohungen nicht erstickt worden. Die Friedensbewegung hat die Raketenstationierung zwar nicht verhindern können, sie hat aber aufgerüttelt; sie ist nicht zerbrochen worden. Sie kämpft und wächst weiter. An den Ostermärschen 1984 nahmen rund 600000 Menschen an über 400 Aktionen teil, der von der Friedensbewegung parallel zur westeuropäischen »Europawahl« unterstützten Volksbefragung gegen die Raketenstationierung am 17. Juni 1984 gaben mehr als 5 Millionen Bürger ihre Stimme. Die Gewerkschaften beteiligten sich mit einem gewerkschaftlichen Antikriegstag am 1. September unter der Losung »Für Frieden und Arbeit«, und ein bundesweiter Aktionstag am 20. Oktober 1984 als Beispiel der Verbindung des Friedenskampfes mit den sozialen Kämpfen hatte 400000 Beteiligte.[563] Heute ist die Beendigung des Rüstungswettlaufes auf der Erde und seine Verhinderung im Kosmos die verbindende und einigende Aufgabe aller Friedenskräfte, der sie sich entschlossen stellten.

Gerade diese Entwicklungen stehen für die von Erich Honecker gegebene Einschätzung, »daß es einen solchen Aufstand des Weltgewissens für den Frieden noch zu keiner Zeit gegeben hat«[564]. Und dieser Aufstand, das zeigt der Kampf gegen die SDI-Pläne, geht weiter. Darum steht vor allen friedliebenden Menschen die Aufgabe, »alle Anstrengungen zu unternehmen, um auf dem Weg von Vereinbarungen voranzukommen und den Frieden sicherer zu machen. Das Weltgewissen muß in wachsendem Maße die Weltentwicklung bestimmen. Nun erst recht gilt es, für den Frieden zu kämpfen.«[565]

6. Schlußbemerkungen

Mit Blick auf die Zukunft stellen sich heute mehr Menschen als jemals zuvor die Frage: Was ist das für eine Zeit, in der wir leben? Angesichts der tiefgreifenden Veränderungen in der Welt von heute, der großen Gefahren für die Existenz der menschlichen Zivilisation, aber auch der gewaltigen Möglichkeiten für ihre Weiterentwicklung wollen sie ihre Gegenwart begreifen, um ihrem Tun eine humanistische Richtung geben zu können.

Unsere Zeit ist eine Zeit großer Gefahren. Über der Menschheit schwebt nach wie vor die Gefahr des Abgleitens in eine nukleare Katastrophe, die zur Auslöschung der menschlichen Zivilisation führen würde. Hunger, Unterentwicklung, Unterdrückung, Analphabetentum, epidemische Krankheiten, Umweltverschmutzung sind kennzeichnend für die Situation in vielen Ländern und Regionen der Erde. Militärische Konflikte in einigen Teilen der Welt bergen die Gefahr einer Ausweitung zu einem Weltbrand in sich. Die Lage in der Welt ist weiterhin angespannt.

Immer mehr Menschen werden sich dieser Situation, der großen Gefahren für die menschliche Existenz, bewußt. Das gilt auch für die Mitstreiter der neuen sozialen Bewegungen in der BRD, darunter auch der ökologisch-alternativen Bewegung, die sich bemühen, diese Gefahren ins Bewußtsein der Menschen ihres Landes zu heben. Die Menschheit vor ihrer Selbstvernichtung zu bewahren, verlangt nicht nur Worte, sondern Taten. Das wiederum erfordert den totalen Bruch mit alten Denk- und Verhaltensweisen. In diesem Sinne sagte Erich Honecker: »Erforderlich ist der ernsthafte Wille, nicht in den Denkschablonen der Konfrontation und des Strebens nach militärischer Überlegenheit zu verharren, sondern auf neue Weise an die Dinge heranzugehen, neue Formen und Verfahren in den Beziehungen zwischen den verschiedenen sozialen Systemen, Staaten und Regionen zu finden. Jede auch noch so geringe Chance gilt es zu suchen und zu nutzen, um die Tendenz einer ständigen Erhöhung der Kriegsgefahr zu stoppen, sie umzukehren zur ständigen Stabilisierung des Friedens.«[566]

Das Wissen um die Gefahren für die menschliche Existenz auf unserem Planeten führt gebieterisch zur Frage nach den Ursachen dafür. Sie liegen nicht im Wesen *der* Produktivkräfte, *der* Technik oder *der* Wissenschaft, wie viele Anhänger der ökologisch-alternativen Bewegung noch häufig glauben. Sie liegen vielmehr im Wesen einer Gesellschaftsordnung, die sich auf Ausbeutung und Unterdrückung, auf das Streben nach maximalem Profit gründet.

Es sind die aggressivsten Kreise des Imperialismus, die den gesellschaftlichen Fortschritt aufzuhalten versuchen. Sie wollen keine Abrüstung, denn Rüstung bringt ihnen Profite. Von immer mehr und schrecklicheren Waffen versprechen sie sich militärische Überlegenheit. Diese Kräfte wollen das Selbstbestimmungsrecht der Völker und die Notwendigkeit der Schaffung einer neuen Weltwirtschaftsordnung nicht akzeptieren, weil damit ihrem Streben nach einer Position, die es ihnen gestattet, die Völker ihrem Diktat zu unterwerfen, Einhalt geboten würde. Diese Kräfte binden durch ihre Politik, die die Gefahr eines alles vernichtenden Nuklearkrieges erhöht, jene gewaltigen Mittel, die zur Lösung der globalen Probleme, wie zum Beispiel der Überwindung der Umweltverschmutzung, notwendig sind.

In dem Maße, wie in der ökologisch-alternativen Bewegung das Verständnis für diese Zusammenhänge zunimmt und wie sie die zum Teil noch vorhandenen antikommunistischen Vorbehalte überwindet, wird ihr Beitrag zur Sicherung einer friedlichen Zukunft der Menschheit wachsen.

Die menschliche Vernunft darf nicht schlafen! Davor hat schon der spanische Maler Goya auf eindrucksvolle bildhafte Weise gewarnt, indem er zeigte, daß die *schlafende* Vernunft Ungeheuer hervorbringt. Wir müssen heute hinzufügen: Schläft die Vernunft, schlafen die Vernünftigen, dann ist die Menschheit verloren, denn die Kriegstreiber können dann ungehindert und unerkannt ihr »Spiel« mit dem nuklearen Feuer treiben. Mit Brecht wissen wir, daß »der Sieg der Vernunft nur der Sieg der Vernünftigen sein kann«[567].

Unsere Zeit ist eine Zeit der Hoffnung. Denn noch niemals zuvor hat es einen solchen Aufstand des Weltgewissens gegen den Krieg gegeben wie heute. Menschen unterschiedlichster gesellschaftspolitischer Orientierung, weltanschaulicher und religiöser Ansichten und Bekenntnisse beteiligen sich daran. Zu ihnen gehört auch die übergroße Mehrheit jener, die sich in der ökologisch-alternativen Bewegung der BRD engagieren. Sie stimmen mit uns im Streben nach einer Welt ohne Kriege überein.

Unsere Zeit ist eine Zeit der Hoffnung vor allem deshalb, weil es eine Gesellschaftsordnung gibt, die ihr ganzes Gewicht in die Waagschale der Geschichte wirft, um die Fortexistenz der Menschheit zu sichern. Die umfassenden Programme der Sowjetunion zur Befreiung der Welt von allen Atomwaffen bis zum Jahr 2000 und für die Schaffung eines Systems internationaler Sicherheit weisen dafür den Weg. Auf dem XI. Parteitag der SED bekräftigte Erich Honecker für die DDR die völlige Übereinstimmung mit diesen Vorschlägen: »Sie liegen ganz im Sinne unseres Ideals einer Welt ohne Waffen und ohne Gewalt, einer Welt, in der jedes Volk frei über seinen Entwicklungsweg, seine Lebensweise entscheidet.«[568]

Auf eindrucksvolle Weise untermauerte Michail Gorbatschow die Haltung der Sowjetunion, alles zu tun, damit der Frieden sicherer wird – auch nachdem die aggressivsten imperialistischen Kreise weitere militärische Aktivitäten durchführten wie die Fortsetzung der amerikanischen Nukleartests, die Entfachung und Schürung lokaler Konflikte und die Arbeit an SDI.

Vom Boden jener Stadt aus, die der Ausgangspunkt des verheerendsten Krieges der Menschheitsgeschichte war und in dem über zwanzig Millionen sowjetischer Menschen ihr Leben verloren, von Berlin, der Hauptstadt der sozialistischen DDR, aus erweiterte Gorbatschow das Friedensprogramm der UdSSR durch den Vorschlag, die konventionellen Rüstungen in Europa, vom Atlantik bis zum Ural, entscheidend zu reduzieren. In diesem Geiste appellierte er an alle Menschen in Westeuropa: »Glaubt nicht den Hirngespinsten von der Aggressivität der Sowjetunion! Niemals und unter keinen Umständen wird unser Land Kriegshandlungen gegen Westeuropa beginnen, wenn wir und unsere Bündnispartner nicht zum Objekt eines Überfalls seitens der NATO werden! Ich wiederhole: Niemals!«[569]

Die DDR unterstützt durch eigenes aktives Handeln diese Politik der Friedenssicherung, weil diese Politik die Alternative des Sozialismus zum Atomtod begründet. »Es ist das Angebot zum Überleben, die unserer Zeit angepaßte Alternative, für alle akzeptabel, weil sie im übergeordneten Interesse des Friedens, also des Lebens, alles Trennende, auch unterschiedliche ideologische Standpunkte zurückstellt, weil sie die legitimen Sicherheitsinteressen aller Staaten wahrt, weil sie niemand – mit Ausnahme derer, die zum Kriege rüsten – zur Aufgabe von Positionen zwingt, weil so schließlich alle gewinnen und niemand verliert.«[570] Durch den beharrlichen Kampf der DDR dafür, daß von deutschem Boden nie wieder Krieg, sondern immer nur Frieden ausgeht, ist die Welt um eine Hoffnung reicher.

Unsere Zeit ist vor allem eine Zeit des Kampfes, des Kampfes für den Frieden und den gesellschaftlichen Fortschritt. Nur in dem Maße, wie die Friedenssehnsucht der Völker und jedes einzelnen in Aktivitäten für den Frieden, in Friedenskampf einmündet, eröffnet sich für die Menschheit die Chance, atomwaffenfrei ins neue Jahrtausend einzutreten. Wer, wenn nicht die Völker selbst, haben ihr Recht auf ein Leben in Frieden durchzusetzen, zu erkämpfen! Das gilt natürlich auch für die BRD, für alle demokratischen Kräfte dieses Landes, zu denen die ökologisch-alternative Bewegung gehört.

Dabei gilt das Diktum, »die Kunst zu lernen, miteinander umzugehen und gut miteinander auszukommen, die Beziehungen zwischen Staaten unterschiedlicher sozialer Ordnung nach den Prinzipien der friedlichen Koexistenz zu gestalten«[571].

Anmerkungen

1 Siehe: Westdeutsche Allgemeine (Essen), 3. April 1986.
2 Siehe: Süddeutsche Zeitung (München), 3. April 1986.
3 Siehe: Rhein-Neckar-Zeitung (Heidelberg), 3. April 1986.
4 Siehe: Welt der Arbeit (Düsseldorf), 3. April 1986.
5 Zit. in: Nikolaus Eckardt: Sieger des Jahres. In: Stern (Hamburg), 1984, Nr. 1, S. 51, 53.
6 Jugendprotest im demokratischen Staat. Enquête-Kommission des Deutschen Bundestages. Hrsg. von Matthias Wissmann, Rudolf Hauck, Stuttgart 1983, S. 225.
7 Ebenda, S. 213/214, 311.
8 Thesen des 8. Parteitags der DKP: »Neue Fragen des Kampfes für Frieden und Arbeit – für eine demokratische Wende«. In: Protokoll des 8. Parteitages der Deutschen Kommunistischen Partei, 2.–4. Mai 1986, Hamburg, Neuss 1986, S. 593.
9 Bundestagsfraktion der Grünen fordert klares Nein zu Sternenkriegsplänen. In: Neues Deutschland (B), 20./21. April 1985, S. 2.
10 Siehe Lothar Kolenberger/Hanns-Albrecht Schwarz: Die alternative Bewegung in West-Berlin – eine Bestandsaufnahme, Berlin (West) 1982, S. 18, 25. – Robert Steigerwald: Protestbewegung. Streitfragen und Gemeinsamkeiten, Frankfurt a. M. 1982, S. 9.
11 Fred Karl: Die Bürgerinitiativen. Soziale und politische Aspekte einer neuen sozialen Bewegung, Frankfurt a. M. 1981, S. 42.
12 Siehe ebenda, S. 47.
13 Siehe Kaspar Maase: Neue Bewegungen: Gesellschaftliche Alternative oder kultureller Bruch? In: Marxistische Studien. Jahrbuch des IMSF 5, Frankfurt a. M. 1982, S. 25. – Gerd Langguth: Protestbewegung. Entwicklung – Niedergang – Renaissance. Die Neue Linke seit 1968, Köln 1983, S. 255/256. – Horst Keßler: »Alternative Kultur« und »alternative Szene« in der BRD. In: Thematische Information und Dokumentation. Hrsg. von der Akademie für Gesellschaftswissenschaften beim ZK der SED, Reihe A, H. 51, Berlin 1985, S. 195/196.
14 Siehe Christian Krause/Detlef Lehnert/Klaus-Jürgen Scherer: Zwischen Revolution und Resignation. Alternativkultur, politische Grundströmungen und Hochschulaktivitäten in der Studentenschaft. Eine empirische Untersuchung über die politischen Einstellungen von Studenten, Bonn 1980, S. 218.

15 Siehe: Marxistische Studien. Jahrbuch des IMSF 5. – Fred Karl: Die Bürgerinitiativen. – Robert Steigerwald: Protestbewegung. Streitfragen und Gemeinsamkeiten. – Technik – Umwelt – Zukunft. Eine marxistische Diskussion über Technologie-Entwicklung, Ökologie, Wachstumsgrenzen und die »Grünen«. Hrsg. vom IMSF, Frankfurt a. M. 1980. – Rainer Eckert: Ökologie – Ökonomie – »Grenzen des Wachstums«. Eine Auseinandersetzung mit Johano Strasser und André Gorz, Frankfurt a. M. 1978. – Edgar Gärtner: Arbeiterklasse und Ökologie, Frankfurt a. M. 1979. – Manfred Buhr/Robert Steigerwald: Verzicht auf Fortschritt, Geschichte, Erkenntnis und Wahrheit. Zu den Grundtendenzen der gegenwärtigen bürgerlichen Philosophie, Berlin 1981. – Die Alternativen der Alternativbewegung. Diskussion und Kritik ihrer wirtschafts- und gesellschaftspolitischen Konzeptionen. Hrsg. vom IMSF, Frankfurt a. M. 1984. – Ernst Wimmer: Ideologien in den neuen sozialen Bewegungen. In: Probleme des Friedens und des Sozialismus, 1985, H. 7, S. 904ff. – Robert Steigerwald: Marxismuskritik heute. Probleme, Widersprüche, Widerlegungen, Berlin 1986. – Zum Schwerpunktthema »Zukunft der BRD – Linke Alternativen« siehe auch: Marxistische Studien. Jahrbuch des IMSF 9/II, Frankfurt a. M. 1985.

16 Siehe: Zur alternativen Kultur in der Bundesrepublik Deutschland. Bericht des Bundesministeriums für Jugend, Familie und Gesundheit. In: Aus Politik und Zeitgeschichte. Beilage zur Wochenzeitung »Das Parlament« (Bonn), 1981, B. 39, 26. September 1981, S. 3-15. – Jugendprotest im demokratischen Staat. Enquête-Kommission des Deutschen Bundestages. – Christian Krause/Detlef Lehnert/Klaus-Jürgen Scherer: Zwischen Revolution und Resignation. – Detlef Murphy/Frank Rubart/Ferdinand Müller/Joachim Raschke: Protest. Grüne, Bunte und Steuerrebellen. Ursachen und Perspektiven, Reinbek bei Hamburg 1979. – Roland Günter/Rolf Hasse: Handbuch für Bürgerinitiativen. Argumente, Berichte, Erfahrungen, Berlin (West) 1976. – Walter Hollstein: Die Gegengesellschaft. Alternative Lebensformen, Bonn 1980. – Walter Hollstein/Boris Penth: Alternativ-Projekte. Beispiele gegen die Resignation, Reinbek bei Hamburg 1979. – Gerd Langguth: Protestbewegung.

17 XI. Parteitag der SED, Berlin, 17. bis 21. April 1986. Bericht des Zentralkomitees der Sozialistischen Einheitspartei Deutschlands an den XI. Parteitag der SED. Berichterstatter: Genosse Erich Honecker, Berlin 1986, S. 11/12.

18 XXVII. Parteitag der KPdSU. Politischer Bericht des Zentralkomitees der KPdSU an den XXVII. Parteitag der Kommunistischen Partei der

Sowjetunion. Berichterstatter: M. S. Gorbatschow, Generalsekretär des ZK der KPdSU, 25. Februar 1986, Berlin 1986, S. 95.

19 Erich Honecker: Wir sind für den Frieden auf der Erde und im Kosmos. Interview des Generalsekretärs des Zentralkomitees der SED und Vorsitzenden des Staatsrates der DDR für die BRD-Wochenzeitung »Die Zeit«, Berlin 1986, S. 29.

20 XI. Parteitag der SED. Bericht des Zentralkomitees, S. 11.

21 Kurt Hager: Gesetzmäßigkeiten unserer Epoche – Triebkräfte und Werte des Sozialismus. Rede auf der Gesellschaftswissenschaftlichen Konferenz des Zentralkomitees der SED am 15. und 16. Dezember 1983 in Berlin, Berlin 1984, S. 23.

22 Erich Honecker: Rede und Schlußwort auf der Internationalen Wissenschaftlichen Konferenz des Zentralkomitees der SED »Karl Marx und unsere Zeit – der Kampf um Frieden und sozialen Fortschritt«, Berlin, 11. bis 16. April 1983, Berlin 1985, S. 17.

23 Herbert Mies: Dem 8. Parteitag entgegen: Die Rechtsentwicklung stoppen! Abrüstung, Arbeitsplätze, soziale Rechte erkämpfen! Die DKP stärken! 5. Tagung des Parteivorstands der DKP, Düsseldorf, 23. und 24. März 1985. In: Unsere Zeit (im folgenden UZ), (Düsseldorf), Eigenbeilage Nr. 64, 30. März 1985, S. 24.

24 Siehe: Aus dem Bericht des Parteivorstandes an den 8. Parteitag der DKP. Berichterstatter: Herbert Mies. In: Neues Deutschland (B), 3./4. Mai 1986, S. 4.

25 Rodney Arismendi: Festvortrag. In: Ehrenpromotion für Genossen Rodney Arismendi. Festvortrag. Laudatio. Hrsg. von der Parteihochschule »Karl Marx« beim ZK der SED, o. O. u. J., S. 22.

26 Konstantin Sarodow: Politisches, klassenmäßiges Herangehen. In: Probleme des Friedens und des Sozialismus, 1981, H. 3, S. 381.

27 Siehe Heinz Bonk/Klaus Franke/Werner Paff: Friedenssicherung und Abrüstung – zentrale Fragen des Kampfes im staatsmonopolistischen Kapitalismus, Berlin 1984. – Rolf Reißig/Frank Berg: Arbeiterbewegung und demokratische Alternative. Ergebnisse, Probleme, Perspektiven, Berlin 1986. – Siegfried Beier/Horst Fisch/Günter Pollach: Neue demokratische Bewegungen in Westeuropa, Berlin 1986. – Monopolmacht in der Krise. Zur politischen Labilität des staatsmonopolistischen Kapitalismus, Berlin 1985.

28 Das Leben erfordert keinen Rüstungswettlauf, sondern gemeinsames Handeln für den Frieden. Rede von Michail Gorbatschow, Generalsekretär des ZK der KPdSU, vor dem Obersten Sowjet. In: Sowjetisch-amerikanisches Gipfeltreffen in Genf 1985, Berlin 1985, S. 74/75.

29 Siegfried Beier/Horst Fisch/Günter Pollach: Neue demokratische Bewegungen in Westeuropa, S. 7.
30 Ebenda, S. 205.
31 Jugendprotest im demokratischen Staat. Enquête-Kommission des Deutschen Bundestages, S. 89.
32 Siehe ebenda, S. 374.
33 Siehe Eberhard Fromm: Irrationalismus – Nährboden und Funktionen. In: Einheit, 1984, H. 5, S. 461ff. – Helmut Obst: Neureligionen – Jugendreligionen – destruktive Kulte, Berlin 1986. – Thomas Heubner: Die Rebellion der Betrogenen. Rocker, Popper, Punks und Hippies – Modewellen und Protest in der westlichen Welt?, Berlin 1985.
34 Siehe: BRD-Jugend: Warum soviel Unzufriedenheit? In: Was und Wie, 1982, Nr. 10, S. 16ff.
35 Manfred Rommel: Die überflüssige Generation – Übersteigerte Hoffnungen. In: Die überflüssige Generation. Jugend zwischen Apathie und Aggression. Hrsg. von Claus Richter, Königstein/Ts. 1979, S. 88–93.
36 Siehe Peter Ziller: Neue Technologien stoßen bei vielen Bürgern auf Ablehnung. In: Frankfurter Rundschau, 2. Juni 1984, S. 4.
37 Siehe: Jahresbericht 1984. Zur Wirtschaftslage imperialistischer Länder. In: IPW-Berichte, 1984, H. 8, S. 46. – Strukturwandel und Strukturkrisen im gegenwärtigen Kapitalismus. In: IPW-Forschungshefte, 1983, H. 4, S. 79. – Klaus-Dietrich Hantelmann: Die Lage der BRD-Wirtschaft 1985/Anfang 1986. In: IPW-Berichte, 1986, H. 3, S. 32.
38 Staatsmonopolistischer Kapitalismus der Bundesrepublik Deutschland in Daten und Fakten. Hrsg. vom IMSF, Frankfurt a. M. 1981, S. 19.
39 Milton Friedman: Kapitalismus und Freiheit, Stuttgart 1971, S. 13.
40 »Keine Pille gegen Traurigkeit«. Interview mit Norbert Blüm. In: Stern, 1982, Nr. 31, S. 94. Blüm vertritt das kaum arbeitsplatzwirksame Konzept der Verkürzung der Lebensarbeitszeit.
41 Siehe Inge Bachmann: Die »neue Armut« in der BRD. Kein Geld für Strom und für Miete. In: Neues Deutschland (B), 20. Juli 1984, S. 5. – Sozialabbau findet in der BRD auf breiter Front statt. In: Ebenda, 21./22. Juli 1984, S. 5.
42 Marieluise Beck-Oberdorf: »Sie sind für uns ein Kanzler tiefsten Mißtrauens«. In: Frankfurter Rundschau, 7. Mai 1983, S. 15.
43 Kaspar Maase: Neue Bewegungen: Gesellschaftliche Alternative oder kultureller Bruch? In: Marxistische Studien. Jahrbuch des IMSF 5, S. 13.
44 Für Frieden, Arbeitsplätze und Gleichberechtigung! Bericht des Ge-

neralsektretärs der Kommunistischen Partei der USA, Gus Hall, an den XXIII. Parteitag. In: XXIII. Parteitag der Kommunistischen Partei der USA, 10. bis 13. November 1983, Berlin 1985, S. 16.

45 10. Tagung des ZK der SED, 20./21. Juni 1985. Zur Vorbereitung des XI. Parteitages der SED. Aus der Rede des Genossen Erich Honecker, Berlin 1985, S. 15.

46 Thesen des 8. Parteitags der DKP: »Neue Fragen des Kampfes für Frieden und Arbeit – für eine demokratische Wende«. In: Protokoll des 8. Parteitags der DKP, S. 541.

47 Siehe ebenda, S. 38/39.

48 10. Tagung des ZK der SED, 20./21. Juni 1985. Zur Vorbereitung des XI. Parteitages der SED. Aus der Rede des Genossen Erich Honecker, S. 18.

49 G. G. Diligenski/J. M. Garuschjanz/S. N. Nadel/W. W. Pestschanski/K. G. Cholodkowski: Die Mittelschichten der kapitalistischen Gesellschaft und die Arbeiterbewegung. In: IPW-Forschungshefte, 1978, H. 1, S. 11.

50 Friedrich Engels: Zur Kritik des sozialdemokratischen Programmentwurfs 1891. In: Karl Marx/Friedrich Engels: Werke (im folgenden MEW), Bd. 22, S. 231.

51 Siehe Karl Marx: Das Kapital. Erster Band. In: MEW, Bd. 23, S. 673/674.

52 Siehe Werner Otto: Die »neue Armut« ist harte Realität. In: Neues Deutschland (B), 23. Juli 1985, S. 5. – Inge Bachmann: Die »neue Armut« in der BRD. Kein Geld für Strom und für Miete. In: Ebenda, 20. Juli 1984, S. 5. – Sozialabbau findet in der BRD auf breiter Front statt. In: Ebenda, 21./22. Juli 1984, S. 5. – Walter Baumann: Die im Schatten leben. Armut und Lohnabhängigkeit in der Bundesrepublik, Köln 1982.

53 Siehe: Zum Thema. Sozialpolitik nach der »Wende«. In: Marxistische Blätter (Frankfurt a. M.), 1985, H. 1, S. 9.

54 Jörg Goldberg: Kapitalistisch bestimmte Technikentwicklung und Umwelt. Kritik alternativer Vorstellungen in marxistischer Sicht. In: Die Alternativen der Alternativbewegung, S. 27.

55 Thesen des 8. Parteitags der DKP: »Neue Fragen des Kampfes für Frieden und Arbeit – für eine demokratische Wende«. In: Protokoll des 8. Parteitags der DKP, S. 557.

56 Siehe Erich Hanke: Ins nächste Jahrhundert. Was steht uns bevor?, Leipzig/Jena/Berlin 1983, S. 18. – Horst Paucke/Adolf Bauer: Umweltprobleme – Herausforderung der Menschheit, Berlin 1979, S. 191.

57 Siehe Robert Steigerwald: Protestbewegung. Streitfragen und Gemeinsamkeiten, S. 116.

58 Siehe Martin Helmbold: Staatsmonopolistische Umweltreproduktion – ein Erfordernis für die Kapitalverwertung. In: IPW-Berichte, 1985, H. 9, S. 25.

59 Diese Zusammenfassung stützt sich auf: Edgar Gärtner: Waldsterben und Umweltpolitik in der Bundesrepublik, Frankfurt a. M. 1984, besonders Kapitel III bis V.

60 Jörg Huffschmid: Die Wirtschaftskrise in der BRD: Tendenzen und Perspektiven. In: Marxistische Studien. Jahrbuch des IMSF 6, Frankfurt a. M. 1983, S. 251.

61 XI. Parteitag der SED, Berlin, 17. bis 21. April 1986. Bericht des Zentralkomitees, S. 9.

62 Siehe: Jahresbericht 1984. Zur Wirtschaftslage imperialistischer Länder. In: IPW-Berichte, 1984, H. 8, S. 37. – Rüstungsausgaben erneut Rekordposten im BRD-Etat. In: Neues Deutschland (B), 13./14. September 1986, S. 5.

63 Herbert Mies: Bericht des Parteivorstands an den 8. Parteitag. In: Protokoll des 8. Parteitags der DKP, S. 73.

64 Siehe Herbert Mies: Dem 8. Parteitag entgegen. Die Rechtsentwicklung stoppen! Abrüstung, Arbeitsplätze, soziale Rechte erkämpfen! Die DKP stärken! 5. Tagung des Parteivorstands der DKP, Düsseldorf, 23. und 24. März 1985. In: UZ, Eigenbeilage Nr. 64, 30. März 1985, S. 21 ff.

65 Karl Marx: Doktordissertation. Vorrede. In: MEW, Bd. 40, S. 263.

66 Siehe Fritz Jürß: Das Prometheus-Symbol bei Goethe und Marx. In: Das Altertum, 1983, H. 2, Band 29, S. 95 ff.

67 Heinz Zahrnt: Heute muß die Welt nicht verändert, sondern interpretiert werden. In: Frankfurter Allgemeine Zeitung, 19. November 1979, S. 11.

68 Ebenda.

69 Ebenda.

70 Georg Wilhelm Friedrich Hegel: Vorlesungen über die Geschichte der Philosophie, Erster Band, Leipzig 1971, S. 80.

71 Siehe Manfred Buhr/Robert Steigerwald: Verzicht auf Fortschritt, Geschichte, Erkenntnis und Wahrheit.

72 Hans-Martin Gerlach/Reinhard Mocek: Bürgerliches Philosophieren in unserer Zeit, Berlin 1982, S. 111/112.

73 10. Tagung des ZK der SED, 20./21. Juni 1985. Zur Vorbereitung des XI. Parteitages der SED. Aus der Rede des Genossen Erich Honecker, S. 15.

74 Ronald Inglehart: Wertwandel in den westlichen Gesellschaften: Po-

litische Konsequenzen von materialistischen und postmaterialistischen Prioritäten. In: Wertwandel und gesellschaftlicher Wandel. Hrsg. von Helmut Klages, Peter Kmieciak, Frankfurt a. M./New York 1979, S. 281.

75 Ebenda.

76 Wir wollen, daß die heute lebenden und die kommenden Generationen in Frieden ihr Glück erbauen können. Aus dem Schlußwort von Erich Honecker auf der Bezirksdelegiertenkonferenz Berlin. In: Neues Deutschland (B), 10. Februar 1986, S. 3.

77 Ebenda.

78 Siehe Dieter Klein: Strategien imperialistischer Reaktion auf verschärfte ökonomische Krisenprozesse. In: Einheit, 1985, H. 8, S. 745ff.

79 Horst Nachtigall: Überbevölkerung, Ausbeutung der Erde, Urform der Wirtschaft. In: Wende wohin? Die Deutschen und der neue Weg, Köln 1983, S. 86.

80 Alain de Benoist: Aus rechter Sicht, Tübingen 1983, S. 10.

81 Karl Steinbuch: Die rechte Zukunft, München/Berlin (West) 1981, S. 122.

82 Ebenda, S. 124.

83 Ein Beispiel dafür ist die Position Richard von Weizsäckers, die er in seiner Rede am 8. Mai 1985 vertrat. In dieser Rede hatte Richard von Weizsäcker, neben vielem, was der historischen Wahrheit nicht entspricht, auch den antifaschistischen Widerstand der deutschen Kommunisten gegen den Hitlerfaschismus gewürdigt und zur Freundschaft mit den Völkern der Sowjetunion aufgerufen.

84 Siehe: Rechte Weltordnung?, Berlin 1985.

85 Kurt Sontheimer: Im Gewand der Kassandra. In: Rheinischer Merkur/Christ und Welt (Bonn), 18. März 1983, S. 8.

86 Siehe: »Armut ist eine Frage des Geistes«. Interview mit George Gilder. In: Stern, 1981, Nr. 48, S. 278ff. – Der amerikanische Konservative beschwört die »goldenen achtziger Jahre«. Er möchte eine »mächtige religiöse Erweckungsbewegung« organisieren »für Werte, die den Kapitalismus wieder stark machen« sollen. (Siehe ebenda.)

87 Siehe: Kursbuch 33, Berlin (West) 1973. Das Heft steht unter dem Gesamtthema »Ökologie und Politik oder Die Zukunft der Industrialisierung«.

88 Siehe Dennis Meadows/Donella Meadows/Erich Zahn/Peter Milling: Die Grenzen des Wachstums. Bericht des Club of Rome zur Lage der Menschheit, Reinbek bei Hamburg 1973.

89 Ebenda, S. 17.

90 Mihailo Mesarović/Eduard Pestel: Menschheit am Wendepunkt. 2. Bericht an den Club of Rome zur Weltlage, Stuttgart 1974, S. 120. – Zur Untersuchung der Studien des Club of Rome wie zum Problem Mensch und Umwelt verweisen die Autoren auf die umfangreicheren Darlegungen von Reinhard Mocek. Siehe: Der Mensch. Neue Wortmeldungen zu einem alten Thema, Berlin 1982, S. 177–192. – Weitere wichtige Berichte, die die Diskussionen zum Thema Ökologie und Menschheitsprobleme intensivierten, sind: Wassily W. Leontief/Anne P. Carter/Peter Petrie: Die Zukunft der Weltwirtschaft. Bericht der Vereinten Nationen, Stuttgart 1977. – Wir haben nur eine Zukunft. Reform der internationalen Ordnung. Der RIO-Bericht an den Club of Rome. Hrsg. von Jan Tinbergen, Opladen 1977. – James W. Botkin/Mahdi Elmandjra/Mircea Malitza: Das menschliche Dilemma. Zukunft und Lernen, Wien/München/Zürich/Innsbruck 1979.

91 Mihailo Mesarović/Eduard Pestel: Menschheit am Wendepunkt, S. 120.

92 Ebenda, S. 136.

93 Siehe Alfred Bönisch: Neuere Entwicklungstendenzen der bürgerlichen Zukunftsforschung. In: Deutsche Zeitschrift für Philosophie (im folgenden DZfPh), 1985, H. 9, S. 785.

94 Siehe: Antwort Michail Gorbatschows auf Brief des Klubs von Rom. In: Neues Deutschland (B), 26./27. Oktober 1985, S. 5.

95 Zit. in: Ebenda.

96 Siehe Herman Kahn: Vor uns die guten Jahre. Ein realistisches Modell unserer Zukunft, Wien/München/Zürich/Innsbruck 1977. – Siehe auch Herman Kahn: Die Zukunft der Welt (1980–2000), Wien/München/Zürich/New York 1980, besonders S. 509ff.

97 Zbigniew Brzezinski: Amerika in einer feindlichen Welt. In: Blätter für deutsche und internationale Politik (Köln), 1976, H. 11, S. 1250.

98 Global 2000. Der Bericht an den Präsidenten, Frankfurt a. M. 1981, S. 19. – Siehe dazu Werner Rügemer: Die alarmierenden Prognosen von »Global 2000«. In: Blätter für deutsche und internationale Politik, 1981, H. 8, S. 927–945.

99 Global 2000. Der Bericht an den Präsidenten, S. 19/20.

100 Siehe: Global Future. Es ist Zeit zu handeln. Global 2000: Eine Fortschreibung des Berichts an den Präsidenten. Hrsg. von Arnim Bechmann, Gerd Michelsen, Freiburg i. Br. 1981.

101 Global 2000. Der Bericht an den Präsidenten, S. 21.

102 Siehe Alvin Toffler: Der Zukunftsschock, Bern/München/Wien 1970.

103 Ebenda, S. 17, 262.

104 Siehe ebenda, S. 208.
105 Ebenda, S. 146.
106 Siehe ebenda, S. 293ff.
107 Ebenda, S. 383.
108 Siehe Alvin Toffler: Die Zukunftschance. Von der Industriegesellschaft zu einer humaneren Zivilisation, München 1980.
109 См.: Не соперничество, а сотрудничество! Коммунисты и новое в социальных движениях, Москва 1984, с. 4.
110 Siehe Heinz Jung: Intelligenz Anfang der 70er Jahre und heute. In: Marxistische Blätter, 1985, H. 4, S. 13.
111 Siehe Walter Hollstein: Die Gegengesellschaft. Alternative Lebensformen, S. 133.
112 Siehe: Technik – Umwelt – Zukunft. Eine marxistische Diskussion über Technologie-Entwicklung, Ökologie, Wachstumsgrenzen und die »Grünen«, S. 83.
113 Siehe Robert Steigerwald: Probleme des nicht-proletarischen Protestes. In: Marxistische Blätter, 1981, H. 4, S. 80.
114 Siehe Walter Hollstein: Die Gegengesellschaft. Alternative Lebensformen, S. 135, 142.
115 Ebenda, S. 150.
116 Walter Hollstein/Boris Penth: Alternativ-Projekte. Beispiele gegen die Resignation, S. 9.
117 Rolf Schwendter: Theorie der Subkultur, Köln/Berlin (West) 1971, S. 295. – Kritisch zu diesen theoretischen Konzeptionen: Horst Groschopp: Zur Kritik der Subkultur-Theorien in der BRD. In: Weimarer Beiträge, 1977, H. 12, S. 20ff.
118 Dokumentation. Was bedeutet »Graswurzelrevolution«? In: gewaltfreie aktion (Berlin [West]), 1972, H. 13/14, S. 11.
119 Wolfgang Fritz Haug: Strukturelle Hegemonie. In: Das Argument (Berlin [West]), 1981, H. 129, S. 630.
120 Dieser Begriff wird im weiteren synonym mit »alternativer Bewegung«, »Alternative« und mit den in der marxistischen Literatur verwendeten Begriffen des »nichtproletarischen Protestes« (Steigerwald), der »nichttraditionellen gesellschaftlichen Bewegungen« bzw. der »neuen demokratischen Bewegungen« gebraucht.
121 Siehe Thomas Harms: Probleme der neuen Friedensbewegung. In: Marxistische Studien. Jahrbuch des IMSF 5, S. 209.
122 Kaspar Maase: Neue Bewegungen: Gesellschaftliche Alternative oder kultureller Bruch? In: Ebenda, S. 10.
123 Siehe ebenda, S. 22.
124 Siehe Michael Vester: Von neuen Plebejern, Emanzipation und Massenstreiks. Thesen zur Klassen- und Schichtenstruktur und zu den

Entwicklungsperspektiven der neuen sozialen Bewegungen. In: Frankfurter Rundschau, 5. April 1983, S. 14/15. – Christine Buci-Glucksmann: Formen der Politik und Konzeptionen der Macht. In: Neue soziale Bewegungen und Marxismus. Hrsg. von Wolfgang Fritz Haug, Wieland Elfferding, Argument-Sonderband 78, Berlin (West) 1982, S. 59. – Chantal Mouffe: Arbeiterklasse, Hegemonie und Sozialismus. In: Ebenda, S. 37.

125 Die Neue Soziale Frage und die Zukunft der Demokratie, München/Wien 1977, S. 9. – Kritisch zu dieser konservativen Fragestellung: Gunnar Winkler: Zur Diskussion um die »Neue Soziale Frage«. In: Jahrbuch für Soziologie und Sozialpolitik 1982, Berlin 1982, S. 284ff.

126 Siehe zu den Arbeitslosenbewegungen u. a.: Hartmut Dybowski: Arbeitsloseninitiativen und -bewegungen. In: Marxistische Blätter, 1982, H. 3, S. 28ff. – Jochen Mandel: Arbeitslosigkeit und Arbeitslosenbewegung. In: Ebenda, 1983, H. 5, S. 59ff. – Arbeitslose. Protest und Bewegung, Frankfurt a. M. 1982.

127 Siehe Kaspar Maase: Neue Bewegungen: Gesellschaftliche Alternative oder kultureller Bruch? In: Marxistische Studien. Jahrbuch des IMSF 5, S. 33. – Renate Wiltner: »Neue soziale Bewegungen« in den siebziger und beginnenden achtziger Jahren – ihr Potential für die demokratische Kulturbewegung der BRD. Dissertation A, Berlin 1983. – Renate Wiltner: »Neue soziale Bewegungen« – ihr Potential für die demokratische Kultur in der BRD. In: Weimarer Beiträge, 1984, H. 4, S. 666ff. – Horst Keßler: Die »neuen sozialen Bewegungen« in der kulturpolitischen Auseinandersetzung in der BRD. In: Ebenda, S. 533ff.

128 Fred Karl: Die Bürgerinitiativen, S. 88. – Siehe dazu auch aus der breiten Palette bürgerlicher Untersuchungen: Udo Bermbach: Bürgerinitiativen gegen den Parteienstaat. In: Bürgerinitiativen und repräsentatives System. Hrsg. von Bernd Guggenberger, Udo Kempf, Opladen 1978, S. 92ff. – Lothar Kolenberger/Hanns-Albrecht Schwarz: Die alternative Bewegung in West-Berlin – eine Bestandsaufnahme.

129 Fred Karl: Die Bürgerinitiativen, S. 90.

130 Siehe Kaspar Maase: Neue Bewegungen: Gesellschaftliche Alternative oder kultureller Bruch? In: Marxistische Studien. Jahrbuch des IMSF 5, S. 15.

131 См. А. М. Байчоров: От »разбитого« поколения к контркультуре (парадоксы молодёжного протеста в США), Минск 1982, с. 4. – Siehe zur Problematik auch: Jugendliche in der DKP. Eine empirische Studie über ihre Politikzugänge, Frankfurt a. M. 1982, S. 38.

132 Siehe Harry von Bargen: Zur Lage der Arbeiterjugend in der Krise. In: Marxistische Blätter, 1984, H. 3, S. 19.

133 Robert Francis: Die Jugend begreifen. In: Probleme des Friedens und des Sozialismus, 1981, H. 3, S. 349.

134 Heinz Jung: Zur Arbeiterklasse der 80er Jahre. In: Marxistische Studien. Jahrbuch des IMSF 6, S. 62.

135 Ebenda, S. 63, 64.

136 Robert Steigerwald: Marxistische Arbeiterbewegung und nichtproletarischer Protest. In: Probleme des Friedens und des Sozialismus, 1982, H. 6, S. 798.

137 Siehe Fred Karl: Die Bürgerinitiativen, S. 42. – Udo Bermbach: Bürgerinitiativen gegen den Parteienstaat? In: Bürgerinitiativen und repräsentatives System, S. 101.

138 Siehe Fred Karl: Die Bürgerinitiativen, S. 61–65.

139 Robert Jungk/Norbert R. Müllert: Zukunfts-Werkstätten, Hamburg 1981, S. 20.

140 Ebenda, S. 21.

141 Ebenda, S. 39.

142 Fred Karl: Die Bürgerinitiativen, S. 61/62.

143 Siehe ebenda, S. 64.

144 Siehe ebenda, S. 81/82.

145 Josef M. Leinen/Hans-Günter Schumacher: Das Verhältnis der Bürgerinitiativen zu den politischen Parteien. Ziele und Strategien des BBU. In: Reaktoren und Raketen. Atomare Gefahren und Bürgerprotest. Hrsg. von Jürgen Grumbach, Köln 1980, S. 256, 257, 259.

146 B. M. Makljarski: Die Umweltschutzbewegung in den kapitalistischen Ländern. In: Sowjetwissenschaft. Gesellschaftswissenschaftliche Beiträge, 1983, H. 2, S. 266.

147 Siehe u. a. Helmut Lölhöffel: Geißler attackiert Grüne und die SPD. In: Frankfurter Rundschau, 21. September 1984, S. 1/2. – Dirk Cornelsen: Schon ist es mehr als ein Flirt. In: Ebenda, S. 3. – Die Grünen mit den Nazis verglichen. In: Ebenda, 3. Oktober 1984, S. 1.

148 Die Union stellt die Grünen in die linke Ecke. Eine von der Bundesgeschäftsstelle der CDU herausgegebene Dokumentation über die »öko-marxistische Radikalopposition« der Grünen (Teil I). In: Ebenda, 4. Oktober 1984, S. 14.

149 Wolf-Dieter und Connie Hasenclever: Grüne Zeiten. Politik für eine lebenswerte Zukunft, München 1982, S. 83.

150 Siehe Hans-Georg Eberhard/Birgit Radow: Rechtswende und Jugendpolitik. In: Marxistische Blätter, 1984, H. 3, S. 13/14.

151 Marie-Luise Weinberger: Konservative, Sozialdemokraten und die Selbsthilfe. In: Die neue Gesellschaft (Bonn), 1983, H. 9, S. 809.

152 Zit. in: Ebenda, S. 810.
153 Siehe ebenda, S. 812.
154 Siehe ebenda, S. 811/812. – Gabriele Rachel: Konservative Wertedemagogie zur Rechtfertigung reaktionärer Innenpolitik in der BRD. In: IPW-Berichte, 1984, H. 5, S. 16ff. – Der Staat im staatsmonopolistischen Kapitalismus der Bundesrepublik. Staatsdiskussion und Staatstheorie. Hrsg. vom IMSF, Frankfurt a. M. 1981, besonders Abschnitt II.3.4.
155 Deutschlands Zukunft als moderne und humane Industrienation. Stuttgarter Leitsätze für die 80er Jahre. CDU-Dokumentation 16/17, Bonn 1984, S. 7.
156 Siehe: Zur parlamentarischen Praxis der »Grünen«. In: Marxistische Blätter, 1980, H. 4, S. 61ff. – Heinz Höfl: Ökologie in Lederhosen. In: Die Grünen. Regierungspartner von morgen? Hrsg. von Jörg R. Mettke, Reinbek bei Hamburg 1983, S. 68.
157 »Ökologische Marktwirtschaft« gefordert. In: Frankfurter Allgemeine Zeitung, 28. April 1983, S. 11. – Siehe Martin Helmbold: Staatsmonopolistische Umweltreproduktion – ein Erfordernis für die Kapitalverwertung. In: IPW-Berichte, 1985, H. 9, S. 25.
158 Siehe Kaspar Maase: Neue Bewegungen: Gesellschaftliche Alternative oder kultureller Bruch? In: Marxistische Studien. Jahrbuch des IMSF 5, S. 24.
159 Zit. in: Norbert R. Müllert: Veränderungschancen in der Industriegesellschaft. Die Botschaft von einer sanften Lebens- und Technikform. In: Technologie und Politik 11. Das Magazin zur Wachstumskrise. Hrsg. von Freimut Duve, Reinbek bei Hamburg 1978, S. 34.
160 W. I. Lenin: Zur Charakteristik der ökonomischen Romantik. In: Werke, Bd. 2, S. 180.
161 Karl Marx: [Thesen über Feuerbach]. In: MEW, Bd. 3, S. 6.
162 Zit. in: Petra K. Kelly: »Gegen das kleinere Übel, denn einen kleinen Tod gibt es nicht« (Teil I). In: Frankfurter Rundschau, 9. Oktober 1982, S. 14.
163 Beschwörungen nationaler Größe durch Reagan. Rede an der Notre-Dame-Universität. In: Neue Zürcher Zeitung. Fernausgabe, 21. Mai 1981, S. 5.
164 Thesen des Zentralkomitees der SED zum Karl-Marx-Jahr 1983, S. 28.
165 Zusammenarbeit und Handlungseinheit fördern! In: Für eine bessere Republik. Alternativen der demokratischen Bewegung. Hrsg. von Heinrich Billstein, Klaus Naumann, Köln 1981, S. 184.
166 Gegen Rüstung und Atom. In: Ebenda, S. 65, 67.

167 Grüne gegen jede Beteiligung an SDI. In: Neues Deutschland (B), 20. September 1985, S. 7.

168 Reimer Gronemeyer: Selbstbestimmung innerhalb der Grenzen des Wachstums. In: Anders leben – überleben. Hrsg. von Hans-Eckehard Bahr, Reimer Gronemeyer, Frankfurt a. M. 1978, S. 53/54.

169 Erhard Eppler/Michael Ende/Hanne Tächl: Phantasie/Kultur/Politik. Protokoll eines Gesprächs, Stuttgart 1982, S. 108.

170 Ebenda, S. 127.

171 Robert Jungk: Neue Solidarität – erste Strukturen einer brüderlichen Gesellschaft. In: Anders leben – überleben, S. 155.

172 Ebenda, S. 151.

173 Ivan Illich: Fortschrittsmythen. Schöpferische Arbeitslosigkeit oder Die Grenzen der Vermarktung. Energie und Gerechtigkeit. Wider die Verschulung, Reinbek bei Hamburg 1978, S. 63, 64/65.

174 Manon Maren-Grisebach: Philosophie der Grünen, München/Wien 1982, S. 67–69.

175 Wolf-Dieter und Connie Hasenclever: Grüne Zeiten. Politik für eine lebenswerte Zukunft, S. 192/193.

176 Ernst Wimmer: Ideologien in den neuen sozialen Bewegungen. In: Probleme des Friedens und des Sozialismus, 1985, H. 7, S. 904.

177 Dieses Stehenbleiben auf der Erscheinungsebene ist eine typische Grenze bürgerlicher Ideologie und der durch sie direkt oder indirekt beeinflußten sozialen Bewegungen. Marx hat im »Kapital« diese Verkehrung und ihre Konsequenzen für die politische Ökonomie aufgezeigt, die in gleicher Weise in der Gegenwart und für jede Gesellschaftstheorie funktioniert, ohne daß ihre Propagandisten selbst apologetische Absichten verfolgen müssen. Marx schrieb: »Und dies ist die Pointe der ökonomischen Apologetik! Die von der kapitalistischen Anwendung der Maschinerie untrennbaren Widersprüche und Antagonismen existieren nicht, weil sie nicht aus der Maschinerie selbst erwachsen, sondern aus ihrer kapitalistischen Anwendung! Da also die Maschinerie an sich betrachtet die Arbeitszeit verkürzt, während sie kapitalistisch angewandt den Arbeitstag verlängert, an sich die Arbeit erleichtert, kapitalistisch angewandt ihre Intensität steigert, an sich ein Sieg des Menschen über die Naturkraft ist, kapitalistisch angewandt den Menschen durch die Naturkraft unterjocht, an sich den Reichtum des Produzenten vermehrt, kapitalistisch angewandt ihn verpaupert usw., erklärt der bürgerliche Ökonom einfach, das Ansichbetrachten der Maschinerie beweise haarscharf, daß alle jene handgreiflichen Widersprüche bloßer Schein der gemeinen Wirklichkeit, aber an sich, also auch in der Theorie gar nicht vorhanden sind. Er spart sich so alles weitre

Kopfzerbrechen und bürdet seinem Gegner obendrein die Dummheit auf, nicht die kapitalistische Anwendung der Maschinerie zu bekämpfen, sondern die Maschinerie selbst.« (Karl Marx: Das Kapital. Erster Band. In: MEW, Bd. 23, S. 465.)

178 Siehe Manfred Buhr/Robert Steigerwald: Verzicht auf Fortschritt. Geschichte, Erkenntnis und Wahrheit, S. 127, Anm. 6. – Robert Steigerwald: Protestbewegung. Streitfragen und Gemeinsamkeiten, S. 95ff. – Siehe auch Stefan Bollinger: Zu Problemen der Einschätzung der »alternativen Bewegung« bzw. der »neuen sozialen Bewegung« in der BRD und Berlin-West. In: Beiträge zur Kritik der nichtmarxistischen Soziologie. Berichte, 1984, H. 21, S. 59ff.

179 Robert Steigerwald: Protestbewegung. Streitfragen und Gemeinsamkeiten, S. 95.

180 Siehe Herbert Gruhl: Ein Planet wird geplündert. Die Schreckensbilanz unserer Politik, Frankfurt a. M. 1975, S. 226.

181 Siehe ebenda, S. 228.

182 Ebenda, S. 290.

183 Ebenda, S. 298.

184 Ebenda, S. 293.

185 Ebenda, S. 302.

186 Ebenda, S. 319.

187 Ebenda, S. 342.

188 Siehe u. a. Hartmut Meyer: Nonkonforme Rechte? »Nationalrevolutionäre« und »Solidaristen«. In: rote blätter (Dortmund), 1982, Nr. 2/3, S. 20/21. – Nationaler »Sozialismus« von Rechts. Hrsg. von Jan Peters, Berlin (West) 1980. – Reinhard Opitz: Faschismus und Neofaschismus, Berlin 1984, Zweiter Teil.

189 Siehe: »Grüne«: Streit um Neonazis. In: Die Wahrheit (Berlin [West]), 19./20. Januar 1985, S. 3.

190 André Gorz: Ökologie und Freiheit. Beiträge zur Wachstumskrise 2, Reinbek bei Hamburg 1980, S. 7.

191 Ebenda, S. 45.

192 André Gorz: Abschied vom Proletariat. Jenseits des Sozialismus, Frankfurt a. M. 1980, S. 62.

193 Ebenda, S. 63.

194 Ebenda.

195 Rainer Krings: Vom Stadtindianer zum Landfreak. In: Sackgassen und Irrwege. »Links«opportunistische Strömungen in der Studentenbewegung. Hrsg. von Beate Landefeld, Franz Sommerfeld, Dortmund 1979, S. 24.

196 Treffen in Tunix. In: Johannes Schütte: Revolte und Verweigerung.

Zur Politik und Sozialpsychologie der Spontibewegung, Giessen 1980, S. XXIV.
197 Ebenda, S. XXVI.
198 Theodor Leuenberger/Rudolf Schilling: Die Ohnmacht des Bürgers. Plädoyer für eine nachmoderne Gesellschaft, Frankfurt a. M. 1977, S. 233.
199 Petra K. Kelly: »Gegen das kleinere Übel, denn einen kleinen Tod gibt es nicht« (Teil II). In: Frankfurter Rundschau, 11. Oktober 1982, S. 14.
200 Die Grünen: Das Bundesprogramm, Bonn o. J., S. 4, 5.
201 Robert Steigerwald: Protestbewegung. Streitfragen und Gemeinsamkeiten, S. 95.
202 Siehe W. I. Lenin: Anarchismus und Sozialismus. In: Werke, Bd. 5, S. 334.
203 Siehe Carl Amery: Diskussionsbeitrag. In: Die großen Streitfragen der achtziger Jahre. Berliner Dialog über unsere Zukunft. Hrsg. von Peter Glotz, Bonn 1979, S. 114, 116.
204 Siehe Carl Amery: Natur als Politik. Die ökologische Chance des Menschen, Reinbek bei Hamburg 1976, S. 65ff.
205 Siehe Manfred Buhr/Robert Steigerwald: Verzicht auf Fortschritt, Geschichte, Erkenntnis und Wahrheit, S. 88.
206 Siehe Erhard Eppler: Ende oder Wende. Von der Machbarkeit des Notwendigen, München 1982. – Kritisch zu seinen Positionen: Rainer Eckert: Kritische Illusionen. In: Marxistische Blätter, 1981, H. 4, S. 129ff.
207 Siehe Johano Strasser: Die Zukunft der Demokratie. Grenzen des Wachstums – Grenzen der Freiheit?, Reinbek bei Hamburg 1977.
208 Johano Strasser: Plädoyer für ein Überdenken der sozialistischen Zielvorstellung. In: Das Argument, 1977, H. 105, S. 647. – Kritisch zu seinen Positionen: Rainer Eckert: Ökologie – Ökonomie – »Grenzen des Wachstums«. Eine Auseinandersetzung mit Johano Strasser und André Gorz.
209 Siehe Johano Strasser/Klaus Traube: Die Zukunft des Fortschritts. Der Sozialismus und die Krise des Industrialismus, Bonn 1981, S. 155ff.
210 Siehe ebenda, S. 161ff.
211 Siehe ebenda, S. 233ff.
212 Ebenda, S. 239.
213 Ebenda, S. 243. – Das Subsidiaritätsprinzip ist ursprünglich ein Kernbegriff der katholischen Soziallehre.
214 Siehe ebenda, S. 253/254.

215 Erhard Eppler/Michael Ende/Hanne Tächl: Phantasie/Kultur/Politik, S. 130.

216 Siegfried Beier/Horst Fisch/Günter Pollach: Neue demokratische Bewegungen in Westeuropa, S. 12.

217 Siehe ebenda, S. 7.

218 Novalis: Die Christenheit oder Europa. In: Werke in einem Band, Berlin/Weimar 1983, S. 327.

219 Zur Einschätzung der geschichtsphilosophischen Positionen der deutschen Frühromantik siehe insbesondere: Gerda Heinrich: Geschichtsphilosophische Positionen der deutschen Frühromantik, Berlin 1976.

220 Novalis: Die Christenheit oder Europa. In: Werke in einem Band, S. 328/329.

221 Siehe Manfred Buhr/Robert Steigerwald: Verzicht auf Fortschritt, Geschichte, Erkenntnis und Wahrheit, S. 83/84.

222 Novalis: Die Christenheit oder Europa. In: Werke in einem Band, S. 338/339.

223 Ebenda, S. 339.

224 Bertolt Brecht: Leben des Galilei. In: Werke in fünf Bänden, Bd. 1, Berlin/Weimar 1981, S. 631. – Einen interessanten Versuch zur Gesamteinschätzung der romantischen Weltanschauung in bezug auf die bürgerliche Gesellschaft unternahm Peter Hacks unter der Überschrift »Die romantische Versuchung«. Er schreibt: »In der Tat war die Romantik nicht mehr als eine Studentenunruhe. Aber selbst unberücksichtigt, daß diese Hochschüler, nachdem sie ihr ›Rautsch, rautsch, rautschitschi-Revolution!‹ schnell ausgesungen hatten, einen geselligen Geschäftssinn und eine rege Tüchtigkeit im gegenseitigen Händewaschen entwickelten, – es wehte da ein geschichtlicher Wind, der dieses bißchen Schwelen und Flackern zu einem geistigen Weltbrand entfachen würde. Die Bedrohlichkeit des romantischen Ansatzes wird sinnfälliger, wenn der heutige Betrachter die Namen Schopenhauer, Nietzsche und Wagner erinnert. ... Die romantische Ästhetik ist einfach die Ästhetik des bürgerlichen Zeitalters. Der Kapitalismus unterscheidet sich von den übrigen Gesellschaftsformen dadurch, daß es unmöglich ist, ihn ins Gesicht hinein zu loben. Die Romantik ist die Summe der Mittel, es hinterm Rücken zu tun. Sie schlug die sofortige Abschaffung des Kapitalismus vor, und jeder sah, daß das nicht ging. Sie forderte seine vollständige Zurücknahme und die Heimkehr in gesellschaftliche Zustände, in die heim keiner wollte. Sie setzte der Wirklichkeit jedes beliebige Unwirkliche entgegen, erklärte Träume für Handlungen, Verwirrung für Untersuchung, Innen für Außen, und alle Welt begriff, in

wie unerschütterlichem Maße das Wirkliche das Wirkliche war. Welche Einwände die Romantik gegen den Kapitalismus immer erhob, sie waren von dem Grad der Albernheit, daß sie in Gründe für ihn umschlagen mußten. Die Übermäßigkeit der Flucht vor ihm wurde zum Beweis seiner Unausweichlichkeit.« (Peter Hacks: Saure Feste. Nachwort zu »Pandora«. In: Peter Hacks: Essais, Leipzig 1984, S. 418/419.)

225 Arthur Schopenhauer: Parerga und Paralipomena. In: Sämtliche Werke, Bd. 5, Leipzig 1979, S. 290/291. – Es kann in dieser Schrift keine Gesamtanalyse der Schopenhauerschen Weltanschauung vorgenommen werden. Wir verweisen auf grundlegende marxistische Arbeiten: Siehe Georg Lukács: Die Zerstörung der Vernunft, Berlin 1954.

226 Arthur Schopenhauer: Parerga und Paralipomena. In: Sämtliche Werke, Bd. 5, S. 290.

227 Ebenda, S. 299–301.

228 Arthur Schopenhauer: Die Welt als Wille und Vorstellung. In: Ebenda, Bd. 2, S. 775. – Bei Schopenhauer spielen asiatische Religionsformen eine wichtige Rolle, um die spezifische Ausprägung seiner pessimistischen Philosophie zu kennzeichnen. Besonders oft herangezogen werden buddhistische Lehren. In der gegenwärtigen Alternativbewegung wird ebenfalls oft auf östliche Religionsformen zurückgegriffen. So glaubt man, daß der Buddhismus eine Lehre sei, auf deren Grundlage das ökologische Problem adäquat zu erfassen und zu lösen sei. Das Engagement vieler buddhistischer Gläubigen in der weltweiten Friedensbewegung wirkte in dieser Richtung. Buddhistische Mönche gingen bei vielen großen Friedensdemonstrationen in Westeuropa und in den USA dem Zug der Friedensmarschierer voran.

229 Siehe Max Horkheimer: Traditionelle und kritische Theorie, Frankfurt a. M. 1972, S. 78.

230 Manon Maren-Grisebach: Philosophie der Grünen, S. 17/18.

231 Ebenda, S. 18.

232 Erich Hahn: Sozialistischer Humanismus und Frieden. Individuum und Gesellschaft bei der Gestaltung des entwickelten Sozialismus. In: Sozialismus und Frieden. Humanismus in den Kämpfen unserer Zeit. VI. Philosophiekongreß der DDR vom 17. bis 19. Oktober 1984 in Berlin, Berlin 1985, S. 24/25.

233 Marieluise Beck-Oberdorf: Eine Phase der Reflexion. In: Blätter für deutsche und internationale Politik, 1984, H. 6, S. 691.

234 Erich Hahn: Sozialistischer Humanismus und Frieden. Individuum und Gesellschaft bei der Gestaltung des entwickelten Sozialismus.

In: Sozialismus und Frieden. Humanismus in den Kämpfen unserer Zeit, S. 26.

235 Wir verweisen zur Gesamteinschätzung des Werkes von Nietzsche und dessen Wirkungen auf die Schriften von: S. F. Oduev: Auf den Spuren Zarathustras. Der Einfluß Nietzsches auf die bürgerliche deutsche Philosophie, Berlin 1977. – Georg Lukács: Die Zerstörung der Vernunft.

236 Siehe Jendris Alwast: Logik der dionysischen Revolte. Nietzsches Entwurf einer aporetisch dementierten »kritischen Theorie«, Meisenheim am Glan 1975, S. VII. – Alwast interpretiert die Philosophie Nietzsches als eine »kritische Theorie«, in der der »Logos der dionysischen Revolte in begriffliche Gestalt gebracht« sei, ihm scheint diese Philosophie »dem weithin beirrten und nach Orientierung suchenden Menschentum unserer von naturwissenschaftlich-technischem Denken beherrschten Zeit ... von zugleich diagnostischem und therapeutischem Wert zu sein. Das Studium Nietzsches leitet zur Revolte an.« (Ebenda, S. 42/43.)

237 Friedrich Nietzsche: Die Fröhliche Wissenschaft. In: Werke in sechs Bänden, Bd. 3, München/Wien 1980, S. 251/252.

238 Heinz Malorny hat eine Analyse der »Antibürgerlichkeit« und des »Antikapitalismus« von Nietzsche vorgenommen. Siehe Heinz Malorny: Friedrich Nietzsches Kritik an der Bourgeoisie und der bürgerlichen Gesellschaft. In: Ludwig Elm/Günther Rudolph/Heinz Malorny: Traditionen des Konservatismus, Berlin 1982, S. 41ff.

239 Friedrich Nietzsche: Über die Zukunft unserer Bildungsanstalten. In: Werke in sechs Bänden, Bd. 5, S. 232.

240 Friedrich Nietzsche: Zur Genealogie der Moral. In: Ebenda, Bd. 4, S. 854.

241 Friedrich Nietzsche: Über die Zukunft unserer Bildungsanstalten. In: Ebenda, Bd. 5, S. 232.

242 Siehe Friedrich Nietzsche: Nachgelassene Fragmente. In: Werke. Kritische Gesamtausgabe. Hrsg. von Giorgio Colli, Mazzino Montinari, Berlin (West) 1967, Abt. IV, Bd. 3, S. 436.

243 Siehe Friedrich Nietzsche: Menschliches, Allzumenschliches. In: Werke in sechs Bänden, Bd. 2, S. 965/966, 990. – Friedrich Nietzsche: Aus dem Nachlaß der Achtzigerjahre. In: Ebenda, Bd. 6, S. 630.

244 Friedrich Nietzsche: Morgenröte. In: Ebenda, Bd. 2, S. 1155.

245 Ebenda.

246 Ebenda, S. 1156.

247 Ebenda.

248 Siehe ebenda, S. 1131. – In seiner philosophischen Dichtung »Also sprach Zarathustra« läßt er die Gestalt des »freiwilligen Bettlers«

und friedfertigen »Berg-Predigers« zornerfüllt seinen »Ekel vor unsern Reichsten« verkünden: seinen Ekel »vor den Sträflingen des Reichtums, welche sich ihren Vorteil aus jedem Kehricht auflesen, mit kalten Augen, geilen Gedanken, vor diesem Gesindel, das gen Himmel stinkt, – vor diesem vergüldeten, verfälschten Pöbel, dessen Väter Langfinger oder Aasvögel oder Lumpensammler waren, mit Weibern willfährig, lüstern, vergeßlich – sie haben's nämlich alle nicht weit zur Hure – Pöbel oben, Pöbel unten!« (Ebenda, Bd. 3, S. 508.) – Es ist allerdings zu beachten, daß Nietzsche nicht schlechthin gegen jeden Reichtum war, er fand ihn eigentlich nur in den falschen Händen. Seine Kritik richtete sich ausschließlich gegen eine bestimmte Art des Reichtums: den mit Geld verbundenen Reichtum der Industriellen, der Kaufleute und Bankiers. Einen anderen Reichtum nahm er stets von seiner Kritik aus, den großen Grundbesitz. – Siehe auch Karl Marx: Ökonomisch-philosophische Manuskripte aus dem Jahre 1844. In: MEW, Bd. 40, S. 526/527.

249 Siehe Friedrich Nietzsche: Aus dem Nachlaß der Achtzigerjahre. In: Werke in sechs Bänden, Bd. 6, S. 775.

250 Friedrich Nietzsche: Der Antichrist. In: Ebenda, Bd. 4, S. 1228.

251 Friedrich Nietzsche: Jenseits von Gut und Böse. In: Ebenda, S. 729.

252 Siehe Heinz Malorny: Friedrich Nietzsches Kritik an der Bourgeoisie und der bürgerlichen Gesellschaft. In: Ludwig Elm/Günther Rudolph/Heinz Malorny: Traditionen des Konservatismus, S. 41 ff.

253 Peter Glotz: Staat und alternative Bewegungen. In: Stichworte zur ›Geistigen Situation der Zeit‹. Hrsg. von Jürgen Habermas, Bd. 2, Frankfurt a. M. 1980, S. 474/475.

254 Siehe Karl Jaspers: Die geistige Situation der Zeit, Berlin/Leipzig 1931, S. 48. – Jaspers schreibt auch: »Das äußerlich sichtbar Neue, das allem menschlichen Dasein von jetzt an seine Grundlagen und damit neue Bedingungen stellen muß, ist diese *Entfaltung der technischen Welt.* Zum erstenmal hat eine wirkliche Naturbeherrschung begonnen. Wollte man sich unsere Welt verschüttet denken, so würden spätere Grabungen zwar keine Schönheiten zutage fördern wie die der Antike, deren Straßenpflaster noch uns entzückt. Aber es würde gegenüber allen früheren Zeiten schon aus den letzten Jahrzehnten so viel Eisen und Beton zu finden sein, daß man noch spät es sehen könnte: der Mensch hat jetzt den Planeten in ein Netz seiner Apparatur eingesponnen. ... die Perspektive einer Verwandlung des Planeten in eine einzige Fabrik zur Ausnutzung seiner Stoffe und Energien wird sichtbar.« (Ebenda, S. 18.)

255 Ebenda, S. 48.

256 Siehe Hans-Martin Gerlach: Sechs Thesen über das Thema: Jaspers als Philosoph – und wie werten wir ihn heute? In: Karl Jaspers (1883–1969). Eine marxistisch-leninistische Auseinandersetzung mit Jaspers' philosophischem, politischem und medizinischem Werk. Martin-Luther-Universität Halle–Wittenberg. Wissenschaftliche Beiträge, 1984, H. 7 (A68), Halle (Saale) 1984, S. 14.

257 Ebenda, S. 15.

258 Ebenda, S. 14.

259 Siehe Karl Jaspers: Die Schuldfrage, Heidelberg 1946.

260 Siehe Karl Jaspers: Wohin treibt die Bundesrepublik? Tatsachen, Gefahren, Chancen, München 1966. – Karl Jaspers: Antwort. Zur Kritik meiner Schrift ›Wohin treibt die Bundesrepublik?‹, München 1967. – Ludwig Elm: Karl Jaspers und die antifaschistische Verantwortung der Intelligenz. In: Karl Jaspers (1883–1969). – Ernst Woit: Karl Jaspers über Krieg und Frieden in unserer Zeit. In: Ebenda. – Hans-Martin Gerlach: Sechs Thesen über das Thema Jaspers als Philosoph – und wie werten wir ihn heute? In: Ebenda. – Vincent von Wroblewsky: Karl Jaspers – politische Gedanken eines bürgerlichen Philosophen in Sorge um die Zukunft des Menschen. In: Ebenda. – Bernhard Maleck: Karl Jaspers' »Philosophie« in der »kritischen« Interpretation Herbert Marcuses. In: Ebenda.

261 Siehe Karl Jaspers: Die Atombombe und die Zukunft des Menschen, München 1982.

262 Karl Jaspers: Wohin treibt die Bundesrepublik?, S. 5.

263 Ebenda, S. 157.

264 Ebenda, S. 165.

265 Ebenda, S. 140.

266 Ebenda, S. 173.

267 Ebenda, S. 223. – Ausführlich zum politischen Denken Jaspers siehe Friedrich Tomberg: Zur Aktualität des politischen Denkens von Karl Jaspers. In: Karl Jaspers (1883–1969), S. 110ff.

268 Karl Jaspers: Wohin treibt die Bundesrepublik?, S. 235.

269 Ebenda, S. 161.

270 Ebenda.

271 Siehe u. a. Helmut Holzhey: Erfahrung der Grenzsituation. Zum 100. Geburtstag von Karl Jaspers. In: Neue Zürcher Zeitung. Fernausgabe, 18. Februar 1983, S. 29. – Dolf Sternberger: Karl Jaspers zum hundertsten Geburtstag. In: Frankfurter Allgemeine Zeitung, 19. Februar 1983. – Erhard Schreiber: Szenen aus dem Jasperle-Theater. In: Rheinischer Merkur/Christ und Welt, 18. Februar 1983, S. 17.

272 R. Vollmann: Von der Moral der Freiheit. In: Stuttgarter Zeitung, 23. Februar 1983.

273 Hans Günther Merk: Was ist heute Extremismus? In: Extremismus im demokratischen Rechtsstaat, Düsseldorf 1978, S. 145.

274 »Nur noch ein Gott kann uns retten«. Spiegel-Gespräch mit Martin Heidegger am 23. September 1966. In: Der Spiegel (Hamburg), 1976, Nr. 23, S. 206. – Zur Gesamteinschätzung verweisen wir auf die umfangreiche Arbeit von Hans-Martin Gerlach: Martin Heidegger. Denk- und Irrwege eines spätbürgerlichen Philosophen, Berlin 1982.

275 »Nur noch ein Gott kann uns retten«. Spiegel-Gespräch ... In: Der Spiegel, 1976, Nr. 23, S. 209.

276 Erich Hahn: Sozialismus und Frieden. Individuum und Gesellschaft bei der Gestaltung des entwickelten Sozialismus. In: Sozialismus und Frieden. Humanismus in den Kämpfen unserer Zeit, S. 9.

277 Ebenda.

278 Ebenda.

279 XXVII. Parteitag der KPdSU. Politischer Bericht des Zentralkomitees, S. 14.

280 Zum Problem der Freudschen Lehre insgesamt sowie einzelner Teile verweisen wir auf einige grundlegende Einschätzungen: Siehe Dieter Bergner/Reinhard Mocek: Bürgerliche Gesellschaftstheorien, Berlin 1976. – Robert Steigerwald: Bürgerliche Philosophie und Revisionismus im imperialistischen Deutschland, Berlin 1980. – Albert Fuchs: Geistige Strömungen in Österreich 1867–1918, Wien 1978. – Dietrich Alexander: Marxismus und Psychoanalyse – eine kritische Darstellung und Untersuchung der philosophischen Anschauungen Sigmund Freuds unter besonderer Berücksichtigung des »Unbewußten«. Dissertation B, Jena 1983. – Achim Thom: Nachwort. In: Sigmund Freud: Psychoanalyse. Ausgewählte Schriften zur Neurosenlehre, zur Persönlichkeitspsychologie, zur Kulturtheorie, Leipzig 1984.

281 Siehe Sigmund Freud: Abriß der Psychoanalyse. Das Unbehagen in der Kultur, Frankfurt a. M. 1977. – Durch Freuds Nachfolger wurde die psychoanalytische Auffassung verändert. Daraus ergibt sich die Frage: Weshalb ist es notwendig, sich dem Werk Freuds kritisch und analytisch zuzuwenden, wenn es in dieser Form selbst von seinen Anhängern nicht mehr vertreten wird? Hier genügt ein kurzer Blick auf das jeweilige Anliegen kritischer Beschäftigung mit Freud, um die Notwendigkeit und Berechtigung nachzuweisen. Walter Hollitscher wendet sich gegen den ganzen Triebrummel, der mit Bezug auf Freud besonders angesichts der neueren ethologischen Literatur

in den sechziger und siebziger Jahren Verbreitung fand. Dieter Bergner und Reinhard Mocek kam es darauf an, die gesellschaftstheoretischen Wirkungen Freudschen Denkens auf die bürgerlichen Positionen herauszuarbeiten. Robert Steigerwald wendet sich gegen alte und neue Versuche, den Freudismus mit dem Marxismus zu verbinden, dadurch den Marxismus zu »verbessern«. Filipp Bassin untersucht die wissenschaftliche Tragfähigkeit der wichtigsten Kategorien und Hypothesen Freuds. Siegfried Kätzel beschäftigte sich mit neueren Ausläufern des Neofreudismus, als neuer Form des »Freudo-Marxismus«, insbesondere mit der »kritischen Theorie des Subjekts«.

282 Siehe Alexander Mitscherlich: Die Unwirtlichkeit unserer Städte. Anstiftung zum Unfrieden, Frankfurt a. M. 1970.

283 Siehe Alexander Mitscherlich: Aggression und Gesellschaft heute – Über die Kultureignung und Kulturfähigkeit in der Gegenwart. In: Universitas. Zeitschrift für Wissenschaft, Kunst und Literatur (Stuttgart), 1981, H. 2, S. 113ff. – Ein Beispiel für die Aufnahme von bestimmten Gedanken Mitscherlichs siehe Daniel Lukas Bäschlin: Der aufhaltsame Zwang. Sinn und Wege des Widerstands gegen Kernenergie, Frankfurt a. M./Berlin (West)/Wien 1984.

284 Paul Parin: Versuch, die Welt zu verstehen. Zum Tode von Alexander Mitscherlich. In: Deutsche Volkszeitung (Düsseldorf), 15. Juli 1982, S. 10.

285 Zu jenen Wissenschaftlern, die in der Nachfolge Freuds und in der Tradition der Psychoanalyse gegen lebensbedrohende Entwicklungen in der Welt aufmerksam machten, gehört der Psychologe Horst-Eberhard Richter. Richter, ein engagiertes Mitglied der Vereinigung »Internationale Ärzte für die Verhinderung eines Nuklearkrieges«, fordert ein Verbot aller Atomtests: »Indem wir Ärzte als ersten Schritt ein striktes Verbot weiterer Atomtests und einen anschließenden Abbau der Nuklearwaffen fordern, ist uns bewußt, daß wirksame Abrüstung nur im Zusammenhang einer psychischen Abrüstung, eines allgemeinen Umdenkens stattfinden kann, das sich auch in vielen anderen Bereichen auswirken muß, wo Leben aus wie immer verbrämten Machtinteressen heraus bedroht oder geschädigt statt gehütet und gepflegt wird. Also wollen wir Ärzte als hunderttausendfache Multiplikatoren für die Ausbreitung einer Haltung wirken, die Schweitzer als *Ehrfurcht vor dem Leben* gekennzeichnet hat.« (Horst-Eberhard Richter: Der Arzt und das Umdenken zum Frieden. In: Die Zeit [Hamburg], 30. Mai 1986, S. 66.)

286 Siehe Erich Fromm: Haben oder Sein. Die seelischen Grundlagen einer neuen Gesellschaft, München 1976. – In der Süddeutschen

Zeitung schrieb man, es zugleich popularisierend: »›Vielleicht zählt Fromm für künftige Interpreten dereinst zu den Wortführern jener dritten Kraft, die – wie die großen Humanisten am Ende der Glaubenskriege – durch ihre mutigen Ideen dazu beitragen können, daß wir insgesamt toleranter und hilfsbereiter, bedürfnisloser und friedfertiger werden. Mag sein, daß die Partei des humanistischen Protests an Boden gewinnt: Ihre Wegbereiter in unserem Jahrhundert heißen Mahatma Gandhi und Martin Luther King, Albert Schweitzer und Ivan Illich. Erich Fromm gehört zu ihnen.‹« (Klappentext zu »Haben oder Sein«, S. 1.)

287 Siehe Erich Fromm: Anatomie der menschlichen Destruktivität, Reinbek bei Hamburg 1977.

288 Erich Fromm: Haben oder Sein, S. 73.

289 Ebenda.

290 Ebenda, S. 80.

291 Dieter Bergner: »Universitas litterarum heute«. In: Universitas litterarum heute. Martin-Luther-Universität Halle-Wittenberg. Wissenschaftliche Beiträge, 1978, H. 15 (T26), Halle (Saale) 1978, S. 21.

292 Ebenda, S. 21/22.

293 Ebenda, S. 22.

294 XI. Parteitag der SED. Bericht des Zentralkomitees, S. 59/60.

295 Johann Wolfgang Goethe: Gefunden. In: Poetische Werke (Berliner Ausgabe), Bd. 1, Berlin/Weimar 1976, S. 22.

296 Erich Fromm: Haben oder Sein, S. 30.

297 Bertolt Brecht: Leben des Galilei. In: Werke in fünf Bänden, Bd. 1, S. 677.

298 Erich Fromm: Haben oder Sein, S. 30.

299 In diesem Zusammenhang empfiehlt Fromm, sich der Lehren des Zen-Buddhismus und der Mystik Meister Eckeharts zu versichern. Denn diese Lehren entsprächen dem Geist einer Gesellschaft, die den Menschen und nicht die Dinge zum Mittelpunkt habe. Fromm schreibt: »Ich bin überzeugt, daß sich der menschliche Charakter in der Tat ändern *kann*, wenn die folgenden Voraussetzungen gegeben sind:

- Wir leiden und sind uns dessen bewußt.
- Wir haben die Ursache unseres Leidens ... erkannt.
- Wir sehen eine Möglichkeit, unser Leiden zu überwinden.
- Wir sehen ein, daß wir uns bestimmte Verhaltensnormen zu eigen machen und unsere gegenwärtige Lebenspraxis ändern müssen, um unser Leiden zu überwinden.

Diese vier Punkte entsprechen den Vier Edlen Wahrheiten, die den Kern der Lehre Buddhas über die allgemeinen menschlichen Existenzbedingungen bilden.« (Ebenda, S. 161.) – Fromm kommt in seinen Schriften immer wieder auf den Buddhismus zurück und hat so entscheidend dazu beigetragen, ihn innerhalb der alternativen Bewegung populär zu machen. Schon 1957 führte er eine Arbeitstagung in Mexiko – er war zu dieser Zeit dort Gastprofessor – zum Zen-Buddhismus und zur Psychoanalyse durch. An dieser Diskussion nahm Daisetz Teitaro Suzuki teil, der als bedeutendster Vertreter des Zen im »Westen« galt. (Siehe Erich Fromm/Daisetz Teitaro Suzuki/Richard de Martino: Zen-Buddhismus und Psychoanalyse, Frankfurt a. M. 1980.) – Die vier edlen Wahrheiten. Texte des ursprünglichen Buddhismus. Hrsg. von Klaus Mylius, Leipzig 1983. – Bi-yän-lu: Meister Yüan-wu's Niederschrift von der Smaragdenen Felswand, Bd. 1 und 2, Leipzig/Weimar 1980.

300 Reinhard Mocek: Neofreudismus und Menschenbild. In: Beiträge zur Kritik der bürgerlichen Philosophie und Gesellschaftstheorie (Halle [Saale]), 1981, H. 1, S. 109.

301 Erich Fromm: Haben oder Sein, S. 169.

302 Ebenda, S. 172.

303 Ebenda, S. 173.

304 Ebenda, S. 177, 179.

305 Ebenda, S. 184.

306 Ebenda, S. 192.

307 Erich Fromm: Die Anatomie der menschlichen Destruktivität, S. 9.

308 Fromm wendet sich in diesem Zusammenhang direkt gegen die Auffassungen von Konrad Lorenz. Er bezieht sich dabei auf dessen Schrift »Das sogenannte Böse. Zur Naturgeschichte der Aggression.« (Wien 1963). – Interessant sind allerdings die Auffassungen, die Lorenz später zu anderen Fragen entwickelte. Hier zeigt sich, daß er den Auffassungen Fromms so sehr nicht widerspricht. Lorenz sagt zum Beispiel 1978: »In der ›freien‹ westlichen Welt, wie in der kommunistischen, muß um jeden Preis die Produktion rennen, rennen, rennen«; denn das sei »eine Religion«, die »Wurzel des sogenannten Wirtschaftswachstums, das die ganze Menschheit mit dem Untergang bedroht«. Und weiter heißt es: »Was kann man dagegen tun? Zum Beispiel die Verkleinerung von Betrieben. Es ist nur die Folge eines Irrglaubens, die in die Richtung immer größerer Betriebe treibt. Es wäre zum Beispiel durchaus möglich, kleinere Kraftwerke zu machen ...« »Der Handwerker zählt zweifellos zu den glücklichsten Menschen.« Gleiches gälte vom »Bauern«. (Zit. in: Walter Hollitscher: Bedrohung und Zuversicht, Wien 1980, S. 41.)

309 Erich Fromm: Die Anatomie der menschlichen Destruktivität, S. 27.

310 Ebenda.

311 Ebenda.

312 Ebenda. – Mit dieser Auffassung bringt Fromm seine sozialtheoretische Differenz zu den verschiedenartigen neueren bürgerlichen biologistischen Aggressionstheorien zum Ausdruck. Der Biologismus argumentiert nämlich umgekehrt. Danach setze das wie auch immer bestimmte biologische Lebensprinzip voraus, zu welcher Form von Freiheit und Unabhängigkeit es in der Gesellschaft überhaupt kommen kann. Der Biologismus ist überhaupt unfähig, echte soziale Kategorien zu entwickeln. Aber auch Fromm versperrt sich einer sozialökonomischen Analyse der Gesellschaft, indem er jenen menschlichen Grundgegensatz konstruiert zwischen »gutartiger« und »bösartiger« Aggression, die im Menschen, in seinem Wesen angelegt sei. Es sei das im Menschen widerstreitende Aggressionspaar des angeborenen Guten und des sozialen Bösen, auf das letztlich alle Erscheinungen zurückzuführen sind, die menschliches gesellschaftliches Zusammenleben stören, gefährden, gar vernichten. Die Ursache für die Zustände der gegebenen Gesellschaft des Kapitalismus wird somit auf eine durch soziale oder geschichtliche Aktivität der Menschen nicht zu verändernde menschliche Grundsituation bezogen. Verändern kann man nur, indem man den Menschen veredelt, um dann zu einer besseren Gesellschaft zu gelangen. Damit ist klar, daß für Fromm die gesellschaftlichen Verhältnisse, insbesondere die Eigentumsverhältnisse, unter denen die Menschen leben, keine bzw. keine entscheidende Rolle spielen.

313 Siehe Reinhard Mocek: Neofreudismus und Menschenbild. In: Beiträge zur Kritik der bürgerlichen Philosophie und Gesellschaftstheorie, 1981, H. 1, S. 114. – Wie die Ansichten Fromms in der ökologisch-alternativen Bewegung aufgenommen wurden, siehe auch Daniel Lukas Bäschlin: Der aufhaltsame Zwang. Sinn und Wege des Widerstands gegen Kernenergie. – Petra Karin Kelly: Um Hoffnung kämpfen. Gewaltfrei in eine grüne Zukunft, Bornheim-Merten 1983.

314 Siehe Reinhard Mocek: Neofreudismus und Menschenbild. In: Beiträge zur Kritik der bürgerlichen Philosophie und Gesellschaftstheorie, 1981, H. 1, S. 114.

315 Luise Rinser: »Bleibt – oder werdet – die Basiskirche der Politik!« Grußbotschaft an die Bundesversammlung der Grünen in Hamburg. In: grüner basisdienst (Bonn), 1985, H. 1, S. 4/5.

316 Hans Heinz Holz: Die abenteuerliche Rebellion. Bürgerliche Protestbewegungen in der Philosophie. Stirner, Nietzsche, Sartre, Marcuse, Neue Linke, Darmstadt/Neuwied 1976, S. 7.

317 Encyclopaedia Britannica, Bd. 1, London 1953, S. 873.

318 E. F. Schumacher: Die Rückkehr zum menschlichen Maß. Alternati-

ven für Wirtschaft und Technik »Small is Beautiful«, Reinbek bei Hamburg 1977, S. 59; siehe auch S. 219.

319 Theodor Leuenberger/Rudolf Schilling: Die Ohnmacht des Bürgers. Plädoyer für eine nachmoderne Gesellschaft, S. 14, 15.

320 Zit. in: Oskar Neumann: Nullwachstum oder wissenschaftlich-technischer Fortschritt? In: Marxistische Blätter, 1979, H. 6, S. 28.

321 Karl Marx: Das Elend der Philosophie. In: MEW, Bd. 4, S. 138.

322 Siehe Murray Bookchin: Umwelt und Gesellschaft, Hamburg 1974, S. 6.

323 Siehe Siegfried Kirschke: Éliseé Reclus und die Ökologie-Problematik. In: Arbeitsblätter zur Wissenschaftsgeschichte. Martin-Luther-Universität Halle-Wittenberg, H. 8, Halle (Saale) 1980, S. 16ff. – Peter Kropotkin: Gegenseitige Hilfe in der Tier- und Menschenwelt, Leipzig 1923.

324 George Woodcock: Anarchismus und Ökologie. In: Verlagsalmanach 1978–1980. Karin Kramer Verlag Berlin, Berlin (West) 1978, S. 100.

325 Siehe Volker Weyer: Anarchie ohne Chaos. In: Ebenda, S. 88ff. – Gesellschaften ohne Staat. Hrsg. von Fritz Kramer, Christian Sigrist, Bd. 1 und 2, Frankfurt a. M. 1978.

326 Zit. in: Erich Fromm: Anatomie der menschlichen Destruktivität, S. 165.

327 Siehe Marvin Harris: Kannibalen und Könige. Aufstieg und Niedergang der Menschheits-Kulturen, Frankfurt a. M. 1978, S. 8.

328 Zit. in: Erich Fromm: Anatomie der menschlichen Destruktivität, S. 165.

329 Siehe John O'Neill: Revolution oder Subversion?, Reinbek bei Hamburg 1978, S. 38ff, 66ff.

330 Karl Marx: Zur Kritik der Hegelschen Rechtsphilosophie. Einleitung. In: MEW, Bd. 1, S. 385.

331 Peter Kropotkin: Landwirtschaft, Industrie und Handwerk oder Die Vereinigung von Industrie und Landwirtschaft, von geistiger und körperlicher Arbeit, Berlin 1921, S. 3/4.

332 Yona Friedman: Machbare Utopien. Absage an geläufige Zukunftsmodelle, Frankfurt a. M. 1977, S. 38.

333 Siehe William Godwin: Caleb Williams oder die Dinge wie sie sind, Leipzig 1985. – Mit diesem Roman versucht Godwin auf massenwirksame Weise seine anarchistische Gesellschaftskritik zu propagieren. 1793 war er mit der aufsehenerregenden Publikation »An enquiry concerning political justice« (Untersuchung über politische Gerechtigkeit) hervorgetreten, in der er – wie vor ihm Thomas Paine – eine radikale Veränderung der Gesellschaft forderte.

334 Erich Hahn: Vom Sinn revolutionären Handelns, Berlin 1983, S. 84.
335 Friedrich Engels/Karl Marx: Die heilige Familie. In: MEW, Bd. 2, S. 37.
336 Erich Hahn: Vom Sinn revolutionären Handelns, S. 86.
337 Ebenda, S. 86/87.
338 Pjotr Alexejewitsch Kropotkin: Die Große Französische Revolution 1789–1793, Bd. 1, Leipzig/Weimar 1982, S. 10/11.
339 W. I. Lenin: Der »linke Radikalismus«, die Kinderkrankheit im Kommunismus. In: Werke, Bd. 31, S. 16.
340 Siehe Bruno Frei: Anarchistische Utopie. Freiheit und Ordnung. Hans Adamo: Über Terrorismus. Ursachen und Funktion des Anarchoterrorismus in der Bundesrepublik, Frankfurt a. M. 1978, S. 9ff.
341 W. I. Lenin: Anarchismus und Sozialismus. In: Werke, Bd. 5, S. 334.
342 Siehe Norbert Madloch: Probleme der Analyse und Auseinandersetzung mit dem Linksradikalismus in den 80er Jahren. In: Thematische Information und Dokumentation, Reihe A, H. 46, Berlin 1984, S. 5ff. – Jochen Weichold/Norbert Madloch: Die Bundespartei Die Grünen in der BRD – Politik, Ideologie, Entwicklungstendenzen. In: Ebenda, S. 86ff.
343 Es kann hier keine Gesamteinschätzung des Lebenswerkes von Jean-Paul Sartre gegeben werden. Wir verweisen deshalb auf einige grundlegende marxistische Arbeiten zu seinem Schaffen. Siehe Vincent von Wroblewsky: Jean-Paul Sartre. Theorie und Praxis eines Engagements, Berlin 1977. – Vincent von Wroblewsky: Jean-Paul Sartres Engagement für den Frieden. In: DZfPh, 1985, H. 9, S. 797ff. – Tadeusz M. Jaroszewski: Der »verlassene« Mensch Jean-Paul Sartres, Berlin 1975. – Hans Heinz Holz: Die abenteuerliche Rebellion.
344 Was sich für uns in Vietnam entscheidet. Jean-Paul Sartre vor dem Weltfriedenskongreß in Helsinki. In: Sonntag, 1965, Nr. 36, S. 13.
345 Jean-Paul Sartre : Le crime. In: Le Nouvel Observateur (Paris), 30. November 1966, S. 12ff.
346 Siehe Gabriel und Daniel Cohn-Bendit: Linksradikalismus – Gewaltkur gegen die Alterskrankheit des Kommunismus, Reinbek bei Hamburg 1968.
347 Walter Hollstein: Der Untergrund. Zur Soziologie jugendlicher Protestbewegungen, Neuwied/Berlin(West) 1969, S. 101.
348 Siehe Reto Hänny: Zürich, Anfang September. Ein Bericht, Berlin 1982.
349 Siehe Siegfried Prokop: Studenten im Aufbruch. Zur studentischen Opposition in der BRD, Berlin 1974. – Martin Robbe: Verlockung der Gewalt. Linksradikalismus – Anarchismus – Terrorismus, Berlin

1981. – E. J. Batalow: Philosophie der Rebellion. Kritik der Ideologie des Linksradikalismus, Berlin 1975.

350 Zit. in: Peter Mosler: Was wir wollten, was wir wurden. Studentenrevolte – zehn Jahre danach, Reinbek bei Hamburg 1977, S. 173.

351 In der Debatte des Bundestages der BRD, in der die verhängnisvolle Zustimmung zur Stationierung der neuen amerikanischen Mittelstreckenraketen auf dem Boden der BRD gegeben wurde, begründete zum Beispiel Marieluise Beck-Oberdorf, daß gerade die Erinnerung an die Errichtung der faschistischen Diktatur heute zum Widerstand gegen die Raketenstationierung verpflichtet.

352 Peter Brückner: Hier irrt Habermas. In: konkret (Hamburg), 24. März 1969, S. 24.

353 Zit. in: Martin Robbe: Verlockung der Gewalt, S. 40/41.

354 Allerdings verlor Vietnam für die »Neue Linke« nach dem Beginn Nixons Vietnamisierung der imperialistischen Vietnam-Aggression an Interesse. Sie wendete sich anderen Themen zu.

355 Siehe: Stichworte zur ›Geistigen Situation der Zeit‹. Hrsg. von Jürgen Habermas, Bd. 1 und 2, Frankfurt a. M. 1980. – Die »Stichworte« waren bedeutsam für die Entwicklung der gegenwärtigen linksbürgerlichen und alternativen Kultur- und Gesellschaftskritik. Seit der Veröffentlichung 1979 erreichten sie mehrere Auflagen. Äußerer Anlaß der Herausgabe als Band 1000 der Reihe »edition suhrkamp« war die Tatsache, daß 1931 als Band 1000 der Sammlung Göschen die Arbeit »Die geistige Situation der Zeit« von Karl Jaspers herausgegeben wurde.

Jürgen Habermas steht in der Tradition der »Frankfurter Schule«. In seiner Schrift »Theorie des kommunikativen Handelns« (Frankfurt a. M. 1981) spricht er davon, daß sich in der gesellschaftstheoretischen Diskussion ein Themenwandel vollzogen hat und sich zunehmend auf Probleme der »Lebensqualität«, der »Gleichberechtigung, der Partizipation und der Menschenrechte« richtet.

Die in den »Stichworten« enthaltenen Zeitanalysen stehen in Teilen unter dem Einfluß der »Frankfurter Schule«, ohne daß gesagt werden kann, es handle sich um eine konzentrierte Fortführung der »kritischen Theorie«. Habermas' »Theorie des kommunikativen Handelns« unternimmt den Versuch, die »kritische Theorie« in bezug auf Entwicklungen der achtziger Jahre zu überprüfen. Es handelt sich zum einen um den Versuch einer theoretischen Systemanalyse und zum anderen um eine Handlungstheorie mit alternativen Ansprüchen gegenüber den Zwängen des kapitalistischen Herrschaftssystems. Seine Analyse konzentriert sich auf Möglichkeiten individuellen und kommunikativen Handelns im Rahmen einer auf technologisch-administrativen Zwängen beruhenden Gesellschaft. Diese Möglichkeiten und Alternativen werden mit dem Begriff »Lebenswelt« versehen und dem »System« gegenübergestellt. In diesem Sinne siedelt sich die Theorie von Habermas an zwischen den optimistischen und vorbehaltlosen Befürwortern des technischen und kulturellen Fortschritts auf der einen und den Kulturpessimisten, die mit ihren Zeitdiagnosen nur apokalyptische Bilder zu zeichnen vermögen, auf der anderen Seite. Tatsächlich ist die »Theorie des kommunikativen Handelns« eine Art »Vermittlung« zwischen den extremen Positionen und der Scheinantinomie von Kultur und Zivilisation. Einerseits werden alle kulturkritischen und über weite Strecken lebensphilosophischen Argumente gegen das kapitalistische System technologischer Zwänge angeführt, wie Orientierungs- und Legitimationskrisen, Sinn- und Freiheitsverlust, Entwertung der Wertbasis, Kolonialisierung der Privatsphäre usw., ohne das System selbst in Frage zu stellen. Andererseits werden die Grundhaltungen der Protestbewegungen der Gegenwart und die durch sie aufgeworfenen Fragestellungen geteilt, ohne die daraus folgenden Konsequenzen »alternativen Lebens« und einer »Verweigerungskultur« zu billigen.

Gesellschaftsveränderung wird primär als Ergebnis von Aufklärung erhofft. Mittels kommunikativen Handelns führt aber Kultur- und Gesellschaftskritik, auch in der Habermas-Variante, nicht zu grundlegenden Veränderungen. Es wiederholt sich hier der »alte« Mangel der »kritischen Theorie«, die es nicht vermochte zu sagen, *wie* sich die gesellschaftlichen Verhältnisse ändern müssen, damit die Menschen frei werden.

356 Jürgen Habermas: Einleitung. In: Stichworte zur ›Geistigen Situation der Zeit‹, Bd. 1, S. 22.

357 Siehe: Günther Busch: Statt eines Nachworts: Begleitbrief an eine italienische Leserin. In: Ebenda, Bd. 2, S. 845/846.

358 Zu ihnen gehören Martin Walser, Horst Ehmke, Peter Glotz, Iring Fetscher, Oskar Negt, Urs Jaeggi, Ralf Dahrendorf, Claus Offe, Dieter Senghaas und andere.

359 Siehe: BRD-Persönlichkeiten: Chance des UdSSR-Moratoriums nutzen. Entwicklung von Atomwaffen muß Einhalt geboten werden. In: Neues Deutschland (B), 21. Juli 1986, S. 5.

360 Zit in: Ebenda.

361 Siehe ebenda. – Inzwischen hat die Sowjetunion im August 1986 erneut ihr Moratorium verlängert und damit zum wiederholten Male gezeigt, was es heißt, in unserer heutigen Welt ein neues Handeln

zu praktizieren, das eine friedliche Zukunft der Menschheit garantieren könnte, wenn die USA dem endlich folgen würden.

362 »Der Staat ist ihnen schnuppe. Sie können nur darüber lachen«. In: konkret, 1981, H. 5, S. 35, 36.

363 Siehe Edward Goldsmith: Entindustrialisierung – unsere Überlebenschance. In: Die tägliche Revolution, Frankfurt a. M. 1978, S. 75ff. – Ivan Illich: Selbstbegrenzung. Eine politische Kritik der Technik. »Tools for Conviviality«, Reinbek bei Hamburg 1980, S. 88/89.

364 Siehe André Gorz: Kritik der Arbeitsteilung. In: Technologie und Politik 8. Das Magazin zur Wachstumskrise. Hrsg. von Freimut Duve, Reinbek bei Hamburg 1977, S. 137.

365 Siehe Rudi Dutschke: Mein langer Marsch. Reden, Schriften und Tagebücher aus zwanzig Jahren, Reinbek bei Hamburg 1980, besonders den Abschnitt »Noch haben wir keinen Atomstaat«. Rote APO, grüne APO, S. 193ff.

366 Jürgen Habermas: Ein wahrhaftiger Sozialist. In: Die Zeit, 4. Januar 1980, S. 7.

367 Ebenda.

368 Rudi Dutschke: Mein langer Marsch, S. 198/199.

369 Joschka Fischer: Durchs wilde Kurdistan. In: Joschka Fischer: Von grüner Kraft und Herrlichkeit, Reinbek bei Hamburg 1984, S. 14.

370 Joschka Fischer: Vorwort. In: Ebenda, S. 7.

371 Ebenda, S. 8.

372 Joschka Fischer: Für einen grünen Radikalreformismus. In: Ebenda, S. 127/128.

373 Siehe dazu ausführlicher Robert Steigerwald: Herbert Marcuses dritter Weg, Berlin 1969. – Bernhard Maleck: Herbert Marcuse – Leben und Werk. Eine biographisch-historische Untersuchung. Ein Beitrag zur Auseinandersetzung mit spätbürgerlicher Kulturkritik. Dissertation A, Halle 1983.

374 Siehe Herbert Marcuse: Der eindimensionale Mensch, Neuwied/Berlin (West) 1967, S. 14.

375 Detlev Claussen: Im Universum der totalen Verdinglichung – Technik- und Vernunftkritik. In: Spuren der Befreiung – Herbert Marcuse. Ein Materialienbuch zur Einführung in sein politisches Denken. Hrsg. von Detlev Claussen, Darmstadt/Neuwied 1981, S. 152/153.

376 Dieter Bergner: Philosophische Grundlagen des Wechselverhältnisses Gesellschaft – Natur. In: Hercynia (Leipzig), 1976, H. 2, S. 156.

377 Zit in: Thomas Ebermann/Rainer Trampert: Die Zukunft der Grü-

nen. Ein realistisches Konzept für eine radikale Partei, Hamburg 1984, S. 231.

378 Ebenda, S. 232, 233.

379 Ebenda, S. 65, 209. – Eine ausführlichere Besprechung des Buches wird gegeben durch Axel Lochner: Realistisch? Radikal? In: Marxistische Blätter, 1985, H. 2, S. 91ff.

380 Max Weber: Gesammelte politische Schriften, München 1921, S. 151.

381 Siehe George Orwell: 1984, Berlin (West)/Frankfurt a. M./Wien 1984.

382 Klaus Höpcke: »1984«? – 1984! In: Einheit, 1984, H. 2, S. 102.

383 Ebenda, S. 103.

384 Ebenda, S. 104.

385 Herbert Marcuse: Der eindimensionale Mensch, S. 268.

386 Eberhard Fromm/Marion Kunze: Hoffnung auf die »konkrete Utopie«. Zum 100. Geburtstag von Ernst Bloch. In: DZfPh, 1985, H. 7, S. 618.

387 Ebenda, S. 628.

388 Ebenda. – Zur Wirksamkeit Blochs auf die gegenwärtigen demokratischen Massenbewegungen verweisen wir auf folgende Schriften: Hans-Peter Hempel: Zur Ontologie des Noch-Nicht-Seins – Kann das Prinzip Hoffnung scheitern? In: Kassandra. Das hochschul- und wissenschaftskritische Magazin (Berlin [West]), 1985, H. 3, S. 51ff. – Johano Strasser und Klaus Traube schreiben: »Die heute in der Umweltbewegung so präsent erscheinende Neue Linke sah die aufkommende Umweltbewegung lange Zeit als kleinbürgerlichen Protest an. Erstes Anzeichen für eine Wende markierte Enzensbergers Kursbuch 33, das 1973 das Thema ›Ökologie und Politik‹ innerhalb der Neuen Linken zur Sprache brachte. Erst in jüngster Zeit wird der undogmatischen Linken bewußt, daß ihr Mentor Ernst Bloch mit seiner Kritik an der ›Unschuld der Produktivkräfte‹ – freilich auf eine von der politischen Praxis abgehobene Weise – ihr zu einem Fundament für die Kritik des Industrialismus verholfen hatte.« (Johano Strasser/Klaus Traube: Die Zukunft des Fortschritts. Der Sozialismus und die Krise des Industrialismus, S. 43.) – Siehe zu diesem Thema Ernst Bloch: Das Prinzip Hoffnung, Bd. 1, Frankfurt a. M. 1973, besonders S. 729ff. – Marxismus und Naturbeherrschung. Beiträge zu den Ersten Ernst-Bloch-Tagen, Tübingen, 27./28. Oktober 1978, Offenbach 1979.

389 Eberhard Fromm/Marion Kunze: Hoffnung auf die »konkrete Utopie«. Zum 100. Geburtstag von Ernst Bloch. In: DZfPh, 1985, H. 7, S. 624.

390 Herbert Marcuse: Zum Begriff der Negation in der Dialektik. In: Herbert Marcuse: Ideen zu einer kritischen Theorie der Gesellschaft, Frankfurt a. M. 1969, S. 190.

391 Siehe Herbert Marcuse: Triebstruktur und Gesellschaft. Ein philosophischer Beitrag zu Sigmund Freud, Frankfurt a. M. 1982.

392 »*Realitätsprinzip:* Die Gesamtsumme der Normen und Werte, die das Verhalten in einer gegebenen Gesellschaft beherrschen, verkörpert in deren Institutionen, menschlichen Beziehungen usw. *Leistungsprinzip:* Ein Realitätsprinzip, das auf der Effizienz und der Fähigkeit beruht, in der Konkurrenz erfolgreich zu bestehen.« (Herbert Marcuse: Marxismus und Feminismus. In: Herbert Marcuse: Zeit-Messungen, Frankfurt a. M. 1975, S. 9.)

393 Siehe Herbert Marcuse: Triebstruktur und Gesellschaft, S. 160.

394 Siehe ebenda, S. 168. – Herbert Marcuse: Der eindimensionale Mensch.

395 Herbert Marcuse: Marxismus und Feminismus. In: Herbert Marcuse: Zeit-Messungen, S. 18.

396 André Gorz: Abschied vom Proletariat. Jenseits des Sozialismus, S. 79.

397 »Revolte gegen den Todestrieb«. In: Frankfurter Rundschau, 21. Mai 1979, S. 13. – In seinem Vortrag zu den Römerberggesprächen in Frankfurt a. M. im Mai 1979 beschwor Marcuse »›Die Revolte des Lebenstriebes gegen den gesellschaftlich organisierten Todestrieb‹«. (Ebenda.) – Ausführlicher zum Thema der Wirkung Marcuses siehe: Jürgen Brüggemann/Bernhard Maleck: Die »Alternative«, Herbert Marcuse und die alte »Neue Linke«. Gemeinsamkeiten und Differenzen. In: Beiträge zur Kritik der bürgerlichen Philosophie und Gesellschaftstheorie, 1985, H. 4, S. 72–101.

398 Klaus Gerosa: Umweltschutz heißt Frieden schaffen. In: Große Schritte wagen. Über die Zukunft der Friedensbewegung. Hrsg. von Klaus Gerosa, München 1984, S. 34.

399 Ebenda, S. 35.

400 Kurt Hager: Unser humanistischer Auftrag. In: Sozialismus und Frieden. Humanismus in den Kämpfen unserer Zeit, S. 113.

401 Siehe Friedrich Engels/Karl Marx: Die heilige Familie. In: MEW, Bd. 2, S. 138.

402 Lieber Karl Marx! Wie soll ich beginnen? Ein Briefessay des Soziologie-Professors Oskar Negt zum 100. Todestag des Trierer Revolutionärs. In: Frankfurter Rundschau, 22. März 1983, S. 12.

403 Ebenda.

404 Friedrich Engels: Das Begräbnis von Karl Marx. In: MEW, Bd. 19, S. 336.

405 Karl Marx: [Rede auf der Jahresfeier des »People's Paper« am 14. April 1856 in London]. In: MEW, Bd. 12, S. 3/4.
406 Siehe: Die Alternativen der Alternativbewegung, S. 35/36.
407 Karl Marx: Kritik des Gothaer Programms. In: MEW, Bd. 19, S. 15.
408 Ebenda. – Siehe auch: Engels an George William Lamplugh, 11. April 1893. In: MEW, Bd. 39, S. 63.
409 Karl Marx/Friedrich Engels: Manifest der Kommunistischen Partei. In: MEW, Bd. 4, S. 482.
410 Siehe Karl Marx/Friedrich Engels: Die deutsche Ideologie. In: MEW, Bd. 3, S. 21.
411 Karl Marx: Grundrisse der Kritik der politischen Ökonomie. In: MEW, Bd. 42, S. 396.
412 Karl Marx: Ökonomisch-philosophische Manuskripte aus dem Jahre 1844. In: MEW, Bd. 40, S. 516.
413 Ebenda, S. 542.
414 Ebenda, S. 543.
415 Friedrich Engels: Dialektik der Natur. In: MEW, Bd. 20, S. 452.
416 Siehe ebenda, S. 453.
417 Friedrich Engels: Von der Autorität. In: MEW, Bd. 18, S. 306.
418 Friedrich Engels: Die Lage der arbeitenden Klasse in England. In: MEW, Bd. 2, S. 325.
419 Karl Marx: Das Kapital. Erster Band. In: MEW, Bd. 23, S. 285.
420 W. I. Lenin: Zivilisierte Barbarei. In: Werke, Bd. 19, S. 380.
421 Karl Marx: Das Kapital. Dritter Band. In: MEW, Bd. 25, S. 784.
422 Karl Marx: [Thesen über Feuerbach]. In: MEW, Bd. 3, S. 6.
423 Edgar Gärtner: Arbeiterklasse und Ökologie, S. 192.
424 Erich Honecker: Wir sind für den Frieden auf der Erde und im Kosmos. Interview des Generalsekretärs des Zentralkomitees der SED und Vorsitzenden des Staatsrates der DDR für die BRD-Wochenzeitung »Die Zeit«, S. 13.
425 Karl Marx: Das Kapital. Erster Band. In: MEW, Bd. 23, S. 618.
426 Karl Marx: Grundrisse der Kritik der politischen Ökonomie. In: MEW, Bd. 42, S. 601.
427 Siehe Friedrich Engels: Dialektik der Natur. In: MEW, Bd. 20, S. 453. – Sozialismus und Frieden. Humanismus in den Kämpfen unserer Zeit, S. 175.
428 Robert Jungk: Der Atom-Staat. Vom Fortschritt in die Unmenschlichkeit, Reinbek bei Hamburg 1981, S. 41.
429 Anders arbeiten. Beiträge zu einigen Funktions- und Bestandsproblemen alternativer Produktionsformen und zu Veränderungen industrieller Arbeit, Berlin (West) 1983, S. 193.

430 Jörg Huffschmid: Die Wirtschaftskrise in der BRD: Tendenzen und Perspektiven. In: Marxistische Studien. Jahrbuch des IMSF 6, S. 258.

431 André Leisewitz: »Die Macht, das ist der Punkt«. Zur Diskussion über Technik und alternative Produktion. In: UZ, 22. April 1983, S. 15.

432 Lewis Mumford: Autoritäre und demokratische Technik. In: Technologie und Politik 16. Das Magazin zur Wachstumskrise. Hrsg. von Freimut Duve, Reinbek bei Hamburg 1980, S. 17, 18.

433 Otto Ullrich: Der Charakter des Fortschritts moderner Technologien. In: Ebenda, S. 26.

434 E. F. Schumacher: Die Rückkehr zum menschlichen Maß, S. 51/52. – Kritisch zu Schumacher siehe Günther Bohring/Erwin Herlitzius: »Mittlere Technologie« – Realität oder ideologisches Konzept? Zur Frage nach Alternativen in der Entwicklung von Wissenschaft und Technik. In: DZfPh, 1981, H. 3/4, S. 423ff. – Dietrich Seefelder: Mittlere Technologie als Alternative? In: Marxistische Blätter, 1979, H. 6, S. 39ff.

435 E. F. Schumacher: Die Rückkehr zum menschlichen Maß, S. 56.

436 Ebenda, S. 144.

437 Henry D. Thoreau: Walden oder Leben in den Wäldern, Leipzig 1949, S. 6, 173.

438 Ebenda, S. 256.

439 Siehe zur Kritik ausführlicher: Jörg Goldberg/Angelina Sörgel: Grün-alternative Wirtschaftskonzeptionen. Analyse und Kritik, Frankfurt a. M. 1982. – Dietmar Schadow: Nichtproletarische alternative Protestbewegungen in der BRD und marxistisch-leninistische politische Ökonomie. In: Wirtschaftswissenschaft, 1983, H. 11, S. 1624ff.

440 Siehe: Der NAWU-Report: Wege aus der Wohlstandsfalle. Strategien gegen Arbeitslosigkeit und Umweltkrise. Hrsg. von Hans Christoph Binswanger, Werner Geissberger, Theo Ginsburg, Frankfurt a. M. 1978, S. 127.

441 Für eine ökologisch und sozial ausgerichtete Wirtschaftsordnung. In: Für eine bessere Republik, S. 117.

442 Siehe James Robertson: Die lebenswerte Alternative. Wegweiser für eine andere Zukunft, Frankfurt a. M. 1979, S. 66/67.

443 Siehe: Für eine ökologisch und sozial ausgerichtete Wirtschaftsordnung. In: Für eine bessere Republik, S. 117/118.

444 Robert Jungk: Der Atom-Staat, S. 9.

445 Siehe Jörg Heimbrecht: Aktion »Rettet den Rhein«. Den Verschmutzern auf der Spur. In: Grünbuch Ökologie. Hrsg. von Jürgen Grumbach, Köln 1982, S. 63/64.

446 Siehe Arnim Bechmann: Umweltzerstörung durch Rüstung. Der Krieg gegen die Umwelt findet immer statt. In: Ebenda, S. 233.

447 2. Tagung des ZK der SED, 13. Juni 1986. Unsere Innen- und Außenpolitik dient dem Sozialismus und dem Frieden. Aus der Rede des Generalsekretärs des ZK der SED, Erich Honecker, zur Konstituierung der staatlichen Organe, Berlin 1986, S. 8/9.

448 Siehe Karl Werner Kieffer: Zur Debatte über den Begriff »Mittlere Technologie«. In: Perspektiven mittlerer Technologie. Hrsg. von Karl Werner Kieffer, Karlsruhe 1979, besonders S. 78/79.

449 Karl Marx: Das Kapital. Erster Band. In: MEW, Bd. 23, S. 632.

450 Siehe: Sinnvoll arbeiten – solidarisch leben. Aus dem »Sofortprogramm gegen Arbeitslosigkeit und Sozialabbau«, verabschiedet auf der Bundesdelegiertenversammlung der Grünen im Januar in Stuttgart-Sindelfingen (Teil I). In: Frankfurter Rundschau, 19. Februar 1983, S. 14.

451 W. I. Lenin: Der Imperialismus als höchstes Stadium des Kapitalismus. In: Werke, Bd. 22, S. 241.

452 Joseph Huber: Konzepte der Dualwirtschaft – eine begriffliche Anstrengung, Berlin (West) 1983, S. 1.

453 Thomas Ebermann/Rainer Trampert: Die Zukunft der Grünen. Ein realistisches Konzept für eine radikale Partei, S. 192, 193.

454 Siehe Jörg Goldberg/Angelina Sörgel: Grün-alternative Wirtschaftskonzeptionen, S. 7.

455 Klaus Schroeder/Werner Süß: Linke Kontinuität oder Bruch? Zur politischen Einschätzung der »Alternativbewegung«, Berlin (West) 1980, S. II.

456 Angelina Sörgel: Zum Stellenwert von Alternativprojekten in einer marxistischen Konzeption. In: Die Alternativen der Alternativbewegung, S. 155.

457 Klaus Schroeder/Werner Süß: Linke Kontinuität oder Bruch?, S. 15/16.

458 Siehe Jörg Goldberg/Angelina Sörgel: Grün-alternative Wirtschaftskonzeptionen, S. 25, 27.

459 Siehe Reimar Oltmanns: »Engagiert und ernsthaft, spielerisch und experimentell«. Die Wirtschaft der alternativen Szene. In: Wirtschaft im Untergrund. Hrsg. von Stephan Burgdorff, Reinbek bei Hamburg 1983, S. 101.

460 Anders arbeiten, S. 227.

461 In Westberlin gründeten Alternative eine Kreditanstalt, die Kredite von kapitalistischen Banken besorgt, um alternative Projekte finanzieren zu können. Das hat natürlich Auswirkungen auf wachsende Verflechtungen mit der kapitalistischen Wirtschaft.

462 Anders arbeiten, S. 224. – Siehe ebenda, S. 219–231.
463 Siehe Sebastian Knauer: Das grüne Wunder. Umweltschutz schafft Arbeitsplätze. In: Stern, 1984, Nr. 38, S. 22–26, 236/237.
464 »Ich werde in der Umweltfrage hart bleiben«. Interview mit Baden-Württembergs Ministerpräsidenten Lothar Späth (CDU). In: Ebenda, S. 30.
465 Bericht des Parteivorstands an den 7. Parteitag. Berichterstatter: Herbert Mies. In: Protokoll des 7. Parteitages der Deutschen Kommunistischen Partei, 6.–8. Januar 1984, Nürnberg, Neuss 1984, S. 71.
466 Ulrich Briefs: Arbeitsplätze oder Umweltschutz – eine Alternative für die Gewerkschaften? In: Grünbuch Ökologie, S. 213.
467 Siehe: Grüne wollen Umwelt-Etat. Ökologischer Nachtragshaushalt zur Entgiftung gefordert. In: Frankfurter Rundschau, 5. Juni 1985, S. 1.
468 Siehe Christian Götz: Für sichere Arbeitsplätze und saubere Umwelt. Ein Beitrag zur Diskussion über Gewerkschaften, Ökologie und Grüne. In: Blätter für deutsche und internationale Politik, 1983, H. 10, S. 1323ff.
469 W. I. Lenin: Hefte zum Imperialismus. In: Werke, Bd. 39, S. 185.
470 Thomas Ebermann/Rainer Trampert: Die Zukunft der Grünen. Ein realistisches Konzept für eine radikale Partei, S. 64.
471 Programm der Kommunistischen Partei Rußlands (Bolschewiki). Angenommen vom VIII. Parteitag der KPR(B). In: Beiträge zur Geschichte der Arbeiterbewegung, 1972, H. 6, S. 955.
472 Die UNESCO würdigte 1985 die jahrzehntelangen Bemühungen der UdSSR für die Erhaltung der einmaligen Bedingungen des Baikalsees und seiner Umgebung mit der Verleihung eines Umweltschutzpreises an sowjetische Wissenschaftler.
473 Siehe: Beschlüsse und andere Dokumente der KPdSU und des Sowjetstaates zum Umweltschutz. Aktuelle Beiträge der Staats- und Rechtswissenschaft, Heft 250. Hrsg. von der Akademie für Staats- und Rechtswissenschaft der DDR, Potsdam-Babelsberg 1981, S. 76ff.
474 W. I. Lenin: VIII. Gesamtrussischer Sowjetkongreß, 22.–29. Dezember 1920. In: Werke, Bd. 31, S. 513.
475 VIII. Parteitag der Sozialistischen Einheitspartei Deutschlands, Berlin, 15. bis 19. Juni 1971. Bericht des Zentralkomitees an den VIII. Parteitag der Sozialistischen Einheitspartei Deutschlands. Berichterstatter: Genosse Erich Honecker, Berlin 1975, S. 40.
476 Siehe Hugo Weinitschke: Naturschutz: gestern, heute, morgen, Leipzig/Jena/Berlin 1980.
477 Programm der Sozialistischen Einheitspartei Deutschlands, Berlin 1986, S. 35.

478 Erich Honecker: Rede und Schlußwort auf der Internationalen Wissenschaftlichen Konferenz des Zentralkomitees der SED »Karl Marx und unsere Zeit – der Kampf um Frieden und sozialen Fortschritt«, Berlin, 11. bis 16. April 1983, S. 24.

479 Siehe Horst Paucke/Adolf Bauer: Umweltprobleme – Herausforderung der Menschheit, S. 209ff. – Helmar Hegewald: Moralische Triebkräfte bei der rationellen Nutzung der Naturressourcen im Sozialismus. In: DZfPh, 1982, H. 12, S. 1457ff.

480 Kurt Hager: Gesetzmäßigkeiten unserer Epoche – Triebkräfte und Werte des Sozialismus, S. 46.

481 Zusammenarbeit beim Umweltschutz erfordert Sicherung des Friedens. In: Neues Deutschland (B), 26. Juni 1984, S. 3.

482 Siehe Hans Reichelt: Die natürliche Umwelt rationell nutzen, gestalten, schützen. In: Einheit, 1984, H. 11, S. 1013/1014. – Erfolgreiche Umweltpolitik braucht Friedenssicherung. Pressegespräch mit Minister Dr. Hans Reichelt in Berlin. In: Neues Deutschland (B), 5. Juni 1986, S. 2. – Hans Reichelt: Unsere Umwelt – unsere Verantwortung. In: URANIA, 1984, Nr. 4, S. 66ff. – Bert Dörner/Thomas Leinkauf: Wenig Abfälle nützen der Volkswirtschaft und der Natur. In: Berliner Zeitung, 29. November 1984, S. 9. – Dokumentation: Sekundärrohstoffe. In: Jugend und Technik, 1982, H. 11, S. 851/852. – Geschützte Umwelt. In: Technikus, 1985, Nr. 1, S. 6.

483 Siehe Bert Dörner/Thomas Leinkauf: Technologien zum Schutz der Wälder und für reinere Luft. In: Berliner Zeitung, 6. Dezember 1984, S. 9. – Wolfgang Heyl: Erhalten und Gestalten. Zu einigen gesellschaftspolitischen Aspekten der Landeskultur, o. O. 1983, S. 24. – Karl-Heinz Arnold: Unsere Eisenbahn macht ›Dampf‹ auf. In: Berliner Zeitung, 18. Juni 1985, S. 3. – Statistisches Taschenbuch der DDR 1986, S. 56.

484 Interview Erich Honeckers für »Dagens Nyheter«. In: Neues Deutschland (B), 25. Juni 1986, S. 3.

485 Siehe Bert Dörner/Thomas Leinkauf: Damit immer mehr Wasser im Kreis fließen kann. In: Berliner Zeitung, 20. Dezember 1984, S. 9. – Bert Dörner/Thomas Leinkauf: Rationelle Nutzung ist der beste Schutz des Bodens. In: Ebenda, 3. Januar 1985, S. 9. – Rationelle Nutzung und Schutz des Wassers. In: Einheit, 1984, H. 11, S. 1039. – Statistisches Taschenbuch der DDR 1986, S. 69. – Erfolgreiche Umweltpolitik braucht Friedenssicherung. Pressegespräch mit Minister Dr. Hans Reichelt in Berlin. In: Neues Deutschland (B), 5. Juni 1986, S. 2. – Wolfgang Heyl: Erhalten und Gestalten, S. 21.

486 Siehe: Schutz von Natur und Landschaft. In: Neues Deutschland (B), 6. August 1986, S. 2. – Manfred Fiedler: Initiativen für Natur und Umwelt. In: Einheit, 1984, H. 11, S. 1024ff.

487 Der Schutz der Umwelt erfordert Entspannung im Geist von Helsinki. In: Neues Deutschland (B), 9. Juli 1985, S. 3.

488 Siehe: Umweltschutz und rationelle Nutzung der Naturreichtümer dienen Wohl des Volkes und effektiver Volkswirtschaft. Interview mit Dr. Hans Reichelt, Stellvertreter des Vorsitzenden des Ministerrates und Minister für Umweltschutz und Wasserwirtschaft. In: Neues Deutschland (B), 5./6. Februar 1983, S. 9. – Plan für Umweltschutz im BAM-Gebiet. In: Berliner Zeitung, 24. Mai 1985, S. 5. – Einen Filter vorgeschoben. In: Sputnik, 1986, Mai, S. 161. – Globale Probleme – Politische, ökonomische und soziale Aspekte. IPW-Forschungshefte, 1984, H. 1, S. 27. – Zum Schutz der Umwelt. In: Was und Wie, 1985, Nr. 8, S. 20ff.

489 7. Tagung des ZK der SED, 24./25. November 1983. Erich Honecker: In kampferfüllter Zeit setzen wir den bewährten Kurs des X. Parteitages für Frieden und Sozialismus erfolgreich fort. Aus der Diskussionsrede, Berlin 1983, S. 29.

490 XI. Parteitag der SED. Bericht des Zentralkomitees, S. 38.

491 Kurt Hager: Unser humanistischer Auftrag. In: Sozialismus und Frieden. Humanismus in den Kämpfen unserer Zeit, S. 109.

492 Gespräch über aktuelle Fragen der Friedenssicherung und Umweltpolitik. In: Neues Deutschland (B), 6. September 1984, S. 1.

493 Benny Härlin: Von Haus zu Haus – Berliner Bewegungsstudien. In: Kursbuch 65, Berlin (West), 1981, S. 1–3. – Siehe auch Reto Hänny: Zürich, Anfang September. Ein Bericht.

494 Benny Härlin: Von Haus zu Haus – Berliner Bewegungsstudien. In: Kursbuch 65, S. 11.

495 Siehe Werner Otto: Über 7000 in der BRD von Berufsverboten betroffen. In: Neues Deutschland (B), 24. Mai 1985, S. 7.

496 Zit. in: Ralf Bachmann: Penetranter Duft von Korruption und Zerfall. In: Ebenda, 20./21. Oktober 1984, S. 1.

497 Herbert Mies: Für einen offensiven Kampf gegen die Rechtswende. Für eine Republik des Friedens, sozialer Gerechtigkeit und Mitbestimmung. Schlußwort. 4. Tagung des Parteivorstands der DKP, Düsseldorf, 24. und 25. November 1984. In: UZ, Eigenbeilage Nr. 233, 1. Dezember 1984, S. 79.

498 Staatskrise. Wie in einer Bananenrepublik. In: Stern, 1984, Nr. 44, S. 208/209.

499 W. I. Lenin: Der Imperialismus als höchstes Stadium des Kapitalismus. In: Werke, Bd. 22, S. 225.

500 Siehe Walter Hollitscher: Bedrohung und Zuversicht, S. 164.

501 W. I. Lenin: Antwort an P. Kijewski (J. Pjatakow). In: Werke, Bd. 23, S. 14.

502 Theodor Leuenberger/Rudolf Schilling: Die Ohnmacht des Bürgers. Plädoyer für eine nachmoderne Gesellschaft, S. 19.
503 James Robertson: Die lebenswerte Alternative. Wegweiser für eine andere Zukunft, S. 14.
504 Siehe: Die Alternativen der Alternativbewegung, S. 188/189.
505 Für Umweltschutz und Demokratie. In: Für eine bessere Republik, S. 187.
506 Hartmut Bossel: Bürgerinitiativen entwerfen die Zukunft. Neue Leitbilder. Neue Werte. 30 Szenarien. Ein Alternativbericht des Öko-Instituts Freiberg/Br., Frankfurt a. M. 1978, S. 181.
507 Hartmut Bossel: Die vergessenen Werte. In: Der grüne Protest. Herausforderung durch die Umweltparteien. Hrsg. von Rudolf Brun, Frankfurt a. M. 1978, S. 14.
508 Entscheidungen der Basis haben grundsätzlich Vorrang. Hessens Grüne wehren sich gegen den Vorwurf, demokratische Institutionen abschaffen zu wollen: Gefragt sind jedoch »mehr Rechte für die Bürger«. In: Frankfurter Rundschau, 10. August 1982, S. 10.
509 Karl Marx/Friedrich Engels: Die deutsche Ideologie. In: MEW, Bd. 3, S. 74.
510 Friedrich Engels: Von der Autorität. In: MEW, Bd. 18, S. 306/307.
511 Für eine ökologisch und sozial ausgerichtete Wirtschaftsordnung. In: Für eine bessere Republik, S. 117.
512 Siehe: Die Alternativen der Alternativbewegung, S. 58ff, 82ff.
513 Robert Steigerwald: Protestbewegung. Streitfragen und Gemeinsamkeiten, S. 54.
514 Henry D. Thoreau: Walden oder Leben in den Wäldern, S. 267, 272.
515 Murray Bookchin: Hierarchie und Herrschaft. Hrsg. von Bernd Leineweber, Karl-Ludwig Schiebel, Berlin (West) 1981, S. 44.
516 Siehe Wolfgang Kraushaar: Thesen zum Verhältnis von Alternativ- und Fluchtbewegung. In: Autonomie oder Getto? Kontroversen über die Alternativbewegung. Hrsg. von Wolfgang Kraushaar, Frankfurt a. M. 1978, S. 42.
517 Siehe u. a. Richard Meng: Und danach fängt einer an zu reden. Die neue Bewegung der Selbsthilfegruppen und ihre Chancen. In: Frankfurter Rundschau, 30. April 1983, Beilage, S. I. – Horst E. Richter: Die Gruppe. Hoffnung auf einen neuen Weg, sich selbst und andere zu befreien. Psychoanalyse in Kooperation mit Gruppeninitiativen, Reinbek bei Hamburg 1972.
518 Siehe Gerd Langguth: Protestbewegung, S. 254.
519 Erich Knapp: Antagonistische Gesellschaften gegen den Frieden (4 Skizzen). In: Entrüstet Euch. Analysen zur atomaren Bedrohung. Wege zum Frieden. Die Grünen, o. O. u. J., S. 107.

520 Bernd Guggenberger: Bürgerinitiativen in der Parteiendemokratie. Von der Ökologiebewegung zur Umweltpartei, Stuttgart/Berlin (West)/Köln/Mainz 1980, S. 25.
521 Thesen des Zentralkomitees der SED zum Karl-Marx-Jahr, S. 27.
522 W. I. Lenin: Die Frage des Friedens. In: Werke, Bd. 21, S. 291.
523 Zit. in: Blätter für deutsche und internationale Politik, 1982, H. 5, S. 524.
524 Colin S. Gray/Keith Payne: »Sieg ist möglich«. In: Es geht ums Überleben. Warum wir die Atomraketen ablehnen. Hrsg. von Karl D. Bredthauer, Klaus Mannhardt, Köln 1981, S. 188.
525 XI. Parteitag der SED. Bericht des Zentralkomitees, S. 9.
526 Bericht des Parteivorstands an den 7. Parteitag. Berichterstatter: Herbert Mies. In: Protokoll des 7. Parteitags der Deutschen Kommunistischen Partei, S. 33.
527 Karl Marx: Grundrisse der Kritik der politischen Ökonomie. In: MEW, Bd. 42, S. 63.
528 Siehe: Was die Menschheit das Wettrüsten zu stehen kommt. In: Probleme des Friedens und des Sozialismus, 1977, H. 12, S. 1717/1718. – Die Rolle der Rüstung in der Wirtschaft des heutigen Kapitalismus. IPW-Forschungshefte, 1984, H. 4, S. 19/20.
529 Umfassende Vorschläge der Sowjetunion zur Befreiung der Welt von Atomwaffen. Erklärung des Generalsekretärs des ZK der KPdSU, Michail Gorbatschow, 15. Januar 1986. In: Ausgewählte Reden und Schriften, Berlin 1986, S. 448.
530 Siehe: Die Rolle der Rüstung in der Wirtschaft des heutigen Kapitalismus. IPW-Forschungshefte, 1984, H. 4, S. 112.
531 W. I. Lenin: Der Imperialismus als höchstes Stadium des Kapitalismus. In: Werke, Bd. 22, S. 305.
532 Otto Schily: Dieses Konzept ist trügerisch. In: Süddeutsche Zeitung, 23. November 1983, S. 9.
533 Bericht des Parteivorstands an den 7. Parteitag. Berichterstatter: Herbert Mies. In: Protokoll des 7. Parteitags der Deutschen Kommunistischen Partei, S. 86.
534 Der Atomtod bedroht uns alle. Keine Atomraketen in Europa! In: Für eine bessere Republik, S. 47.
535 Die Grünen: Das Bundesprogramm, S. 5.
536 Klaus Gerosa: Umweltschutz heißt Frieden schaffen. In: Große Schritte wagen. Über die Zukunft der Friedensbewegung, S. 41.
537 Johan Galtung: Strukturelle Gewalt. Beiträge zur Friedens- und Konfliktforschung, Reinbek bei Hamburg 1977, S. 9.
538 Theodor Ebert: Ziviler Ungehorsam aus politischer Verantwortung. In: gewaltfreie aktion, 1977, H. 31/32, S. 28.

539 Ebenda, S. 34.
540 Theodor Ebert: Lexikalisches Stichwort Gewaltfreie Aktion. In: Ebenda, 1969, H. 1/2, S. 2/3.
541 Die Grünen: Das Bundesprogramm, S. 5.
542 Otto Schily: Dieses Konzept ist trügerisch. In: Süddeutsche Zeitung, 23. November 1983, S. 9.
543 Siehe Henry D. Thoreau: Walden oder das Leben in den Wäldern, S. 269.
544 M. K. Gandhi: Die Theorie und Praxis des passiven Widerstandes. In: Gewalt und Gewaltlosigkeit. Handbuch des aktiven Pazifismus. Hrsg. von Franz Kobler, Zürich/Leipzig 1928, S. 169/170.
545 Siehe: Gewaltloser Widerstand gegen Aggressoren. Probleme, Beispiele, Strategien. Hrsg. von Adam Roberts, Göttingen 1971.
546 Theodor Ebert: Ziviler Ungehorsam aus politischer Verantwortung. In: gewaltfreie aktion, 1977, H. 31/32, S. 35, 36.
547 Gert Bastian: Im Atomkrieg kann der Soldat die Heimat nicht mehr schützen, nur noch zerstören. In: Gert Bastian: Atomtod oder europäische Sicherheitsgemeinschaft. Abrüstung statt Abschreckung. Reden und Schriften zur Kritik der »Nachrüstung« und zur Friedensbewegung, Köln 1982, S. 61.
548 Willi Gerns: Die DKP und das Verhältnis von Kommunisten und Pazifisten. In: Probleme des Friedens und des Sozialismus, 1982, H. 11, S. 1560.
549 См.: Не соперничество, а сотрудничество! Коммунисты и новое в социальных движениях, Москва 1984, с. 41/42.
550 11. Tagung des ZK der SED, 22. November 1985. Zu den Ergebnissen des Genfer Gipfels. Aus dem Bericht des Genossen Erich Honecker, Berlin 1985, S. 12.
551 Siehe Stephen King-Hall: Den Krieg im Frieden gewinnen, Hamburg 1958. – Zur Einschätzung und den Folgen der Strategiediskussionen in den USA und der NATO siehe: NATO-Strategie und Streitkräfte. Die Rolle der Militärorganisation des Nordatlantikpakts in der aggressiven Politik des Imperialismus 1949–1978, Militärhistorischer Abriß, Berlin 1980. – Ellen Weber: Imperialismus in der Anpassung. Vom »roll back« zur »indirekten Strategie«, Frankfurt a. M. 1972.
552 Siehe u. a. Ernesto Che Guevara: Der Partisanenkrieg, Berlin 1962.
553 Verteidigung ohne Krieg. Die skandinavische Alternative, Wuppertal 1974, S. 41.
554 Theodor Ebert: Von aggressiver Drohung zu defensiver Warnung. Das Konzept der sozialen Verteidigung. In: Friedensforschung und Gesellschaftskritik. Hrsg. von Dieter Senghaas, München 1970, S. 182.

555 Siehe Lutz Mez: Ziviler Widerstand in Norwegen. Untersuchung zu Organisation und Form der sozialen Bewegung in Norwegen unter besonderer Berücksichtigung von Konzepten Sozialer Verteidigung, Frankfurt a. M. 1976, S. 257/258.

556 Siehe Edward P. Thompson: ›Exterminismus‹ als letztes Stadium der Zivilisation. In: Entrüstet Euch, S. 30ff. – Rudolf Bahro/ Michael Vester: Dieses Konzept bricht sieben Tabus und entwirft eine Perspektive. In: Ebenda, S. 75ff.

557 См. Ю. М. Климов: Антивоенное движение под прицелом спецслужб, Москва 1984. – Г. Локшин: Движение за мир и идеологическая борьба. В: Международная жизнь (Москва), 1984, №5, с. 71–80. – Siehe auch die systematische »Suche« nach »kommunistischen Einflüssen« bei: Gerd Langguth: Protestbewegung.

558 Karl Dietrich Bracher: Zauberformel und Alleinanspruch. Eine Ideologiekritik der Friedensbewegung. In: Die politische Meinung (Bonn), 1983, H. 210, S. 10.

559 Zit. in: Joschka Fischer: Von grüner Kraft und Herrlichkeit, S. 143.

560 Joschka Fischer: Die Schuld an Auschwitz. Rede vor dem Deutschen Bundestag am 23. Juni 1983. In: Ebenda, S. 146.

561 Ebenda, S. 147/148.

562 Siehe Günther Schmid: Zur Soziologie der Friedensbewegung und des Jugendprotestes. In: Aus Politik und Zeitgeschichte. Beilage zur Wochenzeitung »Das Parlament«, 1982, B. 24, 19. Juni 1982, S. 18.

563 Siehe Kurt Schumacher/Cornelia Wasik: Kampfaktionen der Arbeiterklasse und anderer demokratischer Kräfte in den kapitalistischen Hauptländern 1984. In: IPW-Berichte, 1985, H. 4, S. 61/62.

564 11. Tagung des ZK der SED, 22. November 1985. Zu den Ergebnissen des Genfer Gipfels. Aus dem Bericht des Genossen Erich Honecker, S. 10.

565 Ebenda, S. 13.

566 XI. Parteitag der SED. Bericht des Zentralkomitees, S. 10.

567 Bertolt Brecht: Leben des Galilei. In: Werke in fünf Bänden, Bd. 1, S. 633.

568 XI. Parteitag der SED. Bericht des Zentralkomitees, S. 9/10.

569 XI. Parteitag der SED, Berlin, 17. bis 21. April 1986. Michail Gorbatschow: Grußansprache an den XI. Parteitag der SED, Berlin 1986, S. 28.

570 Oskar Fischer: Dialogpolitik dient der Sicherheit in Europa. In: Neues Deutschland (B), 20. April 1986, S. 7.

571 Erich Honecker: Mut, Standhaftigkeit und Beispiel der Märzkämpfer werden unvergessen bleiben. In: Ebenda, 22./23. März 1986, S. 3.

Personenregister

Inhalt